2021
中国汽车市场展望

国家信息中心 编

机械工业出版社

本书是研究中国汽车市场2020年现状与2021年发展趋势的权威性书籍。

本书是汽车及相关行业众多专家、学者分析研究成果的集萃。全书分为宏观环境篇、市场预测篇、细分市场篇、市场调研篇、专题篇及附录（与汽车行业相关的统计数据等）六大部分。

本书全面系统地论述了2020～2021年中国汽车市场的整体态势和重、中、轻、微各型载货汽车，大、中、轻、微各型载客汽车，高级、中级、普通级、微型等各种档次轿车市场的发展态势，以及汽车市场的重点需求地区和主要需求区域的市场运行特征。

集研究性、实用性、资料性于一体的《2021中国汽车市场展望》，是政府部门、汽车整车制造商、零部件制造商、汽车研究部门、汽车相关行业、金融证券等领域研究了解中国汽车市场和汽车工业发展趋势的必备工具书。

图书在版编目（CIP）数据

2021中国汽车市场展望 / 国家信息中心编.
— 北京：机械工业出版社，2021.3
ISBN 978-7-111-67808-3

Ⅰ. ①2… Ⅱ. ①国… Ⅲ. ①汽车—国内市场—市场预测—中国—2021 Ⅳ. ①F724.76

中国版本图书馆CIP数据核字（2021）第048963号

机械工业出版社（北京市百万庄大街22号　邮政编码 100037）
策划编辑：何月秋　王春雨　　责任编辑：何月秋
责任校对：王春雨　　　　　　封面设计：鞠杨
责任印制：李昂
北京机工印刷厂印刷
2021年4月第1版第1次印刷
184 mm×260 mm·36 印张·1 插页·574 千字
标准书号：ISBN 978-7-111-67808-3
定价：180.00 元

电话服务　　　　　　　　　网络服务
客服电话：010-88361066　　机 工 官 网：www.cmpbook.com
　　　　　010-88379833　　机 工 官 博：weibo.com/cmp1952
　　　　　010-68326294　　金 书 网：www.golden-book.com
读者反馈电话：010-68558531　教育服务网：www.cmpedu.com

封面无防伪标均为盗版

《2021 中国汽车市场展望》

主办单位　　国家信息中心
东风汽车有限公司
神龙汽车有限公司
东风日产乘用车公司
一汽-大众销售有限责任公司
上海汽车集团股份有限公司乘用车公司
上海大众汽车有限公司
上汽通用汽车有限公司
广汽传祺汽车销售有限公司
广汽本田汽车有限公司
北京现代汽车有限公司
重庆长安汽车股份有限公司
比亚迪汽车有限公司
长安马自达汽车有限公司
奇瑞汽车销售有限公司
浙江吉利控股集团销售公司
北汽福田汽车股份有限公司
江西五十铃汽车有限公司
中国质量认证中心
北京北辰亚运村汽车交易市场有限公司
中国汽车流通协会
全国乘用车市场信息联席会
国机汽车股份有限公司
中国公路车辆机械有限公司
中国汽车技术研究中心
机械工业农用运输车发展研究中心
河南新未来投资有限公司
中国机电产品进出口商会
上海自贸区汽车进出口流通协会

《2021 中国汽车市场展望》
编委会成员

主任委员　　刘宇南　　国家信息中心主任

副主任委员　徐长明　　国家信息中心副主任

委　　员　　（排名不分前后）
　　　　　　　　黄路明　　国家信息中心信息化和产业发展部副主任
　　　　　　　　刘　明　　国家信息中心信息化和产业发展部副主任
　　　　　　　　江　炯　　上汽通用汽车有限公司副总经理
　　　　　　　　郭永锋　　一汽-大众销售有限责任公司总经理
　　　　　　　　贾鸣镝　　上海上汽大众汽车销售有限公司总经理
　　　　　　　　黄凯峰　　东风日产乘用车公司商品规划部部长
　　　　　　　　邓振斌　　江西五十铃汽车有限公司规划部部长
　　　　　　　　尹高武　　北京北辰亚运村汽车交易市场有限公司书记、总经理
　　　　　　　　刘景安　　上汽集团乘用车公司产品规划部总监
　　　　　　　　袁小华　　广汽本田汽车有限公司副总经理
　　　　　　　　刘国强　　广汽传祺汽车销售有限公司销售部部长
　　　　　　　　余成龙　　长安汽车战略规划部总经理
　　　　　　　　杨冬生　　比亚迪汽车产品规划及汽车新技术研究院院长
　　　　　　　　付远洪　　长安马自达汽车有限公司执行副总裁
　　　　　　　　邓智涛　　长安欧尚汽车副总经理
　　　　　　　　贾亚权　　奇瑞汽车股份有限公司副总经理/营销公司总经理
　　　　　　　　蒋　腾　　浙江吉利控股集团销售公司市场研究中心部长
　　　　　　　　常　瑞　　北汽福田汽车股份有限公司总经理
　　　　　　　　叶永青　　上海自贸区汽车进出口流通协会高级顾问
　　　　　　　　潘卫康　　中国公路学会客车分会理事长

《2021 中国汽车市场展望》
编辑工作人员

主　　编　　徐长明
副 主 编　　黄路明　刘　明

编辑人员　　潘　竹　顾晓翠　马　莹　周龙飞　李伟利　赵君怡
　　　　　　谢国平　管晓静　黄玉梅　林　超　包嘉成　丁　燕
　　　　　　王光磊　张桐山　张振翼　周　祺　张文评　陈祥贵
　　　　　　刘天淼　李　婷　杨依菲　罗炜宁　戴　嘉　廖　琨
　　　　　　孙　田　苑伟超　朱文秀　石　旭　于　飞　欧阳若男
　　　　　　朱　彤　高婕婷　刘实明　王波阳子

前　言

2020年我国汽车市场销量为2532.2万辆，同比下降2.5%，较2019年汽车市场7.9%的降幅缩小5.4个百分点，降幅明显收窄。2020年汽车市场的下滑主要是乘用车和微型客车所导致的。2020年，乘用车市场销量为1976.8万辆，同比下降6.6%；微型客车市场销量为63.8万辆，同比下降16.5%；7类商用车市场销量为491.5万辆，同比增长21.6%。

2020年新冠肺炎疫情在全球蔓延，对全球政治和经济都造成了深远的影响，全球政治环境错综复杂，全球经济亦大幅下滑。2021年，新冠肺炎疫情的影响仍将持续。2021年作为"十四五"的开局之年，我国在做好防疫工作的同时，还将持续推动经济恢复，妥善应对国际关系的新变化，这给2021年的宏观政策提出了全新的挑战。在如此纷繁复杂的国内外形势下，汽车市场将如何发展，会出现哪些亮点，需要大家共同探讨。

2021年也是我国汽车产业变革的重要节点。首先，《新能源汽车产业发展规划（2021～2035年）》的出台将为产业发展带来更清晰的目标，促使企业进一步加速新能源汽车的产品布局。其次，已经出台的《智能汽车创新发展战略》对汽车产业发展远景做出了规划，令车联网产业标准体系逐步完善，国家将进一步坚持创新驱动、推动汽车产业转型升级。同时，汽车产业政策将向促进开放、鼓励竞争的方向进一步调整，比如已出台的《中华人民共和国外商投资法》将为外资汽车企业提供更为开放、透明、公平的竞争环境，乘用车外资股比限制也即将放开，为产业竞争格局带来了更多变数。因此，汽车产业将发生什么变化，传统汽车企业会受到什么影响，新势力汽车企业将迎来哪些发展机遇，需要汽车产业和相关行业共同研讨。

为使社会各界对 2021 年我国汽车市场的发展趋势有一个深入的认识和了解，国家信息中心组织编写了《2021 中国汽车市场展望》，期望本书能为汽车行业主管部门和生产、经销企业提供有价值的决策参考依据。本书将汽车市场与宏观经济运行环境紧密结合在一起，采用定量与定性相结合的研究方法，从不同角度对 2021 年的汽车市场进行了深入分析和研究。由于时间仓促，书中难免有疏漏之处，敬请读者批评指正。

2021 年 1 月 18 日

目　　录

前　言

宏观环境篇

2020年中国经济形势回顾及2021年展望	张宇贤　王远鸿　牛犁　闫敏 胡祖铨　陈彬　邹蕴涵　郐琼	3
2020年世界经济形势分析与2021年展望	程伟力	15
2020年财政收支形势分析与2021年展望	王远鸿	22
2020年金融运行分析与2021年展望	李若愚	34
2020年工业形势分析及2021年展望	魏琪嘉	42
2020年中国对外贸易形势分析及2021年展望	闫敏	50
2020年固定资产投资分析及2021年展望	胡祖铨	59
2020年消费形势分析及2021年展望	邹蕴涵	68
2020~2021年区域经济发展分析与判断	胡少维	76

市场预测篇

2020~2021年汽车市场形势分析与预测	徐长明	89
2020年客车市场现状及2021年基本判断	佘振清	104
2020年微型车市场分析与2021年展望	冉碧林	129
2020年中重型货车市场分析及2021年展望	王帆	135
2020年轻型货车市场回顾与2021年展望	赵建林	142
2020年皮卡市场分析及2021年展望	邓振斌	148
2020年豪华车市场分析及2021年展望	叶永青　蒋睿毅	155
2020年SUV市场回顾与2021年展望	金凌志　蔡景平	162
2020年MPV市场分析及2021年展望	周剑敏	178
2020年微型电动汽车市场分析与展望	唐惠	190
2020年三轮汽车市场分析及2021年展望	张琦	200
2020年专用汽车市场分析及2021年展望	任海波　张秀丽	205

细分市场篇

2020年北京市汽车市场分析及2021年展望	郭咏	233
2020年天津市汽车市场分析及2021年预测	崔东树	246
2020年上海市乘用车市场分析及2021年预测	俞滨	255
2020年浙江省乘用车市场分析及2021年展望	王泽伟	264
2020年海南省乘用车市场分析及2021年展望	张飒	273
2020年安徽省乘用车市场分析及2021年展望	林超	284
2020年河南省乘用车市场回顾及2021年预测	朱灿锋 王彦彦	292
2020年我国进口车市场分析及2021年展望	国机汽车股份有限公司 王存	301
2020年中国汽车出口市场分析与2021年展望	陈菁晶 孙晓红 吴松泉	312
2020年二手车市场分析与2021年预测	罗磊	326

市场调研篇

上汽大众产品市场调研报告	张曙	339
2020年一汽-大众（大众品牌）产品调研报告	袁烨	345
2020年上汽通用汽车产品市场调研报告	姚倩	356
2020年广汽本田产品市场调研报告	毛玉晶	368
2020年东风日产产品市场调研报告	张健锋	376
2020年神龙汽车市场调研报告	李锦泉	383
2020年北京现代产品市场调研报告	郑海远	392
2020年奇瑞主销产品市场调研报告	洪佳伟	399
2020年广汽传祺产品市场调研报告	简飚 刘玉华 黄怡青 邹永健	408
2020年吉利汽车产品调研报告	张陈明	420
2020年荣威及MG产品市场调研报告	蔡晴	431
长安马自达产品市场调研报告	王超	447

专题篇

2020年国内纯电动车型投放特征及2021年展望	周莹	459
场景研究在汽车产品定义中的应用与探索	张晓聪	467
特斯拉入局对豪华车市场的影响	李睿昕	473
产品快速诊断方法初探	杨依菲	479
中国碳中和与碳达峰下新能源重型货车的机遇和挑战	关永康	484
电动汽车家用充电桩市场分析与发展趋势	罗亮	490

附　录

附录 A	与汽车行业相关的统计数据	497
表 A-1	主要宏观经济指标（绝对额）	497
表 A-2	主要宏观经济指标（增长率）	497
表 A-3	现价国内生产总值	499
表 A-4	国内生产总值 GDP 增长率（不变价）	500
表 A-5	现价国内生产总值（GDP）构成	502
表 A-6	各地区国内生产总值（现价）	503
表 A-7	各地区国内生产总值占全国比例	504
表 A-8	各地区国内生产总值增长率	505
表 A-9	全部国有及规模以上非国有工业企业总产值（当年价）	507
表 A-10	历年各种经济类型固定资产投资	507
表 A-11	2010~2019 年各地区工业产值占地区国内生产总值的比例	508
表 A-12	各地区全社会固定资产投资（现价）	510
表 A-13	各地区固定资产投资占全国的比例（全国＝100%）	512
表 A-14	2019 年分地区货物进出口总额（按收发货人所在地分）	513
表 A-15	各季度各层次货币供应量	514
表 A-16	各地区农村居民家庭年人均可支配收入	515
表 A-17	各地区城镇居民家庭年人均可支配收入	516
表 A-18	2019 年年底各地区分等级公路里程	517
表 A-19	历年货运量及货物周转量	518
表 A-20	历年客运量及客运周转量	519
表 A-21	各地区公路货运量	520
表 A-22	各地区公路货运量占本地区全社会货运量的比例	522
表 A-23	各地区公路货物周转量	523
表 A-24	公路货物周转量占全社会货物周转量的比例（分地区）	525
表 A-25	2008~2019 年年末全国民用汽车保有量	526
表 A-26	各地区历年民用汽车保有量	528
表 A-27	各地区民用货车保有量	529
表 A-28	各地区民用客车保有量	530
表 A-29	2019 年各地区私人汽车保有量	531
表 A-30	历年汽车产量	532
表 A-31	2019 年全国汽车产销分类构成	534
表 A-32	历年低速货车产销情况	535
表 A-33	能源生产总量及其构成	536

表 A-34	2011~2018 年分车型汽车进口数量	536
表 A-35	历年汽车进口数量及金额	537
表 A-36	主要国家历年汽车产量及品种构成	538
表 A-37	2015~2019 年世界主要国家乘用车生产量排序	539
表 A-38	1988~2019 年国外主要国家商用车产量	540

附录 B 国家信息中心汽车研究与咨询业务简介 543

宏观环境篇

寛政不審書

2020年中国经济形势回顾及2021年展望

2020年,面对新冠肺炎疫情严重冲击和复杂严峻的国内外环境,在以习近平同志为核心的党中央坚强领导下,我国统筹推进疫情防控和经济社会发展,有效推动生产生活秩序恢复,国民经济延续稳定恢复态势,预计全年GDP增长2.3%左右,成为世界唯一正增长的主要经济体。展望2021年,我国将开启全面建设社会主义现代化国家的新征程,发展环境将面临深刻复杂的变化,在超大规模市场新优势、全面深化改革、扩大对外开放、宏观调控政策有空间等支撑因素,以及低基数因素作用下,我国经济增速将前高后低,初步预计GDP增长7.6%左右,明显高于过去五年的水平,将为"十四五"规划开好局、起好步。

一、2020年我国成为全球唯一实现正增长的主要经济体

2020年以来,新冠肺炎疫情冲击、世界经济衰退给我国经济带来了前所未有的影响,一季度经济出现负增长。我国统筹疫情防控和经济社会发展,有效控制疫情,推动复工复产,及时出台助企纾困和激发市场活力的宏观调控政策,二季度经济增长实现由负转正,三季度经济加快回暖,充分展现出我国经济的强大韧性和巨大的回旋余地。在大流行、大动荡、大衰退、大博弈的国际政治经济环境中,我国成绩的取得确实来之不易。

1. 生产端恢复性增长特征明显,二产引领作用增强

2020年前三季度,我国GDP同比增长0.7%,较上年同期回落5.5个百分点。其中,一季度下降6.8%,二季度增长3.2%、三季度增长4.9%。我国是世界范围内第一个经济恢复正增长的主要经济体。从结构上看,第二产业恢复相对较快,对经济增长的贡献超过第三产业。

农业发展稳定向好。2020年前三季度,农业生产同比增长2.3%,较上年同期回落0.6个百分点。粮食生产再获丰收。在加强田间管理、保障农资调运、调增秋粮面积等因素的带动下,全年粮食产量有望连续6年稳定在1.3万亿斤的水

平。生猪生产恢复好于预期。截至 2020 年 9 月底，全国生猪存栏、能繁母猪存栏分别恢复至 2017 年年末的 84%和 86%，能繁母猪存栏已经连续 12 个月环比增长。农副产品生产结构进一步优化，粮食储备库存充足，农业农村投资快速回升，基础设施补短板加快推进。

工业生产逐步恢复常态。2020 年前三季度，第二产业生产同比增长 0.9%，较上年同期回落 4.7 个百分点。国家全力推进制造业产业链协同复工复产，打通产业链的"堵点""断点"，推动固链强链补链，工业运行状况逐月改善。规模以上工业增加值逐季分别增长-8.4%、4.4%和 5.8%，三季度工业增势已经恢复到上年的平均水平。在应对疫情中传统产业数字化、智能化转型明显加快，人工智能、物联网、车联网等技术创新和产业应用步伐进一步提速。

服务业复苏势头良好。2020 年前三季度，服务业生产同比增长 0.4%，较上年同期回落 6.6 个百分点。生产性服务业复苏相对较快，信息传输、软件和信息技术服务业增长 15.9%，金融业增长 7.0%，房地产业增长 1.6%，分别拉动服务业增长 1.04 个、0.99 个和 0.21 个百分点。但是，封闭性、聚集性、接触性提供服务内容的生活性服务业受疫情的冲击较大，复苏相对缓慢。批发零售业下降 4.2%，住宿餐饮业下降 19.1%，租赁和商务服务业下降 8.1%，上述三个行业合计下拉服务业 1.86 个百分点。随着国内疫情得到有力有效的控制，住宿、餐饮、文化体育、娱乐等行业有序恢复经营，市场活跃度有所提高。2020 年 9 月份，服务业生产指数同比增长 5.4%，比 8 月份提升 1.4 个百分点。

2. 需求端积极因素增多，投资支撑力度加大

2020 年前三季度，稳投资政策落地显效，在支出法国民经济核算下，投资拉动经济增长 3.1 个百分点，成为需求侧的主要动力。

投资关键性作用凸显。2020 年前三季度，固定资产投资同比增长 0.8%，较上年同期回落 4.6 个百分点。分季度看，一季度投资下降 16.1%，二季度强劲反弹至 3.8%，三季度进一步加快至 8.8%。在资金利率较低和流动性充裕的背景下，房地产投资和销售明显改善。特别是国债发行、专项债增发等改善了基建融资状况，"两新一重"建设加快，基建投资稳步增长。前三季度新增发行政府债务 6.83 万亿元，较上年同期增加 2.8 万亿元，同比增长 69.4%。受市场需求低迷、工业品价格下降、企业利润下滑等因素影响，制造业投资尤其是消费品制造业投资大幅下降。

消费需求缓慢回暖。2020年前三季度，社会消费品零售总额同比下降7.2%，较上年同期回落15.4个百分点。分限额标准看，限额以下批发零售额受疫情冲击更为明显，同比下降8.1%，限额以上批发零售额下降5.5%。分线上线下看，线下消费同比下降12.7%，线上消费同比增长15.3%。受聚集性、接触性消费活动受限影响，线下消费、住宿和餐饮市场仍有待恢复。但同时，疫情推动了新型消费逆势增长，远程办公、在线教育、互联网诊疗、直播带货等新业态、新模式加快发展，全国快递业务量日均2亿多件已成常态。在限购城市增加指标号牌、汽车下乡等政策带动下，汽车销量自5月份起已经连续五个月保持两位数增长。农村消费潜力加快释放，国家级贫困县网络零售额同比增长24.1%，智能电视、冰箱、洗衣机等升级类电器在农村销售火热。消费边际改善趋势不断巩固，三季度社会消费品零售总额同比增长0.9%，季度增速年内首次转正。

外贸出口好于预期。2020年前三季度，外贸出口额同比下降0.8%，上年同期增速为0。防疫物资供应、外贸供应链快速恢复、中美达成第一阶段经贸协议等因素支撑了出口增长。口罩、防护服、医疗器械等防疫物资出口强劲，纺织类、医疗器械类出口额分别同比增长33.7%、44.3%，合计拉动出口额增长1.9个百分点。受疫情防控影响，海外"宅经济"消费提升带动了笔记本电脑、集成电路出口额分别增长14.6%、12.1%。我国对美出口下降0.8%，降幅较上年收窄9.9个百分点。我国与东盟的经贸合作逆势增长，进出口贸易总值达到4818.1亿美元，同比增长5.0%，东盟历史性地成为我国第一大贸易伙伴。2020年10月份新出口订单指数和进口指数较上月继续提升，进出口形势进一步改善。

3."六稳""六保"落地见效，发展韧性持续增强

（1）经济基本盘总体稳定　就业形势企稳。2020年前三季度，城镇新增就业898万人，接近完成900万人的预期目标任务。2020年9月份，城镇调查失业率为5.4%，低于6%左右的预期调控目标。农民工和大学生等重点群体就业形势趋于稳定。截至三季度末，外出务工农民工达到1.8亿人，已经恢复到上年同期的97.9%。2020年9月份，20～24岁大专及以上人员（主要为新毕业大学生）的调查失业率较8月份下降了2.4个百分点。基本民生得到有效保障。2020年前三季度，全国居民人均转移净收入同比增长8.9%，较上年同期加快1.7个百分点。

其中，人均养老金和离退休金增长 8.7%，人均社会救济和补助增长 12.9%，人均政策性生活补贴增长 11.1%。市场主体减负落到实处。2020 年前三季度，全国新增减税降费累计达 20924 亿元，其中 2020 年出台的税费优惠政策新增减税降费 13659 亿元。全年金融部门以降低利率、延期还本付息、银行减免服务收费等方式预计让利 1.5 万亿元。能源供应安全稳定。2020 年前三季度，原油、天然气、钢材、10 种有色金属、电力产量同比分别增长 1.7%、8.7%、5.6%、3.5%、0.9%。产业链供应链稳定性和竞争力稳步提高。着力补短板、锻长板，提升重要原材料、关键零部件、核心元器件和关键软件的稳定供应水平。

（2）三大攻坚战取得显著成效 防范化解重大风险稳步推进。我国积极应对地方财政收支矛盾，建立资金直达基层、直达民生的转移支付机制，着力防范化解地方政府债务风险。稳妥实施房地产长效机制，创新性提出"三条红线"，对房地产企业实施差异化债务规模管理。脱贫攻坚将顺利收官。挂牌督战地区（52 个贫困县、1113 个贫困村）"两不愁三保障"和饮水安全已经基本解决，防止返贫监测机制基本建立。污染防治持续加强。2020 年前三季度，全国 337 个地级及以上城市平均优良天数比例为 87.2%，同比上升 5.7 个百分点。

（3）经济新动能加快培育 产业高端化、数字化、智能化趋势更加明显。2020 年前三季度，高技术制造业增加值同比增长 5.9%，高于规模以上工业 4.7 个百分点。其中工业机器人产量同比增长 18.2%，较上年同期加快 27.3 个百分点。高技术服务业投资快速增长，其中电子商务服务业、信息服务业投资分别增长 20.4%和 16.9%。消费数字化转型全面提速。以网络购物、移动支付、线上线下融合等新业态新模式为特征的新型消费快速发展，推动消费数字化转型从吃、穿、用等实物消费领域加快向医疗、教育、文娱等更多服务领域扩张渗透。生鲜电商、门店到家、无接触配送等新业态迅猛发展，"云逛街""云购物""云展览""云旅游"等新模式不断涌现。

4. 物价水平温和上涨，CPI—PPI 剪刀差逐步收窄

2020 年前三季度，受市场供求关系总体稳定、CPI 翘尾因素持续减弱等影响，CPI 月度同比涨幅逐月回落；受经济持续恢复、工业增速稳定回升等影响，PPI 月度同比降势有所趋缓，CPI—PPI 剪刀差由 2020 年 4 月份的年内高点 6.4 个百分点收窄至 9 月份的 3.8 个百分点。

（1）居民消费价格逐月回落　2020年前三季度，CPI同比上涨3.3%，较上年同期提高0.8个百分点。从单月看，9月份同比上涨1.7%，呈现出前高后低的回落态势。其中，翘尾因素影响2.9个百分点，占CPI总涨幅的近九成。非洲猪瘟等供给冲击的翘尾影响集中释放，猪肉价格是推高CPI的最重要因素，猪肉价格同比上涨82.4%，拉动CPI上涨约2.24个百分点，占CPI总涨幅的近七成。居民消费需求复苏相对较慢，非食品价格同比上涨0.5%，较上年同期回落1个百分点。受国际原油价格变动影响，交通燃料价格下降13%。居住价格同比下降，教育、医疗服务价格涨幅回落。扣除食品和能源价格的核心CPI上涨0.9%，回落0.8个百分点。

（2）工业生产价格降幅扩大　2020年前三季度，PPI同比下降2.0%，上年同期涨幅为0，降幅较上年全年扩大1.7个百分点。其中，翘尾影响约为-0.1个百分点，新涨价影响约为-1.9个百分点。从两大部类看，生产资料、生活资料价格"一降一升"，同比增速分别为-3.0%和0.8%。石油、煤炭价格下降是导致PPI回落的重要因素。2020年前三季度，国际原油价格同比下降30%以上，中国煤炭价格综合指数（CCPI）平均值为149.79，较上年同期下降6.9%。

5. 努力实现全年经济社会发展目标任务

展望2020年第四季度，"六稳""六保"任务落实成效日益显现，市场主体的预期与信心稳步改善，新产业新业态蓬勃发展，生产回升、消费回暖对经济持续复苏形成了有力支撑。但是，海外疫情反弹、世界经济衰退、美国总统选举结果等外部环境不确定性仍在增加，国内经济稳定复苏基础尚不牢固，内需不足、工业品价格低迷、小微企业生产经营困难、产业链供应链安全风险等制约经济稳定恢复。预计2020年第四季度GDP增长6.5%左右，2020年全年GDP增长2.3%左右，国内生产总值突破100万亿元；居民消费价格全年上涨2.5%左右；城镇新增就业超额完成调控目标；进出口增速好于预期，国际收支基本平衡。2020年四季度及全年中国主要宏观经济指标预测见表1。

表1　2020年四季度及全年中国主要宏观经济指标预测

时间	2020年前三季度实际		2020年第四季度预测		2020年全年预测	
单位	亿元	(%)	亿元	(%)	亿元	(%)
GDP	722786	0.7	299181	6.5	1022005	2.3

（续）

时间	2020年前三季度实际		2020年第四季度预测		2020年全年预测	
单位	亿元	(%)	亿元	(%)	亿元	(%)
第一产业	48123	2.3	30332	4.2	78461	3.0
第二产业	274267	0.9	115507	6.9	389803	2.6
第三产业	400397	0.4	153343	6.6	553741	2.1
规模以上工业增加值	—	1.2	—	6.8	—	2.7
固定资产投资（不含农户）	436530	0.8	87294	8.1	518847	3.1
房地产开发投资	103484	5.6	36828	8.0	141613	7.1
社会消费品零售总额	273324	-7.2	121416	5.6	392518	-3.9
出口/亿美元[①]	18114	-0.8	7255	7.8	25863	3.5
进口/亿美元	14853	-3.1	5559	1.7	20366	-2.0
居民消费者价格指数	103.3	3.3	99.9	-0.1	102.5	2.5
工业生产者出厂价格指数	98.0	-2.0	98.0	-1.6	98.1	-1.9

①进出口单位是美元，余下是亿元。

二、2021年国内外环境面临深刻复杂变化

展望2021年，我国经济发展环境面临深刻复杂的变化，新冠肺炎疫情前景未卜，世界经贸环境不稳定不确定性增大，国内经济循环面临多重堵点，重大风险隐患不容忽视。但我国发展仍处于重要战略机遇期，我国有显著的中国特色社会主义制度优势，有完整的产业体系和雄厚的物质技术基础，有超大规模的市场优势和内需潜力，有庞大的人力资本和人才资源，有持续释放的改革开放红利，有丰富的宏观调控经验和工具，经济稳中向好、长期向好的发展趋势没有也不会改变。

1. 国际环境错综复杂

（1）新冠肺炎疫情出现第二波反弹　新冠肺炎疫情仍在全球扩散蔓延，结束时间无法准确预测。随着秋季来临，欧美地区新冠肺炎疫情反弹加剧，多国确诊病例连创新高。为防控疫情蔓延，各国不得不再次收紧防控措施。2020年10月底法国、意大利、英国等宣布开始实施第二次全面"封锁"，给经济复苏带来

了不利影响。此外，疫苗研发并投入应用前景仍不明朗，即便疫苗有效，完成大规模接种工作也需要 6 个月甚至更长时间。

(2) 世界经济复苏前景不确定　经过一年的防疫实践探索，各国在统筹经济增长和疫情防控方面积累了一定经验，有效阻止了经济从衰退滑向萧条。总的来看，2021 年世界经济有望开启复苏进程，但复苏十分脆弱，世界经济最终表现将取决于疫情持续时间以及宏观对冲政策的有效性。经济合作与发展组织（OECD）2020 年 9 月报告预测，考虑疫情尚未得到有效控制以及经济复苏步伐出现放缓，2021 年全球经济将增长 5%，低于 2020 年 6 月预测的 5.2%。国际货币基金组织（IMF）2020 年 10 月报告预测，2021 年全球经济将增长 5.2%，略低于 2020 年 6 月预测的 5.4%，并强调全球经济活动恢复到疫情前水平存在难度，而且很有可能出现倒退。

(3) 中美多领域博弈加剧　美国经济社会发展面临疫情失控、大选洗牌、贸易摩擦等因素影响，中美两国在众多领域的博弈会进一步加剧。一是美国大选的最终结果不影响当前美国政治以及其他领域对中美关系的总体判断，中美博弈呈现长期化的趋势。二是在经历多领域角力、中美两国贸易谈判达成第一阶段协议后，后续谈判是否进行、如何进行等问题的不确定性较大。三是美国对我国的制裁手段向多领域延伸，除"实体清单"外，美国商务部还宣布正式对我国、俄罗斯、委内瑞拉三国实施新的出口限制政策，并推动实施资产管制和投融资禁令。四是美国增加了对"一带一路"倡议的干扰，持续以技术封锁、金融制裁为由，阻挠一些中小国家与我国合作，并利用一些国家政权交替之际否定与我国"一带一路"相关的各项合作协议。

(4) 国际金融市场波动性增大　疫情引发的经济衰退将导致市场避险情绪升温，暴露并加剧了金融脆弱性，加大了金融市场的波动风险。一是股票市场波动增大。当时十年期美国债收益率已降至历史低位，美国股市整体估值持续跃升，而企业盈利预计深度下滑，股市表现和企业基本面已大幅背离，市场脆弱性明显加大。一旦美股大幅调整波动，可能拖累全球股市出现较大震荡。二是全球高债务风险日益凸显。当前 G20 的债务总额已经达到 146 万亿美元，是 2008 年水平的 1.8 倍。一旦利率市场出现大幅调整或者出现大规模企业倒闭，企业债务违约将可能成为引发金融风险的导火索。世界主权债务风险也在持续累积，叠加财政状况恶化，部分发展中国家或将出现实质性债务违约。

2. 国内风险挑战交织叠加

（1）内需不足导致供需两端温差　　当前，我国消费需求恢复缓慢、投资需求内生动力不足，需求势能减弱可能进一步向生产端传导，制约经济反弹高度，成为经济领域面临的重要挑战。2020 年 9 月末，规模以上工业企业产成品存货同比增长 8.2%，较上年同期提高 7.2 个百分点，一定程度上反映出终端需求不振、产品销售不旺的问题。供需不匹配背景下的供给恢复难以长期持续，企业前期订单耗尽后停产减产的可能性较大，需谨防供给需求"双萎缩"风险。

（2）基层财政收支平衡难度加大　　受疫情冲击、经济减速、企业效益不佳以及大规模减税降费等因素影响，地方财政收入增长明显放缓。但疫情防控、民生保障等刚性支出仍在增长，部分基层市县"保基本民生、保工资、保运转"已经出现压力。此外，为应对疫情冲击，2020 年地方政府新增债务 4.68 万亿元，较 2019 年增长 51.9%。地方政府债务规模快速攀升，化债支出和利息支出压力加大，地方财政收支平衡难度进一步增加。

（3）潜在金融风险不容忽视　　2020 年前三季度，广义货币增速高出 GDP 名义增速 9.5 个百分点，总体杠杆率和分部门杠杆率出现反弹，金融机构坏账风险需高度重视。中小银行风险加速积聚，城商行、农商行的信贷资产质量承压更大，信用风险和流动性风险较大型商业银行更集中。疫情之下企业主营业务下滑、收入回款变差，财务费用上升，导致现金净流入缩减，偿债资金来源减少，企业债违约风险将有所上升。

（4）就业稳中提质难度增强　　一是疫情冲击下，中小微企业岗位特别是服务业岗位需求降幅大，呈现出"规模越小降幅越大"的特征，吸纳就业能力下降。二是线上消费加快取代实体消费，新的消费结构流通链条短，就业带动能力差，带来新的消极影响。三是灵活就业对缓解就业压力贡献巨大，但这些领域社保覆盖、劳动合同以及法律保障等就业正规化程度仍不清晰，就业质量不高。四是预计 2021 年普通高等院校大学毕业生在 909 万人以上，高校毕业生就业难度将进一步增大。

3. 经济发展长期向好基础扎实巩固

（1）超大规模市场加速释放新优势　　随着相对有利的外部发展环境正在发生深刻改变，我国超大规模市场新优势正在对全球市场产生重大影响，逐步形成对国内大循环与国内国际双循环的有力支撑。我国的超大规模市场新优势不仅包含劳动力、消费、产业、创新、金融、物流、房地产等各领域，而且包括商品市场、服务市场以及要素市场等各方面。新一代青壮年人口数量优势、强大的消费市场优势、科技创新与技术产业化应用规模优势等将加速我国经济复苏进程，为疫情后高质量发展打下了坚实基础。

（2）全面深化改革扩大对外开放激发新活力　随着全面深化改革、持续推进扩大开放，我国正在加快打造市场化法治化国际化营商环境，更大力度地为各类市场主体投资兴业破堵点、解难题。"放管服"改革深入开展，政府服务效能明显提高，创新创业蓬勃发展。我国营商环境国际排名显著提升，连续多年成为世界最具投资价值的国家之一。全面深化改革将在更广范围、更大深度、更宽领域解放和发展生产力、激发市场活力、增强经济发展动力。与此同时，尽管经济全球化遭遇逆风和回头浪，我国仍坚定不移地扩大对外开放，推动由商品和要素流动型开放向规则等制度型开放转变。全面实施准入前国民待遇加负面清单管理制度，大幅缩短外资准入负面清单，扩大服务业、制造业等领域的开放，积极搭建自贸试验区、自由贸易港、跨境电商综合试验区、进博会等更高水平的对外开放平台。改革开放红利充分释放将创造经济发展的强劲动能。

（3）宏观调控有力有效仍存新空间　自疫情发生以来，我国宏观调控从财政政策、货币政策、就业政策、产业政策等多角度为防控疫情、恢复经济做出了科学判断、精准调度，统筹好了"立足当前"与"跨周期调节"的关系，为后续经济复苏发挥了重要作用。不同于其他主要发达经济体实施超规模量化宽松政策，我国央行资产负债表扩张相对温和，仍有进一步降准、减息的政策空间，赤字率等财政主要指标明显低于同期世界主要经济体，国债余额占 GDP 比重处于合理区间。未来，积极的财政政策和稳健的货币政策在总量与结构上对稳定经济基本盘仍然具有较大的调控操作余地。我国宏观经济政策的综合协调性将进一步加强，在抵抗疫情冲击、稳定经济发展、促进结构转型、增强发展动力的过程中，实现宏观调控多重目标、多种政策、多项改革平衡协调联动。

三、2021 年经济增长前景展望

1. GDP 增长预测

2021 年我国经济恢复性回升特征明显。新冠肺炎疫情对经济的负面冲击主要集中在 2020 年上半年，随着国内疫情防控取得重大战略成果，疫情对经济社会活动影响趋弱，社会生产经营活动加快恢复。从 GDP 核算角度，受上年同期基数较低的影响，2021 年上半年我国经济将实现高速增长，对全年经济增速影响较大。

预测情景一：假定 2020～2021 年经济仅恢复到正常水平的 70%左右。国外疫情出现多次反复、世界经济复苏不及预期，国内疫情点状暴发时有发生、聚集性接触式消费仍被抑制、供需温差持续制约工业生产。预计 2021 年经济增速将达到 6.3%，基数效应为 2.1%，贡献率 32.6%。

预测情景二：假定 2020～2021 年经济总体恢复到正常水平的 80%左右。国外疫情基本控制、世界经济稳步复苏，国内疫情有效控制、消费加快复苏、需求回暖带动生产加快。预计 2021 年经济增速将达到 7.6%，基数效应为 2.7%，贡献率 35.5%。

预测情景三：假定 2020～2021 年经济基本恢复到正常水平的 90%左右。国内外疫情均得到有效控制，疫情影响快速消退，世界经济、我国经济均恢复常态。海外需求明显改善，国内消费强劲复苏带动内需扩张，企业利润明显改善，市场主体信心进一步增强。预计 2021 年经济增速将达到 8.8%，基数效应为 3.3%，贡献率 37.5%。

国内外机构近期预测显示 2021 年我国经济增速将超过 7%。社科院工经所（2020 年 10 月）预计 2021 年我国 GDP 增长 8%左右，招商证券（2020 年 9 月）预计增长 9.0%左右。同时，根据以往经验判断，国际机构对我国 GDP 增速的预测通常会高出世界经济增速 2～3 个百分点。OECD（2020 年 9 月）预计 2021 年我国 GDP 增速为 8%、世界经济增速为 5%，IMF（2020 年 10 月）预计我国 GDP 增速为 8.2%、世界经济增速为 5.2%。

综上考虑，预计 2021 年我国 GDP 将增长 7.6%左右。

2. 其他主要指标预测

固定资产投资增长 7.0%左右。市场流动性保持合理充裕，企业融资环境有所改善。我国持续深化"放管服"改革，加快优化营商环境，提升企业投资便利性。随着企业效益持续回暖、投资信心稳步恢复，制造业投资有望加快。在政府投资保持力度、信贷资金大力支持以及新型基建需求加快释放等因素的带动下，基础设施投资增速有望加快。房地产市场将面临周期性下行和融资政策效果逐渐显现的双重压力,房地产投资增速将有所承压。

社会消费品零售总额增长 9.8%左右。扩内需是构建新发展格局的战略基点,促消费将成为扩内需战略的主要发力点。各级政府出台的一揽子促消费政策措施将为居民营造良好的消费环境,有利于提振消费者信心,释放居民消费潜力;稳就业政策持续实施落地,有利于稳定就业基本盘,为消费增长提供收入源泉;国家引导汽车消费从购买管理向使用管理转变,有利于促进汽车消费加快增长。

进出口增速双转正,出口增长 5.0%,进口增长 5.5%。全球经济复苏、外部需求改善、稳外贸政策力度加强等因素有利于出口延续增长势头。我国持续扩大对外开放,国内需求改善将助力进口回升。此外,贸易数字化转型快速推进,跨境电商等新业态、新模式层出不穷,将拓宽传统外贸企业的发展空间,为我国外贸增长增添新活力。但也应注意到,我国外贸面临的不确定不稳定因素依然较多,人民币较快升值不利于外贸出口保持价格竞争力,国外生产能力恢复也将导致我国出口"替代效应"逐渐消退,中美经贸摩擦风险、地缘政治风险等仍不容忽视。

CPI 上涨 1.0%左右。CPI 翘尾因素将大幅减弱,从 2020 年的平均 2.2 个百分点降低至 2021 年的平均-0.5 个百分点左右。一是食品价格对 CPI 上涨的拉动作用明显减弱。我国高度重视粮食供应安全,主要粮食生产国逐步放松出口管制也将对粮价产生平抑作用,粮食价格将保持温和增长态势。猪肉产能加快恢复,供需矛盾缓解,猪肉价格将逐步下行。二是非食品价格对 CPI 上涨的推动作用将有所增强。随着住宿、餐饮、旅游、教育等消费活动逐渐恢复正常,非食品类的商品和服务价格将企稳回升,对 CPI 上涨的支撑作用明显加强。

PPI 上涨 1.0%左右。一是随着世界经济逐步复苏,全球对国际大宗商品的需求将不断回升,从而推动国际大宗商品价格上涨,我国面临的输入型价格上涨动因有所增强。二是我国实施扩内需战略,带动消费反弹、投资加快,对工业品的需求将有所增加,支撑工业品价格上涨。2021 年中国主要宏观经济指标预测见表 2。

表 2　2021 年中国主要宏观经济指标预测

时间	2020 年预测		2021 年预测	
单位	亿元	(%)	亿元	(%)
GDP	1022005	2.3	1120047	7.6

（续）

时间 单位	2020年预测		2021年预测	
	亿元	（%）	亿元	（%）
第一产业	78461	3.0	85189	3.9
第二产业	389803	2.6	425315	7.5
第三产业	553741	2.1	609543	8.2
规模以上工业增加值	—	2.7	—	7.5
固定资产投资（不含农户）	518847	3.1	555167	7.0
房地产开发投资	141613	7.1	152942	8.0
社会消费品零售总额	392518	-3.9	430985	9.8
出口/亿美元①	25863	3.5	27156	5.0
进口/亿美元	20366	-2.0	21487	5.5
居民消费者价格指数	102.5	2.5	101.0	1.0
工业生产者出厂价格指数	98.1	-1.9	101.0	1.0

①进出口单位是美元，余下是亿元。

（作者：张宇贤　王远鸿　牛犁　闫敏　胡祖铨　陈彬　邹蕴涵　邬琼）

2020年世界经济形势分析与2021年展望

2020年世界经济增长延续过去十年的下滑趋势,新冠肺炎疫情的暴发更是雪上加霜,全球贸易和投资大幅衰退,经济区域化趋势初见端倪,失业率大幅攀升,全球减贫成果受到巨大冲击,但超常规的经济刺激政策维护了金融市场的稳定。展望2021年,全球经济将从衰退中走出,但发达国家仍然不能恢复2019年水平,同时仍然面临诸多不利和不确定因素,潜在风险不可低估。在此形势下,我国应顺应经济全球化向区域化转变的趋势,做好应对工作;积极参与全球治理,倡导国际合作新模式;加快国内产业转移,充分发挥中西部地区在构建"双循环"格局中的重要作用。

一、2020年世界经济形势分析

2010年之后,全球经济增速除了2017年出现微弱反弹之外,总体上处于下滑状态,2019年全球经济增长2.8%,创十年最低水平(见图1)。笔者在《2019年世界经济形势分析与2020年展望》中预测2020年全球经济将继续延续下滑趋势,新型冠状病毒这只黑天鹅则将全球经济拖入二战以来最为严重的衰退。

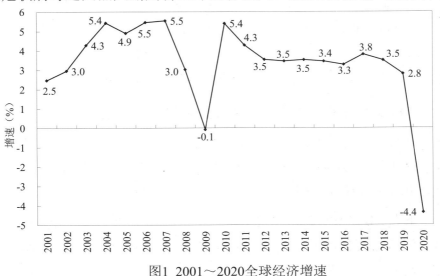

图1 2001~2020全球经济增速

(注:资料来源于国际货币基金组织)

1. 上半年全球衰退超过次贷危机，下半年逐步复苏

2020年上半年，受新冠肺炎疫情影响，全球生产链出现中断，供给和需求均遭到重大冲击，全球经济衰退幅度超过2008年次贷危机。

从发达国家情况来看，全部陷入严重衰退。2020年上半年，美国一季度GDP同比小幅增长0.3%，但二季度GDP同比下降9.5%，二季度GDP环比折年率更是大幅下降32.9%，创下二战后最大降幅。欧元区经济同样遭遇重创，2020年前两个季度欧元区GDP同比分别下降3.1%和15%，这是近七年来的首次负增长，也是1996年以来的最大降幅。2020年前两季度，日本GDP环比折年率分别下滑3.4%和27.8%，连续三个季度环比负增长，同样创二战后最差纪录。

从新兴经济体的情况来看，则出现明显分化现象。2020年上半年，越南经济在全球"一枝独秀"，前两个季度GDP分别同比增长3.8%和1.8%，增速虽有所放缓，但仍保持小幅增长。2020年一季度，印度经济仍保持了3.1%的较高增长，GDP约为7362亿美元，超过英、法，在全球排第五名，备受世界瞩目；但是二季度同比下降24%。俄罗斯情况与印度类似，2020年一季度同比增长1.6%，似乎未受疫情影响，但二季度同比下降8.5%。巴西前两季度GDP环比分别下降1.5%和9.7%。

由于大多数国家在2020年5月份和6月份放松了封锁措施，2020年三季度开始经济出现逐步复苏迹象，2020年10月份全球制造业PMI为54.5，连续4个月保持在50以上。作为疫情最严重的国家，美国11月份的PMI上升到了57.5，也是持续五个月保持在50以上，其他国家也出现了不同程度的复苏。2020年三季度美国GDP环比增长7.4%，不过同比仍然下降2.8%。欧元区三季度GDP环比增长12.7%，经济反弹远强于市场预期，同比下降4.3%。

2. 全球贸易和投资大幅衰退，经济区域化趋势初见端倪

贸易摩擦已经导致2018年和2019年全球贸易和投资增速持续下滑，疫情的暴发导致全球生产和供应链中断，全球贸易急剧下滑，根据国际货币基金组织的测算，2020年全球货物和服务贸易将下降10.4%（见图2），下降幅度略高于次贷危机最严重的时期，也就是2009年。与此同时，全球外国直接投资（FDI）则以更大的幅度下滑。疫情暴发以来，联合国贸发会议多次大幅下调全球FDI增速，最新发布的《2020年世界投资报告》预计，2020年全球FDI流量将急剧下降40%，

这是自 2005 年以来 FDI 流量首次低于 1 万亿美元。

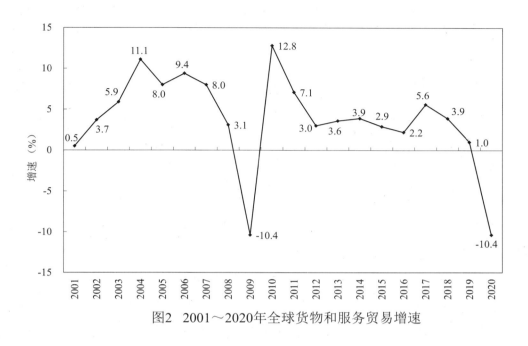

图2　2001～2020年全球货物和服务贸易增速

受全球贸易摩擦影响，疫情之前经济全球化向区域化变化的趋势已见端倪。2017 年美国与我国、加拿大、墨西哥的商品贸易额分别为 6360 亿美元、5824 亿美元、5570 亿美元，我国是美国的第一大贸易伙伴；2019 年分别为 5589 亿美元、6121 亿美元、6145 亿美元，墨西哥和加拿大超越我国成为美国第一和第二大贸易伙伴。2020 年前 9 个月，美国与我国、加拿大、墨西哥的贸易额分别为 3850 亿美元、3831 亿美元、3860 亿美元，墨西哥仍然是美国第一大贸易伙伴，我国虽然上升到第二位，但贸易额只比加拿大多 19 亿美元，并没有明显的领先优势。由此可见，世界经济发展模式由全球化向区域化转变的苗头比较明显。

3. 超常规经济刺激政策并未加大全球通货膨胀压力，国际金融市场稳定促进了经济复苏

为对冲疫情的影响，各国都推出了超常规的财政金融刺激政策，从理论上全球将面临巨大的通货膨胀压力，但从实际情况来看并非如此。根据 IMF 的测算，2020 年发达经济体 CPI 上涨 0.8%，比 2019 年下降 0.6 个百分点；新兴和发展中经济体 CPI 上涨 5%，比 2019 年回落 0.1 个百分点。出现这一现象的主要原因如下：一是防控疫情导致的活动受限压制了消费需求，尤其是餐饮、旅游、文化娱乐等服务消费；二是突发的疫情改变了消费和储蓄行为，疫情期间乃至疫情之后，人们的储蓄倾向将会提高，提前和透支消费行为将会弱化；三是疫情导致的收入下降制约了消费能力。

与次贷危机时期不同，2020 年全球经济虽然出现严重衰退，但金融市场尤其是发达国家的金融市场保持了稳定。由于金融市场是信息化程度较高的行业，金融业并未出现大规模的停工停产，在宽松的货币政策支持下，金融服务实体经济的功能进一步增强，对全球经济的复苏做出了重要贡献。

4．疫情导致全球失业人口剧增，减贫进程严重受阻

疫情导致全球失业率急剧攀升，作为发达国家的代表，2020 年 4 月份美国失业率升至 14.7%，创上世纪 30 年代经济大萧条以来新高；作为新兴市场国家代表，印度同期失业率飙升至 27.1%，超过 1 亿人在 4 月份失去工作。复工复产后失业率有所下降，但仍位居较高水平，10 月份美国失业率仍然高达 6.9%。失业率的上升也抑制了工资水平的上升，从而导致我国之外所有国家提高平均生活水平的进程出现倒退，全球减贫成果受到严重冲击。

对于非正式就业且不在社保范围之内的劳动者而言，各国限制人员流动措施将使其失去收入来源，跨国移民工人难以从传统的援助网络中获益。根据 IMF 的测算，2020 年近 9000 万人的收入可能降至每天 1.90 美元的极度贫困水平以下。世界银行《贫困与共享繁荣》报告指出，假如疫情没有发生，预计贫困率在 2020 年会降至 7.9%，但疫情导致贫困率或将达到 9.1%～9.4%，这意味着过去三年的扶贫成果全部清零。另外，疫情期间的学校停课带来了新的严峻挑战，也将对全球人力资本积累造成严重的负面影响。

二、2021 年世界经济增长影响因素分析及趋势判断

展望 2021 年，全球经济有望从衰退中走出，实现恢复性增长，但只有我国和东盟五国等少数经济体能达到或超过 2019 年水平，其他国家都需要更长的时间，同时仍然面临诸多不利和不确定因素，潜在风险仍然不可低估。

1．有利因素

同 2020 年相比，2021 年全球经济发展将受到一系列有利因素的支撑。一是

疫情对全球经济影响的减弱。如果疫情得到有效控制,全球经济有望出现快速反弹;即使出现新一轮疫情,对各国经济冲击的边际效应也会相对减弱。二是全球贸易将会反弹。根据世界贸易组织发布的《贸易统计与展望》报告,2021年全球商品贸易量将增长7.2%,尽管这一增长无法使全球贸易恢复到疫情前水平,但仍是拉动全球经济增长的重要力量。三是政治经济周期将促进2021年的经济增长。研究表明,全球存在政治经济周期,受此影响,美国、日本等有关国家经济增速有望提高。四是疫情将加速全球数字经济、医疗卫生、机器人等相关产业的发展,从而为全球经济增长提供新动力。五是通货膨胀仍将保持较低水平,在此背景下宽松的货币政策暂时不会退出,全球金融市场有望保持稳中有进的态势。

2. 不利因素

毋庸置疑,2021年世界经济发展还将面临诸多不利以及不确定因素。一是各国经济刺激政策的力度和边际效应将大大减弱。当前发达国家的利率已经无下调空间,财政赤字率已经很高,财政金融政策支持经济增长的空间和手段已经非常有限,即使进一步出台刺激政策,其边际效应也远远低于2020年。二是全球FDI继续下降,根据联合国贸发会议发布的《2020年世界投资报告》,2021年FDI还将减少5%~10%,FDI是全球价值链的重要载体,受此影响全球价值链对经济增长的贡献将延续2020年的负增长态势。三是全球贸易政策存在较大的不确定性。如果贸易摩擦缓和,全球贸易复苏将好于预期;如果没有明显改善甚至进一步加剧的话,将会拖累全球经济复苏。但是,无论出现哪一种情形,都难以恢复到之前的状态。四是导致全球经济增速下滑的中长期因素继续存在,这些因素包括贫富差距扩大、技术进步对经济增长的边际贡献降低、缺乏支撑全球经济持续快速增长的主导产业、全球价值链增长停滞、逆全球化等等。五是中东与东亚的地缘政治冲突等"黑天鹅"事件将会对经济发展带来负面冲击。另外,虽然全球爆发金融危机的概率很小,但国际金融资本市场存在大幅动荡的可能。

3. 2021年世界经济增长趋势判断

根据IMF的预测,2020年全球经济将出现4.4%的衰退,2021年全球经济将增长5.2%,在2020年衰退和2021年复苏之后,2021年全球GDP水平比2019年略高出0.6%,这意味着发达和新兴市场经济体2020年和2021年将出现巨大的负产出缺口和高失业率,但在不同的经济体之间存在较大的差异。

从发达经济体的情况来看，2020年GDP将下降5.8%，预计2021年增长3.9%，GDP比2019年还低约两个百分点，不能恢复到疫情前水平。预计2020年美国、欧元区、日本三大经济体的GDP分别收缩4.3%、8.3%和5.3%，2021年分别增长3.9%、3.1%和2.3%。由于欧元区和日本2020年经济衰退程度过深，复苏道路将更为艰难，存在加强国际经济合作的意愿和动力。

新兴和发展中经济体仍然是全球经济稳定和增长的重要动力，预计2020年经济衰退3.3%，比发达经济体低1个百分点；2021年增长6%，GDP比2019年高约2.7个百分点，和发达经济体形成鲜明对比。不过，主要贡献来自于我国和东盟五国。预计2020年我国和东盟五国经济分别增长1.9%和-3.4%，2021年分别增长8.2%和6.2%，其他新兴和发展中经济体虽出现不同程度的增长，但都无法恢复到2019年的水平。

三、政策建议

1. 顺应经济全球化向区域化转变趋势，积极做好应对工作

前文指出，疫情之前，受全球贸易摩擦影响，经济全球化向区域化转变的趋势已见端倪；疫情之后，欧美国家舆论呼吁医疗用品产业回流国内的声音很高，经济社会发展不能只考虑降低成本和增加利润，在此背景下，区域经济一体化发展趋势进一步增强。针对这一现象，我们需要高度重视。一是继续加强"一带一路"国际合作，"缩短"地理距离，推动经济全球化发展。二是广泛采取数字技术，"拉近"空间距离。三是顺应潮流，进一步加强亚洲国家之间的经济合作。从前文分析也可以看出，当前和未来亚洲经济增长态势都好于其他地区，也是世界经济增长和稳定的重要动力。2020年11月15日，15个成员国经贸部长正式签署《区域全面经济伙伴关系协定》（RCEP），该协定的签署标志着世界上人口数量最多、成员结构最多元、发展潜力最大的东亚自贸区建设成功启动，下一步应尽快推动协定落地。

2. 积极参与全球治理，倡导国际合作新模式

当前世界经济发展正处于变局之中，政治经济周期决定了2021年是变局中的节点，全球经济合作模式将在博弈中重新选择方向，在这一关键时期我国应积极参与全球治理，倡导国际合作新模式。根据当前形势，我国应维护国际组织的

权威，充分发挥国际组织调解国际争端的功能。同时，加强国际间的沟通和磋商，积极推动国际组织的改革，完善全球治理。2021年，我国应在国际抗疫合作、通过多边合作化解贸易和科技领域的争端、全球产业链合作、发展中国家减贫、应对气候变化、防范国际金融风险等方面提出新的倡议和合作模式。

3. 加快国内产业转移，充分发挥中西部地区在构建"双循环"格局中的重要作用

疫情之前，东部发达地区外部面临贸易摩擦、内部面临生活成本上升等诸多问题，产业向海外转移的迹象明显，一旦这一趋势形成将难以逆转，从而导致国内产业空心化。因此，我国应加快国内产业向中西部地区转移，以"十四五"规划为契机，优化产业布局，健全国内产业链，促进区域经济协调发展，提高中西部地区融入"双循环"的能力。重大疫情往往会诱发经济社会某些领域发生重大变革，从当前形势来看，以信息技术为支撑的数字经济、机器人技术、生物保健、传统中医中药等产业将会遇到新的发展机遇，这也是中西部地区可以发挥后发优势、实现跨越式发展的产业，需要引导外资和东部地区中资企业投资中西部地区，加快相关产业发展。

（作者：程伟力）

2020年财政收支形势分析与2021年展望

2020年，面对新冠肺炎疫情带来的风险挑战，积极的财政政策效果更加明显，加大减税降费力度、提高财政赤字率、增加地方政府新增专项债、发行抗疫特别国债，以更大的政策力度对冲疫情影响，做好"六稳"工作、落实"六保"任务，发挥了稳定经济的关键作用，财政收支基本实现预算目标。2021年，全球新冠肺炎疫情有望缓解，国内外经济环境有望改善，财政收支增速将明显恢复，财政收支平衡压力明显减轻。为了确保经济社会平稳运行，加快构建以国内大循环为主体、国内国际双循环相互促进的新发展格局，宏观政策基本取向应该保持不变，积极的财政政策应提质增效，财政支出应保持适当力度，避免出现"政策悬崖"。

一、2020年全国财政收支形势分析及预测

1. 2020年前三季度财政收入同比下降

2020年前三季度，受新冠肺炎疫情冲击等因素的影响，我国经济增长0.7%，比上年同期回落6.9个百分点，投资、消费、出口三大需求增速明显下滑，PPI和企业利润下降。全国一般公共预算收入141001.05亿元，完成预算的78.2%，同比下降6.4%（见图1），低于上年同期9.7个百分点，低于2020年年初预算安排增幅1.1个百分点。其中，中央一般公共预算收入65335亿元，同比下降9.3%；地方一般公共预算本级收入75667亿元，同比下降3.8%。全国税收收入118875.62亿元，完成预算的77.5%，同比下降6.4%；非税收入22125.89亿元，完成预算的82.1%，同比下降6.7%。

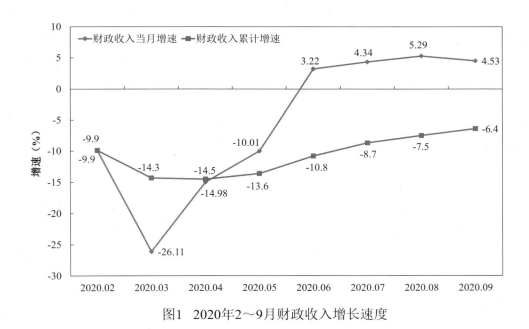

图1　2020年2～9月财政收入增长速度

2020年前三季度财政收入增长有如下特点：

（1）随着新冠肺炎疫情得到控制和复工复产的推进，财政收入和主体税种增速先降后升　2020年前三季度，全国一般公共预算收入增速呈现一季度大幅下降、二季度触底回升、三季度由负转正的态势，各季度同比增幅分别为-14.3%、-7.4%、4.7%。全国税收同比下降6.4%，降幅比一季度和上半年分别收窄10个、4.9个百分点，全国税收收入占一般公共预算收入比重为84.3%，与上年同期持平。其中，受上年4月深化增值税改革的翘尾减收、工业增加值增速和PPI涨幅下降的影响，工商业增值税23394.88亿元，同比下降16.6%，比上年同期回落17.4个百分点；受上年基数较低的影响，个人所得税8561.74亿元，同比增长7.3%，比上年同期加快37个百分点；受企业利润增速下降的影响，企业所得税30013.73亿元，同比下降4.9%，比上年同期回落7.6个百分点；受一般贸易进口增速回落等影响，进口货物增值税、消费税11007.22亿元，同比下降9.4%，比上年同期回落1.3个百分点。关税1898.73亿元，同比下降11.6%，比上年同期回落8.6个百分点。

（2）多渠道盘活国有资源资产，地方非税收入增长较快　2020年前三季度，全国非税收入22125.89亿元，完成预算的82.1%，同比下降6.7%。中央非税收入2490亿元，同比下降52.9%，主要是上年同期特定国有金融机构和央企上缴利润基数较高。地方非税收入19636亿元，同比增长6.6%，主要是积极挖掘潜力，多渠道盘活国有资源资产增加收入，地方国有资本经营收入和国有资源（资产）有偿使用收入合计拉高地方非税收入增幅6.7个百分点。同时，企业负担持续减轻，涉企收费继续下降，全国行政事业性收费收入下降3.1%、地方教育费附加等专项收入下降1.2%。

（3）受复工复产进度和产业结构差异的影响，中部地区财政收入降幅最大

2020年前三季度，分区域看，东部、中部、西部、东北地区财政收入同比增速分别为-2.7%、-7.2%、-3.4%、-5.6%，降幅分别比上半年收窄3.9个、4.9个、3.1个和6.4个百分点。分省份看，青海、河南、浙江、云南、广西、江苏、四川、广东、江西等9个省收入累计增幅实现正增长，比上半年增加4个。西藏、甘肃、山东、吉林、河北、辽宁、福建、安徽、湖南、贵州、新疆、上海、宁夏、重庆、内蒙古、陕西16个省市区收入降幅在0～10%之间。北京、山西、黑龙江、海南、天津、湖北6个省市收入降幅在10%以上。

2．2020年前三季度财政支出同比增速小幅下降

2020年前三季度，积极的财政政策效果更加明显，提高赤字率，发行抗疫特别国债，增加地方政府专项债券，坚决打好三大攻坚战，加大"六稳"工作力度，落实"六保"任务，坚定实施扩大内需战略，确保经济社会大局稳定。疫情防控、脱贫攻坚、基层"三保"等重点领域支出得到有力保障，非急需非刚性支出受到明显压减。全国一般公共预算支出175185.08亿元，完成预算70.7%，同比下降1.9%（见图2），比上年同期回落11.3个百分点。其中，中央本级支出24542亿元，下降2.1%，剔除国防、债务付息支出后，下降11.7%；地方财政支出150643亿元，下降1.9%。财政收支相抵，累计赤字34183.57亿元，同比增加6248.8亿元。

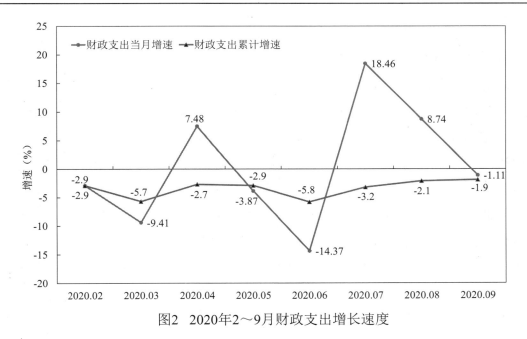

图2 2020年2～9月财政支出增长速度

2020年前三季度，全国一般公共预算主要支出情况：

（1）教育支出增速小幅下降 2020年前三季度，教育支出25554.14亿元，完成预算的69.5%，同比下降1.9%，比上年同期回落11.6个百分点。重点保障义务教育教师工资待遇落实，继续支持中西部贫困地区改善办学条件，不断缩小城乡、区域、校际差距。加快推进高中阶段教育普及攻坚，促进职业教育提质培优，支持加快一流大学和一流学科建设，支持中西部高校发展，提升高等教育内涵式发展水平。

（2）科学技术支出增速有所下降 2020年前三季度，科学技术支出5670.3亿元，完成预算的57.7%，同比下降5.7%，比上年放慢16.3个百分点。重点加大了对新冠肺炎疫苗、药物和快速检测技术科研攻关的支持力度，切实保障资金需求。健全鼓励支持基础研究、原始创新的体制机制，加大关键核心技术攻关力度。支持国家实验室建设和国家重点实验室体系重组，强化国家战略科技力量。

（3）文化体育与传媒支出小幅下降 2020年前三季度，文化体育与传媒支出2537.07亿元，完成预算的61.7%，同比下降1.3%，比上年放缓6.1个百分点。重点支持公共文化服务体系建设，支持提高基本公共文化服务的覆盖面和适用性，促进基本公共文化服务均等化。积极帮扶受疫情影响的部分文化产业恢复发

（4）社会保障和就业支出明显增长　2020年前三季度，社会保障和就业支出25865.47亿元，完成预算的80.4%，同比增长8.2%，比上年同期放缓1.0个百分点。突出支持做好高校毕业生、退役军人、农民工等重点人群就业工作，多渠道促进就业创业。继续用好失业保险基金，加强失业人员基本生活保障和再就业服务。按5%的幅度上调退休人员基本养老金，同时适度提高城乡居民基础养老金的最低标准。将企业职工基本养老保险基金中央调剂比例提高到4%，加大对困难地区的支持力度，确保退休人员基本养老金按时足额发放。加强面向社区的养老服务供给和设施建设，持续推动医养结合，支持养老事业发展。支持各地做好低保、特困人员的救助供养、临时救助、流浪乞讨人员救助、孤儿基本生活保障等工作。

（5）卫生健康支出小幅增长　2020年前三季度，卫生健康支出14343.09亿元，完成预算的80.2%，同比增长4.0%，比上年放缓6.0个百分点。重点落实常态化疫情防控要求，加大财政投入力度，突出可持续、保底线，促进人民健康和医疗卫生水平提高。居民医保人均财政补助标准提高30元，达到每人每年550元。基本公共卫生服务经费人均财政补助标准提高5元，达到每人每年74元。加强公共卫生体系建设，推动建设重大疫情防控救治体系和应急物资保障体系。

（6）节能环保支出大幅下降　2020年前三季度，节能环保支出4024.03亿元，完成预算52.8%，同比下降15.3%，比上年回落29.8个百分点。重点加快推进城市黑臭水体治理、中西部城镇污水处理提质增效、长江和黄河流域保护修复、农业农村污染治理、老旧柴油货车淘汰等工作。深入推进山水林田湖草生态保护修复工程试点，继续实施"蓝色海湾"整治行动和渤海综合治理。支持建立以国家公园为主体的自然保护地体系，实施防沙治沙和国土绿化行动，加大林业草原生态保护修复力度。加大对重点生态功能区的生态补偿力度。

（7）农、林、水支出较快增长　2020年前三季度，农、林、水支出15915.53亿元，完成预算的67.8%，同比增长9.9%，比上年同期加快1.2个百分点。强化耕地保护与农田水利建设，支持新建高标准农田8000万亩，实施东北黑土地保护性耕作4000万亩。深入推进大豆振兴计划，深化粮食收储制度改革，完善稻谷、小麦最低收购价政策和玉米、大豆市场化收购加生产者补贴机制。支持保障国内粮食供应和市场稳定。落实扶持生猪生产恢复政策，稳定和保障国内猪肉市场供应。持续加强非洲猪瘟、高致病性禽流感等重大动物疫病防控，促进畜牧水产养殖业全面发展。

（8）住房保障支出增长较快 2020年前三季度，住房保障支出4919.81亿元，完成预算的87.6%，同比增长9.4%，比上年同期加快11.8个百分点。重点支持城镇老旧小区改造和发展租赁住房，加强城市困难群众住房保障，继续支持棚户区改造，继续推进农村危房改造和农房抗震改造。

（9）粮油物资储备、灾害防治及应急管理支出增长较快 2020年前三季度，粮油物资储备支出1395.65亿元，完成预算的73.4%，同比增长9.8%，比上年同期加快9.4个百分点。2020年前三季度，灾害防治及应急管理支出1028.64亿元，完成预算的68.8%，同比增长17.4%，比上年同期加快24.7个百分点。重点落实新冠肺炎疫情防控及灾害防治责任，加强防灾减灾救灾工作，及时应对洪涝、台风等各类自然灾害，妥善安置受灾群众，全力做好粮食保供稳价，加强应急物资储备管理，切实提高应对突发事件的保障能力。

3．四季度及全年财政收支分析预测

（1）四季度财政收入增速将继续回升 2020年四季度，从国际看，受海外疫情二次反弹、多个国家和地区再次封国、封城的影响，世界经济贸易低位回升势头将受到一定抑制。从国内看，由于国内疫情得到有效控制，随着"六稳""六保"政策效应进一步显现，市场主体的预期与信心稳步改善，生产进一步回升、消费逐步回暖对经济持续稳定恢复形成了有力支撑。初步预计2020年第四季度GDP增长6.0%左右，全年GDP增长2.2%左右。居民消费价格2020年四季度上涨0.4%左右，全年上涨2.6%左右。工业品价格2020年四季度和全年均下降2%左右。由于经济增速继续回升，工业品价格水平降幅与2020年三季度持平，企业效益增速进一步回升，减税降费政策带来的减收明显减少。一般公共预算收入2020年四季度增幅将高于前三季度，有望完成全年的预算目标。

（2）四季度财政支出增速明显高于前三季度 2020年四季度，要继续精准有效地做好"外防输入、内防反弹"疫情防控工作，持续扎实做好"六稳"工作、全面落实"六保"任务，坚定推进三大攻坚战，坚定实施扩大内需战略，维护经济发展和社会稳定大局。因此，在继续压减非急需非刚性支出的前提下，要加快 2020 年限额内地方政府专项债券在四季度形成相应的实物工作量。进一步优化支出结构，重点支持重点建设和民生保障，增强内需对经济增长的关键支撑作用，确保经济持续稳定恢复。初步预测，2020 年四季度财政支出增速明显高于前三季度。

二、2021 年全国财政收支分析与展望

1. 2021 年国内外经济环境分析

（1）全球经济环境总体改善，我国出口增速明显回升　2021 年，全球新冠肺炎疫情有望缓解，全球经济环境有望改善，宽松政策有望延续，世界经济和贸易将呈恢复性增长，但由于世界百年未有之大变局进入加速变化期，国际环境仍然存在较大的不确定性。一是全球疫情出现反复的可能性依然存在，疫情走势的不确定性对全球经济稳定恢复和我国外防输入的压力仍然较大。二是全球制造业投资和居民消费开支仍将增长乏力，周期性、结构性、政策性矛盾叠加导致全球经济增长动能不足。三是全球产业链、供应链和价值链完全恢复尚待时日，全球经济循环不畅问题仍难以完全化解。四是一些新兴经济体可能陷入债务违约、资本外流和财政紧缩引发的新一轮经济困境。如果新兴市场国家爆发债务危机，国际金融市场动荡加剧，外部输入性风险将迅速累积。五是美国除了在经贸、科技、金融、政治、军事等领域对我国继续打压遏制之外，还有可能拉起全面遏阻我国的朋友圈，利用台湾、南海、香港、钓鱼岛等问题制造事端，加大对我国的战略围堵。初步预计，2021 年我国以美元计价出口将增长 5.0%左右，比 2020 年提高 3.5 个百分点左右。

（2）国内面临困难挑战依然较多，经济将继续稳定恢复　2021 年是中国共产党建党 100 周年，是"十四五"规划开局之年，也是开启全面建设社会主义现代化国家新征程的起步之年。党和政府将继续坚持新发展理念，坚持稳中求进的工作总基调，立足新发展阶段，贯彻新发展理念，构建新发展格局，以推动高质量发展为主题，以深化供给侧结构性改革为主线，以改革创新为根本动力，以满足人民日益增长的美好生活需要为根本目的，更好地统筹疫情防控和经济社会发展，以扩大内需为战略基点，积极的财政政策提质增效，稳健的货币政策灵活精准，就业优先政策全面发力，扎实做好"六稳"工作，全面落实"六保"任务，深入推进创新发展战略以及重点领域和关键环节的改革，努力保持产业链、供应

链、创新链的完整，坚定不移地实施更大范围、更宽领域、更深层次的对外开放，不断加强产权特别是知识产权保护，着力培育壮大新动能，持续改造提升传统动能，全面增强内需对经济增长的支撑作用，确保实现经济行稳致远、社会安定和谐。

但与此同时，受国内周期性、结构性、体制性矛盾叠加的影响，国内经济稳定恢复基础不牢固，一些领域的风险可能加速暴露。一是居民消费稳定恢复难度较大。重点群体就业压力较大，居民收入增长乏力，收入差距较大，居民消费意愿能力和意愿不足；汽车消费持续较快回暖基础薄弱，商品房市场对相关消费品的拉动依然有限；直播带货、互联网消费等新业态新模式发展尚缺乏自律和标准，对消费者信心和满意度产生一定的不利影响。二是投资持续增长缺乏有力支撑。抗疫特别国债退出和财政收支压力较大，将影响地方政府对基建投资的资金支撑力度；国内外市场需求不旺、工业品价格低迷、发展预期不佳导致民间投资和制造业投资增长乏力；房地产企业融资渠道收窄，资金链趋于紧张，投资能力受限，房地产开发投资维持较高增速难度加大。三是金融风险隐患仍需高度重视。受新冠肺炎疫情冲击，商业银行资产质量有所下降，部分中小银行不良贷款高企、资本不足问题亟待化解；一些企业过度融资、过度投资、过度多元化，期限错配突出，抗风险能力比较弱；房地产融资继续收紧可能加剧一些中小房地产企业资金隐患。四是地方财政收支压力与债务风险难以化解。部分地区财政收支矛盾依然突出，"保工资、保运转、保基本民生"支出压力依然较大；在货币政策向常态化回归、地方融资平台市场化转型、城投债信用负面事件增多并进一步打破刚兑等的影响下，地方隐性债务风险将上升。

初步判断，2021年，经济将增长7.6%左右，居民消费价格将上涨1.0%左右。工业品出厂价格涨幅小幅回升到1.0%左右。工业生产将维持稳定回升的态势，增速在7.5%左右。服务业主导作用有所恢复，增速回升到8.2%左右。投资增速继续回升，增长7.0%左右。消费增速明显回升，社会消费品零售总额将增长10.0%左右。

2．财政收入增速将明显高于2020年

2021年，经济增速大幅回升，工业品价格水平小幅上涨，企业效益明显改善，减税降费政策翘尾效应显著减小，一般公共预算收入增幅将出现明显回升。

(1) 国内增值税增速大幅回升　2021年，工业增加值增速将从2020年的2.7%左右回升到7.5%左右，PPI从2020年下降1.9%左右回升上涨1.0%左右，工业增加值名义增速将回升7.7个百分点左右，社会消费品零售额增速将从2020年下降4.0%左右回升到10.0%左右，增值税税率下调的翘尾影响完全消除，工商业增值税增速将出现明显回升。受国际经济环境好转的影响，2021年进口增速将明显高于2020年，进口货物增值税等进口环节税收增速将明显高于2020年。

(2) 企业所得税增速将明显回升　2021年，工业增加值名义增速出现大幅回升，工业企业效益将有明显改善，工业企业所得税增速将显著回升；受经济增速回升和企业效益好转的影响，银行经营状况将明显好转，银行等金融行业利润增速将出现回升，相关企业所得税增幅也将出现改善；房地产市场保持平稳发展，房地产销售面积、销售额将继续回暖，土地购置面积和房地产开发面积增速有望适当加快，房地产企业所得税、契税、土地增值税、耕地占用税等相关税收增速将出现回升。由于居民收入增速回升，个人所得税将保持一定的增长。

(3) 减税力度将明显减小　2020年，为了应对新冠肺炎疫情的冲击，国家强化阶段性减税降费政策与制度性安排相结合，加大力度支持企业纾困发展，减税扩大了税收和财政收入的降幅。同时，地方通过盘活国有资源资产，增加非税收入弥补减收。2021年，为了更好地平衡财政收支，政府出台大规模减税降费政策措施的可能性比较小。同时，非税收入将保持一定增长。

(4) 行业间、地区间收入分化将加剧　2021年，受政策效应和基数效应影响，行业之间、地区之间增长速度差距将进一步加大。与此相应，税收和财政收入增速的分化也将加剧。受疫情冲击较大的行业税收恢复增长的速度有望高于受疫情影响较小的行业，传统制造业税收将维持低迷状态，先进制造业和现代服务业、高端服务业税收有望恢复较高增速。

受疫情和中美贸易摩擦冲击较大的东部和沿海地区，由于产业转型早、高端制造业与现代服务业比较集中，税收和一般公共预算收入的稳定性较高。经济基础薄弱、产业结构单一的中西部地区财政收入增长仍面临较大的压力，特别是县级财政增长仍很困难。

综合以上因素，初步预测，2021年财政收入增速为8%左右。

3．中央和地方财政增支压力较大

2021年，内外部各种经济风险因素叠加，国内经济稳定恢复基础不牢固。为了更好地统筹疫情防控和促进社会经济发展,牢牢把握扩大内需这个战略基点,扎实做好"六稳"工作,全面落实"六保"任务,加快构建以国内大循环为主体、国内国际双循环相互促进的新发展格局,实现经济行稳致远、社会安定和谐,积极的财政政策要持续加力,中央和地方财政支出必须保持较大力度。

(1) 积极促进经济稳定恢复 2021年,要保持宏观政策的连续性和稳定性,继续实施积极的财政政策、稳健的货币政策和就业优先政策,切实增强宏观政策的精准性、灵活性和可持续性,促进经济稳定恢复。一要推动重大项目落地实施,加大科研设施、生态修复、公共卫生、应急保障、防洪减灾等领域的投资。二要加快推进川藏铁路、西部陆海新通道等重大交通工程建设,积极推动重点城市群、都市圈城际铁路、市域(郊)铁路和高等级公路的规划建设。三要推进老旧小区改造,加大环保设施、社区公共服务、智能化改造、公共停车场等基础设施领域补短板力度,增强内需对经济增长的关键支撑作用。

(2) 着力支持产业转型升级 一是完善支持制造业投资的财税政策,稳定并持续扩大财政对制造业的支持力度,推动制造业投资增速的止跌回升。二是加大财政资金投入,聚焦集成电路、关键软件、关键材料、重大装备等领域,加强国家创新体系建设,强化科技创新能力,扎实推进关键核心技术攻关,支持产业基础能力和产业链水平的提升。三是加快财政资金支持力度,积极推进工业互联网发展,强化企业技术改造和设备更新,促进数据、人才、技术等生产要素在传统产业的应用。扩大中央财政技改专项资金规模,深入实施人工智能产业创新和绿色制造工程,支持企业信息化、数字化、智能化、绿色化改造升级。

(3) 确保基本民生保障改善 一是就业优先政策要加力增效,加大财政扶持力度,拓宽就业渠道,创造更多就业岗位。继续实施困难企业援企稳岗政策,努力做好高校毕业生、退役军人、下岗职工、农民工、返乡人员等重点群体就业,促进创业带动就业。二是巩固完善义务教育经费保障机制,落实支持发展公平高质量的教育事业,要进一步优化教育支出结构,加大对困难地区、薄弱环节的支持力度。三是合理提高基本公共卫生服务经费财政补贴标准,适当提高城乡居民医保标准。适度提高低保救助水平,统筹城乡公共服务设施布局,补齐公共服务短板。有效增加保障性住房供给,推进保障性安居工程建设。

初步预测,2021年财政支出在10.0%左右。

三、关于 2021 年财政政策的建议

2021 年，在世界经济总体复苏、我国经济进一步恢复的背景下，为了确保经济社会平稳运行，宏观政策基本取向应该保持不变，积极财政政策提质增效，财政支出保持适当力度，维持较高赤字率和较大的地方政府专项债规模，避免出现"政策悬崖"。同时，加强财政、货币、就业、投资、产业、区域等政策协调配合，以扩大内需和结构调整为支点，确保落实"六稳""六保"各项工作，促进经济社会高质量发展。

1. 积极的财政政策要保持足够力度

为了应对新冠肺炎疫情冲击，2020 年财政与货币等宏观政策加大了对实体经济的支持力度，这些政策在有效支撑企业复工复产和经济社会恢复常态的同时，也带来总体债务水平和宏观杠杆率的加快上升，财政金融风险有所累积。2021 年，面对国内外经济较快的恢复性增长，可在边际上对财政等宏观政策力度进行调整，以防范经济运行中长期风险，保持财政可持续性。考虑到内外部环境的诸多不确定性，应完善财政政策的跨周期设计和调节机制，实现稳增长、防风险等任务的平衡，政策调整的力度不宜过大。应继续扩大赤字规模，保持较高赤字率；继续维持适当的地方专项债规模，保障地方经济稳定恢复的融资需求；继续落实落细减税降费政策，充分释放积极政策效应；不断优化营商环境，激发市场主体内生动力。

2. 财政支出要进一步向地方倾斜

一是保持合理适度的财政支出强度，调整优化中央预算内投资、地方政府专项债券结构，聚焦"两新一重"领域扩大有效投资。二是坚持压减非刚性、非重点项目支出，立足于保基本、保基层财力，通过节支提效改善财政收支平衡状况。三是加快省以下财政事权和支出责任划分，合理划分中央与地方财政事权和支出责任。四是加大中央对地方转移支付规模，研究建立常态化的财政资金直达基层直达民生机制。扩大直达资金范围，将可直接分配的、符合条件的转移支付资金纳入直达机制，更好地支持保基层运转。五是加快推进消费税征收环节后移并下划地方，稳妥推进房地产税立法与改革，促进住房消费健康发展，降低地方政府对土地财政和融资平台的依赖，有序释放和化解地方政府隐形债务风险。

3．支持推动实体经济高质量发展

一是努力稳定制造业投资。加大对制造业研发的投入力度，积极支持关键核心技术攻关和自主产品迭代；增加中央预算内技术改造额度，重点支持企业向智能、绿色、服务、高端方向转型升级；鼓励地方增加制造业技术改造投入，通过综合奖补等方式支持企业加强技术改造。二是推动汽车等消费品由购买管理向使用管理转变，增加充电桩、换电站等设施，促进新能源汽车消费。三是加快培育壮大新一代信息技术、生物技术、新能源、新材料、高端装备、绿色环保以及航空航天、海洋装备等产业。四是推动金融、房地产同实体经济均衡发展，推动现代服务业同先进制造业、现代农业深度融合，加快推进服务业数字化。五是大力发展健康、养老、幼育、文化、旅游、体育、家政、物业等服务业，推动生活性服务业向高品质和多样化升级。

（作者：王远鸿）

2020 年金融运行分析与 2021 年展望

一、2020 年我国金融运行总体特点

1. 货币政策操作视疫情发展灵活调整

2020 年初暴发的新冠肺炎疫情给我国经济运行带来了巨大冲击，货币政策适时加大了逆周期调节力度，上半年采取了降准、市场化降息、加大再贷款力度等措施，6 月初创设普惠小微企业贷款延期支持工具、普惠小微企业信用贷款支持计划两个直达实体经济的货币政策工具。下半年以来，随着国内统筹推进疫情防控和经济社会发展工作取得积极成效，货币政策操作宽松力度总体减弱，没有再次降准降息，但公开市场操作、中期借贷便利（MLF）和定向中期借贷便利（TMLF）、再贷款再贴现投放和直达实体经济的货币政策工具等的作用力度有所加大。分具体政策工具看，央行分别于 2020 年 1 月、3 月和 4 月宣布实施普遍降准和定向降准。2020 年上半年 7 天和 14 天逆回购、1 年期 MLF 操作中标利率均下调两次，由上年 12 月份的 2.5%、2.65% 和 3.25% 下调至 2020 年 6 月份的 2.2%、2.35% 和 2.95%，均累计下降了 0.3 个百分点。2020 年上半年通过公开市场逆回购操作、MLF 和 TMLF、国库现金定期存款等累计净回笼中短期流动性 3183 亿元，7 月至 11 月则净投放中短期流动性 8923 亿元。央行再贷款再贴现和直达实体经济的货币政策工具操作体现为央行资产负债表上"对其他存款性公司债权"的增加。上半年央行"对其他存款性公司债权"累计减少 6130 亿元，但 7 月至 11 月累计增加 1.94 万亿元。

2. 货币供应量增速与宏观杠杆率先升后稳

在政策推动下，一季度广义货币供应量 M2 余额同比增速明显加快，由 2020 年 1 月份的 8.4% 提升至 4 月份的 11.1%，5 月份和 6 月份稳定在这一水平，三季度以来略有回落，11 月末 M2 同比增长 10.7%，比上年同期高 2.5 个百分点。货币供应量扩张受到基础货币增加和货币乘数上升的双重推动。2020 年 11 月末，基础货币余额 3.15 万亿元，同比增长 3.5%，增幅比上年同期高 4.1 个百分点；

M2货币乘数为6.91，比上年同期高0.5。2020年8月末货币乘数一度升至7.17，为有统计数据以来的最高值。

与货币供应量增速走势相一致，宏观杠杆率季度波动也呈现先急升后趋缓的态势。社会科学院国家金融与发展实验室数据显示，我国宏观杠杆率（债务/GDP）由上年末的245.4%上升到三季度末的270.1%，前三季度累计上升24.7个百分点，其中，第一季度上升13.9个百分点，第二季度上升7.1个百分点，第三季度上升3.7个百分点。宏观杠杆率的大幅上升既有政策推动全社会债务规模（分子）加快扩张的作用，也有经济下滑导致GDP（分母）缩小的影响。在统筹疫情防控和复产复工的有效推动下，2020年二、三季度我国GDP恢复正增长。

3. 社会融资规模总量扩张结构优化

受政策影响，社会融资规模总量扩张显著。社会融资规模存量增速逐月攀升，各月社会融资规模增量持续高于上年同期。2020年11月末，社会融资规模存量同比增长13.6%，比上年同期高2.9个百分点，前11个月社会融资规模的累计增量达33.15万亿元，比上年同期多9.68万亿元，比上年全年多7.57万亿元。

从构成看，社会融资规模增长具有以下特点：一是金融机构对实体经济的信贷支持力度明显加大。2020年前11个月金融机构对实体经济发放的人民币贷款增加18.89万亿元，超过上年全年16.88万亿元的水平，比上年同期多增3.08万亿元。二是企业股票债券直接融资明显发力。前11个月企业债券净融资4.41万亿元，比上年同期多1.43万亿元；非金融企业境内股票融资7798亿元，比上年同期多4752亿元。三是与积极的财政政策相配合，政府债券净融资显著放量。为对抗疫情影响，2020年财政政策积极作为，财政赤字规模比上年增加1万亿元，同时发行1万亿元抗疫特别国债，地方政府专项债券发行3.75万亿元，比上年增加1.6万亿元。受此影响，2020年前11个月政府债券净融资7.62万亿元，比上年同期多3.28万亿元。四是表外融资持续下降，但降幅大幅收窄。2020年前11个月表外融资（委托贷款、信托贷款和未贴现银行承兑汇票三者合计）减少5832亿元，同比减少1.03万亿元。

4. 市场利率水平与社会融资成本总体走低

疫情之下，政策积极引导贷款利率和金融市场利率下行，引导金融机构进一步向企业合理让利。2020年6月17日国务院常务会议提出，通过一系列政策推动金融系统全年向各类企业合理让利1.5万亿元。在政策引导下，货币市场利率走低。2020 年 11 月银行间同业拆借加权平均利率为 1.98%，质押式回购加权平均利率为 2.05%，分别比上年同期低 0.31 个和 0.24 个百分点。受货币政策转向宽松影响，债券市场利率 2020 年 1 月至 4 月持续走低，伴随政策宽松力度略减，5 月之后有所回升。从社会融资成本看，2020 年 9 月金融机构人民币贷款加权平均利率为 5.12%，比上年同期下降 0.5 个百分点；2020 年 12 月 1 年期和 5 年期贷款市场报价利率（LPR）分别为 3.85%和 4.65%，分别比上年同期下降 0.3 个和 0.15 个百分点；前 10 个月金融系统已为实体经济让利约 1.25 万亿元。

5. 跨境资金流入与人民币升值相互促进

在新冠肺炎疫情全球大流行的背景下，我国疫情控制、复产复工和经济恢复在全球领先。据 IMF 预测，中国将成为 2020 年全球唯一实现同比正增长的主要经济体。在国内外基本面表现差异下，加之中国坚持正常的财政货币政策导致中外利差有所扩大，人民币资产国际吸引力增强。同时，我国积极推动金融对外开放，例如，2020 年 9 月 10 日央行宣布正式取消合格境外机构投资者（QFII）和人民币合格境外机构投资者（QDII）境内证券投资额度管理要求，对合格投资者跨境资金汇出入和兑换实行登记管理等。受上述因素影响，我国跨境资金持续净流入。2020 年前 11 个月银行结售汇顺差 921 亿美元，上年同期为逆差 582 亿美元；银行代客涉外收付款顺差 629 亿美元，顺差规模比上年同期扩大 499 亿美元。

2020 年年内人民币对美元汇率先贬后升。2020 年前 5 个月人民币汇率小幅走贬，总体稳定在 6.9～7.1 区间。5 月份以来，美元指数持续走弱，在此背景下，6 月初以来人民币汇率走出一波升值行情，美元对人民币汇率一路升破 7、6.9、6.8、6.7、6.6 等关键点位。按中间价、在岸市场即期汇率和离岸市场即期汇率计算，全年人民币对美元累计升值 6.92%、6.52%和 7.05%，其中前 5 个月累计贬值均约 2%，2020 年 6 月至 12 月累计升值幅度分别为 9.3%、9.26%和 9.7%。人民币多边汇率呈"W"走势，全年 CFETS 人民币汇率指数累计上升 3.8%。本轮人民币快速升值进一步激起市场单边升值预期。为稳定市场预期，央行加强了外汇宏观审慎调节，于 2020 年 10 月 12 日将远期售汇业务外汇风险准备金率下调至 0。中国外汇交易中心 2020 年 10 月 27 日公告称，陆续主动将人民币对美元中间价报价模型中的"逆周期因子"淡出使用。

二、2021年我国金融运行与调控面临的环境和问题

1. 全球经济逐步恢复，通胀面临下行压力

新冠肺炎疫情是全球历史上少有的重大传染病事件，对2020年全球经济造成严重破坏。10月份IMF发布的《世界经济展望》预测2020年全球经济萎缩4.4%。经历过2020年经济的大幅衰退后，全球经济将在2021年迎来较大反弹。经济合作组织（OECD）2020年9月发布中期经济展望报告预计，2021年全球GDP将增长5%。IMF预测全球经济将在2020年二季度筑底，随后开始复苏，2021年全球经济增速将反弹至5.2%。

全球长期处于低通胀之中。即使在2008年国际金融危机之后，欧美发达经济体央行实施超常规宽松的货币政策，仍未推动全球摆脱低通胀状态。全球化、技术进步和数字经济发展、主要经济体人口老龄化和贫富差距扩大等因素是导致全球低通胀常态化的重要原因。2020年新冠肺炎疫情暴发后，美日欧发达经济体央行采取了更为激进的货币扩张政策。疫情带来的需求收缩和就业压力致使美日欧通胀率不断下降，美国CPI同比涨幅由2020年1月份的2.5%降至11月份的1.2%，欧元区11月份CPI同比下降0.3%，日本11月份CPI同比下降0.9%。新冠肺炎疫情带来的摩擦性失业将使各国在近两年持续面临就业压力，并压低通胀。国际油价因全球经济恢复可能有所反弹，但幅度有限。世界银行预测2021年平均油价为44美元/桶，IMF预测在每桶40~50美元之间。总体来看，尽管2021年全球经济增长将出现恢复，但全球低通胀状况难有改变。

2. 发达经济体将延续超宽松货币政策，全球债务风险大幅上升

2020年新冠肺炎疫情全球蔓延给各国经济社会带来了严重冲击，各国相继出台大规模的财政救助与刺激政策。IMF数据显示，截至2020年9月11日，各国政府已出台总额高达11.7万亿美元的财政救助与刺激政策，约占世界GDP的12%。为配合财政扩张，美联储开启"零利率+开放式、不限量量化宽松"政策，欧洲央行和日本央行则采取"负利率+更大规模的量化宽松"政策。美日欧在财政赤字货币化或政府债务货币化的道路上突飞猛进。以美联储为例，自2020年4月份美联储开始大量购入美债以来，其资产负债表快速扩张，9月末达到了史无前例的7.09万亿美元，较上年同期增长了84%。展望2021年，全球通胀维持低位为美日欧发达经济体维持超宽松政策提供了空间和基础。在发达经济体从疫情

危机中艰难复苏之际,美日欧等发达经济体央行将延续"零利率或负利率+量化宽松"的超常规政策,防止政策过早过快退出导致经济复苏进程受损,全球货币超级宽松的局面或将持续相当长时间。

全球财政与货币政策协同超宽松与各国经济出现衰退相伴随,带来了各国杠杆率急剧攀升。国际金融协会(IIF)数据显示,2020年第一季度全球杠杆率上升逾10个百分点至331%这一历史最高水平,季度升幅也为历史最大;第二季度全球债券发行规模达12.5万亿美元的创纪录水平,其中有六成来自各国政府。与之相比,2019年全球债券发行规模季度均值为5.5万亿美元。在全球债务风险持续累积的背景下,新兴市场和发展中经济体债务问题尤为突出。新冠肺炎疫情持续蔓延将加剧新兴市场经济体政府支出扩大和经济减速的可能,从而加剧公共债务进一步膨胀和偿债能力削弱的风险。2021年,一些新兴经济体可能会面临公共债务危机,陷入债务违约、资本外流和财政紧缩引发的新一轮经济困境。

3. 我国经济增速显著回升,通胀形势温和

经济增长和稳定物价是货币政策的最终目标。2021年我国经济增速将明显反弹,但背后的内生增长动力不足仍需引起重视,货币政策"稳增长"仍需有所作为。随着疫情得到控制,生产生活逐步恢复正常,2020年二季度我国经济迅速扭转了一季度的下滑局面,当季GDP同比增长3.2%,三季度GDP同比增速进一步提升至4.9%。我国新冠疫苗研发工作处于世界领先地位,有望成为首批大规模疫苗接种的国家。2021年我国国内疫情将继续得到有效控制,随着疫苗大规模接种,疫情防控带来的限制将逐步放松和解除,经济活动将进一步回归正常。从中长期来看,疫情不会对我国经济增长的潜力和中枢水平构成冲击。预计2021年我国经济将延续复苏势头,2020年的低基数将明显抬高2021年我国GDP增长表现。IMF、OECD等各机构对2021年我国GDP增速的预测结果都在8%左右。但我国经济内生性增长动力仍待巩固和提振。一是服务业因人口聚集性特点,受疫情冲击大,恢复相对较慢。服务业在我国经济增长中已占据主导地位,2019年第三产业增加值占GDP比重为53.9%,对GDP增长的贡献率为59.4%。2020年第三产业增加值同比增速由第一季度的-5.2%回升至第二、第三季度的1.9%和4.3%;但低于同期工业增加值4.4%和5.8%的增速。二是更具自发性的居民消费恢复较慢。2020年前三季度,全国居民人均消费支出累计同比下降6.6%,社会消费品零售

总额累计同比下降 7.2%。疫情对消费品需求线下转线上起到促进作用，但前三季度实物商品网上零售额累计同比增长 15.3%，增幅仍比上年同期低 5 个百分点。三是制造业投资在固定资产投资"三大构成"中增长较慢。与房地产开发投资和基建投资增速转正相比，前三季度制造业投资累计同比下降 6.5%。

2021 年货币政策调控面临的通胀压力较小。国内需求总体偏弱，不具备推升通胀的基础。2021 年 CPI 同比涨幅中的翘尾因素较上年明显收窄。作为近年影响 CPI 的关键因素，生猪存栏量和能繁母猪存栏量连续增长意味着生猪产能全面恢复，2021 年猪肉价格可能出现下行。总体预计，2021 年 CPI 涨幅将缩小，物价形势更趋温和。

4. 金融服务实体需进一步提质增效，金融风险仍需关注和警惕

党的十八大以来，以习近平同志为核心的党中央高度重视实体经济发展，多次强调要大力促进金融为实体经济服务，把维护金融安全作为治国理政的一件大事。《中共中央关于制定国民经济和社会发展第十四个五年规划和二〇三五年远景目标的建议》对金融发展提出了"构建金融有效支持实体经济的体制机制""维护金融安全，守住不发生系统性风险底线"等任务要求。2020 年金融支持实体经济力度明显加大，社会流动性总量宽松充裕，但金融服务实体的效率和效果仍有待提升。例如，在金融系统积极向实体经济让利的情况下，前三季度规模以上工业企业财务费用同比下降 0.8%，而上年同期同比降幅为 1.5%。再如，企业用于投资的贷款增长加快与制造业投资增势欠佳形成反差，显示贷款使用效率欠佳。企业中长期贷款主要用于固定资产投资，2020 年 9 月末，本外币工业中长期贷款余额同比增长 16.3%，比上年末高 9.5 个百分点，与之相比，前三季度制造业投资是负增长。

疫情冲击和为应对疫情冲击所采取的逆周期调节政策以及为实现"六保"所采取的一系列救助性金融政策客观上加大了宏观高杠杆风险和银行不良风险等金融风险。2021 年，防范金融风险的任务较为艰巨，一些风险隐患仍需高度重视。一是银行不良风险滞后暴露。2020 年为应对新冠肺炎疫情冲击，货币政策加大逆周期调节推动了银行贷款快速增长，支持贷款展期和企业延期付息等政策缓解了当下企业偿债压力，但也将银行的不良资产问题进行了延后。随着疫情对经济运行冲击减弱，金融政策将逐步向常态回归，未来银行不良压力相应上升。二是中小银行风险亟待化解。目前全国 4005 家中小银行中，有 605 家资本充足率低于 10.5%的最低监管标准，有 532 家风险比较高。截至 2020 年 6 月末，城商行不良率达 2.3%，农商行不良率达 4.21%，均高于全部商业银行不良率（1.94%）。三是房企资金链断裂风险。2020 年以来，新冠肺炎疫情导致商品房销售困难，加大了房企资金压力。疫情之下，具有高杠杆属性的房企债务规模进一步攀升，杠杆风险加大。截至 2020 年三季度末，上市房企整体资产负债率为 79.3%，较上年末增长 0.6%，净负债率为 86.2%，较上年末增长 4.7 个百分点，天房集团、泰禾、绿地等房企出现债券违约，一些中小房企出现破产。2020 年 8 月 20 日，央行、住房和城乡建设部召开了重点房地产企业座谈会，形成重点房地产企业资金监测和融资管理规则，明确了收紧地产开发商融资的"三条红线"。"三条红线"之下，房企债务扩张将得到一定控制，但也要警惕和预防房企资金链断裂风险。四是人民币汇率宽幅波动风险。外部来看，未来世界主要经济体的复苏、美国政府债务负担沉重、对美联储政策宽松预期等因素将对美元施压。中国疫情防控与经济复苏领先、中外利差优势、经济增长韧性、人民币国际化推进、金融对外开放使外资流入更为便利等也带来人民币汇率升值压力。预计 2021 年人民币将继续处于相对强势阶段。但人民币持续升值，可能会引发汇率超调，还将对我国出口构成压力。而且全球疫情前景、美国大选后的对外政策、中美关系等外部不确定性较大，市场针对突发事件往往会过度反应，要防止人民币宽幅波动带来的风险。

三、2021 年金融调控政策建议

1. 稳健的货币政策更加灵活适度，适当向常态化回归

2020 年货币政策加大逆周期调节力度，是应对疫情的特殊之举，并非常态化操作。2021 年疫情冲击将继续消减，我国经济社会活动也将进一步恢复正常。对于 2021 年 GDP 增速将出现的恢复性快速增长和季度间的波动，要剔除上年同期基数变化因素，综合合理判断经济形势变化。2021 年货币政策要落实好十九届五中全会提出的"搞好跨周期政策设计，提高逆周期调节能力"要求，把握稳增长和防风险的动态平衡，坚持"稳健"基调，在操作中更加合理适度。一方面，充分认识国内外总需求仍总体偏弱的事实，坚持支持实体经济恢复的政策方向，做到社会资金供给平稳充裕、融资成本下降，全力做好"六稳""六保"工作；另

一方面，综合考虑前期宽松政策实施效果、时滞效应以及为日后预留合理政策空间的需要，根据经济恢复状况调整政策力度，适当向常态化回归。

2. 强化对实体经济金融支持，提升服务实体的效能

短期来看，在保持金融总量平稳适度的同时，要更加注重结构优化，更为灵活精准，更大程度地发挥结构性货币政策工具的作用。总量上，M2 和社会融资规模存量增速要与名义 GDP 增速基本匹配，建议 2021 年 M2 增长 10%左右，社会融资规模存量增长 12%左右。综合运用公开市场操作、MLF 等多种短期流动性调控工具保持银行体系流动性合理充裕，引导市场利率围绕公开市场操作利率和 MLF 利率平稳运行。结构上，继续发挥好结构性货币政策工具和信贷政策精准滴灌作用，促进贷款投放与市场主体实际资金需求相匹配，引导银行加大对"两新一重"项目、传统产业改造升级、产业链强链补链等方面的资金支持。延续实施普惠小微企业贷款延期还本付息和普惠小微企业信用贷款两项直达实体经济的货币政策工具，继续运用普惠性再贷款再贴现政策，引导金融机构加大对"三农"、小微企业、民营企业和受疫情影响较重行业等国民经济重点领域和薄弱环节的普惠性金融支持。中长期来看，通过创新、改革和开放等手段，加快构建金融有效支持实体经济的体制机制。鼓励金融业在风险可控的前提下为服务实体经济进行合理创新，深化金融供给侧结构性改革，提高金融资源配置效率，引导金融业优化区域和业务布局，全面提升金融服务新发展格局的能力和水平。

3. 打好防范化解金融风险攻坚战，切实维护金融安全

加强金融风险预警预防，稳妥推进各项金融风险化解任务，前瞻性应对银行不良资产反弹，持续拆解高风险影子银行业务，严厉打击非法金融活动，坚决整治各种金融乱象，严防外部输入性风险，牢牢守住不发生系统性金融风险的底线。强化金融监管，引导金融机构改善内部治理，支持银行特别是中小银行多渠道补充资本，加大不良贷款处置力度。坚持"房子是用来住的、不是用来炒的"定位，保持房地产金融政策的连续性、一致性、稳定性，实施好房地产金融审慎管理制度，推动金融、房地产同实体经济均衡发展。

（作者：李若愚）

2020年工业形势分析及2021年展望

2020年,突如其来的新冠肺炎疫情对工业运行造成了较大的冲击。随着各项复工复产、涉企优惠举措的落地见效,2020年1～11月份规模以上工业增加值同比增长2.3%,其中,11月份增长7%,工业经济呈现了恢复性增长的态势,彰显出强大的发展韧性。党的十九届五中全会再次强调要把经济发展着力点放在实体经济上,为工业发展提供了良好的政策环境。推动工业高质量发展,关键是在结构调整上下功夫,充分汇聚各要素支撑工业发展。

一、工业实现恢复性增长,效益稳步改善

从工业生产情况看,复工复产政策助推工业企业加快恢复生产,特别是规模以上工业企业,恢复步伐更快。国家统计局数据显示,截至2020年9月下旬,有73.2%的企业达到正常生产水平八成以上,较6月中旬上升4.8个百分点,部分企业持续满负荷生产,规模以上工业企业开工情况已接近正常水平。工业增加值增速也开始企稳回升,11月份规模以上工业增加值当月增速为7%(见图1),比3月、6月、9月当月增速分别回升8.1个、2.2个、0.1个百分点。

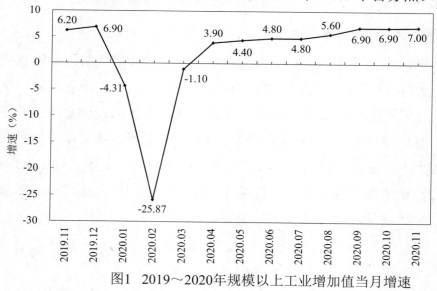

图1 2019～2020年规模以上工业增加值当月增速

(注:资料来源于wind资讯)

分行业看，2020年1～11月份，工业大部分行业累计增速快于上半年水平（见表1）。其中，前11个月增速快于上半年增速的有38个，涨幅较大的行业是汽车制造业，电气机械及器材制造业，家具制造业，金属制品业，文教、工美、体育和娱乐用品制造业，增速比上半年分别快9.4个、8.4个、7.6个、7.4个、7.3个百分点。

表1　2020年第二季度、第三季度各行业增加值增速

（单位：%）

指标名称	2020年6月	2020年9月	2020年1～11月份增速比上半年回升/下降
汽车制造业	-3.1	4.4	9.4
电气机械及器材制造业	-0.3	5.6	8.4
家具制造业	-12.9	-7.8	7.6
金属制品业	-3.1	1.8	7.4
文教、工美、体育和娱乐用品制造业	-14.3	-9.2	7.3
其他制造业	-12.1	-7.1	7.2
通用设备制造业	-2.3	2.6	6.7
橡胶和塑料制品业	-4.3	-0.7	5.6
纺织业	-4.5	-1.7	4.7
非金属矿物制品业	-2.2	0.8	4.5
印刷和记录媒介的复制业	-6.4	-3.7	3.9
其他采矿业	-2.8	-0.7	3.9
化学原料及化学制品制造业	-1.0	1.5	3.9
水的生产和供应业	0.9	3.7	3.7
非金属矿采选业	-3.8	-1.4	3.3
造纸及纸制品业	-2.4	-0.3	3.3
仪器仪表制造业	-0.7	1.7	3.3
专用设备制造业	2.9	5.1	3.1
农副食品加工业	-4.9	-3.4	3.0
燃气生产和供应业	-4.4	-3.1	2.9
木材加工及木、竹、藤、棕、草制品业	-5.3	-3.7	2.9

（续）

指标名称	2020年6月	2020年9月	2020年1~11月份增速比上半年回升/下降
黑色金属冶炼及压延加工业	3.4	5.3	2.9
酒、饮料和精制茶制造业	-6.1	-4.3	2.9
医药制造业	1.8	3.0	2.8
化学纤维制造业	-1.2	0.2	2.8
石油、煤炭及其他燃料加工业	-2.0	0.2	2.6
纺织服装、服饰业	-12.2	-10.6	2.6
皮革、毛皮、羽毛及其制品和制鞋业	-15.0	-13.4	2.6
铁路、船舶、航空航天和其他运输设备制造业	-3.8	-2.1	2.4
电力、热力的生产和供应业	-0.7	1.0	2.3
石油和天然气开采业	-2.1	-0.7	2.0
食品制造业	-0.5	0.8	1.9
计算机、通信和其他电子设备制造业	5.7	7.2	1.5
有色金属冶炼及压延加工业	1.0	1.9	1.4
有色金属矿采选业	-1.4	-0.4	1.3
煤炭开采和洗选业	0.4	0.4	0.8
黑色金属矿采选业	-2.3	-1.6	0.2
废弃资源综合利用业	2.0	0.9	0.1
金属制品、机械和设备修理业	-2.8	-3.9	-1.7
烟草制品业	6.4	5.1	-2.8
开采专业及辅助性活动	-9.2	-12.9	-4.3

注：资料来源于wind资讯。

从效益情况看，工业利润由负转正。据国家统计局数据，2020年1~11月份，规模以上工业企业实现利润57445.0亿元，同比增长2.4%，增速比1~10月份提高1.7个百分点。其中，11月份规模以上工业企业实现利润总额7293.2亿元，同比增长15.5%，连续6个月保持两位数增长（见图2）。

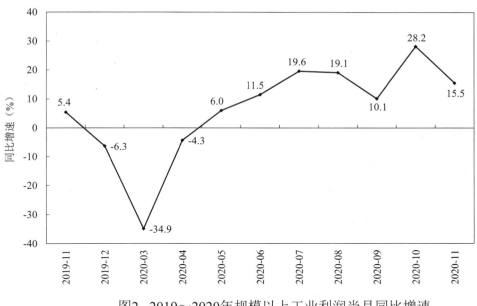

图2 2019~2020年规模以上工业利润当月同比增速

（注：资料来源于wind资讯、国家统计局）

总的来看，新冠肺炎疫情对工业的影响在逐渐变小，工业运行整体呈现出稳步回升的态势，特别是中游、上游行业的景气程度回升较为明显。但也要看到，当前工业领域存在诸多问题，其中包括应收账款增速回升等问题。根据国家统计局数据，工业企业应收账款自5月份以来，连续7个月持续保持两位数增长，截至2020年11月末，规模以上工业企业应收账款17.28万亿元，同比增长16.5%，这在一定程度上反映了工业企业当前面临的下游需求持续不振、工业产品销售不旺、资金周转困难等诸多问题。部分上中下游行业应收账款的增幅见表2。

表2 部分上中下游行业应收账款的增幅

（单位：%）

	行业	2020年11月	同比增幅
下游行业	木材加工及木、竹、藤、棕、草制品业	43.2	36.8
	文教、工美、体育和娱乐用品制造业	27.0	36.5
	家具制造业	28.2	25.9
	皮革、毛皮、羽毛及其制品和制鞋业	12.7	13.5
	酒、饮料和精制茶制造业	11.4	11.2

（续）

	行业	2020年11月	同比增幅
中游行业	电气机械及器材制造业	19.8	15.7
	通用设备制造业	18.8	15.4
	化学原料及化学制品制造业	14.0	13.6
	仪器仪表制造业	14.5	9.4
	专用设备制造业	17.7	8.4
上游行业	采矿业	7.4	7.9
	黑色金属冶炼及压延加工业	-11.7	-14.3

注：资料来源于wind资讯。

二、2021年工业运行展望

2021年是"十四五"开局之年，诸多有利条件将对促进工业高质量发展提供良好支撑：一是政策环境好。党的五中全会通过的《中共中央关于制定国民经济和社会发展第十四个五年规划和二〇三五年远景目标的建议》高度重视实体经济发展，提出了实施产业基础再造工程，对于工业发展来讲，这是利长远的战略举措，对工业高质量发展意义重大。二是要素支撑强。战略性新兴产业成为增长新引擎，新基建的场景需求不断完善，数据作为生产要素的作用日益凸显，对科研人员激励和评价制度体系不断完善，产业集群建设不断取得新突破，科技创新中心与产业对接紧密程度加深，这些要素红利的进一步释放，将形成推动工业高质量发展的"加速度"。三是统筹疫情防控和复工复产的经验不断丰富。这一点至关重要，对于稳定生产、增加供给进而实现供需循环畅通具有重要意义。预计2021年工业运行稳中有升，全年增速预计在6%左右。

三、工业高质量发展的政策建议

推动工业高质量发展的关键在于保持工业平稳增长的前提下，以供给侧结构性改革为抓手，以提质增效为重点，以补链强链为关键，抓住技术革命和产业变革的有利契机，增强创新能力，加快推动工业向信息化、智能化、服务化、融合化方向转型，从而实现工业高质量发展。

1. 加强创新能力建设

一是加快完善国家工业创新体系。充分发挥企业、高校以及科研院所在创新中的作用,构建以企业为主体、产学研政深度融合的协同创新体系。强化区域技术创新平台的作用,不断完善科技成果信息共享平台,优化科技成果转化运行机制,完善知识产权交易市场,鼓励创新创业,促进成果转化。二是建设一批国家级产业创新中心。建立以创新中心为核心载体、以公共服务平台和工程数据中心为重要支撑的工业创新网络,重点围绕人工智能、新材料、高端装备、智能机器人、生物医药、量子通信、5G 等新兴产业的发展需要,建设一批国家级产业创新中心。三是加快技术改造升级步伐。因地制宜推动企业加快自动化、数字化、智能化、绿色化改造升级步伐。加大智能制造和绿色技术的研发投入强度,提升技术供给能力。加大数据深度开发利用,不断提高工业企业的技术、工艺、质量和生产效率。

2. 推动强链补链工程

一是拉长长板,不断提升核心竞争力。巩固提升发电设备、输变电设备、轨道交通设备、通信设备等优势产业的国际领先地位,锻造一些"杀手锏"技术,提高国际产业链对我国核心技术的依存度。加大基础学科投入力度,优化基础研究布局,努力开创"从 0 到 1"的原创性成果,培育更多的长板产业。二是补齐短板,不断降低断链风险。集中攻关制约产业链"卡脖子"的核心关键技术,重点围绕战略性矿产资源、能源、高端通用芯片、集成电路装备等领域,通过依靠我国集中力量办大事的制度优势,加强重大技术攻关,打造安全可靠、自主可控的国内生产供应体系。打好"卡脖子"技术攻坚战,找准在核心基础零部件(元器件)、关键基础材料、先进基础工艺和产业技术基础等"四基"工程方面存在的短板,鼓励企业与科研院所联合攻关,加快技术突破,巩固产业链安全。

3. 促进服务业与制造业融合发展

一是完善融合发展的全产业链条。由制造环节向研发设计和营销服务两端延伸形成全产业链条。由制造环节向前延伸,重点在消费需求、创新开发、工业设计、技术研发等环节提高产品的科技含量。由制造环节向后延伸,注重检测、评估、营销以及废旧产品回收利用等环节,提高产品附加值。二是探索重点行业重点领域融合发展新路径。加快推动装备制造业、汽车制造业等重点行业与服务业深度融合，强化研发设计服务和制造业有机融合，促进现代物流和制造业高效融合，提高金融服务制造业转型升级质效。三是培育两业融合发展的新主体。重点培育出对产业发展具有引领作用的产业链龙头企业、行业骨干企业，使产业能够像钉子一样扎下根来，从而带动不同类型主体形成根植性强的产业生态圈。

4. 加快工业化与信息化融合发展

一是加快新型信息基础设施建设。加快 5G 网络建设，提升网络覆盖面和稳定性，加快 IPv6 部署进度，全力打造泛在连接的移动互联网络。加快大数据中心建设，构建覆盖全面、链条完整、应用广泛、设施完善的云计算发展格局。加快工业互联网底层基础设施建设，大力打造平台、网络、安全等三大体系。二是深化互联网在制造业领域的应用。大力发展众包设计、个性化定制、云制造等新模式，形成基于"C2M"的研发和制造模式。开展物联网技术的示范应用，发展智能监测、全链路追溯、远程管理等新模式。三是全面推进制造业智能化。试点建设智能工厂或智能车间，加快工业机器人、人机智能交互等新技术应用，促进制造工艺的实时监测、自动控制，加快在重点危险行业率先应用。

5. 完善工业发展支撑体系

一是完善产业服务体系。加快推进制造业基础设施改造升级步伐，加强科研设施建设力度，推动公共技术平台共享，构建适应制造业转型升级的公共服务网络，逐步形成技术先进、优质高效、布局完整、支撑有力的制造业公共服务体系。二是提升要素供给水平。完善科技创新机制，改革金融体制，集聚人力资源要素，推动各类要素合理配置、高效互动，共同促进制造业转型升级，更好地服务于实体经济。三是加强各类人才的引进培育。加强学校、企业、第三方机构和政府机构之间的合作，加快建立"终身学习"制度。实施制造业人才培养计划和专业技术人才知识更新工程，重点培育高层次紧缺专业技术人才和创新性人才。加大人才引进力度，建立人才激励机制，健全人才流动机制，努力引进以科研人员、技能人才为主的高端人才，大力选拔优秀人才赴国外留学、培训。

6. 优化完善产业政策体系

一是规范产业政策实施程序。加强对行政机关的政策决策程序活动进行监督的法律规范，推动竞争与创新政策去地方化，实现由行政批文模式向行政立法模式转型。二是调整产业补贴政策。以普遍性减税取代选择性补贴，推动补贴对象向消费端延伸,进一步规范产业补贴的范围,逐步取消不合理的补贴项目,提高补贴透明度,推动产业补贴政策向精准化、合理化、透明化转型。三是完善产业组织政策,推动产业组织政策向反垄断和反不正当竞争政策转型。充分运用反垄断和反不正当竞争法,加强对企业垄断行为的监管,有效遏制赢者通吃、强者恒强的现象,为大中小企业发展提供良好环境。四是优化产业政策评价机制。在政策制定、运行及总结等环节引入第三方评估机构,增加产业政策透明度,最大限度地减少竞争与创新政策的无效性,实现由政府自评向第三方评估转型。

(作者:魏琪嘉)

2020 年中国对外贸易形势分析及 2021 年展望

全球新冠肺炎疫情冲击世界经济增长，主要经济体 GDP 增速呈现大幅下滑，国际贸易投资严重下跌，国际金融市场动荡不稳，大宗商品价格大幅震荡。在国际经济形势不确定性显著增强的背景下，我国统筹疫情防控和经济社会发展工作取得重大成果，稳外贸政策效应持续显现，外贸运行展现出强大韧性，进出口增长好于预期，服务贸易提质增效，贸易结构继续优化，国际市场更趋多元。展望 2021 年，世界经济处于疫情后恢复阶段，经济增长略有起色，国际贸易在低基数基础上呈现反弹，我国经济增长稳步攀升，现代化产业体系加速建设，更大范围、更宽领域、更深层次的对外开放加快实施，我国对外贸易将保持平稳运行。

一、2020 年对外贸易运行好于预期

1. 外贸总体实现正增长，世界贸易占比提升

（1）外贸对经济平稳运行做出积极贡献　2020 年以来，面对新冠肺炎疫情的严重冲击，党中央、国务院出台了一系列稳定供应链、产业链和稳外贸、稳外资的政策措施，国内企业复工复产有序推进，2020 年 1～9 月份，我国货物贸易进出口总值 23.12 万亿元人民币，比上年同期增长 0.7%，呈现逐季回稳的向好态势，其中出口 12.71 万亿元，增长 1.8%；进口 10.41 万亿元，下降 0.6%。分季度看，一季度外贸进出口大幅回落、二季度止跌企稳、三季度由负转正，一至三季度进出口增速分别为-6.5%、-0.2%和 7.5%。从总量看，三季度进出口总值、出口总值、进口总值均创下季度历史新高，其中 7 月份单月出口创历史新高，9 月份单月进出口、进口值均创历史新高。外贸为我国国民经济稳中向好提供了有力支撑，1～8 月份外贸带动就业人数达 1.8 亿人，进口环节税收贡献全国税收总收入的 10.4%，为保居民就业、保市场主体做出了积极贡献。我国 2015 年以来前三季度货物和服务净出口贡献情况见表 1。

表1 我国2015年以来前三季度货物和服务净出口贡献情况

（单位：%）

时间	货物和服务净出口贡献
2015年9月	-0.7
2016年9月	-10.4
2017年9月	-0.7
2018年9月	-10.9
2019年9月	15.8
2020年9月	14.6

注：资料来源于国家统计局。

（2）我国贸易总额占世界比重提升 2020年1～9月份，在全球疫情流行、贸易下滑的背景下，我国率先控制疫情，实现复工复产，实物贸易国际市场份额稳步提升，弥补了世界有效供给不足、重要物资供不应求的缺口。根据WTO数据测算，2020年1～7月份，我国进出口国际市场份额为12.6%，其中出口份额为13.8%，进口份额为11.3%，分别提升1个、1.1个和0.8个百分点。进出口、出口、进口国际市场份额均创历史新高。

2. 贸易结构持续优化，贸易伙伴更趋多元

（1）高附加值、防疫物资等产品出口增长较快 附加值较高的机电产品出口增速由负转正（见图1），2020年1～9月份出口增长3.2%，占出口总值的58.7%，疫情导致生活方式的改变，笔记本电脑、家用电器类出口分别增长17.6%、17.3%。为支持世界抵抗新冠肺炎疫情，我国积极出口防疫物资，包括口罩在内的纺织品出口增长37.5%，医药材及药品、医疗仪器及器械出口分别增长21.8%、48.2%，防疫物资相关产品出口合计拉动出口额增长1.9个百分点。

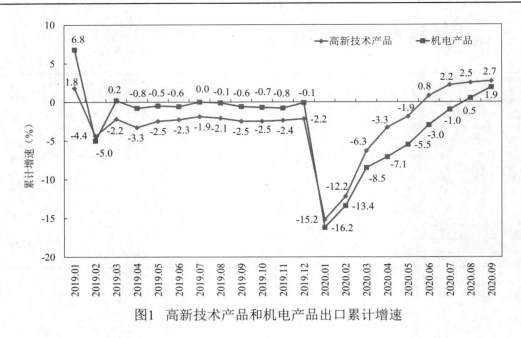

图1 高新技术产品和机电产品出口累计增速

(2)贸易多元化战略持续推进 东盟成为了我国最大的对外贸易伙伴,进出口增长 7.7%、占比达到 14.6%,我国与"一带一路"沿线国家的贸易增长 1.5%。这表明我国和周边国家的经济互补性较强,区域经贸合作持续深化,外贸发展空间广阔。我国对传统市场的进出口贸易基本稳定,对欧盟进出口增长 2.9%,对美国增长 2%,对日本增长 1.4%。

(3)一般贸易比重持续提高 我国一般贸易进出口增长 2.1%,比重已经达到外贸总值的 60.2%,其中出口增长 3.8%,进口增长 0.1%。这表明国内产业升级步伐加快,产业支持外贸发展能力不断增强。2020 年 1~10 月份部分主产品出口情况见表 2。

表2 2020 年 1~10 月份部分主产品出口情况

商品名称	2020 年 1~10 月份累计		2020 年 1~10 月份累计同比增速(%)	
	数量	金额/亿元	数量	金额
粮食/万 t	312.9	119.4	-14.6	-11.0
成品油/万 t	5098.2	1513.2	-3.4	-27.1
纺织纱线、织物及制品	—	9084.1	—	34.8
服装及衣着附件	—	7768.7	—	-6.9

(续)

商品名称	2020年1~10月份累计		2020年1~10月份累计同比增速(%)	
	数量	金额/亿元	数量	金额
家用电器/万台	270760.3	3670.1	9.7	19.1
通用机械设备	—	2325.2	—	7.6
手机/万台	76004.8	6327.2	-3.3	-4.6
集成电路	2113.5	6501.7	19.6	14.3
自动数据处理设备及其零部件	—	11719.4	—	10.5
汽车(包括底盘)/万辆	82.7	853.1	-19.1	-6.7
汽车零配件	—	3126.6	—	-9.0
液晶显示板/万个	103506.7	1118.2	-17.3	-10.4
医疗仪器及器械	—	1043.2	—	46.0

注：资料来源于海关总署。

3. 自主增长动能增强，新兴业态显著发展

（1）民营企业成为对外贸易的主力军　2020年前三季度，民营企业进出口显著增长，增速达到10.2%，占我国外贸总值的46.1%，比上年同期提升4个百分点，其中出口占比达到55.2%，进口占比达到35%。民营企业机制灵活，适应力强，创新较快，其进出口贸易比重持续提升，有利于增强我国外贸的内生动力和发展活力；在世界单边主义、保护主义上升的背景下，民营企业积极拓展国际市场，有利于缓解贸易摩擦，缓冲外部冲击；民营企业以一般贸易为主，其进出口稳定增长，有利于保持外贸平稳运行，增加出口产品国内附加值。

（2）新业态新模式成为外贸增长的新动能　外贸领域科技创新、制度创新、模式创新和业态创新特征更趋明显，2020年1~9月份，我国新设46个跨境电商综合试验区和17家市场采购贸易方式试点，鼓励引导多元化投入建设海外仓，跨境电商进出口、市场采购贸易方式出口分别增长52.8%和35.5%，外贸新业态新模式蓬勃发展。全国综合保税区进出口增长15.1%，比外贸整体增速高14.4个百分点，逐步成为对外开放的新高地。

4. 服务贸易逆差缩减，贸易转型步伐加快

受新冠肺炎疫情、贸易摩擦等因素叠加影响，我国服务贸易规模下降，2020

年 1~9 月份我国服务进出口总额同比下降 15.7%，但出口表现好于进口，贸易逆差减少，知识密集型服务贸易占比提高。服务贸易出口下降 1.5%，进口下降 23.5%，其中 9 月份服务出口增速由负转正。由于疫情在全球范围内流行，得益于数字技术发展，远程医疗、在线教育、共享平台、协同办公、跨境电商等服务在世界范围内广泛应用，我国知识密集型服务进出口同比增长 9.0%，占服务进出口总额的比重达到 44.0%，对推动世界在疫情期间的合作与交流发挥了重要作用。但接触性、集聚性旅行服务进出口明显下滑，增速同比下降 46.3%，成为压低服务贸易增长的重要因素。剔除旅行服务，我国服务进出口增长 2.4%。

二、2021 年我国对外贸易发展保持平稳

1. 国际环境呈现深刻复杂变化

（1）新冠肺炎疫情对世界经济影响难以消除　尽管世界银行、国际货币基金组织近期预测 2021 年世界主要经济体将进一步重启经济，全球生产、消费等经济活动呈现改善，全球经济增长预计达到 5%左右，但新冠肺炎疫情带来的不确定性将加大世界经济增长的挑战。全球新冠肺炎疫情演化形势不明朗，不断出现反复，确诊人数和死亡人数持续攀升，美国以及欧洲国家疫情波折难控，部分国家再次重启"封城""封国"措施。世界卫生组织表示，多数国家新冠肺炎疫情病例数呈指数级增长，很多地区医院和重症监护室接近负荷极限，新冠肺炎疫情未来几个月将呈现较为严峻的形势。新冠肺炎疫情将对世界经济恢复与增长造成不确定影响。一方面，世界经济复苏有利于提高海外市场需求，拉动我国出口增长；另一方面，全球产业链供应链将逐步恢复，防疫物资等产品需求减弱，我国部分出口产品将被替代。

（2）国际贸易投资形势前景不明　新冠肺炎疫情流行蔓延、波折反复，导致部分国家和部分行业企业停产减产，全球货物运输不畅，社会经济活动受阻，行政限制性措施增加，世界需求大幅下滑，国际贸易和投资严重减速。2021 年，由于低基数原因，全球贸易与投资增速将呈现反弹，国际货币基金组织预计国际贸易增长 8.3%左右。WTO 认为 2020 年全球贸易将缩水 13%至 32%，若疫情得到控制，2021 年部分地区可能复苏至 21%~24%左右，但存在很大的不确定性。全球服务贸易和汽车、机械等行业的生产恢复仍存在制约，部分领域难以恢复至疫情前水平。

（3）大国博弈涉及领域扩围　美国经济社会发展面临疫情失控、大选洗牌、

贸易摩擦等因素影响，中美两国在众多领域的博弈进一步加剧。美国大选后内阁将呈现调整，经济政治政策将出现变化，但美国政治以及其他各界已经对中美关系形成总体判断，现任总统以对华强硬作为筹码之一赢得大选后，将在一定程度上兑现政策。尽管中美两国贸易谈判达成第一阶段协议，后续贸易摩擦谈判与经贸关系仍存在较大变数；美国强调重振国内制造业，"结束对中国的依赖"，将进一步限制和影响我国国际产业链布局；美国在科技领域对我国继续进行打压控制，"华为""Tik Tok"等公司已经成为先例，2021年涉及的企业与领域可能进一步扩围。

总体而言，世界正在经历百年未有之大变局，新冠肺炎疫情全球大流行使大变局加速变化，经济全球化遭遇逆流，疫情可能加剧逆全球化趋势，各国内顾倾向明显上升，我国发展面临的外部环境出现变化。

2. 我国经济恢复性增长特征明显

（1）宏观经济运行稳中向好　2021年我国经济恢复性回升特征明显。随着国内疫情防控取得重大战略成果，疫情对经济社会活动的影响趋弱，社会生产经营活动加快恢复。从 GDP 核算角度，受上年同期基数较低的影响，2021 年上半年我国经济将实现高速增长，对全年经济增速影响较大。若国外疫情基本控制、世界经济稳步复苏，国内疫情有效控制、消费加快复苏、需求回暖带动生产加快，2020~2021 年我国经济总体有望恢复到正常水平的 80% 左右，预计 2021 年经济增速将达到 7.6% 左右。OECD（2020 年 9 月）预计 2021 年我国 GDP 增速为 8%，IMF（2020 年 10 月）预计 2021 年我国增速为 8.2%。我国经济稳步恢复，市场需求逐步回升，产业链供应链改善，有利于进出口保持平稳运行。

（2）现代化产业体系加速构建　本次疫情冲击没有动摇我国的产业发展基础，我国三次产业生产体系健全，供给能力强大，生产能力充裕。伴随疫情防控取得重大战略性成果，工业、服务业生产能力逐步恢复并释放。与此同时，我国提出"加快发展现代产业体系，推动经济体系优化升级，坚持把发展经济着力点放在实体经济上，坚定不移地建设制造强国、质量强国、网络强国、数字中国，推进产业基础高级化、产业链现代化，提高经济质量效益和核心竞争力，提升产业链供应链现代化水平，发展战略性新兴产业，加快发展现代服务业，统筹推进基础设施建设，加快建设交通强国，推进能源革命，加快数字化发展"。现代产业体系的加速构建将进一步提高我国出口竞争力,提升出口产品附加值,改善贸易结构,推动对外贸易迈向更高水平。

(3) 稳外贸政策效果持续显现　针对疫情影响,我国将进一步做好"六保""六稳"工作,继续有序推动外贸企业复工复产复商,持续推进贸易便利化,提高通关效率,优化营商环境,降低企业成本,促进外贸新业态发展。海南自由贸易港、洋山综合保税区等新型自贸港、自贸区建设将成为贸易发展的新高地,探索对外贸易发展新经验,带动进出口质量提升。我国将坚持实施更大范围、更宽领域、更深层次的对外开放,建设更高水平的开放型经济新体制,推动共建"一带一路"高质量发展,积极参与全球经济治理体系改革。稳外贸政策在涵盖范围、政策手段、支持力度、创新优化等方面均将迈向新的高度,支持对外贸易高质量发展。

(4) 科技创新增添外贸发展动力　在国际经贸格局调整和新冠肺炎疫情冲击背景下,我国 5G、人工智能、车联网、集成电路、智能制造等领域产业技术基础公共服务平台加快建设,数字技术和产业发展深度融合,将有力推动我国对外贸易创新发展,进一步加强跨境电子商务、国际远程医疗、共享平台、协同办公等服务的广泛应用,赋能机械设备、通信电子、家用电器等产品实现价值链跃升,大幅提高我国实物和服务贸易的国际竞争力。

3. 2021 年对外贸易发展预测

(1) 外贸进出口平稳运行　2021 年,新冠肺炎疫情全球蔓延形势仍不明朗,世界经济进入严重衰退后的修复阶段,国际贸易投资格局调整进程加速,外部环境不确定性、不稳定性明显增多。我国已转向高质量发展阶段,在全面建成小康社会的基础上,乘势而上,开启社会主义现代化建设的新征程。我国经济有望持续保持健康发展,现代化产业体系加速构建,国内市场需求有所提升,创新发展进一步深化,人民币兑美元汇率基本保持稳定,有利于外贸发展的支撑条件仍然较多。我国对外贸易仍将保持平稳增长,预计出口增长 5% 左右,进口增长 5.5% 左右。

(2) 外贸结构略有变化　2021 年,我国对外贸易结构将呈现变化。一是防疫物资对外贸增长的贡献将下降。伴随 2021 年下半年疫情流行在世界范围内逐步缓和以及部分国家防疫产品生产能力和自给能力提高,我国口罩、医疗设备、卫生器械等防疫物资出口增长速度将趋缓。二是机械产品持续保持重要出口产品地位。我国制造业产能世界第一，产业链供应链完备齐全，以装备制造、高技术产品为代表的出口产品生产能力充裕、质量性能较高，在世界各国疫后重建的过程中，机械设备等投资品需求将提升，预计相关产品出口增速将提升。三是服务贸易比重有望提高。我国以科技创新带动服务贸易发展，推动贸易自由化、便利化，积极举办国际进口博览会，在全球经济服务化的大背景下，我国将凭借服务业升级优势带动服务贸易快速发展，不断提升新兴服务贸易、知识密集型服务贸易的竞争力，推动服务贸易占比提高。

三、政策建议

1. 贯彻贸易战略，落实国家政策

十九届五中全会指明了未来我国对外贸易发展的总体战略，2021年作为"十四五"规划的开局之年，要积极贯彻落实外贸领域发展政策，确保"十四五"顺利开局。我国将建设更高水平的开放型经济新体制，推动共建"一带一路"的高质量发展，积极参与全球经济治理体系改革，协同推进强大国内市场和贸易强国建设，以国内大循环吸引全球资源要素，充分利用国内国际两个市场两种资源，积极促进内需和外需、进口和出口、引进外资和对外投资协调发展，促进国际收支基本平衡。

2. 统筹疫情防控，稳住外贸基本盘

统筹疫情防控和稳外贸工作，建立检疫防线，加强联防联控，坚决防止新冠肺炎疫情通过边境、口岸等途径传播，同时多措并举稳定外贸外资基本盘。进一步提升出口退税、出口信贷等政策覆盖面，设立支持货物和服务贸易的专项信贷，加强海关、税务、外汇管理、银行和保险等部门的协调，提高贸易便利化程度，积极支持海南自由贸易港、北京等自贸试验区实施高水平对外开放。优化营商环境，完善外商投资准入前国民待遇加负面清单管理制度，增强外商长期投资经营决心。

3. 推动贸易多元化，推动国际经贸合作

持续推进一带一路建设，深化务实合作，加强安全保障，实现基础设施互联互通，拓展第三方市场合作，构筑互利共赢的产业链供应链合作体系，推动一批

重大项目落地落实，扩大双向贸易和投资，增加与沿线国家的营商口岸。加强区域合作，充分发挥区域全面经济伙伴关系协定（RCEP）等区域性国际合作平台作用，支持联合国及世卫组织等国际组织发挥重要作用，进一步加强公共卫生、教育医疗等的合作，反对单边主义、保护主义，积极参与全球经济治理体系改革。积极参与世界贸易组织改革，确保WTO改革反映发展中成员的诉求和利益。

4. 加速科技创新，发展新业态新模式

紧跟国际科技创新趋势，在重点领域实现"科技领跑"，推动科技创新与产业发展相融合，夯实我国对外贸易的创新发展能力与国际竞争实力。进一步壮大新一代信息技术、生物技术、新材料、高端装备等高科技产业，推动互联网、大数据、人工智能等同各产业深度融合，为我国对外贸易提供新技术、新产品、新业态、新模式的技术与产业基础。发挥外贸大型企业创新优势，支持创新型中小微企业成长，形成创新型外贸产业链供应链。加强外贸领域创新型、应用型、国际型人才培养，实行更加开放的人才政策，形成高水平对外贸易金融、营销、流通、谈判等人才队伍。

（作者：闫敏）

2020年固定资产投资分析及2021年展望

2020年1~11月份，固定资产投资同比增长2.6%，较上年同期回落2.6个百分点。分季度看，一季度下降16.1%，二季度强劲反弹至3.8%，三季度进一步加快至8.8%。房地产开发投资引领投资增长，基础设施投资较快恢复，制造业投资大幅回落。预计2020年固定资产投资增长3%左右。当前需要密切关注投资内生增长动能不足、政府投资能力过度依赖债务驱动、制造业投资持续低迷不振、房地产开发投资延续高增长的难度加大等问题。展望2021年，固定资产投资将增长7%左右。建议保持宏观政策的连续性和有效性，稳定投资环境，调动民间投资积极性，促进制造业投资稳步复苏，推进房地产市场平稳健康发展。

一、2020年固定资产投资的基本特征

在2020年年初公布的2020年国民经济和社会发展计划草案中，投资的主基调定位为"积极扩大有效投资"，延续了2018年以来不再设立全社会固定资产投资预期增长目标的做法，并明确提出安排好地方政府专项债券项目、推进"两新一重"等项目建设、加强要素保障、稳妥推进基础设施领域不动产投资信托基金试点等重点工作。2009~2020年全社会固定资产投资的预期目标与完成情况见表1。

表1 全社会固定资产投资的预期目标与完成情况

年份	预期增速目标（%）	主基调	完成增速（%）	是否完成
2009	20.0	保持投资较快增长	30.0	√
2010	20.0	保持合理的投资规模	23.8	√
2011	18.0	保持合理的投资规模	23.8	√
2012	16.0	进一步优化投资结构	20.3	√
2013	18.0	发挥好投资对经济增长的关键作用	19.3	√
2014	17.5	促进投资稳定增长和结构优化	15.3	×
2015	15.0	着力保持投资平稳增长	9.8	×

（续）

年份	预期增速目标（%）	主基调	完成增速（%）	是否完成
2016	10.5 左右	着力补短板、调结构，提高投资有效性	7.9	×
2017	9.0 左右	精准扩大有效投资	7.0	×
2018	—	聚焦重点领域优化投资结构	5.9	—
2019	—	聚焦关键领域促进有效投资	5.1	—
2020	—	积极扩大有效投资	预测 3	—

注：投资计划预期目标是政府对年度固定资产投资发展期望达到的目标。预期目标本质上是导向性的，在反映投资发展基本趋势的同时，主要是向社会传递宏观调控的意图，以引导市场主体行为，不等同于预测值。

突如其来的新冠肺炎疫情给我国经济社会发展带来了巨大冲击，2020 年固定资产投资增速开局大幅下降。得益于国内疫情得到了有力有效的控制、国家及时出台了对冲纾困政策，固定资产投资增速逐季快速提升。2020 年 1~11 月份，固定资产投资同比增长 2.6%（见图 1），较上年同期回落 2.6 个百分点。分季度看，一季度下降 16.1%，二季度强劲反弹至 3.8%，三季度进一步加快至 8.8%。

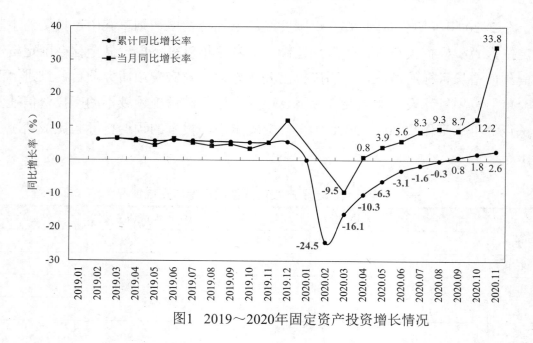

图 1　2019~2020 年固定资产投资增长情况

从经济贡献看，前三季度资本形成总额拉动 GDP 增长 3.1 个百分点，成为需求侧的主要动力。除固定资产投资增速转负为正外，存货投资增长也比较明显。

前三季度，规模以上工业企业存货变动为3994亿元，而上年同期值为1662亿元。

从纾困政策看，政府财政债务资金大幅扩张，从上年的4.91万亿元增加到8.51万亿元，同比增长73.3%。其中，财政赤字3.76万亿元，较上年增加1万亿元；地方政府专项债券3.75万亿元，增加1.6万亿元；新增抗疫特别国债1万亿元。减税降费力度加大，2020年1~11月份，全国累计新增减税降费23673亿元。其中，今年出台的税费优惠政策新增减税降费16408亿元。在保持流动性合理充裕的同时，金融部门通过降低利率、延期还本付息、银行减免服务收费等方式向实体经济已让利约1.25万亿元。

从区域维度看，2020年1~11月份，东部地区投资同比增长3.5%，中部地区投资下降0.7%，西部和东北地区投资分别增长4.2%和4.1%。剔除湖北投资大降的影响后，中部地区投资也实现正增长。固定资产投资增速低于全国平均水平的省（自治区、直辖市）有8个，分别是河北（2.5%）、北京（2.2%）、辽宁（2.2%）、福建（1.2%）、江苏（-0.1%）、内蒙古（-3.5%）、青海（-11.1%）、湖北（-23.3%）。湖北是此次疫情最严重的地区，投资增速深度滑落，下拉全国整体投资增速1.2个百分点左右，下拉中部地区投资增速4.5个百分点左右。

1. 基础设施投资较快恢复

2020年1~11月份，基础设施投资（大口径，包括电热燃水的生产和供应业、交通运输仓储邮政业、水利环境和公共设施管理业，下同）同比增长2.8%，较上年同期回落0.6个百分点。分季度看，一季度基建投资-16.7%，二季度7.6%，三季度7.2%。提升赤字率、发行特别国债、增加地方政府债券规模、提高专项债券可用作项目资本金的比例等逆周期调节政策是基建投资快速恢复的重要支撑。2020年前11个月，地方政府新增债券发行44945亿元，较上年同期多增14578亿元。分行业看，电热燃水的生产和供应业投资同比增长17.5%，较上年同期提升13.9个百分点。其中水电、风电等清洁能源投资，以及特高压、数字基础设施、充电桩等电力供应投资保持较快增长。交通运输仓储邮政业投资同比增长2.0%，回落2.3个百分点。水利环境和公共设施管理业投资同比下降0.3%，回落3.1个百分点。

2. 制造业投资增速大幅回落

2020年1~11月份，制造业投资同比下降3.5%，较上年同期回落6个百分点。分季度看,一季度制造业投资-25.2%,二季度-4.4%,三季度6.2%。受国内市场需求低迷、工业品价格下降、企业利润下滑等因素影响,制造业投资特别是消费品制造业投资大幅下降。工业品价格同比下降2.0%,规模以上工业企业中,亏损企业家数达73683家,占比19%。规模以上工业企业利润同比增长2.4%,但剔除金融投资收益后,仅增长0.6%。分类别看,消费品制造业投资同比下降9.7%,降幅扩大5.6个百分点,其涵盖的15个中类行业中,14个行业投资同比下降,仅与抗疫相关的医药制造业投资增速为0。装备制造业投资同比下降4.9%,回落7.8个百分点;高耗能制造业投资同比下降0.1%,回落7.6个百分点。

3. 房地产开发投资引领投资增长

2020年1~11月份,房地产开发投资同比增长6.8%,较上年同期回落3.4个百分点,对整体投资增长的贡献率为65.1%。分季度看,一季度房地产开发投资下降7.7%,二季度增长7.9%,三季度增长11.9%。今年以来资金利率较低、流动性比较充裕,房地产市场销售形势较好,房地产开发投资迅速摆脱疫情冲击,实现快速复苏。土地市场比较火热,房企缴纳的土地购置费达42493亿元,同比增长8.1%,占房地产开发投资比重为32.8%。土地购置费拉动房地产开发投资增长2.6个百分点,贡献率接近40%。商品房价格总体平稳,平均销售价格为9876元/m^2,同比增长5.8%,较上年同期回落1.3个百分点。70个大中城市新建商品住宅价格月度环比涨幅均未超过0.6%。

4. 民间投资持续低迷不振

2020年1~11月份,民间投资同比增长0.2%,年内首次回正,较上年同期回落4.3个百分点。分季度看,一季度下降18.8%,二季度下降1.2%,三季度增长11.3%。民间投资占全部投资的比重为55.7%,较上年同期降低1.4个百分点。近一半的民间投资集中在制造业领域,制造业民间投资降幅大,是民间投资低迷的主要原因。其他主要分布行业中,农林牧渔业民间投资增长12.4%,房地产开发民间投资增长6.8%,教育民间投资增长8.0%。投资领域"国有快、民间慢"的局面持续,国有及国有控股单位投资同比增长5.6%,增速差从上年同期的2.4个百分点扩大至5.4个百分点。

5. 社会领域投资持续快速增长

2020年1~11月份,社会领域投资同比增长11.2%,较上年同期回落1.4个百分点，拉动整体投资增长 0.6 个百分点左右。国家加大了对公共卫生防控救治能力建设、医疗等应急物资保障体系建设、医疗废物处置设施建设的支持力度，加快补齐疫情暴露出的短板弱项。卫生投资同比增长 26.1%，提升 20.9 个百分点。国家加快补齐教育资源短板，推进学校、职业院校基础设施建设，教育投资增长 13.9%。疫情冲击下文化体育娱乐业复工复产较慢，经营相对困难，相应的文体娱乐业投资同比下降 0.6%，大幅回落 14 个百分点。

综上所述，预计 2020 年四季度投资仍将延续复苏势头，2020 年固定资产投资增长 3%左右。

二、当前投资领域需要关注的问题

当前需要密切关注投资内生增长动能不足、政府投资能力过度依赖债务驱动、制造业投资持续低迷不振、房地产开发投资延续高增长的难度加大等问题。

1. 投资内生增长动能不足

2015 年以来的六年间，投资领域"国有快、民间慢"的局面已经出现了 5 年，仅 2018 年民间投资增速短暂超过国有及国有控股投资。民间投资更多考虑项目经济性，更加反映市场前景，民间投资疲弱表明总需求仍相对低迷，市场主体投资意愿偏低，投资增长内生动能不足。在应对疫情冲击的规模性政策中，国有资本扩张更为明显，民间资本参与基础设施领域建设的体制机制还不健全，民间投资增速持续为负。

2. 政府投资能力过度依赖债务驱动

受疫情冲击、经济减速、企业效益不佳以及大规模减税降费等因素影响，财政收入增长明显放缓。但疫情防控、民生保障、债务利息等刚性支出仍在增长，部分基层市县"保基本民生、保工资、保运转"已经出现压力。当前政府投资能力主要依赖新增地方政府专项债务和抗疫特别国债。2020 年地方政府新增专项债务 3.75 万亿元，较 2019 年增长 74.4%。新增抗疫特别国债 1 万亿元。随着我国经济加快复苏，财政稳杠杆要求将更加突出，2021 年抗疫特别国债退出，将对地方政府投资能力带来负面影响，恐将造成投资波动和半拉子工程风险。

3. 制造业投资持续低迷不振

国内外市场需求复苏迟缓，制造业企业销售遇到瓶颈、持续低迷给企业投资传递负面市场信号。2020年前三季度，工业产能利用率为73.1%，较上年同期回落3.1个百分点，位于近6年来低点。2020年1～11月份规模以上工业企业营业收入同比仅增长0.1%，工业品价格持续走低，导致企业新建扩建意愿普遍不足。投资是生产能力形成的先导，制造业投资持续低迷不振，将对稳定制造业比重、巩固壮大实体经济根基带来长期的负面影响。

4. 房地产开发投资延续高增长的难度加大

2020年以来，与实体经济困难形成对比，房地产部门继续扩张。2020年前三季度，房地产业增加值占GDP比重达到7.3%，较上年同期提升0.2个百分点。在居民收入增速明显放缓的情况下，房地产市场热度不减，商品房销售额同比增速已经转正，深圳、杭州等城市甚至出现商品房"疯抢潮"。房地产过快增长挤压实体经济发展空间，挤占资金资源，加重了居民房贷负担，导致风险积聚。房地产调控政策随之趋严趋紧，融资新规"三条红线"将有效遏制房企债务无序扩张，限购、限贷、限售等措施明显升级。预计房地产市场将逐步降温，房地产开发投资增速将有所承压。

三、2021年固定资产投资分析预测

展望2021年，固定资产投资将保持平稳增长势头。一是基数因素。新冠肺炎疫情对投资的负面冲击主要集中在2020年上半年，受上年同期基数较低的影响，2021年上半年我国固定资产投资将实现高速增长，对全年投资增速影响较大。二是政策环境。当前国际经济总体复苏的方向是确定的，我国经济边际稳步改善，规模性纾困政策退出是迟早的、也是必须的。但是，退出时机和方式要根据经济恢复的状况视情况而定，基本原则是不能弱化政策服务支持实体经济的效果。考虑到我国经济总体仍未及常态水平，政策上会充分考虑已有政策的接续，不会出现"政策悬崖"，不会出现因政策突然中断导致市场主体无法适应。因此，2021年整体投资环境虽将出现边际收紧，但仍将处在较常态年份偏宽松的状态，有利于投资保持平稳增长。三是先行指标。2020年1～11月份新开工项目计划总投资同比增长12.5%，持续处于快速增长空间，投资到位资金增长6.9%，挖掘、铲土运输机械等相关工程机械产品产销两旺。投资先行指标向好，预示着投资有望保持回升势头。四是项目储备。2021年是"十四五"开局之年，也是社会主义现代化进程的起步之年，各地干事创业劲头十足、热情高涨，投资项目储备相对充裕。

从结构上看,随着企业效益持续回暖、投资信心稳步恢复,制造业投资有望加快。在"两新一重"建设需求加快释放、信贷资金大力支持等因素的带动下,基础设施投资增速有望加快。房地产市场将面临周期性下行和融资政策效果逐渐显现的双重压力,房地产投资增速将有所承压。综合判断,2021年固定资产投资增长7.0%左右。其中基数效应为2%,贡献率约30%左右。

四、政策建议

2021年,固定资产投资工作要围绕"保持投资平稳增长和结构优化"的思路展开,一方面要着力促进投资稳定增长,保持适当投资规模,避免投资大起大落。另一方面要优化投资结构,重点支持民间投资、制造业投资复苏,加大民生领域补短板力度,提高投资有效性。

1. 保持宏观政策连续性和有效性,稳定投资环境

2021年将继续实施积极的财政政策和稳健的货币政策,释放积极信号,稳定社会预期。保持政策连续稳定,推动助企纾困和激发市场活力的规模性政策向制度性安排转移接续,确保规模性政策在后疫情时代稳妥有序退出。科学设定财政赤字、专项债券规模,保障必要的政府在建项目后续融资,避免形成"半拉子"工程。聚焦"两新一重"领域扩大有效投资,提高投资效益。

2. 加大融资支持和项目推介,调动民间投资积极性

支持民营企业加快改革发展与转型升级,引导商业银行增加制造业民营企业信贷投放,大幅增加制造业中长期贷款,满足民营制造业企业长期融资需求。进一步完善向民间资本推介项目长效机制,支持民间资本参与基础设施建设。进一步规范创新推广PPP模式,吸引民间资本参与。稳妥推进基础设施领域不动产投资信托基金试点,盘活基础设施存量资产,充分调动民间投资积极性。

3. 提升存量和做优增量,促进制造业投资稳步复苏

进一步优化制造业营商环境,积极推进产业政策由差异化、选择性向普惠化、功能性转变,清理违反公平、开放、透明市场规则的政策文件。大力推进制造业技术改造升级,重点支持技术研发应用、数字化智能化转型、设备更新、安全环保提升等项目。顺应新一轮科技革命和产业变革趋势,积极推动生物医药、生命健康、新能源、航空航天、机器人、增材制造等新兴产业集群发展。

4. 加强监管和信息公开，推进房地产市场平稳健康发展

坚定不移地推进落实房地产市场的长效机制，管理好房价波动预期。加快构建以保障性租赁住房和共有产权房为主体的住房保障体系，因地制宜推进城镇老旧小区和棚户区改造，着力解决城市新市民、青年人特别是从事基本公共服务人员等住房困难群体的住房问题。推进建设公开透明、信息通畅的住宅用地市场，定期公开各地土地储备和已出让土地建设进展情况。加强房地产金融审慎管理，稳住存量、严控增量，防止资金违规流入房地产市场。持续整治房地产市场乱象，依法有效查处违法违规行为。

五、固定资产投资上年基数逐月核减情况

根据第四次全国经济普查、统计执法检查和统计调查制度规定，对2019年同期固定资产投资数据进行修订，增速按可比口径计算。2020年1～11月份，固定资产投资额为499560亿元，同比增长2.6%。据此测算的2019年1～11月份可比口径的固定资产投资额为486901亿元，较原公布值（533718亿元）核减投资额46817亿元，相当于原公布值的8.8%。

分行业投资额的核减情况如下：一是整体核减了2019年前11个月固定资产投资额的8.8%、民间投资额的8.6%左右。二是核减操作仅发生在项目统计中，房地产开发投资统计未作核减，表明房地产开发投资采用联网直报方式进行统计，数据质量相对更可靠。三是核减在三次产业中都存在，第一产业投资基数核减了14.7%，第二产业基数核减了8.4%，第三产业基数核减了8.7%（见表2）。

表2 2019年同期固定资产投资额基数的核减比例

（单位：%）

核减比例	固定资产投资	第一产业投资	第二产业投资	第三产业投资	民间投资	剔除房地产开发后投资	剔除房地产开发后第三产业投资
1～2月	-1.6	-21.1	-8.0	-2.0	-4.6	-2.2	-3.3
1～3月	-1.5	-20.8	-2.7	-0.3	-4.3	-2.0	-0.4
1～4月	-2.1	-14.0	-4.7	-0.3	-4.2	-2.6	-0.4
1～5月	-2.3	-3.5	-6.3	-0.1	-5.1	-2.9	-0.2
1～6月	-2.8	-5.2	-7.4	-0.4	-5.5	-3.6	-0.5
1～7月	-4.1	-6.9	-8.2	-1.8	-7.1	-5.2	-2.7
1～8月	-5.2	-9.8	-10.7	-2.1	-6.9	-6.5	-3.2

(续)

核减比例	固定资产投资	第一产业投资	第二产业投资	第三产业投资	民间投资	剔除房地产开发后投资	剔除房地产开发后第三产业投资
1~9月	-6.1	-12.0	-6.4	-5.7	-6.5	-7.7	-8.4
1~10月	-7.1	-11.1	-6.8	-7.1	-7.0	-9.0	-10.3
1~11月	-8.8	-14.7	-8.4	-8.7	-8.6	-11.4	-13.1

（作者：胡祖铨）

2020年消费形势分析及2021年展望

2020年新冠肺炎疫情暴发后,需求端遭遇突发性疲软。随着疫情防控形势不断向好,消费市场日渐活跃、稳步修复。消费市场呈现出消费分级现象日益凸显、新兴消费逆势上扬等特征。但在疫情的影响下,消费能力受到显著冲击、消费意愿明显收紧、中等收入群体退化风险加大、低收入群体收入修复能力偏弱、消费回流仍有掣肘等问题影响着消费修复速度。展望2021年,我国消费将延续恢复性回升态势。扣除基数因素外,消费增长中枢仍将低于疫情前正常增长区间。初步预计,2021年社会消费品零售总额增长9%左右。

一、2020年消费形势分析

1. 总消费急跳水、缓修复,消费分级现象凸显

新冠肺炎疫情暴发后,需求端突发性疲软,餐饮、旅游、电影等消费规模快速萎缩。随着疫情防控形势不断向好,居民消费日渐活跃(见图1)。2020年1~11月份,社会消费品零售总额下跌4.8%,较上年同期回落12.8个百分点。2020年前三季度,全国居民人均消费支出下跌6.6%,同比回落12.3个百分点,跌幅逐季收窄。一般在经济复苏期,消费作为"后周期"变量,其恢复速度要慢于基建投资、房地产投资等"前周期"变量以及工业利润、库存、PPI等"中周期"变量,短期内消费修复仍需一个过程。在社会消费品零售总额恢复较缓的同时,主要高端消费品在华销售快速反弹,某奢侈品牌前三季度中国官网销售大增近100%,消费市场呈现出高端零售市场强劲复苏与中低端零售市场恢复乏力并存的分级现象。

2. 新兴消费逆势上扬,疫情影响依然存在

居家隔离促使居民更多采取网上下单、快递送货等线上消费方式,尤其是一线、二线城市的订单大幅增加。疫情成为零售行业进化和变革的"催化剂",线上线下整合明显提速。2020年1~11月份,全国网上零售额增长11.5%,其中,实物网上零售额增长15.7%,占社会消费品零售总额的比重达到25%,较上年同

期继续提高。值得注意的是，2020年前11个月全国快递业务量增长30.5%，增速高于实物网上零售额增速。购买数量增速明显快于购买金额增速，网购单笔消费金额有所下降，表明疫情在给网购消费带来机遇的同时，也的确给居民网购能力造成了影响。由于居家办公、手机游戏等需求快速增长，信息消费在疫情冲击后强势反弹。全国限额以上通信器材零售3月当月增速就已转正，8月当月增速更是高达25.1%，2020年1～11月份累计增长12%，增势好于上年同期3.5个百分点。

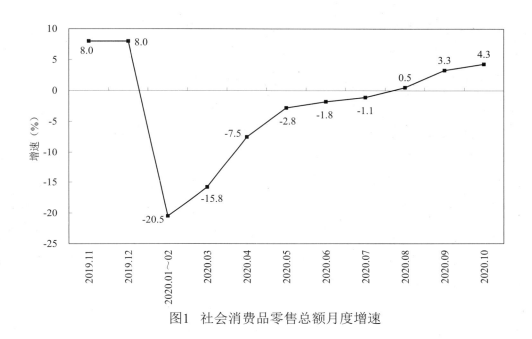

图1 社会消费品零售总额月度增速

3. 价格因素助推汽车消费回暖，住房相关消费恢复滞后

疫情让人们认识到购置车辆、降低公共交通使用的重要性，再加上多地出台购车补贴优惠等政策，汽车批发销售和终端零售都迅速向好。据中国汽车工业协会统计，2020年前11个月我国汽车销售下跌2.9%，虽然仍处于负增长区间，但降幅已经较上年同期收窄。据国家统计局数据，2020年7月份以来，全国限额以上汽车零售额当月增速都在两位数。由于厂家降价幅度大（平均在3万～10万元左右）以及政府购车补贴力度大（单车最高补贴可达3万元），高端车销售以20%～30%的增速成为乘用车市场回暖的主力。新能源汽车销售在四季度加速恢复，2020年1～11月份销量累计增长3.9%。

随着疫情进入常态化防控，前期积累的购房需求集中释放、房贷利率下行等因素带动房地产市场 2020 年 4 月份以来加速回暖，但部分资金加速向高风险领域集聚，导致政策调控边际收紧，三季度住房消费加速回暖势头有所放缓。2020 年 1~10 月份，全国商品房销售面积与上年同期持平，销售额增长 5.8%。由于疫情有反复，购房后装修需求集中推后，住房相关的建筑装潢、家具等消费恢复相对滞后。2020 年 1~11 月份，限额以上建筑及装潢材料类零售额和家具零售额分别下跌 4.8%、7.9%，其中建筑及装潢材料类零售额增速 9 月份才转正。

4．服务消费受冲击最显著，升级类消费韧性有差异

疫情防控措施导致居民减少室外活动的比例明显高于往年同期，餐饮、旅游、电影等服务消费受冲击最显著，恢复的脆弱性相对更大，疫情影响相对更深。餐饮业通过线上开源等方式积极自救，降幅逐步收窄，2020 年前 11 个月全国餐饮收入下跌 18.6%，9 月当月限额以上单位餐饮收入增速转正。

升级类等可选消费的收入弹性较大，当可支配收入增长出现困难时，这类消费受影响更大。入户调查数据显示，2020 年前三季度全国居民人均教育文化娱乐支出下跌 27.7%，其中，城镇居民支出大跌 29.3%，高于农村居民支出跌幅。在疫情考验下，不同服务消费品类增长韧性出现分化。餐饮、娱乐和教育消费借助互联网实现了快速线下转线上，"转型"效果较好；休闲旅游、较为重大的医疗支出等必须通过线下实现的消费品类则很难开拓新的增长点，从而应对冲击的韧性较差。

二、当前消费市场运行中存在的突出问题

1．消费能力受到显著冲击，消费意愿明显收紧

疫情对居民就业和收入都产生了明显影响，就业-收入-消费传导链条的效应更加突出。从就业看，局部性、行业性就业风险明显上升。一是大学生群体就业难。据智联招聘统计，2020 年 2~6 月份大学生投递简历人数增长 62.7%，但新发布大学生岗位数下降 15.5%，岗位供需矛盾非常突出。这导致 6 月份毕业季时仍有 26.3%的应届毕业生在找工作，部分重点高校应届生就业率较往年有 5~20 个百分点的下降。二是服务行业吸纳就业能力下降。疫情对服务行业产生了巨大冲击，承受经济波动能力较弱的中小微服务业岗位需求降幅很大，且呈现出"规

模越小降幅越大"的特征。从增收看，前三季度全国居民人均可支配收入仅增长0.6%，较上年同期回落5.5个百分点。其中，由于小本生意经营困难大，全国居民人均经营性收入下跌2%，是下拉收入的主要因素。对城镇居民来说，占收入比重60%的工资性收入增速比上年同期回落了5个百分点，占收入比重11%的经营性收入更是回落了17.9个百分点，占据全国消费市场2/3份额的城镇居民的消费能力明显下降。

居民消费意愿更趋谨慎，不愿消费、不敢消费的心理特征更为明显，出现大规模"报复性、补偿性消费"的可能性较低。当前，居民的平均消费倾向已经出现下降，前三季度全国居民的平均消费倾向为0.63，比上年同期下降0.05个百分点；城乡居民的平均消费倾向分别为0.59和0.77，分别较上年同期下降0.05个和0.03个百分点。根据历史经验，意外冲击在降低个人平均消费倾向后需1~2年才能恢复。

2. 中等收入群体退化风险加大，低收入群体修复能力偏弱

一是中等收入群体退化风险加大。根据世界银行标准和全国居民可支配收入五等分组数据估算，我国4亿中等收入群体中有70%属于中低收入群体，大而不强的特征显著。据估计，产业工人与个体经营户占中等收入群体的比重超过50%，农村劳动力转移到城镇是中等收入群体扩大的主要增量。这部分人就业稳定性相对偏低，收入脆弱性较大，更容易从中等收入群体跌回低收入群体。二是低收入群体收入修复能力偏弱。本次疫情迫使主要经济体再次采取强刺激货币政策，分配更偏向于资本要素，以资本收入为主要收入来源的富裕阶层将获得更好的资产增值机会，贫富差距拉大的风险有所上升。根据央行《2019年中国城镇居民家庭资产负债情况调查》统计，我国金融资产最高10%的家庭所拥有的金融资产占所有样本家庭的58.3%，中等收入家庭的财产性收入占比在10%以下，从而可以推断，低收入群体的资本类收入资源极低，很难在经济复苏期获得更快的收入修复。总体来看，由于中低收入群体占消费市场的比重在70%以上且其边际消费倾向高于高收入群体，当其遭遇收入问题时，可能导致总消费恢复乏力，消费分级现象将更为突出。

3. 消费回流仍有掣肘，三大障碍亟待解决

由于海外疫情持续扩散，出入境旅游购物难以快速恢复，再加上一系列政策调整，境内消费吸引力进一步提升，但消费回流仍有掣肘。一是免税市场潜力开发不足。国内唯一具备全国性运营商资格的中免集团在国际市场的资源调动、商品采购渠道优化、谈判等能力与国际一流水平仍有很大差距，免税经营渠道单一，市内免税店发展严重不足，并且对适用人员、免税额度等方面规定较多。二是跨境电商发展规范性有待提高。《电子商务法》对跨境电商的规范是框架式的、笼统的，对于支付、物流、报关、商检和售后等关键环节没有具体详细的规定，缺乏可操作性。同时，海关、税务、外汇等部门的监督管理还处于缺乏跨部门统筹、缺乏行政规章的阶段，从而监管效率偏低。三是消费品供需适配尚需时日。国内旅游、教育、医疗等服务水平与国外仍有一定差距，难以满足中高端需求。国外高端品牌产品投放有地区差异，部分款式不在国内市场销售导致需求难以满足。国内高端品牌塑造能力距离国际水平仍有很大差距，品质、设计等多方面提升的空间很大。同时，婴幼儿等特定人群的国内产品在关键化学物质含量指标等方面与国际水平仍有差距。

4. 新业态新模式领域投诉增多，行业自律与监管创新不足

随着消费市场新业态新模式快速发展，行业发展缺乏自律和标准、消费投诉明显增多的问题迅速凸显。根据市场监管总局统计，2020年前三季度全国12315平台服务投诉增长103.1%，占受理投诉总量的40.27%；网购投诉增长42.4%，占受理投诉总量的31.85%；在投诉举报量居前100的企业中，线上零售公司占比最高，达到26%，包含线下旅行社和线上旅游平台的旅游公司占比12%，"直播带货"相关投诉增长479.60%。与此同时，市场监管手段创新不足，新技术、新产业、新业态、新模式快速发展的趋势对市场监管手段方式提出了巨大的挑战，利用大数据和人工智能等新技术的智慧监管模式还在探索之中。这些都明显影响了消费者的信心和满意度。

三、2021年消费形势展望

1. 居民消费恢复性回升

延续恢复性回升态势。展望2021年，疫情对总供给的负面冲击已经基本结束，总需求偏弱问题依然存在，整体经济形势将好于2020年，消费会继续恢复性增长。2020年就业和收入减缓的影响很难立刻结束，将影响到未来半年左右的消费能力。预计 2021 年社会消费品零售总额增速将保持平稳，波动性明显小于 2020 年。其中，低基数效应较为显著、对增速影响较大，别除基数因素外，消费增长中枢仍将低于疫情前正常增长区间。由于不同收入群体的就业和收入从疫情中的恢复速度不同，消费市场将呈现出高端消费品快速增长、中低端消费修复偏慢的内部分级特征。初步预计，2021 年社会消费品零售总额增长 9%左右。

主要消费品类增势不同。一是服务消费基本摆脱疫情影响。只要国内疫情继续得到有效控制、散发疫情能够得到迅速处理，服务消费将迎来加速恢复期，主要消费种类逐步回到正常增长区间。其中，教育文化娱乐消费反弹力度较大，电影消费、旅游消费进一步摆脱疫情影响，餐饮消费将重回正常增长区间。但由于收入影响，这些可选类消费增长的脆弱性依然偏大。二是重点商品消费增长有变化。在宏观下行压力较大、行业周期低谷等因素影响下，汽车消费回暖的主要支撑因素是政策补贴、厂商降价和置换需求。由于 2020 年汽车置换需求已经得到一定程度释放，厂商降价清库存行为很难持续，虽然仍有政策补贴支持，但 2021 年汽车消费持续较快回暖的基础较为薄弱。由于房地产调控政策不放松、资金涌入高风险领域的行为被严厉打击，在迎来一波需求释放后，住房消费将保持平稳增长，且一二线和三四线城市分化更加明显。

2. 有利因素支撑消费恢复

一是促消费政策全面升级。在经济恢复期，一系列国家层面的促消费政策接连出台，从支持多渠道灵活就业、以新业态新模式引领新型消费加快发展、加强全民健身场地设施建设发展群众体育等方面进一步夯实消费基础、深挖消费潜力。与此同时，各地发放消费券、促进汽车消费恢复、打造夜间经济和地摊经济等举措纷纷出台，因地制宜拉动内需。总体来看，有利于更好地满足居民生活需要，释放消费潜力。

二是消费新模式激发新需求。对消费市场来说，此次疫情既有危险也有机遇。疫情将成为零售行业进化和变革的"催化剂"，加快新零售模式崛起，为消费零售带来新机遇，有助于进一步激发消费新需求。一是更加确立线上线下融合零售模式。为减少人员不必要的接触，同时压缩供应和物流成本，各大商超和便利店推出的预约制到店自提、无接触配送到家等新模式大获成功，未来还将随着线上直播等模式的不断发展而更加成熟。二是无人零售进程再提速。本次疫情中，医院和疫情严重地区启用大量无人配送和无人超市，提高了大众对无人零售的接受度，加快了无人零售的普及进程。三是生鲜电商迎来爆发增长期。在疫情影响下，生鲜电商成为城市人群买菜的首选，进一步方便了消费者。

四、政策建议

1. 大力发展市内免税店业务

一是逐步放开居民离境的国内免税政策，允许离境的中国居民在境内的市内免税店消费，免税额度可分步提升，同时推出本国居民离境网上免税购物业务，增强国民在本国免税店的消费热情。二是调整优化境外游客离境免税政策，提高归国人员入境和境外人员离境的市内免税额，有效地增加我国旅游的吸引力，大力促进外国游客在我国消费。三是优化全国的市内免税店布局，在北京、上海、广州、杭州、西安、昆明等境内旅游热门目的地增设市内免税店。

2. 进一步规范跨境电商发展

一是加快制定和完善海关、税务、外汇等有关部门针对跨境电商的行政管理规范，切实解决目前制约跨境电商发展最直接、最突出的问题。本着鼓励创新的原则，分领域制定监管规则和标准，在严守安全底线的前提下为跨境电商发展留足空间。二是在总结各部门实际监管经验和《电子商务法》实施情况的基础上，适时启动国家层面跨境电商的监管立法，系统地明确跨境电商在资质、支付、物流、报关、商检和售后等方面的监管标准，并结合社会信用体系建设，全方位规范跨境电商发展，更好地为国内消费者提供海外购买服务。

3. 推进适应需求变化的消费品供给升级

一是鼓励传统企业技术改造升级，在产业设施装备智能化改造等方面实现实质性进步，推动轻工、纺织等消费品行业增品种、提品质、创品牌，瞄准国际标准和细分市场需求，不断满足居民对高附加值产品的需求。二是进一步完善消费品行业的标准体系建设，增强与国际标准接轨程度，大力缩小关键化学物质含量标准制定等方面的差距。三是在产品结构调整中，既要大力开发高科技含量的"高、精、尖"产品，也不能忽视物美价廉、经济实用产品的生产开发，通过多层次的产品结构适应不同居民消费层次的要求。

4．加快助推市场监管升级

一是借助大数据、机器学习、图像识别等新技术，着力提升人工智能在市场监管中的追踪、搜集、计算和分析能力，提高市场交易中违法案件及线索的发现率。二是加快推动融合更多新技术的监管平台建设，提高新监管方式的监管覆盖面。三是完善重要产品追溯体系建设，进一步完善标准规范，推进各类追溯信息互通共享。四是健全消费者权益保护机制，完善立法，强化执法。优化完善纠纷多元化解决机制，提高纠纷解决效率，更好地保障消费者权益。

（作者：邹蕴涵）

2020～2021年区域经济发展分析与判断

2020年，各地区经济由于受疫情影响程度不同、经济韧性不同，增长速度出现一定差异，东部沿海地区恢复态势良好，中部地区剔除湖北外已转负为正，西部地区增幅保持领先，东北地区增幅依然最低。展望2021年，东部地区由于结构转型升级较好、数字经济发展领先、都市群带动作用明显，将继续扮演"压舱石"的作用；中西部地区在以国内大循环为主体、国内国际双循环相互促进的新发展格局下，将受益于东部产业链延伸以及国家对中西部的支持，加上基数较小，增速可能继续保持领先；东北地区增速依然将落后于平均水平。

2020年，尽管疫情对各地区经济增速造成了不可避免的干扰，但决定我国区域经济格局的根本因素并未发生大的变化，东北以及资源转型地区持续增长仍面临困难。为促进区域协调发展，畅通国内大循环，需要切实贯彻落实十九届五中全会关于区域发展的部署，加强区域政策与其他政策的配合，遵循产业链、供给链、创新链、价值链等客观规律，精准施策，有针对性地促进相关地区的发展，在发展中寻求平衡。

一、2020年我国区域经济基本格局与特征

1. 各地GDP增速反弹态势良好

2020年前三季度，各地GDP增长保持反弹态势，增速转正的省份增加到25个，西部地区增速整体领先（见表1）。其中，22个省（自治区、直辖市）GDP增速快于地区合计平均水平，广东、河南、北京增速不及地区平均水平，天津为零增长，上海、辽宁、内蒙古、黑龙江、湖北的经济增长仍处于负值区间。快于地区合计平均水平的省（自治区、直辖市）有11个在西部地区，东部地区有6个，中部地区有4个，东北地区仅有吉林。从总量看，疫情的影响并没有明显改变经济总量的排名位次，广东、江苏、山东的经济总量稳居前三（见图1），区域整体格局变化不大。从目前情况看，全年区域增长格局将基本维持前三季度态势。

表1 区域生产总值累计增幅

（单位：%）

地区	2019年2季度	2019年3季度	2019年4季度	2020年1季度	2020年2季度	2020年3季度
地区合计	6.77	6.67	6.52	-6.43	-1.16	1.05
东部	6.47	6.36	6.25	-5.99	-0.84	1.49
中部	7.79	7.70	7.35	-9.92	-3.11	-0.51
西部	6.94	6.91	6.79	-3.80	0.52	2.01
东北	4.53	4.41	4.56	-7.58	-3.27	-0.65

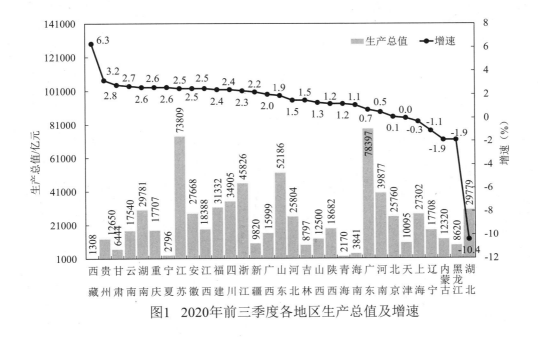

图1 2020年前三季度各地区生产总值及增速

2．投资驱动特征明显

1998年和2008年两次危机之后，都是政策驱动投资先于消费成为带动经济走出"沼泽"的主要动力。2020年，除个别省（自治区、直辖市）外，投资带动经济复苏的特点依然突出。2020年二季度以来，国内经济恢复速度加快，积极的财政政策力度持续加大，结构性货币政策实现了精准滴灌，固定资产投资稳步恢复。2020年2月份以来分区域固定资产投资累计增速见表2。2020年前三季度，有21个省（自治区、直辖市）投资增速高于全国平均水平。具体来看，新疆保持了22.1%的增长，山西、江西保持两位数增长，天津、宁夏、山东低于全国平均水平增速,江苏为零增长,重庆、福建、青海、北京、内蒙古、湖北仍为负增长(见图2)。2020年四季度,各地投资增速将进一步回升。

表2 2020年以来分区域固定资产投资累计增速

(单位:%)

地区	2月	3月	4月	5月	6月	7月	8月	9月
东部	-20.2	-12.3	-7.3	-4	-0.7	0.5	1.8	2.5
中部	-32.7	-27.8	-20.3	-15.1	-11.9	-9	-6.3	-4.3
西部	-25	-10.8	-4.5	-0.9	1.1	2.1	2.7	3.3
东北	-18.9	-14.2	-7.5	-2.5	0.4	1.4	2.2	2.9

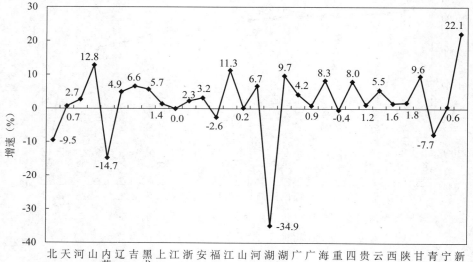

图2 2020年1~9月份各地区固定资产投资增速

3. 消费需求增长仍待发力

2020年前三季度,各地的社会零售品消费总额增速悉数为负值(见图3),但增速降幅逐季收窄,消费复苏正在加快。展望2020年四季度,随着经济进一步恢复常态化,消费与服务业的复苏会更加明显,将成为经济增速加快的主要动力。同时,居民可支配收入增速也在持续回升,尤其是年末传统消费旺季来临,前期被抑制的消费也将再次释放,成为拉动各省经济恢复的重要动力,后续各省(自治区、直辖市)经济将呈现出投资与消费"双驱动"的特征。

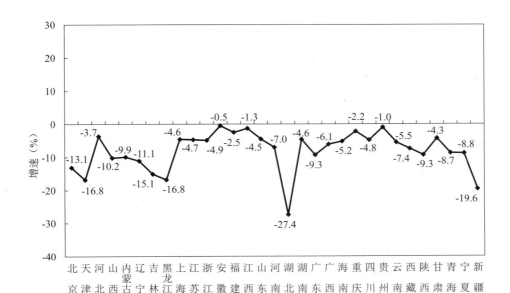

图3 2020年前三季度各地区社会消费品零售总额累计增速

4．区域一体化进程进一步加快

长三角区域一体化、京津冀协同发展、长江经济带发展、粤港澳大湾区以及海南自由贸易港建设，随着一系列重大区域发展战略扎实推进，2020年我国区域经济协调发展取得新进展。2020年5月，京津冀诞生全国首部区域协同立法，京津冀版的《机动车和非道路移动机械排放污染防治条例》在框架结构、监管措施、行政处罚上协调一致且三地同步实施。2020年7月，长三角生态绿色一体化发展示范区公布了新的产业发展指导目录和产业准入标准，实现了全国首个产业发展导向、项目准入标准的跨省域统一。此外，我国第一份跨省域法定空间规划——长三角一体化示范区国土空间总体规划已进入最后完善阶段，这份规划是由上海、江苏、浙江两省一市共同编制的，将首次实现跨省级不同行政区"一张蓝图管全域"的制度创新目标。京津冀、粤港澳大湾区、长三角区域一体化战略不断深入推进，除了立法、标准等加快协同之外，还有一系列交通基础设施迅速推进，围绕中心城市的大都市圈空间规划也接连出炉，为区域一体化建设不断添薪续火。

二、影响区域经济发展的因素分析及判断

当今全球正在经历百年未有之大变局，特别是新冠肺炎疫情加剧了这一变

化，引发全球地缘政治、经济问题，对中国区域经济的转变和调整产生了重大影响。2021年，各区域经济发展如何，一方面取决于外部大环境的变化，另一方面取决于影响区域经济发展几个主要因素的变化与发展。

1. 创新能力

目前，创新已经成为影响区域发展的重要因素，贵州大数据产业的发展是新因素激活区域比较优势的典型案例。随着环境的变化，2021年创新在经济发展中将扮演更重要的角色。

从创新能力看，《中国区域创新能力评价报告2019》指出，东西地区几方面的差距在缩小，但南北地区的差距在拉大。广东、江苏、浙江、山东等东部沿海省份及北京、上海等特大型城市依然是创新能力领先地区，重庆、陕西、四川、贵州等西部地区追赶势头迅猛，创新步伐不断加快。南方地区创新能力提升步伐快于北方地区，在排名前20位地区中，南方地区占13席。总体上看，各地区创新能力差距在扩大，区域协调发展有待提升。从产业创新度来看，北上广深在科研实力和科研经费投入等方面遥遥领先，引领着我国产业创新方向；杭州、南京、合肥、西安、武汉等城市凭借科教实力和人才优势，也在不断进行产业创新升级。创新是个厚积薄发的过程，估计各区域创新能力2021年不会发生大的变化。

2. 产业发展能力

"中国城市产业发展力评价"研究课题发布《2020中国城市产业发展力评价报告》显示，产业发展力前五十城市2019年GDP合计51.8万亿，占到全国GDP总量的一半以上，是中国城市产业发展力的最强阵营。以上海、杭州、苏州为代表的长三角城市群和以广州、深圳、东莞为代表的粤港澳大湾区均形成了规模大、层次高、实力强、数量多的产业集群，并迅速向周边扩散，形成了带状产业集群或集团式产业集群，这些产业集群反过来进一步提升了长三角城市群和粤港澳大湾区的产业能级。从区域分布来看，产业发展呈现东部领先、沿海领跑、多点驱动、区域协同的特点。

3. 城市群发展及其辐射能力

在双循环新格局下，中国必须充分挖掘战略纵深，充分发挥国内市场优势，这意味着要素自由流动程度的上升和区域整合发展速度的加快，原有以基建带动的区域平均发展战略将会相应调整。总书记曾在《求是》撰文，要求"增强中心城市和城市群等经济发展优势区域的经济和人口承载能力",预计都市圈与城市群将会成为新的增长极。

华顿经济研究院发布的"2020年中国百强城市排行榜"显示,北京、上海、广州和深圳连续六年稳居前四,综合实力最强。第五至第十位的城市依次是杭州、苏州、武汉、南京、重庆和成都,武汉是中部地区唯一跻身前十强的城市,西部地区有重庆、成都两市进入前十强。从南北格局看,前十城市中,南方占据9个,北方只有北京一市。百强城市中,东部地区上榜60个,中部地区上榜25个,西部地区上榜15个,呈现出由东向西阶梯式下降的格局。三大经济圈中百强城市高度集聚,长三角地区上榜22个、珠三角地区8个、京津冀地区8个,三者合计上榜38个。

城市群是中国人口和经济增长的主要空间,是带动全国经济增长、促进区域协调发展的重要空间载体。随着京津冀、长三角和珠三角城市群创新能力提升,其市场区位优势更为显著,经济增长潜力明显高于其他地区,其辐射能力也明显强于其他城市群。

4. 产业转移进展

以习近平同志为核心的党中央提出加快形成以国内大循环为主体、国内国际双循环相互促进的新发展格局,中西部地区作为国内大循环的战略腹地,迎来了承接产业转移、加快自身发展的重大机遇。特别是中部地区,区位交通优越,人力资源优势明显,市场空间广阔,产业体系完备,产业结构不断优化,具备承接产业转移的综合优势。加上国家层面的政策支持,比如工业和信息化部有关领导表示:"将把推动产业转移作为统筹区域协调发展的重要抓手,支持中西部各省份承接国内外产业转移,推动产业转移系列对接活动向纵深发展",以及各地承接产业转移的积极态度,预计2021年我国产业转移力度有望进一步增大。

5. 结构转型与调整

在国内外发展环境的倒逼之下,我国绝大多数省份深入推进新旧动能转换,着力推动制造业高质量发展,进一步强化实体经济的根基作用。广东、江苏、浙江等省份新旧动能转换做得早、见效快,产业转型升级取得明显进展,战略性新兴产业和现代服务业齐头并进。然而,我国还有不少省份推动产业结构调整升级的力度不够,传统产业增长乏力,新兴产业实力偏弱,尤其是数字经济各地的发展差异明显。根据中国信息通信研究院统计数据,2019年全国数字经济发展规模呈现从东南沿海向西部内陆逐渐降低的趋势,基本符合胡焕庸线格局。比如,浙江省2020年上半年数字经济核心产业增加值增长8%,远高于地区生产总值0.5%的增幅。总体看,东部发达地区经过多年的发展,已经基本适应结构调整趋势并培育出不同的新的竞争优势,而大多数中西部地区的竞争优势仍主要集中于传统产业,新动能增长培育相对不足。由于经济环境的变化,我国传统产业的优势正在不断弱化,一些中西部地区如果不能打破路径依赖,其经济增长与发达地区差距拉大的趋势就很难改变。

6. 发展条件变化

从发展条件看,我国长期以来依靠大量廉价劳动力投入实现高速经济增长的状况显然已经发生转变。一方面,随着近年来劳动年龄人口占比持续下降,劳动力成本快速上涨势头正从东部向中西部传导,进而削弱了中西部地区劳动力比较优势。另一方面,我国已基本建立现代综合交通体系,形成了比较发达的高速铁路网和高速公路网。快速交通网络正在改变制造业空间布局的基本形态,推动了产业空间组织模式变革。此外,人工智能、量子通信等新兴技术的示范应用,既给我国区域发展带来了重大的机遇,也会产生不小的挑战,比如,更多智能技术的应用将取代简单技能的劳动力,使得人口大省丧失部分比较优势。

7. 外部环境影响

2020年,我国出口从4月份开始连续6个月实现正增长,前三季度累计增长1.8%,表现超出市场普遍预期,主要支撑因素有以下几个方面:一是防疫物资拉动出口增长2.2个百分点,部分企业抓住疫情发生后防疫物资海外需求暴增的商机,及时调整经营策略和方向,包括口罩在内的纺织品、医疗器械、药品合计出口1.04万亿元,增长36.5%。二是"宅经济"商品拉动出口增长1.1个百分点。我国消费类电子产品产业链、供应链优势明显,笔记本电脑、平板电脑、家电等"宅经济"商品合计出口8808亿元,增长17.8%。三是国内复工复产有序推进出口订单的增加。我国疫情防控取得重大战略成果,生产端率先恢复,有效弥补了全球因疫情冲击造成的供给缺口,部分企业出口订单增加,也支撑了出口的持续增长。2021年,一旦全球新冠肺炎疫情好转,全球产业链、供应链恢复,加上经济全球化停滞、保护主义和单边主义上升,将对我国外贸发展产生实质性影响。

8. 总体判断

总的来看，在疫情逐步好转的假定下，2021年各地区经济增长将出现明显反弹。分区域而言，东部沿海地区由于在创新、结构调整、城市群带动以及产业发展能力等方面具有比较明显的优势，将继续扮演我国经济增长主力军的角色，经济增幅稳健回升，但外部疫情好转、国外生产链条逐步恢复，对东部地区外贸可能产生一定的影响。

与东部地区相比，中西部地区无论是从城镇化进程还是从产业发展、资源禀赋来看，都具有良好的中长期发展基础，可以承接来自于长三角和珠三角地区的产业转移，具有较为明显的后发优势，加上中西部省份基数较小，上升空间较大。在国家相关政策的支持下，预计2021年经济增速仍将领跑，尤其是中西部的核心城市圈，有望成为"国内大循环"的重要增长极，增速与东部差距将缩小。

在各国的经济发展历程中，重工业地区的产业衰落与转型问题都是十分棘手的，尤其是我国东北地区早期发展中长期存在着单一的指令性经济模式，使得其经济转型面临着更为复杂的局面和问题。目前，东北地区尚处于产业转型和营商环境改革的攻坚阶段，特别人才流出趋势并未改变，将对东北经济活力的提升造成不利影响，预计2021年增幅仍将落后于其他区域。

三、促进区域协调发展的建议

促进区域协调发展并加快形成高质量发展的区域经济布局，是推动高质量发展的需要，也是构建现代化经济体系的需要，更是构建以国内大循环为主体、国内国际双循环相互促进的新发展格局的需要。正如习近平总书记指出的，新形势下促进区域协调发展，要"发挥各地区比较优势，促进各类要素合理流动和高效集聚，增强创新发展动力""形成优势互补、高质量发展的区域经济布局"。

1. 加强东西合作，提升我国产业链条优势

中国经济发展正处在结构调整的关键阶段，转型升级是经济发展的主线。在此历史性的重大结构调整中，构建合理的区域经济空间发展格局，引导要素在区域之间更加有序的流动、产业在区域之间有序转移，有利于各类各层次的区域根据其所处的发展阶段和条件转换经济动能，形成协调发展的局面，从而释放出推动全国经济转型发展的新动力。未来我国既要推动制造业的产业升级，促进制造

业高质量发展，加快向全球产业链、价值链高端攀升；也要重视并留住传统中低端制造业，防止国内产业的空心化。我国是一个发展不平衡的大国，要注重发挥区域资源禀赋优势，优化区域产业结构和空间布局，形成具有区域特色的产业链、供应链。应优先推动我国跨区域产业梯度的转移和承接，充分利用我国市场广阔、区域差异大等优势，鼓励区域产能合作，顺应市场与政府引导相结合，建立并完善高效、持续、有活力的东西对接协作机制。提高中西部和东北地区承接国内外产业转移的能力，完善产业配套设施，加强东西部人才、技术交流与合作。充分发挥中西部地区的比较优势，鼓励东部产业集群式转移，重造区域产业链。以产业链、供应链的调整为抓手，形成合理分工、竞争有力的区域产业一体化布局，并在推进区域产业一体化中促进经济转型升级。把国内市场大循环和区域经济调整结合起来，对断裂的产业链部分，利用好国内完备的制造业体系，抓紧时间有意识地在区域之间进行产业链的补链、扩链和强链。

2．增强区域政策与其他方面政策的协同配合

为了整合利用各部门的政策资源，需要深入推动区域政策与产业政策、财政政策、社会政策等方面政策的有效衔接，继续深化区域政策研究制定的部门协同机制，更好地发挥区域政策对产业政策、财政政策、环保政策、社会政策、土地政策、金融政策等政策工具的统筹整合，进而形成具有精准化应用、差别化施策的机制。同时，中央有关部门在制定区域政策时要征求其他部门和专家学者的意见，避免区域政策碎片化或难以落地转化，提高政策精准性、可操作性，确保实施效果。

3．提升城市群、中心城市的辐射能力

发达国家的发展经验表明，经济发展到一定阶段后，区域发展将会从单一的增长极引领转向以城市群和经济带推动为主。未来竞争不再是单个城市之间的竞争，而是从单体竞争转向群体或集群竞争，从单元级竞争上升为系统级竞争。因此，发挥城市群对周边地区的辐射带动作用，变"大树底下不长草"为"大树底下好乘凉"，是推进区域协调发展的重要任务。要不断优化城市群的内部结构，克服行政分割，消除市场壁垒，促进市场一体化、交通一体化、公共服务一体化，形成优势互补、分工合作的区域协同局面。

4. 完善区域治理体系

贯彻落实《中共中央 国务院关于建立更加有效的区域协调发展新机制的意见》，深化国内机制体制改革，包括财政转移支付制度、土地管理制度、生态补偿制度，进一步优化基础设施、公共服务均等化机制，建立起政府负责、社会协同、公众参与、法治保障的区域协调治理体系。加强区域协调发展法治保障，增强区域经济布局的严肃性和权威性。鼓励分阶段先行制定有关领域的条例，支持各部门和地方出台区域协调发展有关的行政法规、规则、办法等，构建有利于区域协调发展的法律体系。

5. 辩证看待区域发展的不平衡

习近平总书记在2020年8月扎实推进长三角一体化发展座谈会上指出，"不同地区的经济条件、自然条件不均衡是客观存在的，如城市和乡村、平原和山区、产业发展区和生态保护区之间的差异，不能简单、机械地理解均衡性。解决发展不平衡问题，要符合经济规律、自然规律，因地制宜、分类指导，承认客观差异，不能搞一刀切"。因此，促进区域协调发展不应局限于经济水平，而应从基本公共服务、居民幸福感、区域功能定位等多维度考量。经济发展条件好的地区要承载更多产业和人口，发挥价值创造作用。生态功能强的地区要得到有效保护，创造更多生态产品，在发展中促进相对平衡。

（作者：胡少维）

市场预测篇

2020～2021年汽车市场形势分析与预测

2020年汽车市场从4月份开始快速反弹，特别是下半年市场逐月好转，全年汽车总需求达到2532万辆，略低于2019年水平，比上年下降2.5%。综合长期规律和短期因素，预计2021年我国汽车市场将进入本次需求平台期的上行阶段，全年汽车总需求将超过2600万辆，同比增长3.5%左右。

一、2020年汽车市场形势分析

2020年，我国汽车市场需求为2532万辆，比上年下降2.5%，为连续第三年下降，但降幅较上年收窄。2020年市场的下滑主要是乘用车市场需求萎缩导致的，全年狭义乘用车需求量为1977万辆，比上年下降6.6%；微型客车需求量为64万辆，同比下降16.5%；而商用车需求量为492万辆，比上年增长21.6%，是销量唯一上涨的车型（见表1）。

表1 我国汽车需求量（内需口径）

销量与增速	2015年	2016年	2017年	2018年	2019年	2020年
汽车总体销量/万辆	2509	2827	2926	2820	2596	2532
乘用车销量/万辆	1959	2271	2379	2317	2116	1977
商用车销量/万辆	313	338	388	408	404	492
微型客车销量/万辆	237	217	159	96	76	64
汽车总体同比增速（%）	4.3	12.6	3.5	-3.6	-7.9	-2.5
乘用车同比增速（%）	7.3	15.9	4.7	-2.6	-8.7	-6.6
商用车同比增速（%）	-7.0	7.9	14.7	5.2	-0.9	21.6
微型客车同比增速（%）	-2.6	-8.4	-26.7	-39.9	-20.1	-16.5

1. 乘用车市场形势分析

虽然2020年是乘用车市场需求连续第三年下降，但由于影响因素及其影响程度的不同，市场与前两年相比表现出两个明显不同的特点。

特点一：从总量看，我国乘用车市场需求总量恢复程度之高、速度之快超出预期。2020年我国乘用车需求量同比增速仍有一定幅度的下降，但分季度看，市场逐季好转。一季度，新冠肺炎疫情暴发对宏观经济和汽车市场都带来了巨大冲击，GDP 同比下滑 6.8%，乘用车需求量同比下滑 44.7%；二季度，经济和汽车市场呈现明显恢复态势，我国经济增长由负转正，GDP 同比增速达 3.2%，乘用车需求量也由深度下滑转为正增长，同比增长 1.1%；三季度，我国经济与汽车市场继续恢复，GDP 同比增速达到 4.9%，乘用车需求量同比增速更是恢复至 7.5%。四季度，经济进一步回升，GDP 同比增速为 6.5%，乘用车需求量也保持高增长，同比增速为 7.9%。分月份看，基本是逐月加速的趋势（见图1）。4 月份以后，汽车市场持续向好有以下四个方面的原因：

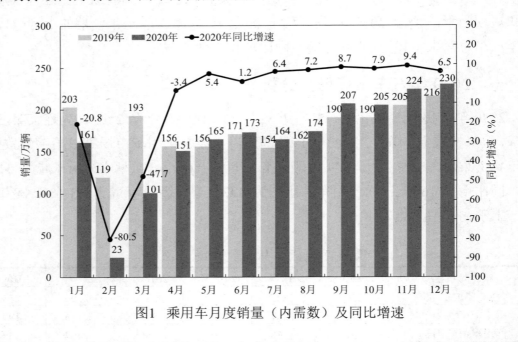

图1 乘用车月度销量（内需数）及同比增速

第一，积极的宏观政策对汽车消费形成利好。为应对疫情冲击，我国宏观经济政策较上年更为宽松。从宏观经济指标看，M1、M2 全年同比增速分别为 8.6% 和 10.1%，较上年增速提高了 4.2 个和 2.4 个百分点。从历史上看，我国汽车市场消费增速与货币供应量增速呈显著的正相关关系，合理充裕的流动性会改善居民消费预期，有效促进汽车消费。

第二，新冠肺炎疫情导致购车需求提前释放。疫情暴发以来，居民对出行安全的重视度日益提高，私家车出行成为更多消费者的首选。无车家庭购车意愿提升，购车计划提前实现，有车家庭购买第二辆车的比例增加。国家信息中心新车购买者调查显示，2020 年三四月份，因疫情导致的提前购买或增购占到当月汽车销量的 10%～15%。

第三，汽车消费鼓励政策对购车形成积极作用。2020年二季度以来，国家出台了若干鼓励汽车消费的政策，限购城市适当增加购车指标，明确继续对购买新能源汽车给予财政补贴，鼓励金融机构适当下调汽车消费信贷的首付比例和贷款利率、延长还款期限，各地方政府也陆续出台了相关购买补贴政策，这些政策对购车热情和汽车消费均有积极作用。

第四，居民生活性支出减少带来汽车相对购买力提升。疫情导致居民出行不便，旅游玩乐等生活性开支都有所削减，居民储蓄增加，为疫情控制后的汽车消费提供了更加充裕的资金。

特点二：从结构看，低价位与中高价位车型销量分化态势进一步加剧。2020年，价位在10万元以下的乘用车销量比上年下滑24%，降幅与上年基本持平；而价位在25万元以上的乘用车销量比上年增长5%，增速比上年提升7个百分点；15万~25万元的中高价位乘用车销量也呈现正增长，比2019年增长2%，而2019年同比下降6%（见图2）。中高价位车增速转正、低价位车延续低迷态势主要是新冠肺炎疫情影响差异导致的。近年来我国宏观经济结构性变化对低价位车需求形成了持续负面影响，而疫情暴发进一步对生活性服务业、中小民营企业等产生重大影响，这些行业的就业人员收入较低，相应买车的价位也偏低，从而使2020年低价位车市场需求延续大幅下跌态势。

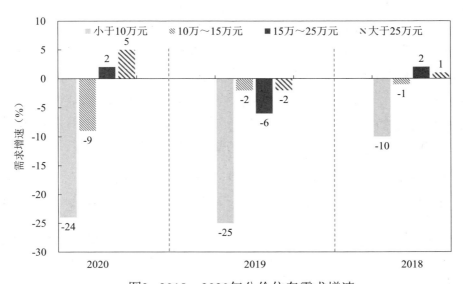

图2 2018~2020年分价位车需求增速

（注：数据为内需销量）

2．商用车市场形势分析

2020 年，商用车国内累计销量达到 492 万辆，同比增速高达 21.6%，创历史新高。分月度来看，商用车销量走势跌宕起伏。2～3 月受疫情冲击销量大幅下挫，跌幅深达 68.2%和 21.8%。4 月之后销量快速恢复，销量连续数月创历史新高（见图3）。疫情得到有效控制后，商用车连续 9 个月高速增长主要有以下四个方面的原因：

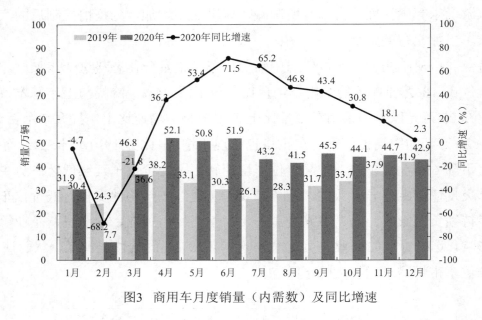

图3 商用车月度销量（内需数）及同比增速

第一，宏观经济的快速恢复是商用车市场恢复的基础。突如其来的新冠肺炎疫情对我国宏观经济造成了较大冲击，中央和各级地方政府统筹推进疫情防控和经济社会发展工作，加大宏观调控力度，加快推动重大工程基础设施建设。在一系列政策措施作用下，经济快速恢复，成为商用车销量快速恢复的需求基础。

第二，加快国Ⅲ排放标准的商用车报废有效促进了更新需求提前释放。2020年 3 月 31 日国务院常务会议提出，中央财政采取以奖代补方式支持京津冀等重点地区淘汰国Ⅲ及以下排放标准的柴油货车。自此之后，各地国Ⅲ排放标准的柴油车辆淘汰力度明显加强，补贴、限行、不予年检等措施力度加大，部分地区甚至出现注销营运证、新车注册必先淘汰旧车等新措施，有力地促进了车辆更新替换的速度。

第三，超载治理力度明显趋严，促进新增车辆需求的扩大。疫情得到有效控制后，超载治理相关政策和行动力度加大，尤以2020年4月29日国务院发布的《全国安全生产专项整治三年行动计划》影响最为深远。文件中明确表示要建立治超信息监管系统，严格落实治超"一超四罚"措施，深化"百吨王"专项整治，2022年基本消除货车非法改装、"大吨小标"等违法违规突出问题。自此之后，多地出台治超政策及专项行动，国道和省道治超力度明显加强，导致商用车单车运能下降，现有运力不足，新运力需求带动了车辆需求的增长。

第四，商用车成为疫情下失业人员实现再就业的重要渠道。2020年2～5月份，收费公路全部免费，而油价也在此时降低到4年以来的最低水平，快递行业在疫情下表现强劲。在上述诸多有利因素的综合影响下，失业人员购买一辆轻微型商用车从事物流行业实现再就业的需求迅速爆发，助力商用车总体市场增长。

二、2021年汽车市场预测

1. 乘用车市场预测

2021年乘用车市场表现：一是取决于长期规律，决定市场需求的基准线；二是取决于短期因素，影响需求在基准线上下波动的幅度。

（1）长期规律　规律一：从汽车需求平台期规律看，我国汽车需求平台期内销量下滑较缓，且此次需求平台期的下行阶段预计在2020年结束，2021年将进入此次平台期的上行阶段。需求平台是指汽车需求量向峰值持续增长过程中，在一段时间内需求会保持相对稳定，或者有一定幅度下降之后又回升到原有水平的现象。这个相对稳定的需求量称为需求平台，这个期间称为平台期或平台波动期。

从先导国家的汽车市场发展历程看，无论是汽车普及较早的美国、德国，还是汽车普及相对较晚的日本、韩国，各国都在千人乘用车保有量达150辆左右时开始经历需求平台期，且需求平台期内的销量波动幅度都与同期经济波动状况密切相关。汽车普及最早的美国共出现6次需求平台期（见图4和图5）。从汽车大规模进入家庭到1929年，美国汽车销量整体稳步增长，至1929年乘用车年销量达534万辆，汽车千人保有量达190辆。随后美国汽车市场进入第一个需求平台期，此时美国陷入经济大萧条，自1930年起GDP出现了连续4年的负增长，1932年GDP同比增速为4年最低，仅-12.9%。同时，美国汽车销量也在1932年达到此次需求平台的谷底，销量较1929年下滑75.1%，1933年美国汽车销量随经济的企稳开始回升。1937年，美国经历第二次需求平台期，1938年汽车销量同比下滑 45.7%，亦是经济波动所致，GDP 增速从 1937 年的 5.1%骤降至 1938 年的 −3.3%，1939 年汽车销量随 GDP 增速转正而恢复。美国此后所经历的 4 次需求平台的销量萎缩幅度、持续时长也都与经济波动高度关联。

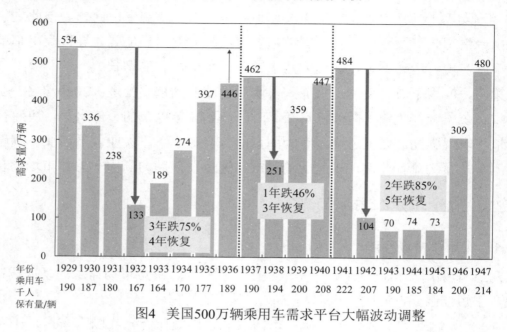

图4　美国500万辆乘用车需求平台大幅波动调整

（注：数据来源于世界银行，世界汽车组织（OICA），国家信息中心）

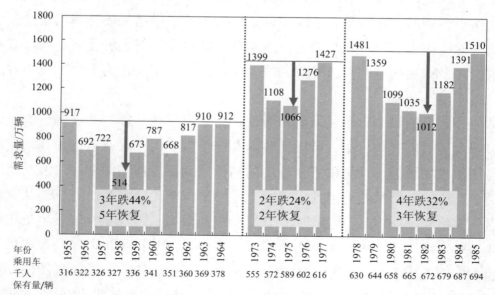

图5　美国乘用车需求峰值点之前的几个平台期

（注：数据来源于世界银行，世界汽车组织（OICA），国家信息中心）

汽车普及仅晚于美国的德国经历过3次需求平台期（见图6），第一次于1965年始，当年千人汽车保有量131辆，第二、三次需求平台发生于两次石油危机期间，其销量出现2~3年的下跌，后历经3年左右的时间恢复；平台期内累计跌幅在17%左右，跌幅明显低于美国。

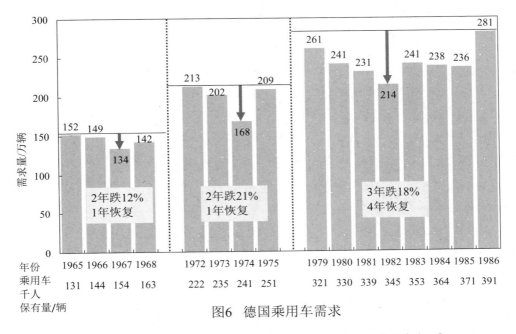

图6 德国乘用车需求

[注：数据来源于世界银行，世界汽车组织（OICA），国家信息中心]

（注：2009年德国政府出台旧车报废补贴）

日本的汽车普及时间晚于美国和德国，但同样在汽车千人保有量达150辆左右时进入了需求平台期（见图7），当时正是在第一次石油危机期间，汽车销量累计下跌22%，恢复进程亦与经济环境密切相关。

汽车普及更晚的韩国也在1997年亚洲金融危机时期汽车千人保有量达166辆时进入第一个需求平台期（见图8），持续至2001年止。

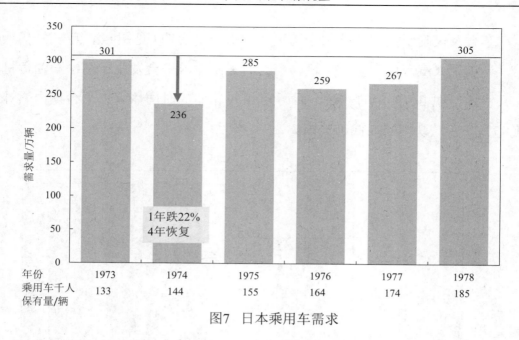

图7 日本乘用车需求

[注：数据来源于世界银行，世界汽车组织（OICA），国家信息中心]

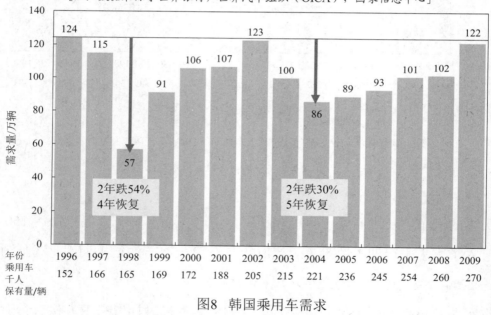

图8 韩国乘用车需求

[注：数据来源于世界银行，世界汽车组织（OICA），国家信息中心]

综上所述，纵向看，二战前需求平台期内的销量波动幅度大，多呈现出深跌的特征，这是经济波动幅度过大所致；但二战后，新的全球治理体系形成，经济波动幅度趋缓，汽车市场在需求平台期的销量波动幅度也有所收窄。横向看，政府调控力量相对较强的国家其经济波动幅度较小，需求平台期内的汽车销量波动幅度也相对较缓，比如德国和日本；而市场化程度较高的国家其经济波动幅度较大，需求平台期内的销量变动幅度也较大，比如美国。

因此，根据先导国家发展经验看，从现在到未来一段时间内，我国需求平台期内的汽车销量波动幅度应与德国、日本更为相似，销量下滑幅度相对较缓，这是我国经济特点所决定的。首先，我国坚持"有效市场"与"有为政府"的有机统一，市场在资源配置中起决定性作用，政府对经济的治理能够发挥更为有效的作用。因此，在经济下行、汽车进入需求平台时，政府能够及时有效地采取行动予以应对。其次，我国公有经济占比较大、从业人员占比较多。从我国工业企业资产构成看，2019年我国国有企业在工业企业总资产中占比为40%左右，是最大的经济部门；从巨型企业的属性看，2019年我国129个企业上榜世界500强，其中88家为国有企业，且多占据靠前的位置，如中石油、中石化、国家电网等。一般来说，国有单位从业人员的收入和预期受经济周期的影响更小，其购车能力和购车信心受经济周期的影响也更小，购车基盘相对较稳。第三，我国市场消费潜力巨大。我国社会消费品零售总额已超过美国，是全球最大的消费市场，回旋余地大，购车基盘相对较大。

我国千人乘用车保有量2019年达到150辆。我国从2018年开始进入第一个平台期，已经连续三年下降，三年累计下降17%左右，与先导国家相比，累计降幅较缓。2020年4月份以来，市场在持续恢复，2020年将成为本次平台期的最低点。

规律二：从先导国家汽车普及路径看，未来几年内汽车市场需求的回升幅度不会太快。乘用车保有量达到150辆/千人之前，各国汽车普及进程基本相似，但向更高的千人汽车保有量继续普及时，速度有快有慢（见图9）。其中，美国普及进程最慢，用时42年才从150辆/千人发展到400辆/千人；德国普及进程相对较快，用时21年从150辆/千人发展到400辆/千人；日本用时26年从150辆/千人普及到400辆/千人；韩国汽车普及进程稍慢于日本、快于美国，但其乘用车千人保有量尚未达到400辆/千人，尚处于发展中。150辆/千人的乘用车保有量水平的含义是：近半数家庭已经拥有汽车，少部分家庭拥有两辆以上汽车，尚有一半略多的家庭无车。因此，一国从150辆/千人的乘用车保有量向更高水平发展时，取决于两类家庭的普及进程，一是无车家庭购车，二是保有一辆汽车家庭的再购，即复数保有。对于无车家庭来说，其普及进程的快慢取决于一国收入分配的均衡程度。一国居民收入分配越均衡，收入差距越小，后一半无车家庭普及进程越快；

反之，由于收入差距过大，后一半无车的低收入家庭跨入购车门槛的难度大，购车普及进程就相对较慢。由于我国收入差距明显高于德国、日本等发达国家，因此，无车家庭的普及进程将慢于德国、日本等先导国家。对于有车家庭而言，家庭汽车复数保有的进程在很大程度上取决于城市的人口密度，人口密度越高，停车位越紧张，复数保有的进程就越慢。由于我国大城市数量多、人口多，人口密度又明显高于发达国家，家庭第二辆汽车普及率和普及速度将会相对缓慢。因此，预计我国从千人汽车保有 150 辆向更高保有水平发展时，汽车普及速度将慢于德国、日本，甚至会慢于韩国。

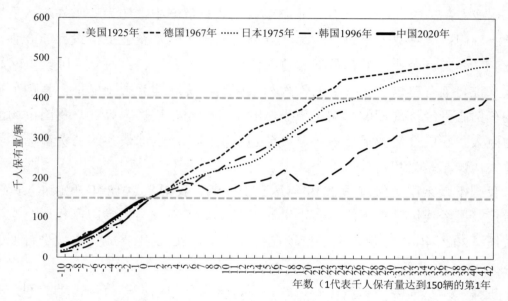

图9　先导市场乘用车千人保有量变化（千人保有量达到150辆开始）

（注：数据来源于世界汽车组织，世界银行，国家信息中心）

从中期来看，我国汽车销售量的回升幅度相较于保有量会更缓慢些。一方面，从国际规律看，千人汽车保有量年增量的峰值大约在 15 辆/千人，普遍是在千人汽车保有量 150 辆左右时达到这一峰值水平（见图10）。目前我国千人汽车保有量的年增量已经达到 15 辆/千人的峰值水平，随后汽车保有量增量需求会逐步下降。

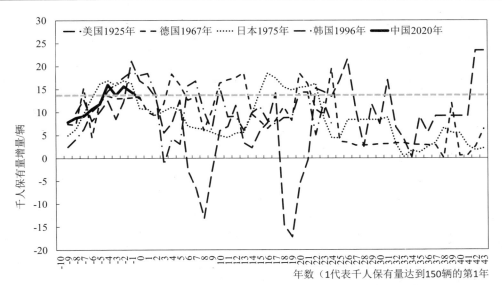

图10　先导市场乘用车千人保有量增量
（千人保有量达到150辆开始）

（注：数据来源于世界汽车组织，世界银行，国家信息中心）

另一方面，虽然过去几年我国千人保有量的变化基本与国际规律一致，但我国千人需求量提升幅度明显慢于国际先导国家（见图11）。

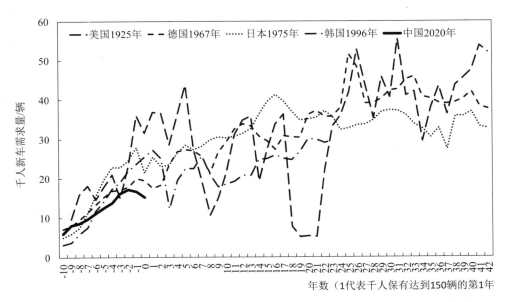

图11　先导市场乘用车千人新车需求量变化（千人保有量达到150辆开始）

（注：数据来源于世界汽车组织，世界银行，国家信息中心）

导致出现此现象的原因在于我国汽车报废率较低，目前我国千人报废量只有

2.4 辆，远低于先导国家相同千人汽车保有水平时的数量（见图12）。

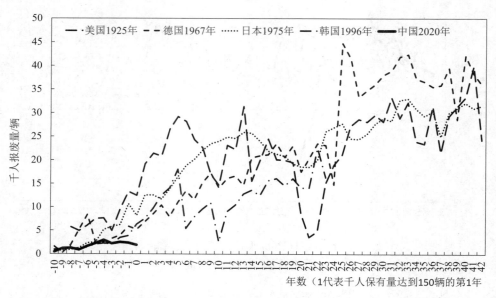

图12 先导市场乘用车千人报废量（千人保有量达到150辆开始）

（注：数据来源于世界汽车组织，世界银行，国家信息中心）

另外，从报废更新量占新车销量比例来看，目前我国只有12%，远低于相同千人保有水平下的韩国、德国和日本等国家，韩国、德国和日本的这一比例分别为29%、47%和51%（见表2）。

表2 乘用车报废的国际对比

中国			日本		
报废占新车销量比例（%）	千人保有量/辆	年份	报废占新车销量比例（%）	千人保有量/辆	年份
9	7	2003	—	—	—
21	8	2004	—	—	—
4	10	2005	10	7	1961
6	13	2006	13	9	1962
6	17	2007	7	13	1963
1	21	2008	11	17	1964
6	28	2009	13	22	1965
11	35	2010	12	28	1966

（续）

中国			日本		
报废占新车销量比例（%）	千人保有量/辆	年份	报废占新车销量比例（%）	千人保有量/辆	年份
11	44	2011	11	38	1967
7	53	2012	13	52	1968
12	64	2013	15	67	1969
15	76	2014	22	84	1970
18	92	2015	25	100	1971
12	105	2016	25	117	1972
14	120	2017	35	134	1973
14	135	2018	42	144	1974
12	147	2019	51	154	1975
—	—	—	52	164	1976
—	—	—	49	174	1977
—	—	—	52	185	1978
—	—	—	58	196	1979
—	—	—	—	—	—

韩国			德国		
报废占新车销量比例（%）	千人保有量/辆	年份	报废占新车销量比例（%）	千人保有量/辆	年份
—	—	—	—	—	—
60	7	1981	—	—	—
47	8	1982	—	—	—
34	10	1983	—	—	—
17	12	1984	—	—	—
30	14	1985	26	31	1956
35	16	1986	8	39	1957
27	20	1987	24	46	1958
11	27	1988	28	61	1959
12	37	1989	17	66	1960
16	48	1990	24	78	1961
12	63	1991	20	92	1962
12	79	1992	24	105	1963
16	97	1993	28	118	1964

(续)

韩国			德国		
报废占新车销量比例（%）	千人保有量/辆	年份	报废占新车销量比例（%）	千人保有量/辆	年份
17	115	1994	35	131	1965
25	133	1995	31	144	1966
29	151	1996	47	154	1967
39	165	1997	53	163	1968
102	164	1998	51	175	1969
71	168	1999	35	193	1970
—	—	—	45	209	1971
—	—	—	56	222	1972
—	—	—	52	235	1973
—	—	—	81	241	1974

报废更新需求量由本国汽车报废量和二手车海外出口量两部分组成，我国车辆使用年限长于国际先导国家，而且我国二手车海外出口量非常少，远远落后于欧美日等汽车强国。我国自主品牌的强大程度决定了我国二手车出口的水平，目前自主品牌新车可靠性较高，但耐久性与国际品牌还存在一定差距，尚不具备二手车大规模出口的实力。因此，从中期看，我国报废更新需求仍将要低于欧美日等先导国家，这成为影响我国新车销量水平的重要因素。

（2）短期因素　部分利好于2020年购车需求的因素将在2021年有所减弱，比如宏观经济政策、汽车鼓励政策对汽车消费的促进作用、汽车相对购买力的提升等，但仍有不少积极因素推动2021年汽车销量企稳回升。首先，新冠肺炎疫情对汽车购买意愿的促进作用还将维持高位。全球疫情仍在蔓延，安全出行仍是消费者购车的重要考量因素。其次，宏观经济形势改善对汽车消费形成正向支撑。目前，我国已进入常态化疫情防控阶段，生活和生产秩序都已逐步恢复，疫情对低收入的生活性服务业、中小民营企业的冲击将逐步减退，经济活跃度逐步恢复利好购车需求，尤其是低价位购车需求。

综合以上判断，虽然从长期规律角度看，今后几年我国乘用车市场是小幅增长，但由于2020年一季度销量极低的基数作用，2021年我国乘用车需求量将有较高的增速表现，预计全年增长8%左右。

2. 商用车市场预测

2021年，商用车市场仍有宏观经济持续恢复和超载治理趋严两大正向因素的支撑，但国Ⅲ淘汰及再就业两大因素的作用会明显弱于2020年。预计2021年商用车市场需求有所回落，需求规模在435万辆上下，同比下降11.5%左右。

（1）正向因素　经济和治超对商用车市场支撑力度增强。2021年宏观经济总体呈回暖态势，消费和服务业将明显恢复，基建、房地产增速平稳，宏观经济对商用车市场的支撑力度较2020年有所增强。《全国安全生产专项整治三年行动计划》将会持续推进，国道和省道超载治理力度有望进一步持续，"大吨小标"治理进一步趋严，商用车合规化水平进一步提升，这些将推动商用车保有量扩容，带来需求增量。

（2）负向因素　国Ⅲ提前淘汰和再就业需求透支后的影响显现。2020年各地加大力度进行国Ⅲ淘汰，大幅度促进了更新需求的提前释放，这必然会导致2021年更新需求的萎缩，与2020年需求产生明显落差。随着经济持续恢复及就业形势好转，购买轻微型商用车实现再就业的需求将基本消失，更不利的是，部分短暂进入物流市场的用户可能退出，带来二手车供给增加，新车需求下降。

综合来看，2021年微型客车和商用车需求将有一定幅度下降，但市场需求主体是乘用车，在乘用车市场速度快速回升的带动下，预计2021年我国汽车总需求仍将保持增长，汽车总需求将达到2620万辆左右，较2020年增长3.5%。

（作者：徐长明）

2020年客车市场现状及2021年基本判断

一、2020年客车市场现状

2020年1~11月份,中国客车统计信息网的40家企业累计销售5m以上客车127898辆,同比下降20.98%,其中座位客车(公路客车)下降20.19%,校车下降32.76%,公交客车下降19.32%,其他客车下降24.09%(见表1)。

40家企业共有33家涉及新能源客车领域,5m以上新能源客车销量为52655辆,同比下降22.1%。

传统客车销量继续下滑,传统客车销量75243辆,整体降幅达20.18%,其中座位客车下降20.58%、公交客车下降24.65%。

总销量中,大型客车销量46779辆,同比下降23.1%;中型客车销量34104辆,同比下降33.34%;轻型客车销量47015辆,同比下降5.71%。各类客车细分市场呈现全面下跌的趋势,轻型客车的市场表现相对较好。

表1 2020年1~11月份销量同比情况表

销量与增速	车型	总计	12m<L	11m<L≤12m	10m<L≤11m	9m<L≤10m
2019年同期销量/辆	合计	161853	2683	28328	29820	4353
	座位客车	70975	1636	16454	6383	1439
	校车	10793	—	125	1340	1388
	公交客车	67172	963	11506	21999	1340
	其他	12913	84	243	98	186
2020年累计销量/辆	合计	127898	3304	20402	23073	2809
	座位客车	56647	1057	9397	4711	720
	校车	7257	1	102	970	1264
	公交客车	54192	2172	10627	17281	614
	其他	9802	74	276	111	211
差额/辆	合计	-33955	621	-7926	-6747	-1544
	座位客车	-14328	-579	-7057	-1672	-719
	校车	-3536	1	-23	-370	-124
	公交客车	-12980	1209	-879	-4718	-726
	其他	-3111	-10	33	13	25

（续）

销量与增速	车型	总计	12m<L	11m<L≤12m	10m<L≤11m	9m<L≤10m
增速（%）	合计	-20.98	23.15	-27.98	-22.63	-35.47
	座位客车	-20.19	-35.39	-42.89	-26.19	-49.97
	校车	-32.76	—	-18.4	-27.61	-8.93
	公交客车	-19.32	125.55	-7.64	-21.45	-54.18
	其他	-24.09	-11.9	13.58	13.27	13.44

销量与增速	车型	8m<L≤9m	7m<L≤8m	6m<L≤7m	5m<L≤6m	3.5m<L≤5m
2019年同期销量/辆	合计	35162	11646	8401	41460	—
	座位客车	10197	6852	3220	24794	—
	校车	473	2189	1127	4151	—
	公交客车	23975	2009	3754	1626	—
	其他	517	596	300	10889	—
2020年累计销量/辆	合计	22625	8670	7796	39219	—
	座位客车	4681	5459	3208	27414	—
	校车	188	1926	758	2048	—
	公交客车	17440	944	3471	1643	—
	其他	316	341	359	8114	—
差额/辆	合计	-12537	-2976	-605	-2241	—
	座位客车	-5516	-1393	-12	2620	—
	校车	-285	-263	-369	-2103	—
	公交客车	-6535	-1065	-283	17	—
	其他	-201	-255	59	-2775	—
增速（%）	合计	-35.65	-25.55	-7.2	-5.41	—
	座位客车	-54.09	-20.33	-0.37	10.57	—
	校车	-60.25	-12.01	-32.74	-50.66	—
	公交客车	-27.26	-53.01	-7.54	1.05	—
	其他	-38.88	-42.79	19.67	-25.48	—

1. 客车市场销量呈现"前低后高"的趋势

从月度销量来看，2020年客车市场的总体走势一目了然（见图1）。2020年1月份主要受春节因素的影响，2月份以后主要影响因素是新冠肺炎疫情，导致需求萎缩，其中落差最大的是7月份，销量降幅达到9552辆（其中公交客车降幅7388辆，占77%，是主要矛盾）。2019年新能源汽车补贴过渡期有两个时间节点，一个是非公交的6月25日，一个是公交客车的8月7日，导致销售淡季出现了两个销量高峰，6月份销量19342辆，7月份销量20901辆，销量高峰提前，导致8月、9月、10月连续3个月走势低迷，这是2020年9月份和10月份销量超过2019年同期的主要影响因素。2020年下半年，7月份进入低谷以后销量曲线一直在缓慢上扬，说明客车市场恢复的速度并不快，我们汇总了一通三龙、比亚迪、中通、福田等13家主流企业12月份的销量预估，13家企业综合同比下降幅度大约31%，结合市场缓慢复苏态势，预计12月份5m以上客车总销量能达到22000多辆，全年预计下降21.11%，比8月份的预计有所好转。

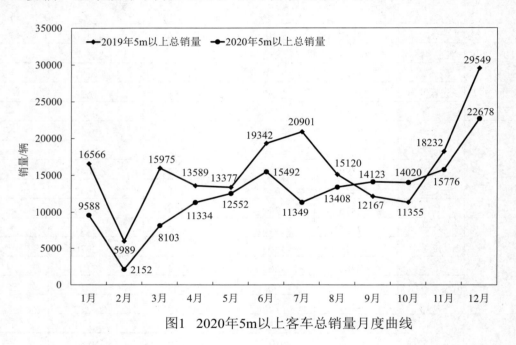

图1 2020年5m以上客车总销量月度曲线

2. 轻型客车市场表现良好

2020年轻型客车市场表现相对较好，主要影响因素有：

第一，2020年是村村通客车的收官之年，农村客车需求有所放大。

第二，新的客运形式逐渐成熟，定制班车得到政策认可，7~19座的轻型客车为用户首选。

第三，城市微循环公交客车需求旺盛，怎样解决最后一公里成为共识。

第四，旅游团队小型化。新冠肺炎疫情得到控制之后，旅游逐步复苏，各级政府鼓励"开发小型化、定制化的旅游线路"。

第五，客车企业纷纷重视标准化的轻型客车产品开发，以应对新的需求。

2020年1~11月份，轻型客车销量列前10位的企业见表2。

表2 2020年1～11月份，轻型客车销量列前10位的企业

序号	企业名称	2020年销量/辆	2019年销量/辆	增量/辆	增速（%）
	总　　计	42827	44334	-1507	-3.40
1	北汽福田北京欧辉客车分公司	19033	15551	3482	22.39
2	郑州宇通集团有限公司	6473	7679	-1206	-15.71
3	东风襄阳旅行车有限公司	5475	4076	1399	34.32
4	南京金龙客车制造有限公司	2312	5374	-3062	-56.98
5	中通客车控股股份有限公司	2294	2117	177	8.36
6	桂林客车工业集团有限公司	2029	1832	197	10.75
7	安徽安凯汽车股份有限公司	1513	1618	-105	-6.49
8	厦门金龙旅行车有限公司	1399	1569	-170	-10.83
9	东风超龙（十堰）客车有限公司	1319	2737	-1418	-51.81
10	金龙联合汽车工业（苏州）有限公司	980	1781	-801	-44.97

从主流企业的市场表现来看，15家企业同比降幅18.51%，略好于行业整体水平（见表3）。15家企业中有4家逆势增长：比亚迪、上海申沃、福田欧辉、东风襄旅。

表3 累计销量列前15位的企业

序号	企业名称	2020年销量/辆	2019年销量/辆	增量/辆	增速（%）
	前15位企业合计	120070	147351	-27281	-18.51
1	郑州宇通集团有限公司	34909	49582	-14673	-29.59
2	北汽福田汽车股份有限公司 北京欧辉客车分公司	22465	20231	2234	11.04
3	中通客车控股股份有限公司	9689	13250	-3561	-26.88
4	比亚迪汽车工业有限公司	8121	4100	4021	98.07
5	厦门金龙联合汽车工业有限公司	6690	7803	-1113	-14.26
6	东风襄阳旅行车有限公司	5788	5335	453	8.49
7	金龙联合汽车工业（苏州）有限公司	5785	9893	-4108	-41.52
8	厦门金龙旅行车有限公司	5151	7401	-2250	-30.40
9	中车时代电动汽车股份有限公司	4698	4957	-259	-5.22
10	安徽安凯汽车股份有限公司	4592	5294	-702	-13.26
11	南京金龙客车制造有限公司	3453	7720	-4267	-55.27

（续）

序号	企业名称	2020年销量/辆	2019年销量/辆	增量/辆	增速（%）
12	扬州亚星客车股份有限公司	2510	4501	-1991	-44.23
13	上海申沃客车有限公司	2076	1085	991	91.34
14	桂林客车工业集团有限公司	2144	2526	-382	-15.12
15	东风超龙（十堰）客车有限公司	1999	3673	-1674	-45.58

背靠大树好乘凉，比亚迪、上海申沃、福田欧辉分别占领了深圳、上海、北京的公交客车市场，成为企业发展的有效支撑。

从 2011 年开始，比亚迪以大运会为契机为深圳打造了全球首批大规模商业化运营的纯电动客车，现在已有超过 1.4 万辆比亚迪纯电动客车在深圳运营，是深圳纯电动公交的主力军，深圳也成为比亚迪纯电动客车在全球投放数量最多、规模最大的城市。2020 年 9 月 3 日，88 辆全新比亚迪纯电动客车 B10 交付西部公共汽车有限公司，标志着深圳新能源公交客车的更新开启。

2020 年以来，上海开始有意识地将公交客车订单交给本地企业，其中上海申沃受益最大，逆势大涨 91.34%。

2020 年 9 月 15 日，以"国企聚力促发展 共同守卫北京蓝"为主题的"北京公交集团&福田汽车 2120 辆新能源客车交车仪式"在北汽福田总部举行，至此，福田欧辉已向北京公交集团交付新能源客车超过万辆。因此，2020 年第四季度，福田欧辉的报表将更为漂亮。另外，福田欧辉、东风襄旅的轻型商务车 2020 年的市场表现十分抢眼。

3. 新能源客车下半年快速复苏

2020 年 1~11 月份，5m 以上新能源客车销量为 52655 辆（其中新能源公交 46538 辆，占 88.38%），与 2019 年同期相比，新能源客车总销量下降了 22.1%，其中座位客车下降 13.04%，公交客车下降 18.37%。

新能源客车市场 2020 年下半年表现较好，2020 年 1~6 月份新能源客车销量仅有 20418 辆，同比下降 41.35%，7~11 月份，新能源客车销量 32237 辆，同比仅下降 1.64%，可见，下半年新能源客车市场的快速恢复，既是 2020 年新能源客车市场的有效支撑，也将成为判断 2021 年客车市场的重要依据。

最近 10 年新能源客车的销量经过连续 7 年的高速增长之后，新能源客车销量从 2017 年开始进入调整周期，2019 年年度销量已经从 2016 年的 11.79 万辆下降到8.54万辆(见图2)。过去我们判断新能源客车市场的调整将延续到2023年,现在看来,经过这次深跌之后,新能源客车市场的调整将提前结束。2020年1~11月份新能源客车销量与2019年1~11月份同比情况见表4。

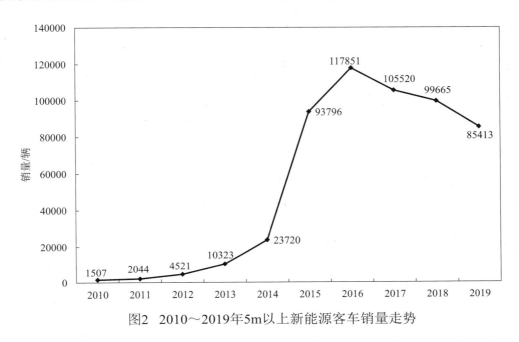

图2 2010~2019年5m以上新能源客车销量走势

表4 2020年1~11月份新能源客车销量与2019年1~11月份同比情况

销量与增速	车型	总计	12m<L	11m<L≤12m	10m<L≤11m	9m<L≤10m
2019年同期销量/辆	合计	67589	819	9020	20505	1157
	座位	3672	61	738	1378	40
	校车	—	—	—	—	—
	公交	57014	758	8154	19127	1117
	其他	6903	—	128	—	—
2020年累计销量/辆	合计	52655	1688	8463	16446	471
	座位	3193	124	288	1118	6
	校车	—	—	—	—	—
	公交	46538	1561	8171	15321	465
	其他	2924	3	4	7	—
差额/辆	合计	-14934	869	-557	-4059	-686
	座位	-479	63	-450	-260	-34
	校车	—	—	—	—	—
	公交	-10476	803	17	-3806	-652
	其他	-3979	3	-124	7	—

(续)

销量与增速	车型	总计	12m<L	11m<L≤12m	10m<L≤11m	9m<L≤10m
增速（%）	合计	-22.1	106.11	-6.18	-19.8	-59.29
	座位	-13.04	103.28	-60.98	-18.87	-85
	校车	—				
	公交	-18.37	105.94	0.21	-19.9	-58.37
	其他	-57.64	—	-96.88		

销量与增速	车型	8m<L≤9m	7m<L≤8m	6m<L≤7m	5m<L≤6m	L≤5m
2019年同期销量/辆	合计	23083	1432	3818	7755	—
	座位	773	83	328	271	
	校车	—				
	公交	22295	1293	3353	917	
	其他	15	56	137	6567	
2020年累计销量/辆	合计	16745	792	4158	3892	—
	座位	633	36	899	89	
	校车	—				
	公交	16097	743	3088	1092	
	其他	15	13	171	2711	
差额/辆	合计	-6338	-640	340	-3863	
	座位	-140	-47	571	-182	
	校车	—				
	公交	-6198	-550	-265	175	
	其他		-43	34	-3856	
增速（%）	合计	-27.46	-44.69	8.91	-49.81	
	座位	-18.11	-56.63	174.09	-67.16	
	校车	—				
	公交	-27.8	-42.54	-7.9	19.08	
	其他	—	-76.79	24.82	-58.72	

新能源客车市场结构出现了显著变化。

首先，新能源公交客车所占比重越来越高，由于新能源座位客车和其他客车的大幅下降，新能源公交客车在新能源客车中的地位越来越突出，2020年1～11月份，新能源公交客车在新能源客车中所占的比重已经高达85.88%，比上年同期提高了1个百分点，说明新能源客车在非公交领域的推广应用并不成功，政策调整的着力重点已经十分明确。

其次，轻型客车是重灾区，2020年1～11月份，大型新能源客车销量同比下降12.35%，中型下降29.85%，轻型下降30.44%，可见，轻型客车的市场表现最差,其中主要受两家企业的影响,申龙的轻型新能源客车销量同比减少1246辆,下降100%;南京金龙减少3062辆,下降56.98%。

第三,大型客车的市场表现比中轻型客车好得多,导致大型新能源客车所占比例显著提高,2020年1~11月份,大型客车销量26597辆(见表5),占比达到50.51%,较上年同期增长5.62个百分点,中型客车占比34.2%,轻型客车占比15.29%,分别较上年同期下降3.78个和1.83个百分点。大型客车占比过半,新能源客车销量结构的这种变化对客车行业有利,在客车的所有细分领域中都十分少见。大型新能源客车销量列前10位的企业合计销量23578辆,占该领域总销量的88.65%,比亚迪、上海申沃、一汽客车同比大幅增长,还有3家企业降幅低于10%,主流企业的良好表现是该领域表现突出的基础。

表5 大型新能源客车销量列前10位的企业

序号	企业名称	2020年1~11月份销量/辆	2019年同期销量/辆	增量/辆	增速(%)
	总计	26597	30344	-3747	-12.35
1	郑州宇通	6462	8056	-1594	-19.79
2	比亚迪	5510	2806	2704	96.36
3	中车时代	2826	3139	-313	-9.97
4	上海申沃	1972	951	1021	107.36
5	福田欧辉	1589	2760	-1171	-42.43
6	苏州金龙	1206	1321	-115	-8.71
7	中通客车	1197	2137	-940	-43.99
8	厦门金龙	1184	1251	-67	-5.36
9	一汽客车	842	30	812	2706.67
10	南京金龙	790	1587	-797	-50.22

分析2020年以来新能源客车的行业形势,有以下三个显著特点:

一是,行业龙头团体不太清晰。2020年1~11月份,宇通、比亚迪、中车、中通、南京金龙名列前茅,形成了新的行业头部团体,但是,除了宇通、比亚迪以外,行业头部团体的边界依然不太清晰,至少有七八家企业的市场规模十分接近(见表6)。目前,国内需求不足、出口萎缩,新能源客车的行业格局还需要经过更长时间的锤炼才会更加清晰。

二是,偶然性机会依然存在。尽管新能源客车的推广应用已经有了非常成熟的规则和流程,但是在新冠肺炎疫情的影响下,地方保护在一定程度上被默许,因此,新能源客车订单的偶然性机会越来越多,受益者也大有人在,上海申沃、一汽客车的突然发力,已经树立了良好的典范。

三是,有一批企业形势严峻。2020 年 1~11 月份,新能源客车销量降幅在 70%以上的企业有 9 家,其中有 4 家降幅达到 100%,也就是说这些企业 2020 年已经开始逐步放弃新能源客车市场。笔者认为,放弃新能源客车就是放弃客车的未来,在新冠肺炎疫情的冲击之下,将有更多的客车企业难以为继。

表 6　新能源客车销量列前 15 位的企业

序号	企业名称	2020 年销量/辆	2019 年销量/辆	增量/辆	增速(%)
	前 15 位企业合计	50111	60502	-10391	-17.17
1	郑州宇通集团有限公司	13082	18033	-4951	-27.46
2	比亚迪汽车工业有限公司	8121	4100	4021	98.07
3	中车时代电动汽车股份有限公司	4551	4894	-343	-7.01
4	中通客车控股股份有限公司	4206	6892	-2686	-38.97
5	南京金龙客车制造有限公司	3453	7712	-4259	-55.23
6	金龙联合汽车工业(苏州)有限公司	2859	2677	182	6.80
7	厦门金龙联合汽车工业有限公司	2477	2688	-211	-7.85
8	安徽安凯汽车股份有限公司	2381	2353	28	1.19
9	北汽福田汽车股份有限公司北京欧辉客车分公司	2223	3363	-1140	-33.90
10	上海申沃客车有限公司	2070	1058	1012	95.65
11	厦门金龙旅行车有限公司	1602	2376	-774	-32.58
12	一汽客车有限公司(总部)	843	31	812	2619.35
13	扬州亚星客车股份有限公司	790	1767	-977	-55.29
14	银隆新能源股份有限公司	742	1658	-916	-55.25
15	江西博能上饶客车有限公司	711	900	-189	-21.00

4. 传统客车市场大中型座位客车逐渐没落

2020 年 1~11 月份,传统客车累计销量 75243 辆(见表 7),同比下降 20.18%,其中,座位客车下降 20.58%,校车下降 32.76%,公交客车下降 24.65%,其他客车增长 14.44%。

传统公交客车的市场份额已经不大,2020 年 1~11 月份,传统公交客车销量 7654 辆,占公交客车总销量的 14.12%。

表7 2020年1～11月份传统客车销量同比情况

销量与增速	车型	总计	12m<L	11m<L≤12m	10m<L≤11m	9m<L≤10m
2019年同期销量/辆	合计	94264	1864	19308	9315	3196
	座位客车	67303	1575	15716	5005	1399
	校车	10793	—	125	1340	1388
	公交客车	10158	205	3352	2872	223
	其他	6010	84	115	98	186
2020年同期销量/辆	合计	75243	1616	11939	6627	2338
	座位客车	53454	933	9109	3593	714
	校车	7257	1	102	970	1264
	公交客车	7654	611	2456	1960	149
	其他	6878	71	272	104	211
差额/辆	合计	-19021	-248	-7369	-2688	-858
	座位客车	-13849	-642	-6607	-1412	-685
	校车	-3536	1	-23	-370	-124
	公交客车	-2504	406	-896	-912	-74
	其他	868	-13	157	6	25
增速（%）	合计	-20.18	-13.3	-38.17	-28.86	-26.85
	座位客车	-20.58	-40.76	-42.04	-28.21	-48.96
	校车	-32.76	—	-18.4	-27.61	-8.93
	公交客车	-24.65	198.05	-26.73	-31.75	-33.18
	其他	14.44	-15.48	136.52	6.12	13.44
销量与增速	车型	8m<L≤9m	7m<L≤8m	6m<L≤7m	5m<L≤6m	—
2019年同期销量/辆	合计	12079	10214	4583	33705	—
	座位客车	9424	6769	2892	24523	—
	校车	473	2189	1127	4151	—
	公交客车	1680	716	401	709	—
	其他	502	540	163	4322	—
2020年同期销量/辆	合计	5880	7878	3638	35327	—
	座位客车	4048	5423	2309	27325	—
	校车	188	1926	758	2048	—
	公交客车	1343	201	383	551	—
	其他	301	328	188	5403	—
差额/辆	合计	-6199	-2336	-945	1622	—
	座位客车	-5376	-1346	-583	2802	—
	校车	-285	-263	-369	-2103	—
	公交客车	-337	-515	-18	-158	—
	其他	-201	-212	25	1081	—

（续）

销量与增速	车型	8m<L≤9m	7m<L≤8m	6m<L≤7m	5m<L≤6m	—
增速（%）	合计	-51.32	-22.87	-20.62	4.81	—
	座位客车	-57.05	-19.88	-20.16	11.43	—
	校车	-60.25	-12.01	-32.74	-50.66	—
	公交客车	-20.06	-71.93	-4.49	-22.28	—
	其他	-40.04	-39.26	15.34	25.01	—

校车是传统客车的重灾区，与 2020 年上半年相比，下半年降幅有所收窄。2020 年 1～11 月份，校车销量共计 7257 辆，同比下降 32.76%。校车的月度销量曲线显示，虽然 2020 年形势严峻，但 8 月份的销量高峰还是如期而至，接下来的几个月，市场表现良好，甚至在 11 月份销量已超过上年。

从市场竞争格局来看，排前两位的企业相对表现较好：宇通销量 4265 辆，虽然同比下降 24.29%，但行业集中度达到 58.77%，同比提高了 6 个百分点；中通销量 947 辆，同比下降 16.49%，行业集中度达到 13.05%，同比提高了 3 个百分点。

众所周知，我国客车行业是从改装发展起来的，大中型座位客车是客车行业的根基，但从现状看，传统客车中大中型座位客车已经逐渐没落。2020 年 1～11 月份，传统客车中大中型座位客车销量仅剩 23820 辆，其中大型 13635 辆，中型 10185 辆，同比下降 40.28%，其中大型下降 38.85%，中型下降 42.1%，成为推动传统客车持续下滑的主要因素。

销量列前 10 位的企业中，仅有安凯一家增长（见表 8）。在该领域宇通一枝独秀，虽然同比大幅下降，但行业集中度仍然高达 47.55%。前 10 位企业的市场集中度高达 97.17%，该领域的市场竞争格局一目了然。

表 8 传统大中型客车销量列前 10 位的企业

序号	企业名称	2020 年 1～11 月份销量/辆			2019 年同期销量/辆			增量/辆	增速（%）
		大中型客车合计	大型客车	中型客车	大中型客车合计	大型客车	中型客车	大中型客车合计	大中型客车合计
	总计	23145	13141	10004	38131	21316	16815	-14986	-39.30
1	郑州宇通	11327	5652	5675	19108	9569	9539	-7781	-40.72
2	厦门金龙	3055	2354	701	4148	3025	1123	-1093	-26.35
3	中通客车	2193	1205	988	2911	1538	1373	-718	-24.67

（续）

序号	企业名称	2020年1~11月份销量/辆			2019年同期销量/辆			增量/辆	增速（%）
		大中型客车合计	大型客车	中型客车	大中型客车合计	大型客车	中型客车	大中型客车合计	大中型客车合计
4	苏州金龙	2048	1391	657	4657	3194	1463	-2609	-56.02
5	厦门金旅	1651	1199	452	3248	2112	1136	-1597	-49.17
6	扬州亚星	1024	940	84	1142	1029	113	-118	-10.33
7	安徽安凯	686	182	504	677	244	433	9	1.33
8	福田欧辉	412	218	194	920	605	315	-508	-55.22
9	东风超龙	411	—	411	625	—	625	-214	-34.24
10	江铃晶马	338	—	338	695	—	695	-357	-51.37

分析传统客车的行业格局，特点有三：

第一，传统客车是客车行业的基本盘，竞争更激烈。目前，虽然有新能源客车的光芒万丈，但仍然难以掩盖传统客车保持60%市场份额的事实。因此，我们说传统客车是客车行业的基本盘，保持基本盘的稳定，才能实现客车行业健康发展。目前，我国客车统计信息网的统计序列中参与传统客车市场竞争的企业还有30家左右，该领域的市场竞争尤其激烈，稍有不慎就会折戟沉沙。

第二，市场资源向优势企业集中。前15家的市场集中度合计98.47%，前10家的市场集中度合计92.93%，前5家的市场集中度合计76.06%；上年同期，这三个数值分别是98.18%、90.87%、71.19%；分别相差0.29、2.06、4.87个百分点，市场资源向优势企业集中的趋势十分明显，而且，行业越困难这种趋势越明显。

第三，三家企业市场表现较好。福田客车销量20242辆，同比增长20%（见表9）；东风襄阳销量5464辆，同比增长29.66%，从上年同期的第7位跃升至第4位；奇瑞万达销量522辆，同比增长39.95%，冲进前15榜单。

表9 传统客车销量列前15位的企业

序号	企业名称	2020年销量/辆	2019年销量/辆	增量/辆	增速（%）
	前15位企业合计	74093	92085	-17992	-19.54
1	郑州宇通集团有限公司	21827	31549	-9722	-30.82
2	北汽福田汽车股份有限公司北京欧辉客车分公司	20242	16868	3374	20.00
3	中通客车控股股份有限公司	5483	6358	-875	-13.76

（续）

序号	企业名称	2020年销量/辆	2019年销量/辆	增量/辆	增速（%）
4	东风襄阳旅行车有限公司	5464	4214	1250	29.66
5	厦门金龙联合汽车工业有限公司	4213	5115	-902	-17.63
6	厦门金龙旅行车有限公司	3549	5025	-1476	-29.37
7	金龙联合汽车工业（苏州）有限公司	2926	7216	-4290	-59.45
8	安徽安凯汽车股份有限公司	2211	2941	-730	-24.82
9	桂林客车工业集团有限公司	2117	2489	-372	-14.95
10	东风超龙（十堰）客车有限公司	1890	3636	-1746	-48.02
11	扬州亚星客车股份有限公司	1720	2734	-1014	-37.09
12	江西江铃集团晶马汽车有限公司	1212	1871	-659	-35.22
13	奇瑞万达贵州客车股份有限公司	522	373	149	39.95
14	江西博能上饶客车有限公司	491	1046	-555	-53.06
15	保定长安客车制造有限公司	226	650	-424	-65.23

5. 客车出口迅速走弱

2020年1~11月份，出口各类客车22733辆（见表10），出口金额85.87亿元人民币，出口量比上年同期下降37.96%，出口额下降32.37%。其中，大中型客车出口12357辆，同比下降38.28%；出口金额79.24亿元人民币，同比下降31.91%。

表10 2020年1~11月份客车出口情况

车型	2019年1~11月份出口		2020年1~11月份出口		增量/辆		增速（%）	
	出口量/辆	出口金额/万元	出口量/辆	出口金额/万元	出口量/辆	出口金额/万元	出口量	出口金额
大型客车	15388	1002635.67	9848	703818.76	-5540	-298816.91	-36.00	-29.80
其中：公交	5759	348834.49	4224	304271.12	-1535	-44563.37	-26.65	-12.77
中型客车	4632	161164.10	2509	88560.24	-2123	-72603.86	-45.83	-45.05
其中：公交	1717	57642.20	682	27281.58	-1035	-30360.63	-60.28	-52.67
轻型客车	16624	105957.91	10376	66340.55	-6248	-39617.36	-37.58	-37.39
其中：公交	46	1088.84	222	3485.03	176	2396.19	382.61	220.07
合计	36644	1269757.67	22733	858719.54	-13911	-411038.13	-37.96	-32.37
其中：座位	28534	834648.56	17168	488267.31	-11366	-346381.25	-39.83	-41.50
公交	7522	407565.54	5128	335037.73	-2394	-72527.81	-31.83	-17.80
校车	29	1463.91	18	857.72	-11	-606.19	-37.93	-41.41
其他	559	26079.66	419	34556.79	-140	8477.13	-25.04	32.50

与上半年相比,客车出口迅速走弱,而且未来几个月,客车出口形势可能更糟,主要受世界经济环境的影响,一是经济下行,二是疫情不止。

据 2020 年 10 月 13 日国际货币基金组织(IMF)发布的最新一期《世界经济展望》报告,预测 2020 年全球经济将萎缩 4.4%,较 2020 年 6 月份预测上调了 0.8 个百分点。我国将是全球唯一实现正增长的主要经济体。IMF 强调,国际社会需要加强合作,推动全球经济可持续性复苏。

具体而言,IMF 预测发达经济体 2020 年将衰退 5.8%,其中美国经济将衰退 4.3%,欧元区经济衰退 8.3%,英国经济衰退 9.8%。新兴市场和发展中经济体经济将衰退 3.3%,其中印度经济将萎缩 10.3%。

IMF 认为,近期的全球经济复苏趋势得益于各国超常规的刺激政策措施。IMF 总裁格奥尔基耶娃近日表示,全球经济正从危机中恢复,未来全球经济将面临漫长、不均衡且充满不确定的艰难爬坡之路。最新公布的布鲁金斯—金融时报追踪指数也显示,全球经济仅从受疫情影响的低谷中实现了脆弱复苏,但全球主要经济体增长不平衡,许多新兴经济体仍面临严重困难,凸显出不稳定的复苏前景。

联合国发出最强警告,2021 年将面临两大灾难:

据联合国方面给出的预测,2021 年即将面临的第一个灾难,仍然是新冠肺炎疫情。第二个灾难与第一个灾难相随,那就是饥荒问题。事实上,饥荒问题在很大程度上是由疫情问题引起的。据联合国相关机构统计,疫情已经使饥饿人口增至 2.7 亿人。

客车出口额列前 10 位的企业中,出口量同比全军覆灭,出口额同比增长的企业只有中通客车、福田欧辉和扬州亚星,其他企业均大幅下降,这与 2020 年上半年有较大差异,主流企业表现不佳是客车出口迅速走弱的根本原因(见表 11)。

客车出口迅速走弱,截至 2020 年 11 月份,出口同比下降幅度已经超过国内市场(见表 12),国内大中型客车销量同比下降 25.49%,大中型客车出口的降幅是 38.28%。

长期以来,国内客车市场与客车出口都有跷跷板效应,但 2020 年这种跷跷板效应已经被打破,没有最弱,只有更弱。

表 11 客车出口额列前 10 位的企业

序号	企业名称	2020 年 1～11 月份		出口量增量/辆	出口额增量/万元	出口量增速（%）	出口额增速（%）
		出口量/辆	出口金额/万元				
	前 10 位合计	22446	850726.25	-13735	-407431.35	-37.96	-32.38
1	郑州宇通	3231	280113.86	-2226	-65831.41	-40.79	-19.03
2	厦门金龙	7803	150700.95	-4888	-74060.18	-38.52	-32.95
3	扬州亚星	1469	104382.02	-654	887.81	-30.81	0.86
4	中通客车	2433	102818.14	-89	2882.58	-3.53	2.88
5	苏州金龙	1185	81893.38	-2777	-144543.19	-70.09	-63.83
6	厦门金旅	4794	76082.94	-1823	-74438.74	-27.55	-49.45
7	安凯客车	883	26072.39	-489	-28270.47	-35.64	-52.02
8	北汽福田	457	18749.07	-27	1135.96	-5.58	6.45
9	上海申龙	122	7122.00	-300	-9266.31	-71.09	-56.54
10	桂林客车	69	2791.50	-462	-15927.40	-87.01	-85.09

表 12 大中型客车销量情况

销量	2020 年出口/辆		2019 年出口/辆		增量/辆		增速（%）	
	大型	中型	大型	中型	大型	中型	大型	中型
总销量	46779	34104	60831	51161	-14052	-17057	-23.10	-33.34
国内	36931	31595	45443	46529	-8512	-14934	-18.73	-32.10
出口	9848	2509	15388	4632	-5540	-2123	-36.00	-45.83

二、对 2021 年的基本判断

1. 2020 年全年客车销量预测

2020 年客车市场走势将是多空博弈的结果。

（1）**利多因素** 国内公交、旅游、校车在逐渐恢复；2019 年 9 月、10 月两个月销量低谷，2020 年 9 月、10 月两个月销量超过上年；村村通客车 2020 年收官、定制班车得到政策认可，刺激轻型座位客车销量增长；客车专用车市场受到高度重视；行业整合加速，大浪淘沙始见金。

（2）**利空因素** 2019 年 12 月的销量高峰 2020 年难以逾越；2019 年春运放空，公路客运难有起色；地方保护主义抬头；新冠肺炎疫情导致客车需求下降（客车行业清洗泡沫正当时），综上所述，2020 年 12 月份，客车销量最好的情况是与上年持平,最差的情况是延续7月份的走势,经过测算:2020年客车销量(5m以上)的上限为15.69万辆,同比下降17.79%;2020年客车销量的下限为14.42万辆,同比下降24.42%。

2020年5m以上客车销量将在15.69万辆与14.42万辆之间,至于黄金分割点,确实很难判断,在此,简单地以中位数作为黄金分割点,预计2020年全年5m以上客车销量为15.06万辆,同比下降21.11%(见表13)。

表13 2020年全年5m以上客车销量预测

销量与增速	车型	总计	12m<L	11m<L≤12m	10m<L≤11m	9m<L≤10m
2019年同期销量/辆	合计	190862	3272	32635	37271	4707
	座位客车	79657	1902	18268	7328	1612
	校车	11510	—	125	1435	1499
	公交客车	83704	1270	13966	28401	1375
	其他	15991	100	276	107	221
2020年累计销量/辆	合计	150576	4033	23803	27468	3091
	座位客车	64202	1260	10637	5458	830
	校车	7821	1	102	1039	1354
	公交客车	65430	2690	12764	20853	647
	其他	13123	82	300	118	260
差额/辆	合计	-40286	761	-8832	-9803	-1616
	座位客车	-15455	-642	-7631	-1870	-782
	校车	-3689	1	-23	-396	-145
	公交客车	-18274	1420	-1202	-7548	-728
	其他	-2868	-18	24	11	39
增速(%)	合计	-21.11	23.26	-27.06	-26.3	-34.33
	座位客车	-19.4	-33.75	-41.77	-25.52	-48.51
	校车	-32.05	—	-18.4	-27.6	-9.67
	公交客车	-21.83	111.81	-8.61	-26.58	-52.95
	其他	-17.94	-18	8.7	10.28	17.65
销量与增速	车型	8m<L≤9m	7m<L≤8m	6m<L≤7m	5m<L≤6m	—
2019年同期销量/辆	合计	42536	13910	9390	47141	—
	座位客车	11538	8224	3129	27656	—
	校车	476	2387	1196	4392	—
	公交客车	29932	2156	4398	2206	—
	其他	590	1143	667	12887	—

(续)

销量与增速	车型	8m<L≤9m	7m<L≤8m	6m<L≤7m	5m<L≤6m	—
2020年累计销量/辆	合计	27360	10293	8786	45742	—
	座位客车	5630	6207	3208	30972	—
	校车	190	2052	866	2217	—
	公交客车	21118	1402	3931	2025	—
	其他	422	632	781	10528	—
差额/辆	合计	-15176	-3617	-604	-1399	—
	座位客车	-5908	-2017	79	3316	—
	校车	-286	-335	-330	-2175	—
	公交客车	-8814	-754	-467	-181	—
	其他	-168	-511	114	-2359	—
增速(%)	合计	-35.68	-26	-6.43	-2.97	—
	座位客车	-51.20	-24.53	2.52	11.99	—
	校车	-60.08	-14.03	-27.59	-49.52	—
	公交客车	-29.45	-34.97	-10.62	-8.20	—
	其他	-28.47	-44.71	17.09	-18.31	—

2. 对2021年客车市场的基本判断

2021年，客车市场将触底反弹。由于2020年的销量数据没有可比性，以2019年销量数据作为参照系。2020年下半年客车市场有所反弹，同比下降14.88%，笔者认为，2021年上半年，将延续这种态势，预计2021年上半年客车总销量为7.22万辆（按2019年上半年销量下降14.88%），同比增长22%左右。随着新冠肺炎疫情逐步得到控制，预计2021年下半年客车销量将恢复到2019年水平，预计将达到10.73万辆，同比增长约17%。如此，预计2021年全年5m以上客车销量17.95万辆，同比增长19.23%。具体指标判断如下：座位客车总销量7.45万辆，同比增长16%。公交客车总销量7.5万辆左右，同比增长15%。校车销量1万辆左右，同比增长28%。其他客车2万辆，同比增长40%。其中，预计新能源客车同比下降20%左右，总销量7万辆（其中公交客车5.8万辆，座位客车0.6万辆，物流车0.6万辆）。预计客车出口增长30%左右，出口量4万辆，其中大中型客车2万辆。

3. 2021年客车市场的影响因素

"十四五"时期，主要政策背景是"逐步形成以国内大循环为主体、国内国际双循环相互促进的新发展格局"，客车市场以国内需求为主、促进客车出口持

续发展的模式将相对稳定,在国家宏观政策的支持下,国内客车需求疲软的现状将得到一定的改善:

(1)公路客车需求扩张的推动因素 2020年7月份,《道路旅客运输及客运站管理规定》正式发布,自2020年9月1日起施行。为进一步深化道路客运供给侧结构性改革,发挥市场在资源配置中的决定性作用,激发道路客运市场活力,更好地满足人民群众安全、便捷、高效的出行需求,对新《规定》进行了全面修订。新《规定》主要修订的内容有10个方面,其中规范和促进客车市场发展的内容很多,比如,新增班车客运定制服务一章,鼓励和规范班车客运定制服务。

定制客运带来了什么:第一,新动能,部分企业疫情形势下快速企稳回升,甚至同比上涨;第二,新客户,定制客运将私家车、城际网约车、顺风车分流诱导,乘客复购率逐步提高;第三,新体验,通过电子客票、门到门点到点、司机服务质量评价体系,给人民群众带来优质的获得感、满意感;第四,新走向,定制客运推动了集约化、公司化,摆脱了承包经营、粗放管理,更多地实现了精细化管理、优质化服务。

总而言之,定制客运将为客车市场带来新的需求,在公路客车需求长期下滑的背景下,无疑会受到客车行业的热烈欢迎,有可能使公路客车需求实现V形反转。2012~2020年,公路客车市场一直处于下降周期之中,需求下降长达9年(见表14)。

表14 2012~2020年公路客车市场销量情况

(单位:辆)

年份	5m以上总计	12m<L	11m<L≤12m	10m<L≤11m	9m<L≤10m	8m<L≤9m	7m<L≤8m	6m<L≤7m	5m<L≤6m	3.5m<L≤5m
2012	122142	430	29668	11779	6888	18753	19414	18690	16520	33569
2013	112987	414	25672	10797	5740	18341	17736	19401	14886	29014
2014	109076	830	23665	10916	6072	16012	16684	16773	18124	38273
2015	124676	887	28513	11980	5975	14111	15337	21234	26639	35486
2016	114221	1192	22265	17641	2102	18063	13656	9565	29737	31919
2017	101970	1794	21259	16724	1906	11847	11237	7832	29371	26789
2018	83793	1482	17263	10209	1621	10908	8710	4331	29269	23559
2019	79657	1902	18268	7328	1612	11538	8224	3129	27656	25516
2020	64202	—	—	—	—	—	—	—	—	—

自 2012 年，公路客车销量开始下降，9 年来，除了 2015 年有一次反弹（2015 年增长是新能源座位客车大幅增长所致），一直跌跌不休，客车行业的市场结构已经发生了很大的变化：2012 年座位客车占 55.56%，目前只占 42.64%。公路客车，需求连年下降。保有量从 2012 年的 87 万辆下降到 2019 年的 77.67 万辆，而且有加速萎缩趋势，江河日下，辉煌不再。公路客车正处于内外交困之中：一方面，法规越来越严，成本越来越高，高附加值的车型越来越少（卧铺、一层半）；另一方面，受高铁、私家车和公交线路延伸的影响，市场空间越来越小。旅游客车市场刚刚开始有所好转，马上迎来新冠肺炎疫情当头一棒，导致公路客车销量延续颓势。旅游客运环境改善：2017 年 3 月份，交通运输部等六部门联合印发《关于促进交通运输与旅游融合发展的若干意见》，其中在关于鼓励旅游客运市场创新发展中提出：加强服务景区客流的公共交通运输组织，鼓励开通至景区景点的旅游专线、旅游直通车，鼓励在黄金周、小长假等重大节假日期间开通定制旅游线路，增强城乡客运线路服务乡村旅游的能力。支持传统运输企业拓展旅游运输服务。支持运力闲置的客运班车向旅游包车转型，探索中小型旅游包车车型的准入。2019 年 8 月份，交通运输部、国家发展和改革委员会等多部门《关于推动"四好农村路"高质量发展的指导意见》，《意见》指出：实施"乡村振兴促发展工程"。推进"农村公路＋产业"融合发展，与旅游、产业发展规划有效衔接，鼓励将农村公路与产业、园区、乡村旅游等经营性项目实行一体化开发。鼓励农村公路在适宜位置增设服务设施，拓展路域旅游服务功能，打造"畅、安、舒、美"的出行环境。到 2025 年，有需求的地区实现乡乡都有产业路或旅游路，全国农村公路等级公路比例平均达到 95%以上。为深入贯彻落实文件精神，强化绿色公路发展理念，推动交通与旅游、文化、产业创新融合发展，2019 年，中国公路学会组织开展了"2019 全国美丽乡村路"评选活动，共有 124 个项目参加评选，根据《"2019 全国美丽乡村路"评选办法》的有关要求，按照评选程序，依据评选标准，经专家委员会评审，共评选出 "2019 全国美丽乡村路" 18 条。

（2）公交客车有望结束调整　　公交优先始于 2004 年，住房和城乡建设部关于优先发展城市公共交通的意见，建城[2004]38 号文件，公交客车销量经过了长达十几年的增长周期，在新能源客车市场启动之前，公交客车的年需求量一直徘徊在 5 万～7 万辆之间，2013～2016 年，公交客车销量进入井喷时代，2017 年、2018 年即使有所回撤，仍接近 10 万辆，主要归功于新能源汽车补贴政策（见图 3）。2019 年、2020 年销量迅速下滑，到 2020 年已接近 2010 年的水平。

图3 2010～2020年公交客车销量

维护公交客车需求稳定的积极因素有：

1）2020年，在新冠肺炎疫情冲击之下，市场调整有可能一步到位。预计2020年公交客车销量6.5万辆，同比下降幅度超过20%，仅仅与10年前的水平相当，这应该是这一次公交客车需求调整的底部，随着疫情得到控制，公交客车新的需求周期即将到来。

2）补贴延长，未来两年新能源公交客车需求将平稳过渡。2020年4月份，财政部发布了《关于完善新能源汽车推广应用财政补贴政策的通知》，将新能源汽车推广应用财政补贴政策实施期限延长至2022年年底。应该说，对于需求萎缩的客车市场这是一个利好。从2009年的"十城千辆"开始，新能源客车补贴政策已经实施了12个年头，经过多年的发展，一、二线城市新能源客车的占比已经很高，比如深圳、北京、上海以及各省的省会城市，市场纵深将逐步向三、四线城市转移。

3）新能源公交客车将进入正常的更新周期。一般而言，公交客车使用6～8年将进入更新期，新能源公交客车由于技术发展太快，更新周期更短，因此，"十四五"期间，每年都会有数万辆新能源客车的更新需求，这将形成公交需求稳定的基本盘。公交客车的更新需求，将接力新能源汽车政策成为稳定公交客车的主要因素。

4）氢燃料客车市场逐渐发力。截至 2020 年 12 月 13 日，2020 年工业和信息化部一共发布了 12 个批次的《新能源汽车推广应用推荐车型目录》。梳理发现，1～12 批推荐目录共有 45 家汽车企业申报的燃料电池汽车 120 款，其中客车企业有 25 家，共 85 个车型（见表 15）。

据不完全统计，2020 年，公开的氢燃料客车的招标已达 30 多起，涉及江苏、山东、山西、广东、湖北等十三个省市，在此仅列举几例：

2020 年 6 月份，张家口 2020 年购置公交车项目招标公告发布，张家口采购 8.9～10.5m 高寒区氢燃料电车客车 60 辆。2020 年 6 月份，150 辆潍柴氢燃料电池公交车投放山东潍坊。2020 年 8 月份，佛山高明区将再采购 80 辆燃料电池公交车。2020 年 11 月份，青岛美锦新能源汽车制造有限公司正式向青岛真情巴士集团有限公司交付首批车辆——50 辆氢燃料城市公交车。2020 年 12 月份，张家口市公共交通集团有限公司公布了 2020 年购置第二批公交车项目中标公告，四个标段共计 140 辆氢燃料电池公交车，郑州宇通、中通、吉利四川商用车、北汽福田分别获得中标，中标总价 4.13 亿元。2020 年 12 月份，金旅客车 100 辆氢燃料电池公交车从新能源生产基地正式下线，即将交付给山西大同和浙江嘉善客户。

表 15 《新能源汽车推广应用推荐车型目录》1～12 批推荐目录中客车企业情况

	汽车企业名称	车型数量/个
1	北汽福田	13
2	南京金龙	10
3	厦门金旅	7
4	中通客车	7
5	上汽大通	6
6	飞驰汽车	5
7	厦门金龙	4
8	宇通客车	3
9	中车时代	3
10	上海万象汽车	3
11	苏州金龙	3
12	吉利四川商用车	3
13	扬州亚星客车	2

（续）

	汽车企业名称	车型数量/个
14	上海申沃	2
15	金华青年汽车	2
16	东莞中汽宏远	2
17	重庆恒通	2
18	成都客车	1
19	奇瑞万达贵州	1
20	延边国泰新能源	1
21	四川野马	1
22	江西博能上饶客车	1
23	上海申龙	1
24	珠海广通汽车	1
25	一汽客车（大连）	1

（3）大力推动新能源客车出口，客车行业在行动　大中型客车的出口，最近几年一直维持在 2 万辆左右，仅占大中型客车总销量的 13% 左右，而多数客车企业将出口目标定义在 30%，看来，离目标值还相差甚远，国内市场调整，客车企业对出口寄予厚望。大中型客车出口受 2008 年金融危机的影响是十分明显的，2009 年最低只有 7733 辆，随后有 5 年的恢复性反弹（见图 4）。2015~2018 年，受新能源汽车政策刺激，客车行业经营重心在国内，2019 年，大中型客车出口大幅增长（出口量 14.33%，出口额增长 16.38%），是客车行业战略重心向出口转移的结果。

2020 年，客车出口遭受了巨大的挫折，但仍然好于 2009 年，说明经过 10 多年的发展，客车出口事业已经取得了一些进步，尽管规模还不大，基础已经较为扎实了。

"十四五"时期，应以新能源客车出口为主，把握住这一原则，不仅是将优势转化为胜势的有效途径，而且对客车行业的持续发展具有积极意义。

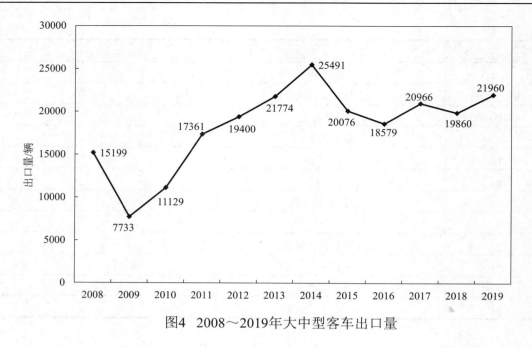

图4 2008~2019年大中型客车出口量

2020年11月30日,郑州宇通客车股份有限公司与金龙联合汽车工业(苏州)有限公司通过视频连线,分别与卡塔尔公交运输公司签署了总共2817辆电动和柴油客车的出口合同,服务2022世界杯足球赛用车需求。宇通客车通过线上云签约1002辆卡塔尔世界杯车辆供应及服务合同。订单总金额近18亿元。值得关注的是,其中741辆纯电动客车刷新了海外纯电动客车订单的最大值。同期,宇通客车还与卡塔尔方面签署框架协议,拟在卡塔尔自由区建立电动客车KD工厂,以技术输出带动卡塔尔工业化水平,服务卡塔尔环保车辆转型战略,提升汽车产业配套能力、带动汽车产业集群发展。

2020年12月份,比亚迪开始向哥伦比亚首都波哥大交付470辆全电动公交车,这也是比亚迪在美洲地区交付的最大的零排放公交车队,将有效推动哥伦比亚、拉美乃至整个美洲的公交电动化进程。而在欧洲市场,比亚迪在2020年12月初向欧洲公共交通运营商Keolis荷兰分公司交付了246辆全电动公交车,这是自2019年以来欧洲最大的一笔电动公交车订单的一部分。

这些订单的签订,不仅让客车行业对2021年的客车出口充满了期待,而且使未来新能源客车出口事业有了一个良好的开端,说明我国的新能源客车技术已经成熟,能够得到国际市场的认可,从这个意义上来说,这些订单的价值远远超过了订单本身。

（4）保持前沿竞争力，智能驾驶客车受热捧 2020年2月份，国家发展和改革委员会同11个国家部委联合发布了《智能汽车创新发展战略》，该战略指明了2025年实现有条件智能汽车规模化生产。2020年11月份，国务院正式发布《新能源汽车产业发展规划（2021～2035年）》，提出推动电动化与网联化、智能化技术互融协同发展。在两大政策的推动下，智能驾驶客车再次掀起热潮。

2020年9月份，在交通运输部运输服务司的指导下，交通运输部科学研究院、中国公路学会客车分会、中国道路运输协会城市客运分会、国家客车质量监督检验中心，在重庆举办了"2020 EB-PAC 全国新能源公交车性能评价赛"。为了促进人工智能与经济社会发展深度融合，推动智能网联汽车产业创新发展，提升我国自动驾驶客车技术水平，加速自动驾驶客车示范应用，组织了"CAB-C 第一届全国自动驾驶客车营运能力挑战赛"。在为期4天的时间里，来自全国14家汽车企业的24款新能源公交车和7家汽车企业的7款自动驾驶客车将在重庆机动车强检试验场展开激烈角逐。

2020年12月份，我国领先的L4级自动驾驶出行公司文远知行 WeRide 宣布完成B1轮融资，宇通集团以2亿美元战略投资，这也是目前我国主机厂在无人驾驶领域的最大单笔投资。本轮融资后，双方将携手推动自动驾驶在微循环巴士、公交车及其他商用场景的应用，推动全无人驾驶汽车大规模商业化落地。

截至目前，已经有10多家客车企业推出了自己的智能驾驶客车产品，企业热情高涨。另外，无人驾驶汽车试点也掀起了高潮。

据不完全统计，截至2019年10月份，全国已有至少21座城市建设了24个智能网联汽车测试示范区，主要分布于东北、华北、东南部沿海及中西部汽车产业发达的城市。具体为：

东北：吉林长春"国家智能网联汽车应用（北方）示范区"、辽宁盘锦"北汽盘锦无人驾驶汽车运营项目"。

华北：北京"国家智能汽车与智慧交通（京冀）示范区"[北京在亦庄、海淀、房山及顺义分别设有智能网联汽车测试场地，但统一划归到国家智能汽车与智慧交通（京冀）示范区中]、天津"国家智能网联汽车质量监督检验中心（天津）"。

华东：江苏无锡"国家智能交通综合测试基地（无锡）"、江苏常熟"常熟中国智能车综合技术研发与测试中心"、江苏泰兴"自动驾驶封闭场地测试基地（泰兴）"、上海 "国家智能网联汽车（上海）示范区""上海临港智能网联汽车综合测试示范区"、浙江杭州 "云栖小镇"、 浙江嘉兴 "乌镇5G车联网示范项目"、浙江嘉善 "嘉善产业新城智能网联汽车测试场"、福建平潭 "平潭无人驾驶汽车测试基地"、 福建漳州 "漳州无人驾驶汽车社会实验室"。

华南：广东广州"广州智联汽车与智慧交通应用示范区"、广东深圳"深圳无人驾驶示范区"。

西南：四川成都"中德智能网联汽车四川试验基点"、四川德阳"四川德阳Dicity智能网联汽车测试与示范运营基地"、重庆"重庆i-VISTA智能汽车集成系统试验区""重庆中国汽研智能网联汽车实验基地"。

中部：湖北武汉"武汉智慧小镇示范区""武汉雷诺自动驾驶示范区"、湖北襄阳"国家智能网联汽车产品质量监督检验中心（湖北）"、湖南长沙"国家智能网联汽车（长沙）测试区。"

（作者：佘振清）

2020年微型车市场分析与2021年展望

一、2020年微型车市场总体表现分析

1. 微型车市场进入稳定期

（1）2020年微型车市场总体表现较好 在经历了长达6年的持续下滑期后，微型车市场从2017年开始进入市场稳定期，目前市场总容量维持在90万～100万辆区间波动。2020年受商用车市场及政策等因素的推动，微型车市场2020年1～11月份累计销售87.1万辆，同比上升11.9%，预计全年累计销售99万辆，同比上升10.9%（见图1）。其中，微型客车（不含五菱荣光V，后同）市场容量自2011年开始逐步萎缩，整体呈逐年下滑趋势，2020年首次出现销量触底回升，2020年1～11月份微型客车累计销售24万辆，同比上升14.2%，预计全年累计销售27万辆，同比上升12.5%。微型货车市场从2010年以来需求基本稳定，容量维持在50万～70万辆之间波动，2020年1～11月份微型货车累计销售63万辆，同比上升11%，预计全年累计销售72万辆，同比上升10.3%。

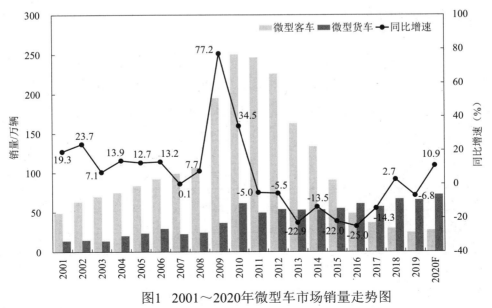

图1 2001～2020年微型车市场销量走势图

（注：数据来源于中国汽车工业协会，微型车包含微型客车和微型货车）

（2）从月度趋势来看，2月份过后微型车市场开始强势复苏，市场进入持续增长 从月度销售表现来看，3月份开始随着微型货车销量的强势上升，4月份微型货车实现2020年1～11月份最高单月销量7.4万辆，同比上升43.2%，带动微型车市场整体进入连续8个月的正增长（见图2）。

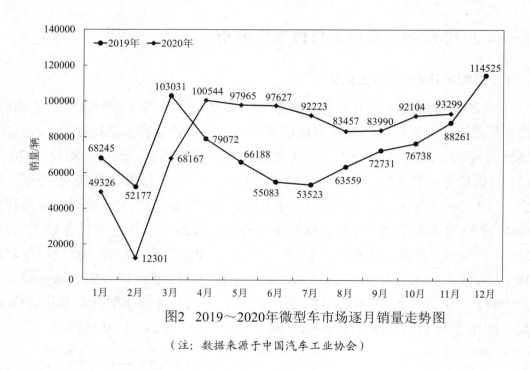

图2 2019～2020年微型车市场逐月销量走势图

（注：数据来源于中国汽车工业协会）

（3）对比其他商用车细分市场来看，微型车整体表现好于大部分细分市场 从微型车内部来看，微型客车和微型货车2020年均有较好的销售表现，同比增幅均超过10%（见表1）。整体来看，微型车市场2020年1～11月份累计同比上升11.9%，表现好于所有客车市场和中型货车市场。

表1 2020年商用车各细分市场销量及同比表现

细分市场	2019年1～11月份销量/辆	2020年1～11月份销量/辆	同比增速（%）
客车	411277	386050	-6.1
大型客车	61068	47778	-21.8
轻型客车	294310	299131	1.6
中型客车	55899	39141	-30.0
货车	3468084	4290448	23.7

（续）

细分市场	2019年1~11月份销量/辆	2020年1~11月份销量/辆	同比增速（%）
半挂牵引车	518731	783440	51.0
轻型货车	1690402	2007813	18.8
中型货车	126847	141869	11.8
重型货车	563231	725942	28.9
微型货车	568873	631384	11.0
微型客车	209735	239596	14.2
微型车小计	778608	870980	11.9
商用车总计	4089096	4916094	20.2

（4）从行业地位来看，微型车销量占比小幅回升　微型车市场随着微型客车市场2010年后容量的持续萎缩，销售占比也持续下滑，2020年在微型货车市场的带动下，2020年1~11月份微型车销售占比为3.9%，同比上升0.4个百分点。

（5）从参与者来看，微型车市场仍是寡头独占市场，强者恒强趋势持续，落后企业持续转型淘汰　微型车市场由最初的长安、五菱、哈飞、昌河、佳宝5家，迅速扩大到近30家；2020年有销量数据的微型车企业仅16家，较上年减少7家，预计2020年微型车年销量过万辆的企业仅7家，其余企业均有被淘汰的风险。上汽通用五菱在微型车市场仍是寡头独占地位，销量占据微型车市场65.4%，而销量排名前五位的企业销量总和占比达到微型车市场总销量的93.2%，市场集中度非常高，无新参与者进入。

2. 微型客车需求触底回升

（1）微型客车市场总体走势呈现"4连降，7连升"　从细分市场容量来看，2020年1~11月份微型客车累计销售24万辆，同比上升14.2%，截至11月份销量已与上年全年销量持平，市场需求回升明显。从逐月趋势来看，受疫情影响，微型客车销售旺季较往年后移，传统旺季3月份受疫情影响同比下滑较大，市场需求在4~5月份逐步释放，销量从5月份开始连续7个月正增长（见图3）。

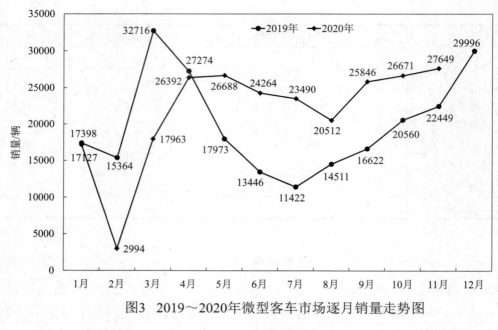

图3 2019~2020年微型客车市场逐月销量走势图

（注：数据来源于中国汽车工业协会）

（2）**市场竞争格局未变，上汽通用五菱持续强势** 市场占有率排名前几位的企业仅上汽通用五菱强势上升：上汽通用五菱凭借五菱荣光和五菱之光的优异表现，持续占据绝对主力位置，2020年1~11月份累计市场占有率达到52.2%，同比上升9.1个百分点；华晨汽车2020年1~11月累计市场占有率24.6%，同比下滑5个百分点；东风小康2020年1~11月份累计市场占有率为15.3%，同比下滑1.7个百分点；长安市场占有率为4.6%，同比下滑0.2个百分点；微型客车市场前四大企业（五菱、金杯、小康、长安）合计占据96.6%的市场份额，较2019年再提升2.3个百分点，市场集中度进一步提升。

（3）**新能源车型销量快速提升** 微型客车市场新能源车型2020年销量突破万辆，2020年1~11月份微型客车EV车型累计销售1.2万辆（2019年全年仅为1426辆），占比达到5.1%。

3. 微型货车市场大幅上升

（1）**市场总体销量同比上升较大，但9月份开始出现增长乏力** 从细分市场容量来看，2020年1~11月份微型货车累计销售63万辆，同比上升11%。从逐月趋势来看，微型货车销售旺季同微型客车一样受疫情因素影响较往年后移，整体来看，一季度受疫情影响三连降，二、三季度疫情逐步控制，同时受"地摊经济""汽车下乡"影响,销量呈现 7 连涨,四季度预计也将好于上年同期,其中 4~8 月份销量大幅好于上年同期(见图 4),9 月份开始增长虽有些乏力,但 2020 年全年仍有较大增幅。

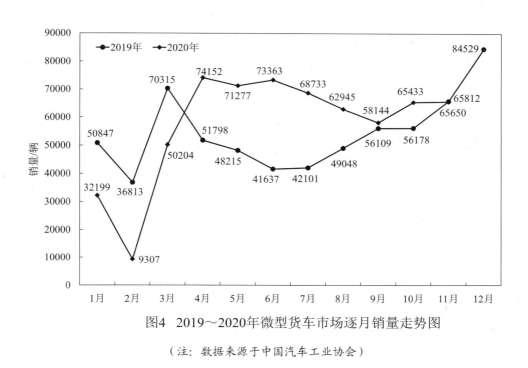

图 4　2019~2020 年微型货车市场逐月销量走势图

(注:数据来源于中国汽车工业协会)

(2)市场竞争格局稳定,上汽通用五菱一家独大　微型货车市场 2020 年 1~11 月份累计销量过万的企业仅 5 家,市场占有率排名前三位的企业依次是:上汽通用五菱市场占有率为 70.4%,同比上升 6.4 个百分点;东风汽车市场占有率为 12.8%,同比下滑 0.2%;长安汽车市场占有率为 7.9%,同比下滑 0.2%。微型货车市场前三大企业(五菱、长安、小康)合计占据 91.2% 的市场份额,较 2019 年提升 6.1 个百分点,市场集中度进一步提升。

二、微型车市场发展趋势预判

从产品发展来看,近年来微型车市场新产品更新较少,微型客车市场 2020 年虽有小幅回升,但市场萎缩的趋势并没有明显改变,新能源产品或将成为市场主要增量来源;微型货车市场需求升级的趋势明显,大排量、高端化仍是主要趋势。

从政策法规来看,限行限购、油耗法规、安全法规、环保治超等一系列政策因素,将对微型车市场调整产生重要影响,目前影响微型车行业的政策大部分为利空政策,但汽车下乡或将提振市场消费信心,为市场带来一定增量。

从参与者来看,微型车市场的价格和利润相对较低,投入大、愿意进入的企业不多,市场集中度非常高;同时,传统微型车企业持续转型进入其他细分市场,微型车不再是企业的重心,所以厂家对于微型车市场的重视程度也将极大地影响市场的未来发展。

从客户需求来看,80后、90后成为市场主力军,这些新生代客户文化程度提升,自我认知强,同时也有数字化和智能化的一些生活方式,更关注车辆的个性化需求,这对微型车产品的迭代升级提出了更高要求。

从技术趋势来看,智能网联等智能技术的快速发展,也将促进商用车市场潜力的进一步释放,"互联网+"将为商用车市场增添新的发展动能。

从市场竞争来看,由于低端MPV及低端SUV产品价格下移的影响,加上部分功能性上的替代性,同时传统微型车企业重心转移导致产品竞争力下降,行业政策法规趋严等因素影响,预计2021年仍将延续小幅波动,预计2021年微型车市场整体销售94万辆,同比下滑5.6%。

(作者:冉碧林)

2020年中重型货车市场分析及2021年展望

2019年中重型货车市场需求规模131.4万辆，总规模略低于2018年水平。2020年，新冠肺炎疫情来势汹汹，席卷全球，疫情因素叠加中美经贸摩擦，国际格局发生深刻变化，不稳定性显著增加，我国发挥集中力量办大事的制度优势，有效防控住了疫情，人民生产生活秩序逐步恢复。同时，政府及时出台了助企纾困和激发市场活力的宏观调控政策，经济承受住了压力并加快恢复，叠加国Ⅲ及以下老旧车辆淘汰、治超治限常态化等政策措施的影响，2020年1～11月份，中重型货车实现销量165.1万辆，比上年同期增长36.6%（见图1），总量创历史新高。

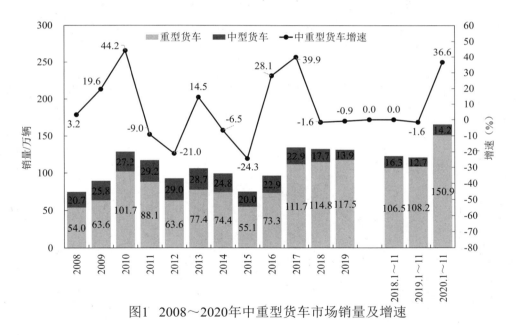

图1 2008～2020年中重型货车市场销量及增速

一、2020年中重型货车市场回顾

1. 市场概况

2020年1～11月份中重型货车市场规模165.1万辆，同比增长36.6%。其中重型货车市场规模 150.9 万辆，同比增长 39.5%，是市场需求的主要增长引擎；中型货车市场规模 14.2 万辆，同比增长 11.8%。2020 年中重型货车月度销量及增速见图 2。

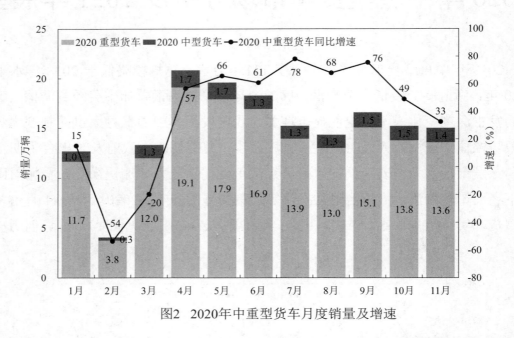

图2 2020年中重型货车月度销量及增速

2020 年 1~11 月份的走势基本与 2019 年趋同，呈现前高后低的运行态势（见图 3）。影响市场发展的因素主要有两方面，即宏观经济、政府政策导向。

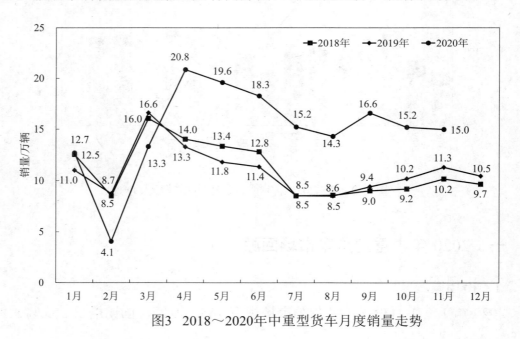

图3 2018~2020年中重型货车月度销量走势

宏观经济方面，2020年世界进入动荡变革期，我国经济面临的外部环境空前复杂。突如其来的新冠肺炎疫情席卷全球，截至目前全球新冠肺炎疫情演化形势不明朗，受疫情因素影响，主要经济体采取停工停产等措施应对疫情，导致主要经济体 GDP 增速呈现大幅下滑，全球经济陷入第二次世界大战结束以来最严重的衰退，IMF 预计 2020 年全球经济增速下降 4.4%。我国在党中央、国务院的坚强领导下，采取了严格、有效的管控措施，率先控制疫情、复工复产，实现经济增长由负转正，前三季度，我国 GDP 同比增长 0.7%，预计四季度增速在 6%左右，全年经济增长在 2%左右。我国预计将成为全球唯一实现经济正增长的主要经济体，经济的强劲复苏为中重型货车的表现奠定了良好的基础。

政策导向方面，2020 年中重型货车的高增长主要得益于三方面原因：基础设施投资的较快增长、"蓝天保卫战"收官之年，政策加速淘汰国Ⅲ柴油货车以及治超治限等管理工作加严。基建方面，2020 年基础设施投资增速已恢复且高过上年同期，政府通过提升赤字率、发行特别国债、增加地方政府债券规模等逆周期调节政策的加码，有力地提高了中重型货车的购买需求。基建投资影响下的挖掘机和中重型货车销量走势成正比（见图4）。截至 11 月底，地方政府新增债券发行 44945 亿元，较上年同期多增 14578 亿元。国Ⅲ车淘汰方面，2018 年，国务院发布《打赢蓝天保卫战三年行动计划》，政策明确，2020 年底前，京津冀及周边地区、汾渭平原淘汰国Ⅲ及以下排放标准营运中型和重型柴油货车 100 万辆以上。在 2020 年目标年来临之际，各地加快实施国Ⅲ及以下中重型货车的淘汰工作，导致换购需求增加。另外，各地加大对支线公路运输治超整顿，为中重型货车销量增长创造了良好的政策氛围。

2．细分市场表现

2020 年中重型货车市场全年需求预计在 175 万辆左右，其中牵引车、载货车保持高增速。2017～2020 年 1～11 月份中重型货车分品系需求见图5。

2020 年 1～11 月份，中重型货车分车种看，中型工程车同比增长55.9%，牵引车同比增长45.8%，中型载货车同比增长42.9%，重型载货车同比增长37.6%，增长较快。其中，牵引车的需求增长主要受益于国Ⅲ淘汰政策，河北、山东、河南等重点区域牵引车均有较大幅度增长。2017～2020年1～11月份中重型货车分车种需求占比见图6。

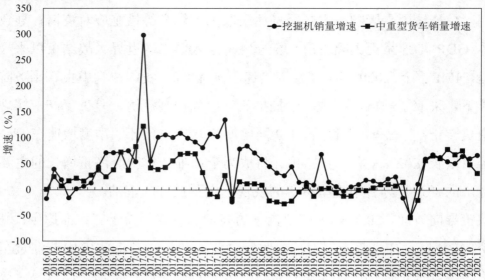

图4 基建投资影响下的挖掘机和中重型货车销量走势

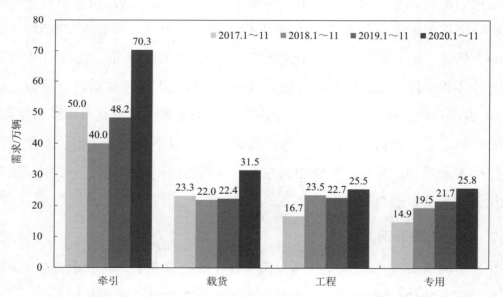

图5 2017～2020年1～11月份中重型货车分品系需求（上保险数据）

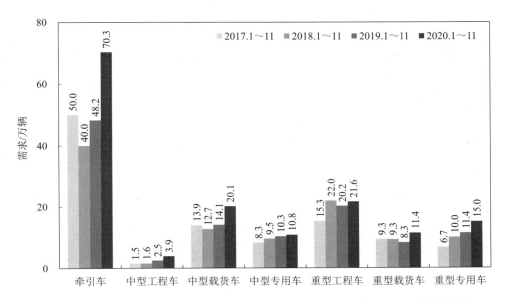

图6 2017~2020年1~11月份中重型货车分车种需求占比（上保险数据）

二、2021年中重型货车市场需求判断

从中长期看，经济增长、政策影响、物流市场的发展将决定中重型商用车的需求。展望2021年，疫苗大概率上市，消费和服务业将加速修复，加之2020年低基数因素影响，预计经济增长速度将会冲高。在疫情可控背景下，预计2021年GDP增速将达到8%左右。另外，2021年是"十四五"的开局之年，也是全面建设社会主义现代化国家新征程的起步之年，预计投资，特别是新型基础设施建设投资将保持在较高力度。国民经济的增长对中重型货车需求将起到较强的支撑作用。

有利方面：政府将把进一步促进汽车消费和发展新能源汽车产业作为政策重点。2021年，我国将继续促进消费，推动汽车等消费品由购买管理向使用管理转变，相关汽车消费优惠政策将会不断推出。2020年11月，国务院常务会议要求扩大汽车消费，鼓励各地增加号牌指标投放，开展新一轮汽车下乡和以旧换新，鼓励有条件的地区对农村居民购买3.5t及以下货车、1.6L及以下排量乘用车，对居民淘汰国Ⅲ及以下排放标准汽车并购买新车，给予补贴。另外，2020年随着商用车合资股比的放开，相继已有现代、日野、斯堪尼亚、戴姆勒等企业在华独资或者进行合资，在一定程度上反映外资看好我国的中重型货车市场。

不利方面：国Ⅲ提前淘汰政策的影响在2021年将有所减弱。2020年各地加大力度进行国Ⅲ淘汰,促进了更新需求的提前释放,这将会导致 2021 年的更新需求出现下降。通过对比 2016 年"921 治超"时期中重型货车市场的走势可以看到,2020 年市场销量增长的背后,公路物流运价并未随之上扬(见图 7),这在一定程度上说明目前市场运力相对富余。

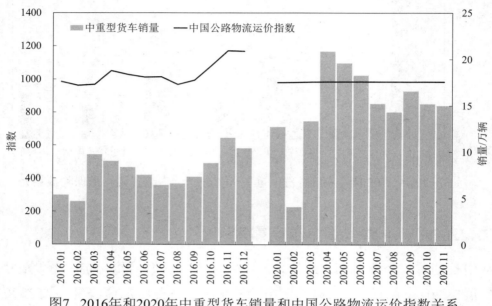

图7 2016年和2020年中重型货车销量和中国公路物流运价指数关系

政府不断优化调整货物运输结构。中央经济工作会议提出,2021 年的重点任务之一是"做好碳达峰、碳中和工作",中重型货车预计将成为碳排放治理的重点领域之一。除了加快新能源商用车的推广外,政府将继续促进大宗及中长途物资运输"公转铁""公转水",公路需求转向铁路、水运,导致公路货运份额下降,将不利于中重型货车销量增长。

先进技术赋能物流行业,车辆运输效率不断提升。随着 5G、物联网技术的应用,物流行业面临进一步优化,逐步向信息化、智能化的现代化物流发展,同时,随着物流行业集中度不断提升,头部企业通过加大智能物流系统的研发投入,实现平台化运营,实时智能调度等方式,提升车辆运输效率,从而导致车辆需求减少。

综合来看,2021 年中重型货车需求将有一定幅度下降,但市场需求仍将保持在较高水平。预计 2021 年中重型货车实现销量 143 万辆左右,同比下降 18%,

销量仍将超过"十三五"时期2017年134万辆的最高水平。

（作者：王帆）

2020 年轻型货车市场回顾与 2021 年展望

一、2020 年轻型载货车市场回顾

1. 行业运行情况

根据中国汽车工业协会数据,轻型载货车包含轻型货车、皮卡以及出口数据,其中近 80% 是轻型货车,本文重点分析轻型货车。2020 年汽车总销量 2531 万辆,同比下降 1.9%。其中,商用车疫情后强劲复苏,全年累计销量 513.3 万辆,同比增长 18.7%。货车是支撑商用车持续高增长的主要车型,全年销量 468.5 万辆,同比增长 21.7%。其中,货运重型货车、物流轻型货车增长贡献明显。轻型载货车市场规模再创新高,2020 年销量 219.9 万辆,同比增长 16.8%(见图 1),虽然增速没有跑赢商用车大盘,但销量创造了历史新高,是继 2010 年达到 202 万辆峰值后,再次突破 200 万辆。轻型货车销量为 170.9 万辆(见图 2),同比增长 17.6%,跑赢商用车大盘 0.4 个百分点。轻型载货车中,非完整车辆 17 万辆,占轻型载货车总量的 7.8%,比上年同期略低。2020 年轻型载货车销量占商用车比重为 42.9%,比 2019 年降低 0.7 个百分点,主要受重型货车销量比重上升的影响,轻型载货车仍然是商用车销量贡献的主体。

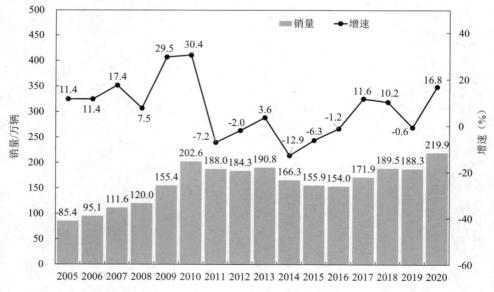

图1 轻型载货车2005~2020年历年销量与增速

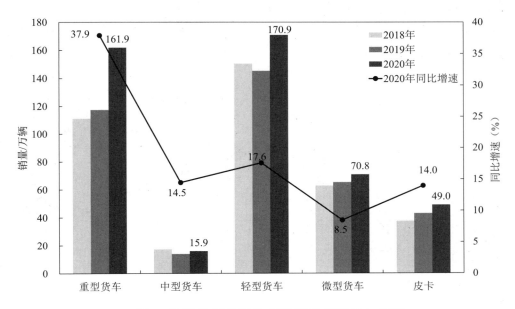

图2 轻型货车及相关车型近三年销量与增速

轻型载货车月度走势前低后高，复工复产后强劲反弹。2020年年初的新冠肺炎疫情打乱了国内货车市场的正常节奏，用户出不了门、看不了车，线下营销受挫；同时，受疫情管控等因素影响，除了政府批准的刚性物流用车，轻型载货车用户基本都处于停业停工状态。2020年一季度轻型载货车三连跌，2月份直线下降达76%，传统旺季的3月份下降21.8%（见图3）。4月份开始，伴随国内疫情的有效控制以及复工复产，轻型载货车市场持续回暖，当月同比增长15.4%，此后，市场需求报复性释放，其中6月份销量23.7万辆（见图4），增速81.5%，双双创下全年最高值，一方面旺季较正常年份滞后了1~2个月，6月份正处于旺季；另一方面，受到同比基数低的影响，2019年"521"大吨小标事件造成上年6月份销售低迷。2020年6月份过后，后面以平均每月下降12%的速度回落，到12月份与上年弱势持平。2020年轻型载货车市场上演了一场比以往历史上更剧烈震荡的行情，全年增速波动幅度高达157%，对企业的应对能力是极大的考验。

产品结构变化反映出合规化趋势。全国范围对"大吨小标"的治理加速了产品合规化进程，据企业调查统计，从轻型货车GVW3.5t级及以上数据来看，3.5（含）~4.5t占比36%，6t占比31%，7.5t占比29%，9~14t占比不足4%。由于部分地区执法力度不严，轻型货车大吨小标现象仍然存在。

城市配送是轻型货车的主要应用场景,占到轻型货车总需求量的一半以上,主要用于快递快运、商超配送等;其次,城乡市场是轻型货车的另一主战场,占到1/4的份额。

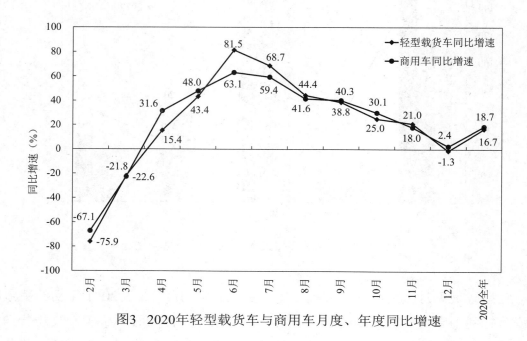

图3 2020年轻型载货车与商用车月度、年度同比增速

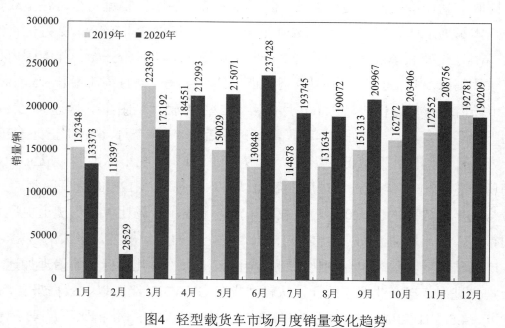

图4 轻型载货车市场月度销量变化趋势

2．2020年支撑轻型货车市场增长的主要原因

一是蓝天保卫战收官、国Ⅲ淘汰加快，环保政策驱动轻型载货车市场迅速上量。根据我国蓝天保卫战计划安排，2020年是收官之年，也是淘汰国Ⅲ力度最大的年份，"国Ⅲ淘汰"是促进2020年轻型货车更新需求的最大动力。一方面各地发起力度空前的淘汰国Ⅲ车系列举措，把国Ⅲ排放标准的柴油货车作为重点整治对象，限行、禁行力度加大，推动国Ⅲ车淘汰更新；另一方面，促进汽车消费的政策在一定程度上也拉动了轻型货车的需求。2020年3月31日的国务院常务会议上提出，中央财政采取以奖代补，支持京津冀等重点地区淘汰国Ⅲ及以下排放标准的柴油货车；全国有很多省市的国Ⅲ淘汰补贴政策都在2020年年底到期，用户为了抢在2020年年底前拿到国Ⅲ淘汰补贴，换购需求活跃。

二是治超力度升级、"大吨小标"治理持续，法规政策驱动轻型货车存量和增量市场双向增长。2019年5月21日，央视《焦点访谈》节目对蓝牌轻型货车灰色产业链进行了曝光，重点对重汽、陕汽等汽车生产企业生产的4.5t以下的轻型货车产品"大吨小标"、不符合车辆生产一致性管理要求的问题进行了报道，至此拉开了整治"大吨小标"的序幕。2020年4月份国务院发布《全国安全生产专项整治三年行动计划》，以及7月份四部委联合发布了《关于开展货车非法改装专项整治工作的通知》，明确自2020年7月份至2021年5月份组织开展货车非法改装专项整治工作，特别指出严厉打击"大吨小标"，到2022年基本消除货车非法改装、"大吨小标"等违法违规问题。重拳出击下，不合规轻型货车无法上路正常行驶，推进了合规车型的替代需求。虽然一些区域执行"大吨小标"的力度不一，仍然存在个别厂商顶风作案，但是行业中主流企业像福田汽车等秉着对用户负责的精神，推出合规车型，告别蓝牌"825"，积极引导用户购买合规和标载合规的轻型货车产品，赢得了市场和用户的认可。超载治理力度升级叠加按轴收费等政策相继实施，进一步释放超载运力，新增轻型货车需求。

三是电商经济的繁荣强力支撑了轻型货车的需求。2020年的疫情，有力推动了网上购物提速，各大物流、快递公司明显感到运力不足，新增批量购车。网络购物需求增长、网络直播等新型电商的快速发展以及"工业品下乡、农产品进城"的持续推进，国家及地方政府畅通城乡联动、打通进城下乡渠道，强化城乡双向流通，疫情后电商物流、邮政快递业务的快速增长拉动了物流运输需求增长。根据国家邮政总局数据统计，2020年全国快递业务量完成830亿件，同比增长31%。

冷藏车继续热销。冷链物流市场的快速增长，带动了冷藏车特别是轻型冷藏车销量的大幅增长。农村市场是一大亮点。2020年农村地区收投快件超过300亿件，同比增幅比城市高20个百分点以上。特别是农产品加速上行，曾经难以运送的农特产品"进城"越来越便利了，成为行业的重要助推力。产业转移带动的区域结构变化，形成了新的增长动力。三线、四线甚至五线、六线城市的快递业务量增速远高于一线、二线城市。

四是返乡创业、"地摊经济"的兴起在一定程度上也促进了2020年轻型货车市场需求的增加。受疫情影响，很多中小企业裁员甚至倒闭，不少失业者回乡购买轻型货车、微型货车做小生意，部分区域车辆销售火爆。

五是在疫情影响下，国家一系列经济刺激政策，稳定了轻型货车销量。国家及地方政府推动复产复工，"六稳六保"，积极以促消费、扩基建等措施提振经济，对冲疫情负面冲击，为物流车需求提供了稳定的大环境。此外，疫情防控期间，全国收费公路免收车辆通行费，对轻型载货车市场也起到了积极作用。

3. 市场竞争格局

市场集中度提高，强者愈强。2020年轻型货车行业TOP10市场集中度由78.9%快速提升到84.7%，北汽福田的龙头地位进一步夯实，中国重汽、一汽解放增速领先。

二、2021年市场展望

1. 宏观经济基本面

2020年，面对新冠肺炎疫情突袭、贸易保护主义抬头、世界经济衰退等的严峻考验，我国经济同比增长2.3%，超出市场预期，已基本回归疫情前的运转常态。2021年，随着各国新冠疫苗陆续上市与接种，各大机构纷纷调高对2021年经济增长的预测。根据2021年1月26日IMF发布的最新预测，全球经济预计增长5.5%，中国经济增速8%。中央提出"国内大循环为主体、国内国际双循环相互促进的新发展格局"，内外需共振推动经济全面复苏，内需进一步回暖、外需景气、市场信心得以提振，为商用车市场发展提供了稳定向好的经济基本面。

2. 2021年轻型货车市场预判

（1）有利方面　对电商经济的持续发力，仍然是支撑轻型货车市场需求的坚实力量。电商替代传统商超成为增长趋势，快递物流继续保持高增速。

新一轮汽车下乡政策利好。2020年11月18日，国务院常务会议要求扩大汽车消费，鼓励各地增加号牌指标投放，开展新一轮汽车下乡和以旧换新；鼓励有条件的地区对农村居民购买3.5t及以下货车，对居民淘汰国Ⅲ及以下排放标准汽车并购买新车，给予补贴，无疑对轻型载货车市场是一个利好。

政策方面，城市限行吨位有望放宽。2020年12月31日，公安部交管局发布的《关于优化和改进城市配送货车通行管理工作的指导意见》中明确指出：鼓励城市根据配送需求适当放宽限行吨位。这就意味着针对4.2m蓝牌轻型货车的限行吨位，各地方可酌情放宽，7.5t蓝牌轻型货车的限行吨位有了进城可能。

法规趋严、技术升级继续推动轻型货车市场向轻量化、合规化发展，轻量化产品继续受到市场热捧。但法规执行具有区域差异和反复性，重载产品仍有存在。

电动车市场看好。《新能源产业发展规划（2021~2035）》明确了目标，"2021年起，国家生态文明试验区、大气污染防治重点区域的公共领域新增或更新公交、出租、物流配送等车辆中新能源汽车比例不低于80%。"这将有利于新能源特别是电动轻型货车的销售，为新能源轻型物流车、环卫车销量增长提供了有力支撑。

专用汽车特别是冷藏车、环卫车热度持续，我国冷链流通率仅27%，远低于发达国家，在国家出台的鼓励冷链行业政策的推动下，冷藏车市场持续向好。另外，提高运输效率、作业效率，降低人工成本的省力型产品需求越来越突出。

（2）不利方面　国Ⅲ淘汰进入尾声，更新需求将大幅低于2020年。

2020年轻型货车需求透支，运力趋于饱和，轻型货车市场进入调整期和存量竞争期，同时2020年的高基数，对2021年轻型货车市场增速产生了负向影响。

2021年7月1日对所有车辆实施国Ⅵ排放标准，将提高车辆成本，部分市场将会提前透支，对下半年轻型货车市场有一定的不利影响。

综合判断，2021年轻型货车市场预计会有10%左右的下滑，但仍处于历史高位水平，市场总量190万~200万辆。全年前高后低，上半年确定性高，下半年有不确定性。

（作者：赵建林）

2020 年皮卡市场分析及 2021 年展望

一、2020 年皮卡市场分析

1. 我国宏观经济运行状况

2020 年，全球遭遇新冠肺炎疫情的突然冲击，世界经济陷入第二次世界大战结束以来最严重的衰退，一些国家贸易保护全面升级，国际货币基金组织（IMF）发布的《世界经济展望报告》预计，2020 年全球经济将萎缩 4.4%。2020 年美国经济将衰退 4.3%，欧元区经济将衰退 8.3%，印度经济将衰退 10.3%，我国经济一枝独秀，以"快于预期"的速度实现复苏，预计 2020 年我国是全球实现经济正增长的主要经济体。

面对 2020 年上半年新冠肺炎疫情，我国统筹推进疫情防控和经济社会发展，化危为机。2020 年上半年加大了口罩、呼吸机等防疫物资的出口，下半年加大了对纺织、机电等产品的出口。2020 年前三季度国内生产总值为 722786 亿元，按可比价格计算，同比增长 0.7%。分季度看，2020 年一季度同比下降 6.8%，二季度同比增长 3.2%，三季度同比增长 4.9%。分产业看，2020 年第一产业增加值为 48123 亿元，同比增长 2.3%；第二产业增加值为 274267 亿元，同比增长 0.9%；第三产业增加值为 400397 亿元，同比增长 0.4%。2020 年前三季度，全国固定资产投资（不含农户）为 436530 亿元，同比增长 0.8%，2020 年累积同比增速首次由负转正（上半年下降 3.1%）。分领域看，2020 年基础设施投资增长 0.2%，制造业投资下降 6.5%，房地产开发投资增长 5.6%。2020 年前三季度，社会消费品零售总额为 273324 亿元，同比下降 7.2%，降幅比上半年收窄 4.2 个百分点。按消费类型分，餐饮收入 25226 亿元，下降 23.9%；商品零售 248098 亿元，下降 5.1%。2020 年前三季度，全国网上零售额 80065 亿元，同比增长 9.7%；实物商品网上零售额 66477 亿元，同比增长 15.3%，占社会消费品零售总额的比重进一步提升至 24.3%。

2. 我国皮卡市场整体运行状况

2020 年 1～11 月份，汽车累计销量为 2247 万辆，同比下降 2.9%，其中乘用车销量为 1779.3 万辆，同比下降 7.6%；而商用车销售（尤其是重型车）受固定资产投资的影响，实现销量为 467.6 万辆，同比增长 20.5%，国内皮卡终端用户在 2020 年 1~11 月份上牌保险量为 36.8 万台，累计同比增长 5%。2020 年全国前四家皮卡生产厂家终端销售 298250 辆，市场集中度为 81.1%（2019 年 1~11 月份皮卡终端销量 243688 辆，市场前四名市场集中度为 72.4%），相比上年同期上升 9.4 个百分点。销量上升的主要原因是：第一，皮卡头部企业通过推出新产品，与已有产品组成强竞争力的产品组合。如长城通过推出长城炮系列，与风骏 7 和风骏 5 搭配合理的产品组合，对其他企业形成压倒性竞争优势，挤压其他皮卡竞品的生存空间。第二，各主力厂家纷纷提升产品力。如江西五十铃推出经典瑞迈和铃拓自动挡；郑州日产推出纳瓦拉 AT 皮卡、锐骐 6 越野版（AT）、新锐祺等新产品，从供给端推动了消费升级，扩大了皮卡市场份额。第三，政策法规暖风频吹（如皮卡解禁省份增多、取消双证、高速公路可 ETC 通行等），有力地推动了皮卡市场的发展。

在品牌终端销量榜中，长城一枝独秀，江西五十铃逆势上扬，其中长城皮卡销量为 177927 辆（见表 1），增速为 40%，市场份额接近皮卡的半壁江山；江西五十铃高端皮卡稳步增长，2020 年前 11 个月终端上牌 33082 辆，增速达到 8.2%；江铃股份皮卡销售 53202 辆，同比-3.0%；排名第三的郑州日产 2020 年 1~11 月份销量 34039 辆，同比增长-16.3%；第三阵营中，江淮皮卡销量 12430 辆，同比下降 17.8%；福田皮卡销量 11098 辆，与年度销量目标相差大，导致企业运营指标和利润不达标，预计大手笔广告投入和研发投资难以长久持续。

表 1 2016~2019 年 1~11 月份皮卡终端保险数销量

（单位：辆）

底盘企业	2017 年	2018 年	2019 年	2020 年 1~11 月份
长城汽车	112312	121201	143057	177927
江铃汽车	65843	67638	57402	53202
郑州日产	35770	39959	39557	34039
江西五十铃	25303	29154	33608	33082
江淮汽车	18834	18151	16129	12430
河北中兴	21411	15144	12948	9043
丹东黄海	17865	13965	7625	4856
庆铃汽车	12668	12957	10417	7870

(续)

底盘企业	2017 年	2018 年	2019 年	2020 年 1~11 月份
北汽福田	19388	12328	12000	11098
上汽大通	5292	17855	13788	9193
河北长安	9775	11972	15429	9555
其他	26527	13306	12784	5548
合计	370988	373630	374744	367843

2016~2020 年,皮卡前四强市场集中度分别为 66%、64.5%、69%、72.4%、81.8%(见图 1),在经历市场洗牌后,市场结构发生了明显变化,长城汽车借助国 VI 排放升级之际,推出长城炮系列产品,市场强者恒强,市场份额提升了 10.9%,而江西五十铃作为皮卡新秀,市场份额与 2019 年同期持平。

从市场集中度看,长城作为皮卡领导者,与江铃股份、郑州日产、江西五十铃组成第二阵营奋力拼杀,越战越强,市场份额由 2019 年的 37.5%上升到 2020 年 1~11 月份 48.4%,市场份额上升 10.9%,;而第二阵营的皮卡企业,也在不断研发新产品来应对,但在营销渠道和产品力方面与长城存在差距,市场份额下降 2.2%(见图 2)。

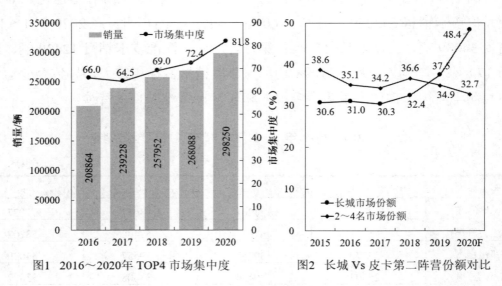

图1 2016~2020年 TOP4 市场集中度　　图2 长城 Vs 皮卡第二阵营份额对比

(注:数据来源于上牌数据和保险数)

3. 主流皮卡产品分析

(1)乘用化趋势加速　2020 年,皮卡乘用化进一步加速,改变了原来我们仅把皮卡的认知停留在拉货、商用、农用的层面，逐步向多功能车或者乘用化转变。长城逐步形成长城越野炮主攻泛户外及越野车用户群体，乘用炮价格为12.68万元，主攻三线和四线中小城市的乘用皮卡市场，长城商用炮价格为9.78万元，和风骏7面向商乘两用市场，风骏5面向工具车市场的产品线组合。而郑州日产、江西五十铃等领先企业，也在加快推出乘用版的高端皮卡。

2019年9月份，长城推出长城炮皮卡，2020年不断丰富长城皮卡的产品线，推出长城炮越野版、乘用/商用柴油8AT、电动版，助推炮从7000辆/月冲上12000辆/月；同时，2020年下半年推出新款风骏5和风骏7，并调整产品线，风骏6退出市场，重新调整价格体系，使其产品组合更趋合理。

（2）AT成为市场发展趋势　2020年自疫情最艰难时期结束之后，国内自动挡皮卡销量一路攀升，成为高端乘用化皮卡市场中的主流车型。长城皮卡自动挡车型销量占据整个自动挡皮卡市场的半壁江山（见表2）。长城炮自动挡皮卡销量达5269辆，约占总体自动挡车型销量的66%。

表2　2020年1～11月份各企业自动挡皮卡销量

厂家	2020年1～11月份自动挡皮卡销量/辆	2020年1～11月份总计/辆	2020年1～11月份自动挡皮卡占比（%）
长城	33172	177927	18.6
江铃	6737	53202	12.7
上汽大通	7252	9193	78.9
郑州日产	2851	34039	8.4
江西五十铃	4621	33082	14.0
福田汽车	193	11098	1.7
北京	34	592	5.7
远程	7	7	100.0
黄海	116	4856	2.4
中兴	118	9043	1.3
行业合计	55101	333039	16.5

（3）新冠肺炎疫情影响销售　2020年上半年，受制于新冠肺炎疫情的突然暴发，展厅看车客户大幅减少，上半年销量同比下滑12.2%；2020年下半年，在我国政府领导下，克服国际贸易保护抬头，国内消费受阻的不利形势，下半年逆势上扬，2020年1～11月份皮卡完成销量36.8万辆，同比增长4.9%。疫情对各企业的影响苦乐不均，2020年下半年，江铃皮卡、郑州日产皮卡、上汽大通呈现

增长态势，而江西五十铃、福田皮卡、江淮皮卡、长安皮卡增长后劲不足。2020年疫情对各皮卡企业的销量影响分析见表3。

表3 2020年疫情对各皮卡企业的销量影响分析

（单位：%）

品牌	2020年1～11月份份额	2020年1～6月份份额	变化
长城皮卡	48.4	48.5	-0.1
江铃皮卡	14.5	13.7	0.7
郑州日产皮卡	9.3	8.5	0.8
江西五十铃	9.0	9.5	-0.5
福田皮卡	3.0	3.3	-0.3
江淮皮卡	3.4	3.7	-0.3
上汽大通	2.5	2.3	0.2
中兴皮卡	2.5	2.6	-0.2
长安皮卡	2.6	2.9	-0.3
庆铃皮卡	2.1	2.0	0.1
黄海皮卡	1.3	1.1	0.2
其他	1.5	1.9	-0.4

4. 主流皮卡市场区域分析

从31个省（自治区、直辖市）销量表现来看，在利好政策的刺激下，河北、山东、重庆、吉林等地均呈现较大幅度增长，2020年以来，皮卡解禁从三线、四线城市向一线、二线城市转移，以济南、南昌、上海、重庆、武汉为代表的省会及直辖市相继加入解禁阵营，对销量提升起到了明显的刺激作用。同时，内蒙古、新疆成为新晋黑马，同比增幅喜人，跻身榜单前列。2020年1～11月份皮卡各省份销售流向见表4。

表4 2020年1～11月份皮卡各省份销售流向

省份	2020年1～11月份销量/辆	2019年1～11月份销量/辆	同比增长（%）	2020年1～11月份占比（%）	省份	2020年1～11月份销量/辆	2019年1～11月份销量/辆	同比增长（%）	2020年1～11月份占比（%）
河北	22871	18612	22.90	6.22	江西	11922	11259	5.90	3.24
内蒙古	18859	12969	45.40	5.13	重庆	10552	7739	36.30	2.87

（续）

省份	2020年1~11月份销量/辆	2019年1~11月份销量/辆	同比增长(%)	2020年1~11月份占比(%)	省份	2020年1~11月份销量/辆	2019年1~11月份销量/辆	同比增长(%)	2020年1~11月份占比(%)
四川	24929	22936	8.70	6.78	山西	8655	6699	29.20	2.35
山东	21561	17903	20.40	5.86	江苏	8112	6912	17.40	2.21
云南	22907	22480	1.90	6.23	海南	7625	6978	9.30	2.07
新疆	16278	13641	19.30	4.43	安徽	8379	8315	0.80	2.28
广东	17995	18585	-3.20	4.89	陕西	8817	8739	0.90	2.40
湖北	14039	14097	-0.40	3.82	甘肃	9403	7716	21.90	2.56
广西	16055	15361	4.50	4.36	吉林	5038	3901	29.10	1.37
湖南	15504	14647	5.90	4.21	西藏	6199	7196	-13.90	1.69
河南	14611	12447	17.40	3.97	宁夏	5300	5082	4.30	1.44
黑龙江	10812	8281	30.60	2.94	青海	3282	2782	18.00	0.89
浙江	12258	10593	15.70	3.33	北京	7703	30028	-74.30	2.09
辽宁	11051	8720	26.70	3.00	天津	1986	1501	32.30	0.54
贵州	12047	12158	-0.90	3.28	上海	1197	963	24.30	0.33
福建	11896	11314	5.10	3.23	合计	367843	350554	4.90	100.00

二、2021年皮卡市场展望

1. 宏观经济和细分市场走势

2020年新冠肺炎疫情全球大流行使世界经济遭遇了历史性衰退，中国率先在全球范围内取得了疫情防控和经济社会发展的双胜利。2021年全球经济有望迎来普遍的恢复性增长，但疫情影响广泛深远，外部环境依然复杂多变。我国政府将紧扣"十四五"规划目标任务，着力推动改革创新，加快构建新发展格局。积极的财政政策要提质增效，更加注重可持续性；稳健的货币政策要灵活适度，更加注重前瞻性、精准性和时效性；坚持就业优先政策，做到稳存量、扩增量和提质量有机结合。

汽车行业增长与经济增速存在正相关性，预计2021年汽车行业略有下降，预计下降1%~3%，其中乘用车下降4%~6%，商用车上升10%。其中轻型载货车基本持平，皮卡作为轻型货车的一个细分市场，在汽车下乡和逐步放开进城的宽松政策下,皮卡市场的发展速度将保持稳定,增速大概在10%。

2. 产品趋势

2020年,长城炮皮卡的成功,将带领各主流皮卡企业加速进入乘用化市场。通过乘用化、智能网联化来提升产品竞争力,并在皮卡解禁的利好背景下,对轻型客车、轻型货车、微型客车等市场形成替代,不断挤压现有皮卡市场份额。

(1)皮卡产品乘用化　与SUV共平台设计,结合北美、欧洲的高大威猛造型流行趋势设计,用精致工艺的内饰和舒适性包裹的仿皮座椅,匹配8AT变速器、多连杆、碟刹、ACC自适应巡航、电子驻车、ESC、语音控制、车联网等乘用化、智能化配置。如江铃域虎9、福田大将军也是基于拓路者皮卡平台打造,SUV车内饰和电子化配置在皮卡上大行其道。

(2)自动挡以8AT为主　面对日益严格的油耗法规,以及不断提升的消费升级需求,自动挡皮卡已经成为高端皮卡的标准配置。在2020年12月份江西五十铃铃拓AT版、上汽皮卡T70、长安凯程F70自动挡版、郑州日产纳瓦拉自动挡版发布,其中8AT皮卡逐步增多,未来将会成为自动挡皮卡的主流趋势。

(3)智能互联化　皮卡智能互联化倾向越来越明显。上汽大通T70全新搭载的YunOS互联网智能系统拥有在线互联、远程遥控、语音识别等多项功能;长城规划在2021年年底推出新一代智能联网皮卡长城炮,提供实时路况、在线导航、增量更新功能,语音助理功能,提供云、本地端识别、语音控制汽车生活服务、查询天气、查询违法记录、听在线新闻功能等功能。

3. 市场趋势

2021年,在各地皮卡解禁政策陆续出台等利好政策影响下,国内终端上牌量将实现10%以上的增长。皮卡企业将逐步洗牌,长城炮和江西五十铃推出的新产品,依靠不断提升的产品竞争力和强大的开发能力,将进一步改变市场格局。

出口方面:因各国贸易保护日趋严重,整车出口市场也会下降,而在出口所在国的KD件本地组装出口呈现上升。

(作者:邓振斌)

2020年豪华车市场分析及2021年展望

一、豪华车市场总览

我国乘用车市场在经历了2018年和2019年两年的销量下降后，2020年的前11个月在新冠肺炎疫情的影响下乘用车总销量1717万辆，较2019年的1895万辆下降了9.4%，基本可以确定全年销量将低于2019年的水平。和整体乘用车市场相比，主流豪华品牌[①]则是持续走强。2020年1～11月份的豪华车销量为287万辆，较2019年的269万辆增长近18万辆，体现出豪华车目标客户群消费能力受到的影响相比社会总体消费能力更小。此消彼长之下，豪华车的渗透率在2020年继续提升，1～11月份的渗透率为16.7%，相比2019年同期的14.2%提升了2.5%。整体销量的变化以及我国经济在新冠肺炎疫情下表现出来的韧性，使我国在全球豪华车市场的重要性得到进一步提升。2020年豪华车市场的变化中，有一部分是过去早已被各方预期到的，也有一些变化值得关注。

1. 入门豪华车型表现普通，增长点主要来源于主力和中高端车型

虽然豪华车市场逆势增长，但各细分市场本身呈现出分化的趋势。之前被众多豪华品牌给予厚望作为新增长点的入门豪华车型的表现明显逊于25万元以上的主力和高端车型。2020年1～11月份，25万元以下的入门豪华车销量与2019年同期相比下滑2%，在整个豪华车市场的销量占比从2019年1～11月份的21.5%下降到2020年1～11月份的19.7%（见表1），这一变化与整体销量提升的豪华车市场形成了鲜明对比。25万～50万元价位段的车型依旧是我国豪华车市场的绝对主力，销量占豪华车整体市场的2/3。不同价位车型销量的变化也从侧面反映出新冠肺炎疫情对于不同年龄段、不同消费能力的消费者的影响各有不同。

[①] 主流豪华品牌包含：奔驰、宝马、奥迪、保时捷、雷克萨斯、捷豹路虎、凯迪拉克、林肯、沃尔沃、英菲尼迪、讴歌。

表 1　不同价格段的豪华车销量及占比

价格段	2019 年 1～11 月份		2020 年 1～11 月份	
	销量/辆	占比（%）	销量/辆	占比（%）
25 万元以下	578179	21.5	564204	19.7
25 万～50 万元	1742693	64.8	1899355	66.2
50 万元以上	367555	13.7	403412	14.1

注：数据来源于保险上牌数据统计，新车价格监控报告。

2. 车型换代对豪华车销量的提振效果明显，SUV 车型继续受到追捧

进一步细化到各个车系的销量变化，25 万元以下的入门豪华车型中，销量有较大提升的是奥迪 Q2 和奔驰 A 级。而这两个车型的增长也更多呈现出竞品车系间互相替代的情况，例如，随着奔驰 A 级销量的提升，宝马 1 系的销量明显萎缩，两者呈现出较高的关联性（见表 2）。25 万元以上的主力和中高端豪华车型中，销量较 2019 年同期相比增幅较大的车型中，除了近期换代的奥迪 A6、宝马 3 系以及主要取决于进口数量的雷克萨斯 ES 外，其他大都是 SUV 车型（见表 3）。在 25 万元以下的价位段中，尚没有一个车型在 2020 年 1～11 月份的平均月销量突破 1 万辆大关，而 25 万元以上的车型中，则有多个车型的平均月销量高于 1 万辆，某些畅销车型更是单车销量就超过了某些二线豪华品牌的总销量。

表 2　2019～2020 年 25 万元以下豪华车型销量变化对比

25 万元以下车型	2019 年 1～11 月份 销量/辆	2020 年 1～11 月份 销量/辆	差异（仅展示差异超过 3000 辆的车型）
奥迪 Q2	33785	46848	13063
奔驰 A 级	58178	70271	12093
凯迪拉克 XT4	39442	50678	11236
沃尔沃 S60	12559	21524	8965
奥迪 Q3	57905	65177	7272
奔驰 B 级	4498	9042	4544
宝马 X2	18985	23261	4276
奥迪 A3	81192	77491	-3701
英菲尼迪 Q50	11154	7409	-3745
宝马 2 系旅行车	5555	31	-5524
林肯 MKZ	11063	5274	-5789
宝马 1 系	44823	34215	-10608

（续）

25万元以下车型	2019年1~11月份销量/辆	2020年1~11月份销量/辆	差异（仅展示差异超过3000辆的车型）
凯迪拉克 XTS/CT5	47778	36599	-11179
凯迪拉克 ATS/CT4	33072	10899	-22173

注：数据来源于保险上牌数据统计。

表3 2019~2020年25万元以上豪华车型销量变化对比

25万元以上车型	2019年1~11月份销量/辆	2020年1~11月份销量/辆	差异（仅展示差异超过5000辆的车型）
奥迪 A6	111535	164526	52991
奔驰 GLB 级	2	48583	48581
宝马 3 系	116062	153079	37017
奔驰 GLC 级	142089	164852	22763
雷克萨斯 ES	81630	101293	19663
凯迪拉克 XT6	3544	22771	19227
林肯 MKC/冒险家	10252	28338	18086
宝马 X3	107613	124683	17070
沃尔沃 XC40	8448	20615	12167
宝马 X5	32977	43861	10884
奔驰 GLE 级	24986	33462	8476
雷克萨斯 RX	35611	43878	8267
奥迪 Q5	124782	132639	7857
林肯飞行家	4	7408	7404
宝马 7 系	16714	21796	5082
路虎揽胜极光	5455	10347	4892
凯迪拉克 XT5	50774	55420	4646
宝马 X7	4470	8604	4134
奥迪 Q8	927	4737	3810
奔驰 CLA 级	1497	5026	3529
保时捷 Cayenne	24982	28154	3172
林肯 MKX	3372	2	-3370
林肯大陆	6897	3455	-3442
英菲尼迪 QX50	18163	14151	-4012
路虎发现神行/运动	24685	19080	-5605
奥迪 A5	14686	8596	-6090
沃尔沃 S90	39643	32292	-7351
保时捷 Macan	36045	28669	-7376

（续）

25万元以上车型	2019年1~11月份销量/辆	2020年1~11月份销量/辆	差异（仅展示差异超过5000辆的车型）
奥迪Q7	17933	8122	-9811
奔驰C级	160288	149052	-11236
奥迪A4	155003	124688	-30315
奔驰GLA级	42853	8774	-34079

注：数据来源于保险上牌数据统计。

3．豪华轿车销量占比下降，豪华SUV占比继续提升，传统豪华品牌的新能源车型占比尚有很大提升空间

2020年1~11月份，以车辆类型划分的销量体现出豪华轿车（含燃油和新能源）销量微增，但占比下降，豪华SUV（含燃油和新能源）继续成为销量增长的主力（见表4）。即使在强势的奥迪A6和宝马3系销量强劲提升的情况下，轿车在豪华车市场中的销售占比依旧有接近3个百分点的下降；而SUV多个车型强劲增长，在豪华车市场中的销量占比从44.1%快速提高到47%，如果保持此消彼长的趋势，在未来的1~2年内SUV的总销量可能将超过轿车的销量，成为最畅销的车型。传统豪华品牌的新能源车型在2020年1~11月份的销量微跌约6千辆，销量也仅占豪华车总销量的7.9%。随着未来更多新能源车型的投放，现有的销售模式能否提供足够的支撑尚需时间检验。

表4 2019~2020年不同车辆类型的豪华车销量对比

级别分类		2019年1~11月份		2020年1~11月份		差异
		销量	占比（%）	销量	占比（%）	
轿车	燃油	1394957	51.9	1426563	49.8	31606
	新能源	77265	2.9	64058	2.2	-13207
SUV	燃油	1032876	38.4	1189634	41.5	156758
	新能源	154060	5.7	158540	5.5	4480
MPV	燃油	29269	1.1	25463	0.9	-3806
	新能源	—	0.0	2713	0.1	2713
总计		2688427	100.0	2866971	100.0	178544

注：数据来源于保险上牌数据统计。

4. 不容忽视的新玩家

在全球范围内，越来越多的汽车媒体和相关机构在统计豪华汽车销量时都会将特斯拉纳入统计范围内。以美国新能源汽车销量最大的加州为例，加州新车经销商联盟（CNCDA）将特斯拉Model 3归为与宝马3系、奔驰C级、奥迪A4一个分类，Model S对标宝马5系、奔驰E和奥迪A6。而电动SUV Model Y和Model X则分别对标宝马X3、奔驰GLC、奥迪Q5以及宝马X5、奔驰GLE、奥迪Q7。作为新能源汽车扶持力度大、消费者环保意识强、对新技术接受程度高的加州，特斯拉在相应分类中都稳居销量前5名。无论是从定价角度，销量在细分市场的占比，还是消费者对品牌的接受度而言，特斯拉已经成为其他豪华车品牌必须认真分析考量的重要对手。

作为新能源汽车发展最为迅速的国家之一，我国市场除了有同样受到消费者热捧的特斯拉之外，数年前百花争鸣的新造车势力在经过大浪淘沙之后，头部玩家也逐步清晰：起步较早主打纯电动车的蔚来汽车、定位家庭主打增程技术的理想以及定价较低且同时推出了纯电动轿车和SUV的小鹏，在销量上已经领跑前三名。从定价上看，在25万~50万元这个豪华品牌销量大、主力车型投放密集、无论是品牌还是具体车型都有历史传承的细分市场，蔚来和理想两个品牌的所有三个主力车型都取得了不俗的销量。近几个月的单月销量已经隐约有超越部分二线豪华品牌的趋势。而且，与传统豪华品牌相比，这些品牌并没有庞大且触达全国的经销商网络，目前的成绩是其依靠数量相对较少的自营直销网络取得的。特斯拉在2020年的销量已经突破10万辆大关（见表5），在未来1~2年内随着蔚来和理想的产能爬坡和网络拓展，同样拥有冲击10万辆的能力，成为传统豪华品牌核心细分市场中不容小觑的玩家。随着传统豪华品牌旗下的新能源车型逐步增加，我国25万元以上价位的潜在消费者需要什么样的新能源汽车、如何销售与主力豪华车价位相近的新能源汽车也是值得传统豪华品牌玩家认真分析考虑的。

表5　2020年中高端新能源豪华品牌销量对比

品牌	2020年11月销量/辆	2020年1~11月份销量/辆
宝马	74377	688265
奔驰	73287	721082
奥迪	71182	653086

(续)

品牌	2020年11月销量/辆	2020年1~11月份销量/辆
雷克萨斯	25174	208304
凯迪拉克	24958	195491
特斯拉	21952	121981
沃尔沃	17360	149270
路虎	8366	62405
保时捷	7828	77793
林肯	7298	54168
蔚来	5291	36721
理想	4646	26498
捷豹	2612	21805
英菲尼迪	2584	25113
讴歌	930	10189

注：数据来源于保险上牌数据统计。

二、2020年总结

2020年无论是整体乘用车市场还是豪华车细分市场都呈现出两极分化的现象。豪华车相对整体乘用车市场逆势上涨，保持了强劲的表现。从具体细分市场来看，新换代车型、SUV受到消费者的追捧。之前被寄予期望的入门豪华车型的表现相较25万元以上的主力豪华车的表现明显疲软，这也和2020年整体市场疲软、豪华车市场坚挺的分化基本一致。快速崛起的中高端新能源汽车品牌也同样集中在25万~50万元的细分市场，成为豪华品牌不容小觑的新玩家。2020年已经过去，而作为全球最大乘用车市场、最大豪华车市场的中国，消费者用实际行动说出了他们的偏好：他们愿意为更快更有诚意的换代车型、适应家庭用车场景的车型买单，他们也愿意选择具有竞争力的新能源车型。而更重要的是，他们的消费能力即使在新冠肺炎疫情的影响下也依旧强劲，而2021年预计我国豪华车市场也将随着整体汽车市场的复苏进一步提升。

三、2021年展望

随着我国经济2020年下半年的快速复苏以及新冠疫苗上市，预计2021年经济总体增长率将较2020年有较大反弹，整体乘用车市场尤其是豪华车市场将受益于宏观的增长趋势。

从豪华车细分市场来看，高端消费者群体（售价 25 万元以上的目标群体）在新冠肺炎疫情期间并未受到冲击，相反其财务状况甚至受益。在经济总体环境变好的情况下，其消费信心将得以进一步加强，同时带动这个区间市场的销售增量。对入门级豪华市场来看，其价格区间与主流合资非豪华厂商的大尺寸车辆售价存在重叠。随着消费者更理性的思考用车需求和功能，以及豪华品牌不断加大市场可见度，必然形成的品牌"祛魅"，此价格区间的产品将更趋向于满足年轻化消费群的多样性需求。在社会舆论热点高发于网贷、蛋壳暴雷、就业难等期间，这个群体的消费信心和消费能力的恢复需要一段时间，该区间市场增长幅度将小于中高端区间市场。

从主流品牌角度来看，豪华品牌间的分层将愈加显著。除德系三强外，其余豪华品牌的增长聚焦于两种发展模式：一是以服务带动体系，如雷克萨斯；二是以折扣拉动销售，如凯迪拉克。余下的厂商或凭借品牌力稳固利润率，或寄望于产品周期产生爆款。其销售可能随商务政策和市场形势的变化因素有一定的波动性，但以现有商业模式均无法形成对头部厂商的挑战。如果缺乏作为，市场份额将进一步被头部企业和特斯拉等新能源汽车企业蚕食。

从新势力角度来看，传统德系三强将面临以特斯拉为首的新势力越来越强力的挑战。新一代消费者对产品的追求不同，对豪华的定义不同。传统汽车主机厂如果继续用传统维度去进行产品比较，结果将出乎意料。

同时，随着美国大选结果出炉，之前特朗普政府给中美双边关系带来的不确定性风险将降低，但中美未来政治、商贸的交流趋势暂不明朗。此外，全球最大的自贸协定 RCEP 签署后，作为中国进口汽车主要来源国之一的日本也将纳入自贸协定，这一变化对未来中国豪华车市场带来的影响也值得关注。

（作者：叶永青 蒋睿毅）

2020 年 SUV 市场回顾与 2021 年展望

  2020 年是极不平凡的一年，在贸易摩擦加剧、地缘冲突频发、逆全球化思维抬头、民粹主义升温等问题尚未解决之际，新冠肺炎疫情席卷全球，给全球经济带来了重创。我国凭举国体制在一季度就迅速控制住了疫情在国内扩散，从 4 月份开始全面解封，疫情造成的经济重创需要快速复苏，以实现"十三五"收官之年的系列目标。汽车是消费的支柱产业，已成为拉动经济回升的重要力量之一。2018 年以来，受多重因素影响，汽车市场连续两年下滑，汽车销售额在社会零售总额中的占比持续下降，在 2020 年 1~2 月份降到只有 7%。为快速恢复经济，刺激汽车消费成为重要策略，据不完全统计，2020 年出台的与整车企业经营、汽车产业发展、汽车消费等相关的重点政策近 100 项，其中国家层面政策主要围绕复工复产、减税减费、刺激消费等；地方政策层面主要围绕落实国家精神，实施系列汽车财政补贴（如以旧换新、汽车下乡等）、限购放宽等方面。在这一系列政策刺激下，伴随复工复产等经济活动逐步恢复正常，汽车销售额在 5 月份首次出现正增长，并连续八个月远远超过社会零售总额的平均增幅。汽车销售额在社会零售总额中的比重也重新回到 10% 以上。

  SUV 一直是近几年乘用车市场的热点，2020 年也理所当然地成为乘用车市场的反弹先锋，无论是豪华品牌、合资品牌还是自主品牌都有诸多爆款车型出现。预计 2021 年行业将迎来新一轮增长周期，在顺周期中的 SUV 将继续扩大市场占比，但不再会出现过去的高速增长态势，增长动能来自品质化驱动和新兴细分市场需求，市场份额将向具备技术优势的头部企业靠拢。本文从我国 SUV 市场的整体情况、细分市场、竞争特征和展望等方面进行分析（全文所用数据，除单独备注外，均来源于中国汽车工业协会）。

一、2020 年 SUV 市场回顾

1. SUV 总体销售情况分析

（1）SUV 再次成为拉动乘用车恢复的强劲动力 从 2020 年 1~11 月份狭义

乘用车主要细分市场销量比较来看，SUV 仅仅比上年同期下滑 1%，而轿车和 MPV 则继续呈现大幅下滑（见表1），SUV 有望成为全年唯一保持正增长的细分市场。

表1 狭义乘用车主要细分市场销量及增速比较

细分市场	2020年1~11月份销量/辆	2019年1~11月份/辆	累计增长（%）
轿车	8227065	9272555	-11.28
MPV	1012713	1378029	-26.51
SUV	8313700	8395465	-0.97
狭义乘用车总量	17553478	19046049	-7.84

从 SUV 逐月销量走势来看，2020 年一季度我国疫情得到有效控制，在消费刺激政策的引导下，SUV 成为乘用车市场的反弹先锋，从 4 月份开始，SUV 当月销量超过 2019 年同期，5 月份开始超过 2018 年同期（见图1）。

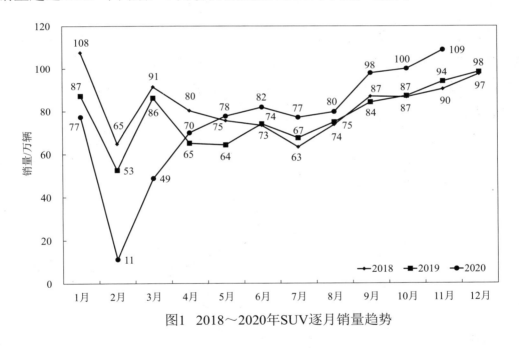

图1 2018~2020年SUV逐月销量趋势

在 2017 年行业出现阶段性峰值之前，SUV 增速一直远高于乘用车水平（见图2），2010~2017 年，SUV 的平均增速达到了 45%。2017 年之后，连续两年 SUV 产销增速呈现与乘用车市场趋同的特点。2020 年在疫情冲击下，SUV 增速再次与乘用车平均增速拉开差距，预计将成为全年唯一恢复正增长的乘用车细分市场。

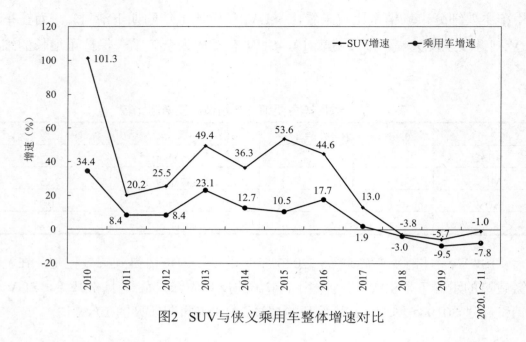

图2 SUV与狭义乘用车整体增速对比

(2)SUV份额首次超越轿车,成为狭义乘用车第一大细分市场 过去10年,SUV在狭义乘用车中的销量占比持续增加,挤占了轿车市场份额。2020年截至11月底,轿车在狭义乘用车中占比46.9%,而SUV在狭义乘用车中占比47.4%,SUV首次实现销量占比超过轿车(见图3)。

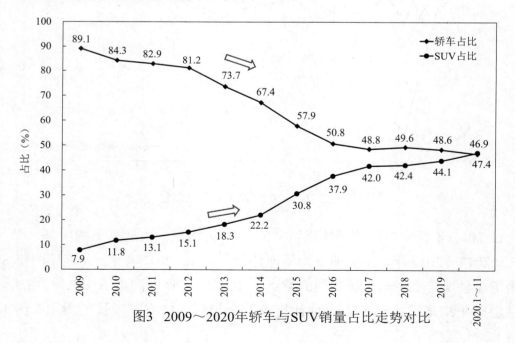

图3 2009~2020年轿车与SUV销量占比走势对比

（3）SUV市场需求韧性明显，SUV成交价格坚挺　SUV市场的需求旺盛也使SUV整体市场的价格相对坚挺。SUV市场价格从2020年二季度开始就始终维持在超越过去3年的新高水平（见图4），平均价格16万元左右，而轿车市场2020年平均价格在2019年水平上下波动，稍显疲软（见图5）。

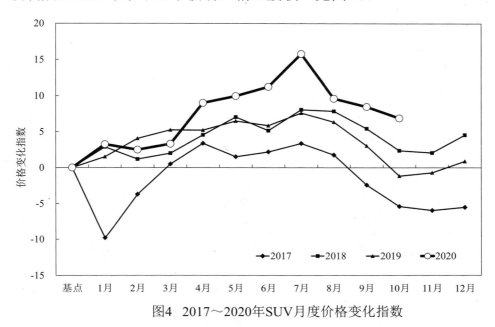

图4　2017～2020年SUV月度价格变化指数

（注：数据来源于乘用车市场信息联席会）

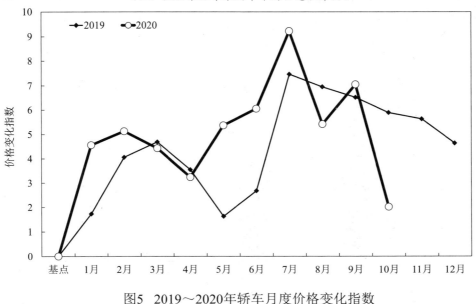

图5　2019～2020年轿车月度价格变化指数

（注：数据来源于乘用车市场信息联席会）

（4）SUV 保持较快发展的主要原因　首先还是消费需求偏好的原因。从消费者需求意向调研来看，SUV 成为了新老用户同时都很青睐的车型。从年轻一代消费者需求偏好来看：根据国家信息中心 NCBS 调研报告，作为新兴的入门构成群体，现在的 95 后相比 5 年前的 90 后，对 SUV 的喜好程度更高（见图6）。

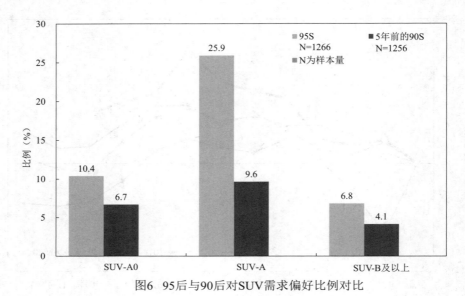

图6　95后与90后对SUV需求偏好比例对比

（注：数据来源于国家信息中心 NCBS 报告）

而同时，随着汽车保有量的增大，2020 年增换购用户对新车销量的贡献已经超过 50%，而增换购用户更多的意向是选择 SUV 也推动了 SUV 的热销（见图7）。

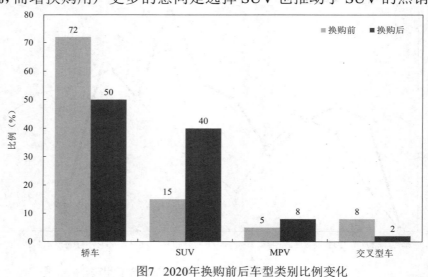

图7　2020年换购前后车型类别比例变化

（注：数据来源于中国汽车技术研究中心数据资源中心）

从 2020 年新车上险数据分析，车主换购前后相比，SUV 换购后的市场份额迅猛提升，由 15%跃升至 40%，而轿车和交叉型车车主在换购后继续选择原车型的比例都大幅降低。

其次是新品供给的影响。2020 年上市新车型数量超越轿车，从产品供给看，包括进口车，2020 年 SUV 上市新品达到了 137 款，相比 2019 年的 125 款新车增加了 12 款。而 2020 年轿车上市新品为 95 款，SUV 新品数量远超轿车。

一些引领未来时尚的爆款 SUV 车型上市，成为吸引消费者的强劲力量。如自主品牌方面，长城汽车的哈弗大狗采用全新的设计语言，方正之中，带着圆润，野性之余，又不乏时尚感，城市属性和越野属性的平衡使新车的魅力无限。长安汽车开启乘用车高端序列的首发车型 UNI-T 被称为"量产概念车"，凭借着年轻个性的外观、丰富的科技配置和最新的蓝鲸 NE 系列 1.5T 发动机，受到了很多年轻消费者的热捧。合资方面，林肯冒险家作为林肯在国内的首款量产 SUV，不管是设计、用料，还是行驶质感、售后服务，都表现出了一辆豪华 SUV 使用周期内该有的水准。以上这几款具有代表性的 SUV 新车都实现了上市即上量，在年底旺季的时候更是供不应求，终端一车难求。

2. SUV 细分市场特点

（1）从车型级别看，紧凑型 SUV（如合资 CR-V 和自主哈弗 H6）仍然是份额最大的 SUV 细分市场，2020 年在 SUV 总量中的占比进一步扩大，这与轿车市场保持相似的结构。紧凑型 SUV（包括豪华和非豪华品牌）占比从 2017 年的 57%提升到 2020 年的 62%左右（见图 8）。按照中国汽车工业协会的统计，2020 年共有 315 款在售 SUV 车型，其中紧凑型 SUV 车型数量占比达 44.4%，紧凑型市场是各汽车企业主要竞争的区域。紧凑型 SUV 爆款车型销量较突出，哈弗 H6、长安 CS75、吉利博越、本田 CR-V 平均月销量都超过了 2 万辆。

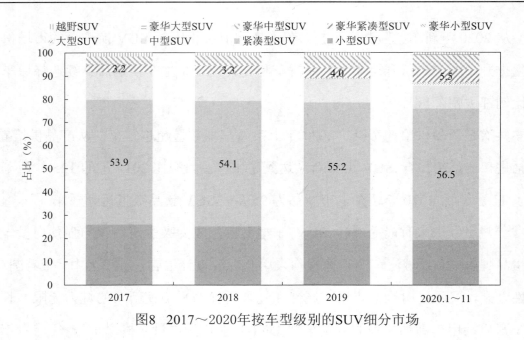

图8 2017～2020年按车型级别的SUV细分市场

而相对于主流品牌，高端SUV的用户群更倾向于级别更大的车型。从豪华SUV市场看（不含进口），中型SUV（如奥迪Q5和宝马X3）份额一直高于紧凑型，过去三年，豪华中型SUV占比超过了50%（见图9）。但随着豪华品牌SUV产品向下延伸，豪华紧凑型SUV也开始持续增长。

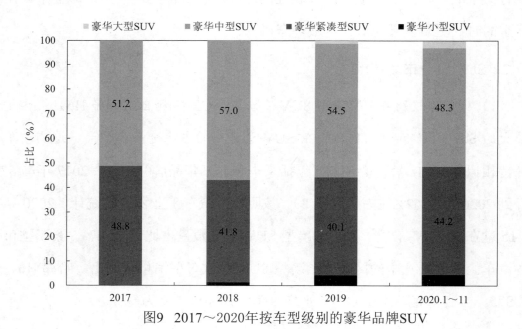

图9 2017～2020年按车型级别的豪华品牌SUV

（2）从品牌分类看，豪华品牌SUV增长迅速，合资品牌首次超越自主品牌SUV份额　我国汽车市场呈现出普及不足的同时又进入了消费升级的特点。一方面中国汽车千人保有量约150辆，与汽车市场成熟国家相比，仅为美国的1/4、日本的1/3，汽车仍然处于普及需求阶段，但由于经济结构调整的原因，中低收入阶层的汽车消费欲望受到一定抑制。另一方面，正如前面提及，中国汽车市场新车销售已经进入增换购贡献推动阶段。中国乘用车增换购比例逐年增加，2019年达到42%，2020年首次超过首购用户。预计2021年增换购用户占新车用户比例将达到53%左右，而大部分人在换购汽车时会选择价位更高的车型和SUV车型，这为豪华SUV增长提供了需求基础。从2017年至2020年11月份，豪华SUV占比从6%提升至10%，年均两位数增长完全超越非豪华SUV（见图10）。

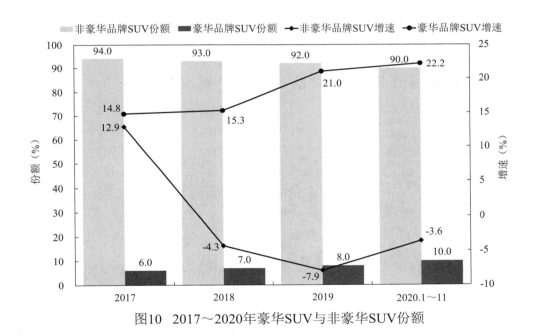

图10　2017~2020年豪华SUV与非豪华SUV份额

2017年以后自主品牌SUV结束了高速增长，经历了连续三年负增长，其市场份额由60%下滑至49%；受益于日系、德系和美系SUV的增量，合资品牌在2020年超越自主品牌SUV份额（见图11）。

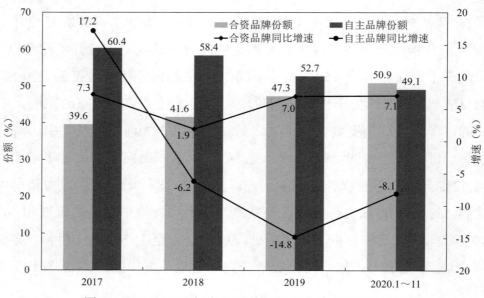

图11 2017～2020年自主品牌SUV与合资品牌SUV份额

从合资车型2020年SUV增量贡献来看，日系车、欧系车、美系车的增量贡献相当，合资品牌中仅韩系车的增量贡献为负（见图12）。

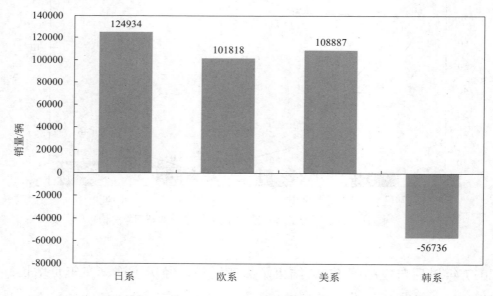

图12 2020年1～11月份合资品牌SUV分系别增量贡献

（3）从新能源（EV+PHEV）渗透率看，豪华品牌SUV渗透率上升明显 豪华品牌SUV新能源渗透率虽低于非豪华品牌（见图13），但随着特斯拉国产以及其他豪华品牌开始加速推出新能源产品，两者的差距正在逐步缩小。

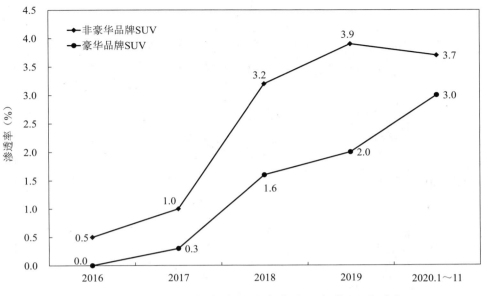

图13　2016～2020年豪华与非豪华SUV新能源渗透率

自主品牌在我国市场新能源起步早，是国内新能源汽车销售的主力军。而合资品牌 SUV 在新能源领域发力较晚，近两年才陆续有产品上市。总体上来说，无论是自主品牌还是合资品牌，SUV 的新能源渗透率都处于上升中（见图14）。

从车型级别分布趋势来看，新能源渗透率基本上随着产品级别同向提升，大型 SUV 新能源占比超过了 50%（见图15）。

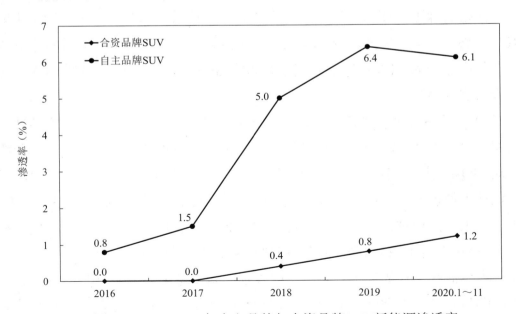

图14　2016～2020年自主品牌与合资品牌SUV新能源渗透率

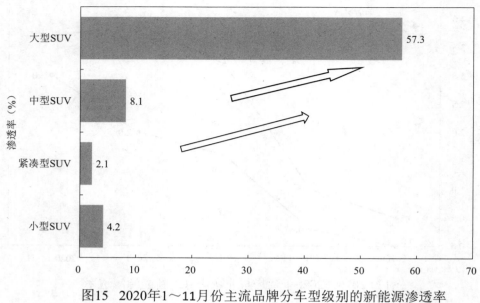

图15 2020年1~11月份主流品牌分车型级别的新能源渗透率

3. 合资品牌与自主品牌 SUV 竞争格局变化

（1）合资品牌在产品供给端发力，2019~2020 年期间完成了新一轮的 SUV 产品投放 合资 SUV 新品效应持续发力，拉动了其份额不断攀升。从核心品牌看，大众品牌布局了南北大众的 SUV 产品矩阵，覆盖从小型 SUV 到中大型 SUV 市场：探岳、探歌、探影、途观、途岳、途昂。日系品牌丰田、本田则采用紧凑型双车战略：CR-V、皓影，RAV4 荣放、威兰达。豪华品牌新入者林肯率先投放的国产化产品均为 SUV：冒险家属于紧凑型 SUV、航海家属于中型 SUV、飞行家属于大型 SUV。

（2）合资品牌平台化产品全面进入成熟量产阶段，产品力优于自主品牌 合资品牌平台化的 SUV 产品在轻量化、模块化、油电混合动力等领域不断升级，如大众 MQB、丰田 TNGA、日产 CMF 等，自主品牌 SUV 平台化进程稍显滞后。平台化技术使得汽车功能模块集成更为灵活，更易于工程化，在满足性能、工艺、成本等要求下，通过结构优化这一性价比较高的轻量化措施，在一定程度上缓解了 SUV 相对于轿车油耗高的痛点（用户使用成本高和企业油耗积分压力），同时促使成本更低和迭代周期缩短。对比同级别的紧凑型 SUV，在相同排量下，主要合资品牌与自主品牌 SUV 的油耗数据和整备质量，合资车型在整车轻量化和燃油经济性方面普遍优于自主品牌，尤其是日系（见图16）。由于合资SUV的燃油经济性有较好的表现，缓解了部分油耗积分缺口压力，从一定程度上也印证了合资品牌在 SUV 领域新能源渗透率不高（或新能源动力系统布局没有自主品牌积极）的潜在原因，这也预示着在 SUV 市场，自主品牌后续的竞争压力将愈发增大。

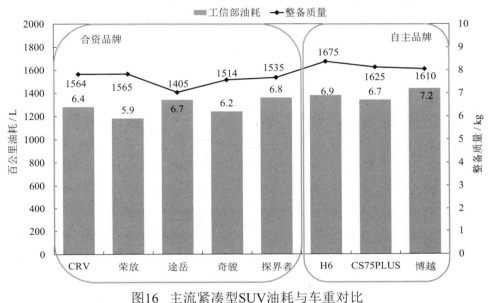

图16　主流紧凑型SUV油耗与车重对比

（3）国 VI 排放法规使得缺少技术升级保障的尾部自主品牌企业面临较大挑战　国 VI 排放法规2019 年率先在部分省市实施，2020 年 7 月 1 日起全国范围实施。合资品牌车型依靠其全球技术的保障（欧盟法规更严于中国），其国 VI 达标情况好于自主品牌，缺少排放升级技术保障和规模小的尾部企业，将面临产品无法销售的困境，从而进一步缩小了自主品牌 SUV 的份额。从 2019 年至 2020 年 1～11 月份的统计数据看，SUV 销量规模低于千辆和销量为零的自主品牌企业数量进一步攀升。

（4）我国居民收入呈现高、低收入差距较大，中间层收入偏低的特征，叠加疫情冲击中低收入者，导致出现汽车市场分化的局面　从国家统计局数据看，我国高收入组和低收入组相差 10 倍，且高收入组增速更快，绝对值差异进一步扩大。疫情对中低收入阶层的冲击更大，消费信心进一步受到抑制。收入差距冲击低端车型或品牌的需求，TOP10 自主品牌紧凑型 SUV 销售均价为 9.8 万元。在

SUV 主要细分市场,自主品牌均价与合资的均价差距都比较大(见图 17),合资品牌价格下探的空间较大,对自主品牌的生存空间形成压制。

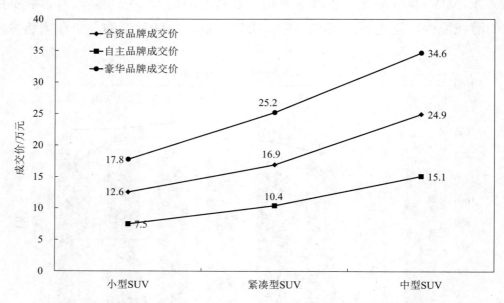

图17　SUV各细分市场自主品牌、合资品牌、豪华品牌均价对比

(注:数据来源于威尔森公司)

二、2021 年 SUV 市场需求预测

1. 影响因素分析

(1)从长期潜在因素看,中国仍然处于汽车需求普及期,销量处于增长阶段　从国际比较来看,2020 年年底我国的汽车保有量预计 2.8 亿辆,千人汽车保有量约 150 辆。其中私家车保有量仅 2.1 亿辆,千人汽车保有量不足美国的 1/4,不足日本的 1/3。而目前我国拥有汽车驾照的人数超过了 4 亿人,远远超过汽车保有量。

(2)年轻群体总量在逐年减少,SUV 首购客户持续增长的动力减弱　根据国家信息中心 NCBS2020 年的数据显示,SUV 人群年龄在 35 岁以下的比例高达 55%以上,其中 30 岁以下的比例超过 30%。但从国家统计局的人口数据显示,过去 9 年期间,30 岁以下的人口占比逐年下滑,尤其在 2017 年之后,下滑速度呈现加剧的趋势，随着中国出生率持续下降，年轻人口下滑趋势还会延续，SUV 的首购群体将呈逐年下降趋势。

（3）短期看，中国经济复苏，汽车消费持续回升动力较强　消费新动力、出口新韧性、投资新重心驱动 2021 年经济增长。经济复苏将具有有力支撑，居民收入预期重回上升通道、可选消费加速回补共同支撑消费潜力释放。出口韧性有望进一步延续，产能周期和库存周期筑底为制造业投资带来上行动力。2021 年我国经济整体从疫情阴影中走出，经济增速也将向潜在增长率靠拢。消费与制造业将成为 2021 年经济增长的两大重要支撑。在基数影响下，2021 年的经济增速前高后低，一季度 GDP 增速将达到新高，此后逐季回落，全年经济增速达到 7.5%左右。

（4）2021 年汽车政策：扩大消费仍为重点，但显著刺激效果难再现　2020 年年末国务院常务会议再提扩大消费，国家层面促进汽车消费意愿仍在，各地有关落地刺激举措仍有望陆续出台。同时，国家将更加加强使用环节的管理和规范，进一步促进汽车消费的需求释放。

（5）换购规模持续扩大，拉动新车需求释放　2020 年年末中国汽车市场汽车保有量预计超过 2.8 亿辆，其中乘用车保有量超过 2 亿辆，测算增换购需求约 800 万辆。预计增换购将拉动 SUV 新车需求超过 300 万辆。

（6）从供给来看，2021 年有实力的 SUV 新车仍然层出不穷，对消费的吸引力有增无减　据相关信息不完全统计，2021 年将有 80 款较有竞争力的 SUV 上市，包括一汽丰田版汉兰达、吉利全新 B 级 SUV、领克全新中大型 SUV 等。长安汽车在推出的 UNI 系列首款车型 UNI-T 收获成功，2021 年还将贡献增量的基础上，将再次推出一款 UNI-K，已率先在 2020 年广州车展上亮相，圈粉不少。

2. 2021 年 SUV 市场销量预测

综上所述，2021 年汽车市场整体环境对于 SUV 是利好的。在经历了 2020 年非正常情况下的低速发展后，2021 年 SUV 销量将再次迎来爆发，预计全年将销售 SUV1010 万辆，相比 2020 年增长 7.4%（见图 18）。

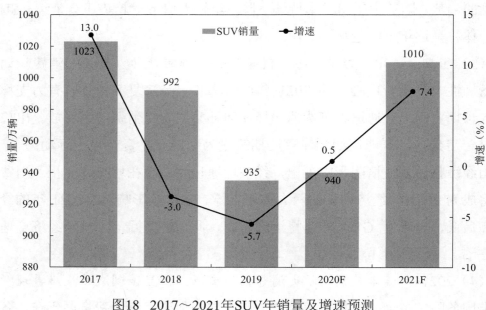

图18 2017～2021年SUV年销量及增速预测

三、2021年SUV市场竞争形势

1. 从SUV市场规模看，SUV在乘用车市场占比继续扩大，驱动力由以往的粗放式增长变化为品质型增长

后疫情时期，汽车行业将迎来国内复苏、全球共振的局面。汽车市场与经济周期具有较强的同步性，随着国内经济企稳，2021年将开始中国汽车市场第六轮增长周期，SUV受益于消费者更高的偏好，其增速将高于行业平均水平；借鉴美国市场SUV占比超过60%的特征，我国市场SUV份额将继续超越轿车，成为第一大细分市场。

低端、低质、低价的SUV面临挑战，随着自主品牌头部企业陆续投放平台化SUV产品、强势合资品牌继续强化SUV产品矩阵、豪华品牌持续发力SUV细分市场，将促使品质型SUV带动销量增长。

2. 从竞争看，由于强制法规、消费升级、智能化普及等因素引导，SUV市场出现分层化和结构化的特点，即尾部企业面临淘汰的挑战，腾挪市场空间向头部SUV企业集中

SUV市场集中度进一步提升，2020年1～11月份TOP10车型销量占比已经达到 60% 以上。其中自主品牌 SUV 市场集中度更高，2020 年 1～11 月份 TOP10 集中度已经达到 87%，预计 2021 年接近 90%，弱势自主品牌因 SUV 蓝海增量红利已经消失，在合资品牌加速布局 SUV 和自主品牌头部企业陆续加强平台化的系列车型后，弱势自主品牌将加速出清。

自主品牌与合资品牌交织竞争，随着自主品牌一系列新品的不断投放，如长安 UNI K，长城坦克 300、领克中大型 SUV 等，自主品牌 SUV 开始冲击 15 万～20 万元的合资品牌市场。

SUV 市场并非合资品牌主导，而是强势品牌主导。从行业排位看，2018 年 SUV 市场 TOP10 车型中自主品牌占据 6 席，2019 年占据 5 席，2020 年虽受到合资品牌竞争影响，TOP10 车型自主品牌仍然占据 4 席，在 TOP5 车型中自主品牌仍占据 3 席（吉利、长城、长安）；SUV 市场竞争的结果不只是淘汰尾部自主品牌，弱势的合资品牌也将面临挑战，笔者认为未来的竞争格局不只是单纯的合资品牌与自主品牌之争，而是强势品牌之间的竞争，弱势企业将逐渐出局。

3. 从产品趋势看，SUV 将会产生新的细分市场特征，动力系统和智能装备更加丰富

相对于传统的 SUV，掀背式、运动型、轿跑式等新兴 SUV 将会陆续进入。以紧凑型 SUV 为例，借助平台化技术和设计造型革新，SUV 产品设计在保持离地间隙和内部空间优势的同时，不断尝试全新车身造型，SUV 将会呈现 SUV+轿车、SUV+MPV、SUV+跑车的等多种形式，SUV 下车体轴距不断加长，同时上车身高宽比则不断下降，SUV 的未来造型趋势更加趋于"低趴姿态"。

SUV 市场的新能源渗透率低于轿车，随着补贴进入退坡周期，新能源汽车市场重心将由轿车向 SUV 转移。随着造车新势力的 SUV 新品和特斯拉 Model Y 等产品投放，SUV 市场的动力系统将会有更多电驱化的选择。同时，电动化和智能化的互相拉动，车联网、智能装备的标配率将会大幅提升。

（作者：金凌志　蔡景平）

2020 年 MPV 市场分析及 2021 年展望

2020 年年初，一场突如其来的新冠肺炎疫情打乱了绝大多数人的正常生活节奏，也深深地影响了整个汽车消费市场的表现。进入到 2020 年下半年后，整体汽车市场逐步回暖，截止到 10 月份，已经实现连续四个月的两位数增长，全年有望实现 2010 万辆的批发总量。但是受 2020 年全年经济增速下行与居民收入增长放缓的影响，相比 2019 年，乘用车市场批发总量依旧同比下滑 6.7%。

一、2020 年 MPV 市场销量分析

2015 年之前，在整体汽车市场连续正增长的情况下，MPV 市场的增速明显高于平均水平（见图 1）；但 2017 年之后，当整体汽车市场出现增速放缓甚至负增长时，MPV 作为小众车型，销量迅速走低。2017 年 MPV 市场销量直接转为两位数的负增长，其乘用车销量占比也由 2015 年最高的 10.5%降至 2020 年的 5.1%，预计 2020 年 MPV 市场的总销量约为 100 万辆，全年依旧负增长约 21.1%。

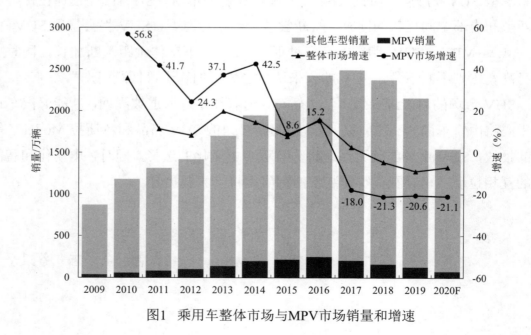

图1　乘用车整体市场与MPV市场销量和增速

相比轿车和 SUV 车型，MPV 有很大部分的商务用途需求，是被用于商务接待或开展业务的工具车。在经济下行的压力下，小型企业和私营业主会首当其冲受到影响。收入的减少会导致开支的缩减，这也是为什么 2017 年后 MPV 市场的跌幅会大于市场平均水平的原因。在车型占比方面，用途更广泛、更适合家用的 SUV 实现了份额增长，轿车和 MPV 都出现了不同程度的下跌。2020 年 1~10 月份，轿车份额相比上年同期减少了 1.6%，MPV 份额相比上年同期减少了 1.0%（见图 2）。

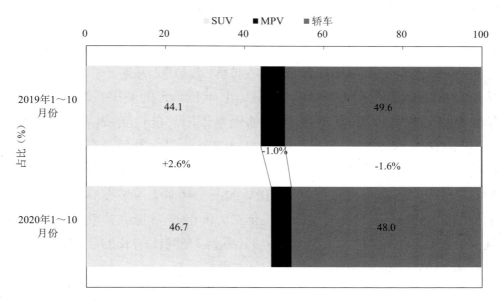

图2 乘用车市场销量结构变化

从月度销量来看，虽然 2020 年春节以后 MPV 的销量始终在上涨，但只有 8 月份的销量实现了同比增长，其余月份都不及上年同期水平（见图 3）。尤其是 2020 年前半年被抑制的消费，折合了 2020 年的整体市场跌幅后，MPV 市场仍有 8 万辆的潜在增量，预计年底前 MPV 销量依旧能维持环比上涨态势。

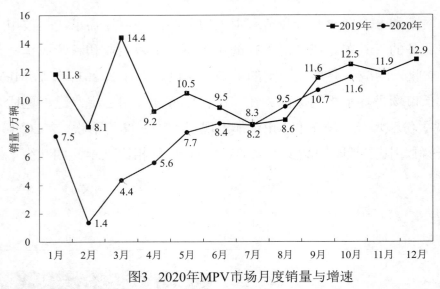

图3 2020年MPV市场月度销量与增速

从细分市场来看，紧凑型 MPV 销量比上年有一定的萎缩，即使到了 2020 年下半年汽车市场恢复阶段，紧凑型 MPV 的销量依旧只能达到疫情前3/4的水平（见图4）。中型 MPV 是受疫情影响跌幅最大的细分车型，尤其是春节过后的 3 个月内，销量一度只有上年同期水平的 1/3，7 月份之后销量逐步恢复，但也只有上年同期3/4 的水平。最为特别的是大型 MPV 的细分市场，虽然在春节后三个月内也受到了疫情影响，销量不及上年同期，但 2020 年 5 月份立即就实现销量同比增长。直至 2020 年 10 月份，大型 MPV 的销量都是同比增长的状态，且份额几乎占到了整体 MPV 市场的一半，实现了逆市增长。

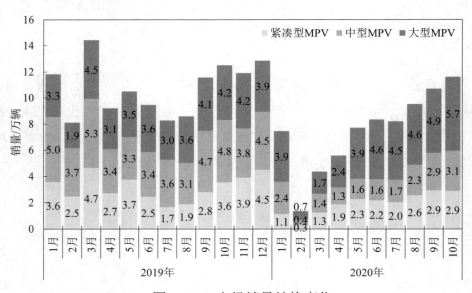

图4 MPV市场销量结构变化

二、2020 年 MPV 市场重点车型分析

1. 紧凑型 MPV 市场

紧凑型 MPV 市场 2020 年 1～10 月份分车型销量见表 1。紧凑型 MPV 市场的格局多年未变，五菱宏光始终一枝独秀。五菱宏光方正的造型，搭配 4.7m 长的车身，使得车内空间的长度达到了 2.2m 多（见图 5）。第三排一体式的座椅翻折起来非常方便，可以在载人和载物之间轻松切换。手机互联功能的加入，极大地提升了车主使用体验，平时拉货送人的时候还可以享受在线的音乐资源。凭借多年的神车口碑和销量基础，五菱的售后服务非常便利，到哪儿都可以进行保养和维修。五菱宏光 2020 年全年的销量相比上年同比有所下降，但降幅在逐月收窄。2020 年年中推出 1.5L 车型后，入门价由 6.48 万元下探至 5.88 万元，在整体汽车市场不断恢复的大环境下，有望快速实现增速转正。

表 1 紧凑型 MPV 市场 2020 年 1～10 月份分车型销量

车型	排名	10月份销量/辆	同比增速（%）	份额（%）	份额变化（%）	累计排名	累计销量/辆	累计同比（%）	累计份额（%）	累计份额变化（%）
五菱宏光	1	26228	-7.3	90.6	11.0	1	159988	-27.3	82.2	7.8
风光	2	1124	-36.5	3.9	-1.1	3	11078	-35.3	5.7	-0.1
欧诺	3	1012	-56.8	3.5	-3.1	2	13848	-41.2	7.1	-0.9
欧尚	4	503	-25.6	1.7	-0.2	4	5130	-65.0	2.6	-2.4

图 5 五菱宏光车型图

2. 中型 MPV 市场

中型 MPV 市场 2020 年 1～10 月份分车型销量见表 2。中型 MPV 市场是自

主品牌与合资品牌同台竞技的舞台,从目前的情况来看,自主品牌实现了销量的全面领先。即使强势合资品牌如大众、别克、雪佛兰,其推出的中型 MPV 依然无法撼动宝骏 730、广汽传祺 GM6 的销量龙头地位。从增速来看,新宝骏 RM-5 实现了逆市增长,月度销量已经跻身细分市场排名第二;但宝骏 730 的累计跌幅比较明显,宝骏的中型 MPV 产品正在经历新老交接的平稳过渡。广汽传祺 GM6 也已经实现了全年累计销量的正增长,代表了家用市场的需求正在稳步释放。五菱凯捷上市首月就实现 3700 辆的批发量,为五菱品牌的 MPV 产品向家用化扩张开了一个好头。

表2 中型 MPV 市场 2020 年 1~10 月份分车型销量

车型	排名	10月份销量/辆	同比增速(%)	份额(%)	份额变化(%)	累计排名	累计销量/辆	累计同比(%)	累计份额(%)	累计份额变化(%)
宝骏730	1	5786	-39.4	18.9	-1.1	1	33591	-56.1	18.0	-1.0
宝骏RM-5	2	4849	-38.3	15.8	-0.7	4	22281	29.7	11.9	7.6
传祺GM6	3	4482	38.8	14.6	7.8	2	30396	0.1	16.3	8.7
凯捷	4	3700	—	12.1	—	11	5592	—	3.0	—
嘉际	5	3556	14.6	11.6	5.1	3	23113	-13.4	12.4	5.8
宋MAX	6	3109	-55.0	10.2	-4.3	5	19136	-69.5	10.2	-5.4
大通G50	7	1853	-24.0	6.1	1.0	6	11841	-48.7	6.3	0.6
途安L	8	1025	5.6	3.3	1.3	7	8984	-34.6	4.8	1.4
宝骏360	9	911	-78.5	3.0	-5.9	9	8414	-84.1	4.5	-8.7
沃兰多	10	478	-83.8	1.6	-4.6	8	8935	-60.3	4.8	-0.8
GL6	11	453	-80.9	1.5	-3.5	10	7584	-66.7	4.1	-1.6

2019 年上市的新宝骏 RM-5,通过一年时间,单月销量已经杀入细分市场第二,足以证明市场对于新宝骏"跨界 MPV"的认可。双色悬浮车顶、纤细的 LED

日行灯、分体式前照灯、连体分层式尾灯（见图6），这些新颖的设计元素最终还是被客户所接受，说明新宝骏 RM-5 找到了一批敢于接受新鲜事物的年轻客户。与原来的宝骏 730 相比，不论是产品调性还是目标人群，都形成了鲜明的差异化。在车载互联方面，新宝骏 RM-5 通过与博泰合作，推出了"定制化映射"，实现了不是 CarPlay 却胜似 CarPlay 的效果。以手机为系统的载体，分为近程互联与远程互联，远程可以实现发动车辆、设置空调等基础控制功能；近程控制则可以实现解锁车门、开关车窗等功能，甚至通过摇动手机即可实现无钥匙进入的功能。再加上丰富的 app 扩展功能，对年轻人的吸引力不可谓不强。后续有望在销量上反超宝骏 730，并逐步取而代之。

图6　新宝骏 RM-5 车型图

广汽传祺 GM6 的空间利用是一大优势，不仅有 2810mm 的长轴距，车高也达到了 1765mm，为车内乘员提供了良好的空间舒适性（见图7）。GM6 有 6 座、7 座两种座椅布局可选，其中 7 座版为 2+2+3 式，第二排为独立座椅，两个座椅间的过道宽度为 220mm，乘客从二排中间进出第三排的难度不大。在行李舱的空间利用率上，GM6 下足了功夫，常规的行李舱地板做了"下沉式"处理，折叠式儿童车可以直接收纳在行李舱地板下方。第三排座椅还可以翻转收纳，形成二排座椅后方平整宽大的装载空间。广汽拥有多年制造日系车的丰富经验，用料成本懂得控制，装配工艺也讲求细腻。GM6 车内有不少地方采用带有纹理的塑料件，但与经常触碰到的地方所包裹的仿皮材质搭配在一起时，看上去就带给人一种自然温馨的感觉。GM6 上市两年，月销量也从 2000 多辆稳步提升到了 4000 多辆的水平。2020 年广州车展上，GM6 与 GM8 一样也推出了大师版，通过更具有设计感的内外饰搭配，尤其是那张极具冲击力的"震天翼"前脸，进一步提升了产品豪华感，争取到了更多高端客户。

图 7 广汽传祺 GM6 车型图

3. 大型 MPV 市场

大型 MPV 市场 2020 年 1～10 月份分车型销量见表 3。大型 MPV 市场的主力玩家还是合资品牌,其中又以别克品牌 GL8 系列车型牢牢占据了销量的头把交椅。虽然 GL8 的累计销量同比微跌,但是 GL8 Avenir 车型的热销很大程度地提升了 GL8 的品牌形象。角逐大型 MPV 市场的另一大力量是日系,日系 MPV 的特点是能兼顾家商两用,混合动力的加持降低了日常用车成本,对家庭用户十分友好。

表 3 大型 MPV 市场 2020 年 1～10 月份分车型销量

车型	排名	10月份销量/辆	同比增速(%)	份额(%)	份额变化(%)	累计排名	累计销量/辆	累计同比(%)	累计份额(%)	累计份额变化(%)
GL8	1	8574	29.3	15.2	-0.6	2	53443	-5.6	14.5	-1.8
GL8 ES	2	8178	1.4	14.5	-4.8	1	54880	-15.5	14.9	-3.8
艾力绅	3	6349	32.3	11.2	-0.3	4	35171	48.4	9.6	2.8
菱智	4	5123	-4.2	9.1	-3.7	3	48132	-7.0	13.1	-1.8
传祺 GM8	5	4646	111.3	8.2	2.9	7	24057	48.2	6.5	1.8
奥德赛	6	4411	18.6	7.8	-1.1	5	32319	-12.0	8.8	-1.8
荣威 iMAX8	7	4109	——	7.3	——	14	4324	——	1.2	——
威然	8	3195	——	5.6	——	8	18443	——	5.0	——
瑞风	9	3001	-17.6	5.3	-3.4	6	26992	-13.6	7.3	-1.7
大通 G10	10	2305	-21.0	4.1	-2.9	9	15643	3.4	4.3	-0.1

（续）

车型	排名	10月份销量/辆	同比增速（%）	份额（%）	份额变化（%）	累计排名	累计销量/辆	累计同比（%）	累计份额（%）	累计份额变化（%）
奔驰V级	11	1837	51.9	3.2	0.3	11	12351	-7.0	3.4	-0.4
埃尔法（进口）	12	1737	55.4	3.1	0.4	10	15369	43.7	4.2	1.1
GL8 Avenir	13	964	—	1.7	—	12	10372	—	2.8	—
科尚	14	696	515.9	1.2	0.9	16	2277	-25.9	0.6	-0.3
蒙派克	15	515	13.7	0.9	-0.2	13	4761	-19.8	1.3	-0.4
LM（进口）	16	280	—	0.5	—	15	2458	—	0.7	—

由于大型MPV市场的价格带拉得非常宽，下至10万元以下，上至百万元级的埃尔法，不同价位间产品属性完全不同，2020年的销量也有所差异。25万元是一道分水岭，25万元以上的销量占比普遍上升，但25万元下的市场销量减少非常明显（见表4）。以东风菱智为代表的工具车属性的MPV销量有所下滑，直接导致了低价位段的MPV销量萎缩。反观中高价位产品，本田艾力绅和广汽GM8都收获了接近50%的销量增长。本田的混合动力技术运用到MPV产品上之后，迅速获得了消费者的认可；广汽传祺GM8则通过动力总成改进，发动机功率提升、变速器从6AT升级到8AT。2020年还有两位新进的中高端产品，大众威然和荣威iMAX8，上市初期都掀起了不小的市场声量，也斩获了不错的销量表现。

表4　大型MPV市场不同价格段销量情况

价格段/万元	2019年1~11月份累计销量/辆	2020年1~11月份累计销量/辆	增速（%）	占比（%）
>50	26480	35126	32.7	10.2
45~50	1274	7548	492.6	2.2
40~45	4667	3901	-16.4	1.1
35~40	34148	30290	-11.3	8.8
30~35	22785	30944	35.8	9.0
25~30	86050	102772	19.4	29.9

（续）

价格段/万元	2019年1~11月份累计销量/辆	2020年1~11月份累计销量/辆	增速（%）	占比（%）
20~25	103662	50715	-51.1	14.7
15~20	21224	19290	-9.1	5.6
10~15	13494	7628	-43.5	2.2
5~10	72034	54925	-23.8	16.0
<5	7775	1109	-85.7	0.3
总计	393593	344248	-12.5	—

2020年上半年，别克GL8完成了家族全系车型的换新上市，推出了指导价区间23.29万~32.99万元的陆上公务舱系列，指导价区间为29.99万~41.99万元的ES陆尊系列以及指导价区间为45.99万~52.99万元的Avenir艾维亚系列（见图8）。可以说是做到了20万~50万元价格区间的全覆盖，而且不同版本的车型，无论外观造型、车内配置还是动力水平、科技化装备都较原来有了全方位升级，可以说是不断推进自我革命、永葆先进性的集中体现。

图8　别克GL8家族全系车型图

其中，陆上公务舱系列主要面对的是20万~30万元级别的MPV市场，并且还带有两款福祉版车型，满足行动不便人士的特殊用车需求；ES陆尊车型则主要面向的是30万~40万元级别的中高端MPV主力市场；而艾维亚则代表着别克品牌向上的力量，在细节、用料以及配置方面较陆尊车型进一步提升，从而满足更高端、更个性化的家庭、社交以及公商务用车需求。

别克 GL8 深耕中国大型 MPV 市场多年，已经形成了非常成熟的产品组合，针对不同消费人群提供有差异化的产品。2020 年的销售主力依然是 ES 陆尊系列，高效的布局带来宽敞的空间，工艺和材质都做到了无可挑剔，对于豪华座舱的演绎，别克 GL8 可谓经验丰富。可调节角度的二排航空头枕，带有皮质桌面的二排小桌板（见图 9），在细节上的精益求精是 GL8 能够在商务 MPV 市场立于不败之地的关键因素。在底盘方面，ES 陆尊系列采用了多连杆独立后悬架，极大地改善了驾驶感；在互联方面，ES 陆尊的中控采用时下流行的联屏设计，互联的功能也是应有尽有。

图 9　别克 GL8 ES 陆尊系列内饰

Avenir 艾维亚系列的 GL8 则提供了专属的内外饰设计（见图 10），还有专属的车身颜色用以和普通版 GL8 进行区分，充分满足了高端人群追求差异化的心理诉求。4 座版车型更是将奢华推向了极致，上市初期深受市场追捧，一度形成了一车难求的局面。

图 10　别克 GL8 Avenir 艾维亚系列内饰

临近 2020 年年末时，陆上公务舱系列也进行了产品更新，新款别克 GL8 陆上公务舱则更加面向家庭用户。新车对日常使用的互联功能进行了全面升级，不仅中控仪表的造型进行了全新设计（见图11），搭载 8in（203.2mm）彩色液晶仪表盘，12in（304.8mm）中控屏，内置 eConnect 2.5 互联系统，可实现导航、语音控制、联网音乐等功能，较为实用。在配置上，新车新增了 ACC 自适应巡航系统、LKA 车道保持系统、LDW 车道偏离预警、FDI 前车距离提示、FCA 前方碰撞预警系统、CMB 碰撞缓解系统等智能驾驶辅助配置。此外，业内首批搭载 V2X（Vehicle to Everything）智能交通技术的量产车型别克 GL8 Avenir 艾维亚也于 2020 年 12 月份在国内上市，彰显了上汽通用汽车不断刷新智能化、网联化行业基准的决心。作为耕耘这个细分市场，并扎根 20 余年的 GL8 来说，能取得如今的成绩也绝非偶然。可以说是不断推进自我革命、永葆先进性的集中体现。尽管目前 MPV 市场的竞争日趋激烈，但短期来看能彻底撼动别克 GL8 在商务车坛"一哥"地位的挑战者，似乎还没有出现。

图 11　别克 GL8 陆上公务舱系列外观与内饰

三、MPV 市场发展趋势预测

1. 自主品牌的上攻

近几年，广大消费者对国内汽车品牌的产品力提升有目共睹。之前自主品牌的 MPV 产品还集中在中低端的工具车层面，或是中端的家商两用型 MPV，随着广汽传祺 GM6 和 GM8 取得了不错的销量表现，上汽荣威 iMAX8 入局了中高端商务 MPV 市场，后续自主品牌布局中高端 MPV 的步伐会继续加快。如今的自主品牌产品，已经可以依托产业链的规模优势以及自主研发的成本优势，推出的产品既有不错的产品力表现，同时成本控制也能优于大部分合资企业。相信在中高端 MPV 市场，自主品牌的加入会给合资品牌造成一定的竞争压力；但另一方面，自主品牌产品的陆续推出，会让消费者有更多更好的选择。

2. 家用客户的潜在增长

随着国内汽车消费逐渐进入复数保有时代，消费者对汽车功能属性的消费会逐渐增多。MPV作为极佳的多人出行工具，当家庭拥有2～3辆车时，MPV会成为绝佳的选择。数据显示MPV作为家庭第三辆车的比例比家庭第一辆车、第二辆车的比例明显升高。只要宏观经济持续向好，汽车消费一旦止跌回升之后，MPV市场的增速也会迅速以高于市场平均的水平开始回升。对于中端MPV产品来说，如何做到宜家宜商，家用能多人舒适出行，商用能翻折座椅腾出装载空间，将是产品力的核心表现。

3. 电动化的趋势

由于MPV的使用属性天生与纯电动车的局限性相吻合，MPV需要多拉快跑，高端MPV时常需要跑个省际长途，这些都是电动汽车的短板。有限的续航里程和高速行驶时的电耗陡增，都阻碍了MPV电动化的趋势。但是随着电池技术的发展，一旦BEV的续航达到800km成为常态，甚至出现大于1000km的标杆产品，广大消费者会对电动车续航不足的映像有所改变。届时消费者对于续航的要求可能不再是满足极端的长距离行驶的使用场景，而是会客观理性地考虑BEV日常使用的优势。到那时，电动MPV的推出就能顺其自然地得到消费者的认可。

还有一种电动化的产品就是入门级的低价BEV MPV，当前众多电动轻型货车的使用场景其实和工具车属性的MPV类似，日常使用频次很高，但只会在一定区域内使用。只要售价进入到消费者能接受的合理范围内，入门级的电动MPV将会受到客户的喜爱，毕竟省去了日常维护和使用成本，对于小生意人来说是非常具有吸引力的。

（作者：周剑敏）

2020年微型电动汽车市场分析与展望

我国汽车市场发展伊始,微型汽车满足了很多低线市场消费者拥车的需求,传统乘用车中的A00级微型汽车在2005年达到市场最高份额(见图1)。历经10年发展,在2010年销售约67万辆(见图2),成为历史的销售巅峰,其后销量持续下滑,一方面由于用户需求向A级市场升级,另一方面,低线市场对高性价比车型的需求向使用成本更低的微型电动汽车转化。

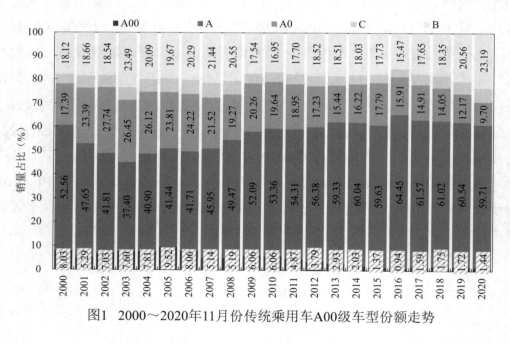

图1　2000~2020年11月份传统乘用车A00级车型份额走势

(注:资料来源于全国乘用车市场信息联席会)

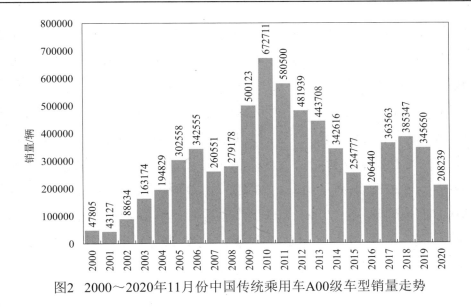

图2 2000~2020年11月份中国传统乘用车A00级车型销量走势

（注：资料来源于全国乘用车市场信息联席会）

一、我国微型电动汽车市场分析

1. 微型电动汽车的发展历程

2009年我国开启了"十城千辆"新能源汽车推广应用示范工程，微型电动汽车以车身小巧，技术实现性强、造价成本低、适合代步和大范围推广的优势成为示范工程的突破口，在公务、集团单位、高校、分时租赁公司先行使用，电动乘用车中的微型汽车份额一度高达60%以上（见图3）。

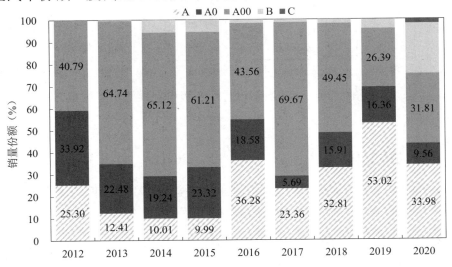

图3 2012~2020年11月份电动乘用车各级别车型销量份额走势

2016年传统燃油微型汽车销量跌至最低点，20.6万辆，与之相反的是微型电动乘用车销量跨入10万量级（见图4），同比增长52%，国家产业政策和补贴政策的刺激促进了市场的高速发展。2013年对于续航80km以上的电动乘用车国家给予补贴3.5万元/辆，引发多家企业投身到微型电动乘用车的制造，2013年全国有19家新能源乘用车制造企业，且90%以上为自主品牌传统汽车企业；截至2020年11月份发展至53家，公告车型数量也增加至986款车；期间有统计的微型电动乘用车在2018年销量最高，达到37.4万辆，同比增长21%，成为与燃油汽车比肩的细分市场；至2020年微型电动乘用车与高级别车型已形成"双轮驱动"效应，为总体市场贡献了1/3的增量，达到25万辆，同比增长31%，超过2019年全年。

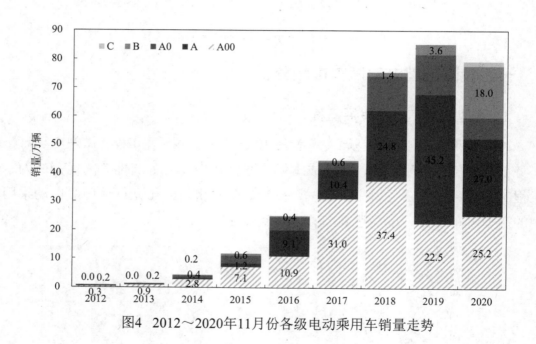

图4 2012~2020年11月份各级电动乘用车销量走势

2. 用户结构变化

微型电动乘用车发展初期，受到国家新能源汽车示范推广政策的影响以单位用户为主，2016年单位用户比例为60%以上，2017年开始个人用户比例攀升至62%，并在2020年飙升至91%（见图5）；经过前期的市场培育，微型电动乘用车的个人用户需求不断被启发。

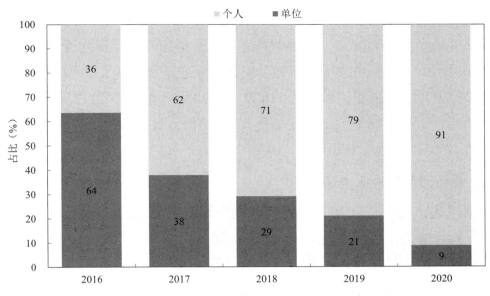

图5 2016～2020年11月份A00级电动乘用车用户结构变化趋势

二、受四重因素影响，个人用户对微型电动乘用车的接受度大幅提高，在个人消费领域将大有可为

1. 国家政策持续加码

从技术指标上促进产业向上。新能源汽车推广应用的财政补贴逐年退坡，技术指标门槛不断提升，倒逼企业寻求技术突破和进一步降本。续航上，补贴标准的门槛由2013年的80km，提升至2020年的300km，市场中的微型电动乘用车从最初的满电状态下行驶60km发展至300km以上；动力电池的单位能量密度也由90Wh/kg升级至120Wh/kg乃至140Wh/kg以上；为降低能耗，企业需要对车身进行轻量化设计，这也加快了新型材料如铝合金底盘、碳纤维车身材料在微型电动乘用车上的应用。产品性能和关键技术及综合性价比方面的提升，改善了用户的体验，影响了一批消费群体的购买决策。

从配套设施上扩大建设。在使用便利性方面，充电桩的有序普及为消费者创造了购买和使用微型电动乘用车的条件；截至2020年11月份全国充电设施的建设数量累计153.9万个；公共充电桩的服务半径到2025年将由目前的3.5km缩短至2.3km，新建小区及老旧小区的改造必须配备一定比例的充电桩，为居民区充电的实施提供有力保障；私人充电桩的充电时间不再是制约因素，随车配备的充电桩截至2020年11月份累计有84.3万个，具备家庭充电条件是大部分消费者购车的前提和条件。

从购买消费上降费减税。购置消费方面，新能源汽车免征购置税政策已明确将持续至 2022 年，地方层面的财政补贴政策虽已退出，但部分城市加大了购车消费环节的补贴，降低了消费者的购车支出，2020 年前三季度 12 个省（自治区、直辖市）出台了促进新能源汽车的消费政策，且针对性地开展了"新能源汽车下乡活动"，活跃了低线市场微型电动乘用车市场。

2．企业回归用户需求研究

根据国家信息中心 2020 年用户需求动向调研结果，续航里程、质量、品牌、外观、配置已成为用户购买电动乘用车的首要关注因素（见图6）。企业围绕核心因素，进行了用户需求和产品技术及质量可靠性的研究，提高了微型电动乘用车的技术成熟度，增强了消费者对品质的信任度。

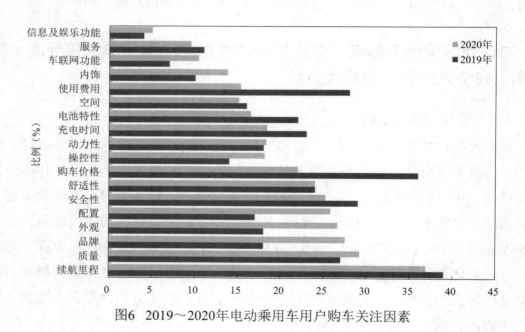

图6 2019～2020年电动乘用车用户购车关注因素

（注：2020 年 $N=1036$　2019 年 $N=723$　N 为样本量）

微型电动乘用车用户的日常出行距离一般在 30～50km，另有 30%人群的日常出行距离在 30km 以下，续航里程在 200～300km 的车型完全可满足用户的日常出行需求。近年，微型电动乘用车的平均续航里程已提升至 300km 左右，基本解决了用户日常使用的里程焦虑；在品质上，汽车企业纷纷出台"首任车主三电终身质保"的政策,奇瑞小蚂蚁车型则推出首任车主"整车终身质保",化解了消费者对"电车"安全性、可靠性的顾虑,强化了用户对微型电动乘用车的消费信心;在配置上,80%以上的微型电动乘用车配备了泊车辅助类装备,部分车型还搭载了手机无线充电、智能语音控制等魅力配置,以满足用户消费升级的需求,随着智能化趋势的发展,部分高端车型上的自动泊车、智能驾驶等功能也在微型电动乘用车上实现;产品力的加强为个人用户的购买注入了强心剂。

3. 居民购买力的提升

低线市场购车的最核心因素是经济和收入水平,经济决定了绝对的购买力,2016年以后,低线市场的GDP增速高于全国水平(见图7),城镇人均可支配收入42359元,比上年增长7.9%,农村居民人均可支配收入16021元,比上年增长9.6%。居民生活水平提高,促进了出行机动化的需求升级。

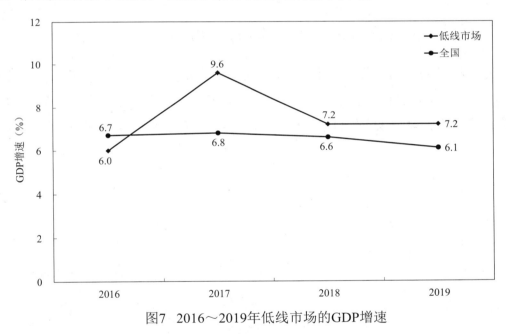

图7 2016～2019年低线市场的GDP增速

我国广大的两轮交通工具用户成为了微型电动乘用车庞大的潜在消费群体,截至2019年低线市场微型四轮车保有量为760万辆,电动三轮车保有量为8000万辆,电动两轮车保有量为2.6亿辆,微型电动乘用车的低成本出行,符合低线市场对交通出行的高经济性要求。从目前低线微型电动乘用车用户的调研中可以看出,使用成本低、购车免税等拥车成本成为多数用户的购车决策因素(见图8),使用的经济性和便利性突出,应用场景很强,短途代步、接送孩子、购物等通勤需求空间较大。

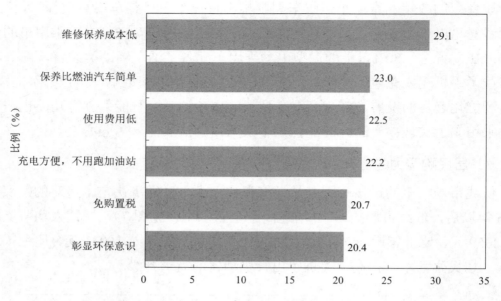

图8 2019年低线市场A00级车型用户购车原因分析

另外,已购3万元以上的低速电动汽车用户是主要的潜在转化主体,通过调研,约有25%的人群愿意进行消费升级,以山东省为例,近年来低速电动汽车的年销量接近百万辆(见图9),2轮、3轮、4轮车型消费升级的市场空间不可小觑。

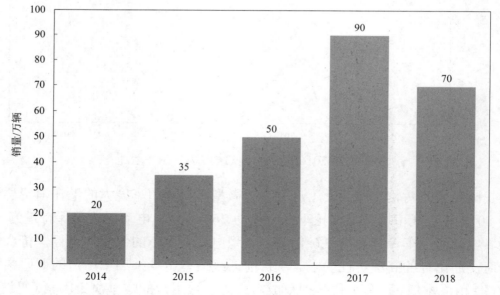

图9 2014~2018年山东省市场低速电动汽车销量

(注:数据来源于山东省汽车行业协会)

4. 部分地区阶段性限行政策影响

山东省、河南省、河北省等地季节性限行,如河南省郑州市从 2020 年 12 月 4 日起,每日 7~21 时四环以内,机动车尾号单号单日上路双号双日上路,闯限行扣 3 分罚 100 元,一天可以处罚多次,悬挂新能源汽车专用号牌的新能源汽车不限行。拥有低购车成本优势的微型电动乘用车成为已购燃油汽车家庭的增购车(第二辆车)在限号日接送孩子、买菜、上下班通勤的利器,微型电动乘用车承担起限行日家庭出行第二辆车的角色。

三、总结与 2021 年展望

消费者对微型汽车的需求仍然存在。在主打经济性的微型汽车市场中,受价格驱动的需求持续释放将进一步支撑该类车型的销量上涨,其车身小、易驾驶、好开好停、低使用成本的特点,较适合老人、家庭作为代步车使用。然而受制于车型大型化的趋势,目前市场中可选择的传统燃油车型较少,微型电动乘用车的出现填补了低线区域对高经济性出行的需求;从目前已购微型电动乘用车的用户典型特征来看,有孩子家庭的日常代步是主要购车原因,验证了该类车型准确的市场定位。

同时,国家政策不断调整,构建了更加完善的微型电动乘用车使用环境;补贴机制的逐渐退出,激励了企业研发真正符合用户需求的产品,丰富了市场中的车型。

多企业围绕用车场景加快产品开发,进一步细分市场,分化了 4 万元以下和 6 万~8 万元两个主流市场。4 万元以下,代表车型为五菱宏光 MINIEV,不受补贴政策影响、以满足低线市场代步为目标,在 2020 年快速扩张,月销破万辆,印证了低线市场对经济性出行的刚需缺口仍然较大,2021 年将有更多的汽车企业计划推出 4 万元以下的车型。在 6 万~8 万元市场,产品不断升级,满足了低线市场用户升级的需求;以奇瑞小蚂蚁为代表,丰富产品颜色和序列,投放粉红色、女王版,受到女性用户的追捧,增加 easy entry 一键移动电动副驾座椅,更方便后排上下车;通过产品色彩、配置的升级带动销量快速提升。预计 2021 年现有的车型平台将持续升级,小蚂蚁在性能和色彩上继续出新,同时将有更多新车型加入细分市场竞争,江淮、长安等老牌自主汽车企业,均有 A00 级新车上市计划,用户对于车型的可选择性将扩大,市场需求的潜力进一步释放。

低线城市的出行需求仍可挖掘。广袤的乡镇市场拥有6亿人口，400多万公里的公路，是微型电动乘用车的发力点。1~2级城市的微型电动乘用车份额逐年下降，向3级以下城市转移，根据国家信息中心最新的城市级别标准，4~6级城市的市场份额截至2020年11月份增长至51%，较2017年的20%增长了31%（见图10）。山东省作为微型电动乘用车的主要聚集地，市场地位稳固，常年保持在15%左右的市场份额（见表1）；河南省的市场份额在2020年攀升至17%，已超过山东省，预计2021年山东省、河南省等地将继续发力，为微型电动乘用车销量的提升做出更大的销量贡献。

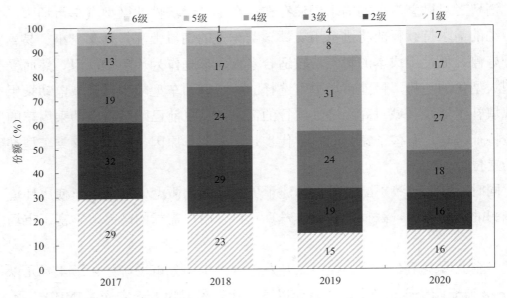

图10 2017~2020年11月份各级城市微型电动乘用车市场份额走势

表1 2017~2020年11月份主要省份微型电动乘用车市场份额走势

（单位：%）

省份	2017年	2018年	2019年	2020年1~11月份
山东	17	18	17	14
河南	9	13	9	17
广西	4	7	19	15
浙江	11	7	4	6
天津	6	9	4	6

（续）

省份	2017年	2018年	2019年	2020年1~11月份
河北	3	6	7	6
江西	5	7	6	1
江苏	5	3	4	6
安徽	3	3	9	3
广东	6	4	3	4

注：资料来源于保险数。

综上所述，微型电动乘用车具有高经济性、便捷性、区域集中化的特征；在三线以下城市的日常出行、上下班代步中备受青睐，未来仍有较大的市场需求和发展空间，2021年增量有望超过20万辆，同比增长60%左右，超过行业对电动汽车整体市场预测同比40%的增速。同时更多的汽车企业识别到该细分市场的机会，将参与竞争，一方面企业要丰富产品序列，提高竞争力，打造爆款，满足新生代及消费升级用户的需求；另一方面要持续放大微型电动乘用车的低成本优势，进一步优化产品成本，做足性价比。

（作者：唐惠）

2020年三轮汽车市场分析及2021年展望

　　2020年三轮汽车市场是在全国扩大内需战略以及各项促进消费政策持续发力，统筹推进疫情防控和经济社会发展工作的大形势下，调整产品技术质量、稳定市场需求和供给的一年，表现为三轮汽车产销量较2019年前9个月上升约15%，产销量均超过115万辆的整体状况。

一、2020年三轮汽车市场分析

　　2020年前三个季度，与2019年预测的情况基本一致，三轮汽车总产销量在经历了三年较明显的下降后，表现为触底后的稳步回升。据统计，2020年前9个月看，三轮汽车总产量118.43万辆，同比上升15.6%。2020年三轮汽车产量，从月度销售数据看，除1月份、2月份、3月份呈现同比下降趋势，其中1月份、2月份同比下降最大，这与当年的疫情暴发有关，4~9月份则表现为上升的趋势，其中7月份上升最明显，同比上升256%，这表明随着国内经济大环境的持续向好，以及促进消费政策的带动，市场需求逐步恢复，销售情况稳步增长。月度生产数据也表现出与销售数据相同的趋势，2018年、2019年、2020年前三个季度三轮汽车月度产量见图1。从产销量情况来看，2020年前9个月三轮汽车总产销量基本平衡（见图2），从月度数据看，除了7月份出现产量明显大于销量的情况，产量高于销量1.83万辆，占当月销量的12.1%，这与4月份以后销量持续上升有关，其余各月份，产销量基本持平，其中，4月份销量高于产量6.5%。结合目前情况估计，预计2020年第四季度三轮汽车产销量与第二、三季度相比将下降。

　　从市场集中度看，三轮汽车的行业集中度处于高度集中的稳定状态。2020年前三个季度，三轮汽车产量前5位企业与2019年相同，前5位企业产量之和118.10万辆，占全行业的99.7%，与2019年相比提高了0.2个百分点。其中，山东时风和山东五征的产销量仍然分别位列第一和第二，两家企业1~9月份共生产101.89万辆，占行业总产量的86.0%；共销售101.49万辆，占行业总销量的86.3%。

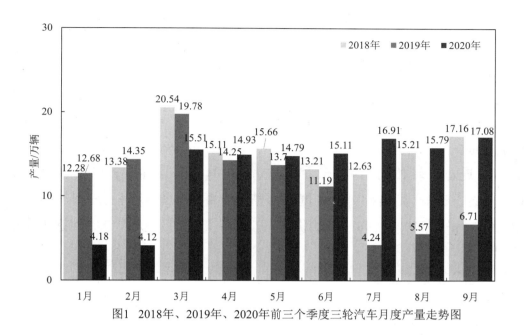

图1 2018年、2019年、2020年前三个季度三轮汽车月度产量走势图

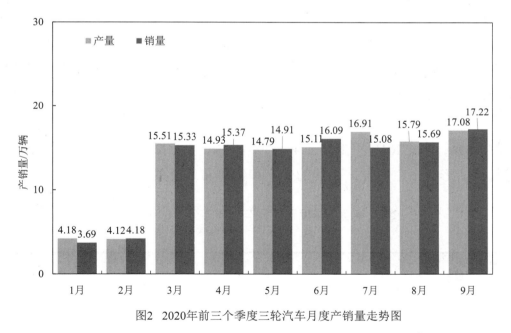

图2 2020年前三个季度三轮汽车月度产销量走势图

从三轮汽车产品结构来看，与2019年相同，仍然以载质量500kg、半封闭、自卸、方向盘式、电启动、带+连体产品为主，市场主体产品结构没有变化，但是不同机型所占比例略有波动。其中，按额定载质量分，在200kg、300kg、500kg、750kg四种载质量的机型中，载质量500kg的三轮汽车占总销量的89.2%；按驾

驶室分，在半封闭、全封闭和简易棚式三种类型驾驶室的机型中，半封闭驾驶室的三轮汽车占总销量的 54.8%、全封闭驾驶室的三轮汽车占总销量的 31.9%；按卸货方式分，在自卸式和非自卸式两种卸货方式的机型中，自卸式三轮汽车占总销量的 67.5%；按操纵方式分，在方向把式和方向盘式两种操纵方式的机型中，方向盘式三轮汽车占总销量的 90.4%；按启动方式分，在手摇启动和电启动两种启动方式的机型中，电启动三轮汽车占总销量的 98.8%；按传动方式分，在带+链条、带+连体、轴传动三种传动方式的机型中，带+连体三轮汽车占总销量的 98.3%。三轮汽车产品结构对市场的适应情况说明，农村使用的汽车产品从单纯注重产品的价格和功能，向产品的价格、功能、舒适性、操作方便性逐步发展的趋势明显。

从三轮汽车配套柴油机看，超过九成的三轮汽车配套单缸柴油机，配套机型以 1115 和 1105、SF24 等机型为主，这三种机型每个机型所占比例均在 10%以上，三种机型占全部配套柴油机的比例达 56.5%。

从三轮汽车销售区域分布看，山东省、河南省、河北省、甘肃省、山西省仍然是主要销售地区，占全国总销量的 68.27%，山东省、甘肃省表现为销量比例上升，山东省仍然是全国销量第一的省份，且占比上升 5.37%，河北省、河南省市场需求出现一定减少，这也表现为这两个省份销量比例的下降（见表1）；从三轮汽车生产区域分布看，与 2019 年情况相同，生产企业集中于山东省，占全国总产量的 98.8%，比 2019 年上升 1.4%，其他生产省份都出现不同程度的下降，这可能与疫情形势下主要生产企业的生产和销售布局有关。

表1 2018～2020 年前三季度三轮汽车按省市分布的销售情况（前5位）

（单位：%）

省市	山东省	河南省	甘肃省	山西省	河北省
2018 年	15.95	17.67	10.61	10.38	9.33
2019 年	19.31	16.10	10.11	9.98	10.14
2020 年	24.68	12.19	12.86	10.01	8.53

二、2021 年三轮汽车市场展望

随着国内经济大环境的持续向好，以及促消费政策的带动，相信三轮汽车市场需求仍将继续恢复。但也应注意到，当前国际环境仍然复杂严峻，不稳定性不确定性因素较多，全球疫情蔓延对欧美等国家造成二次冲击，进一步延缓了世界经贸复苏的进程，间接影响了我国经济增长，同时，近期出现的原材料供应紧张问题也将在短期内对低速汽车生产成本造成一定影响，行业生产节奏可能会有所放缓。

从需求市场方面，农民的收入水平是决定农民购买何种道路货运工具的主要原因。调查表明，购买货运车辆产品的用户首要考虑的是价位问题。国家统计局人均可支配收入统计数据表明，2013年农村居民人均可支配收入达到9429.59元，城市居民人均可支配收入达到26467元，两者差距为17037.41元；2017年农村居民人均可支配收入达到13432.43元，城市居民人均可支配收入达到36396.19元，两者差距为22963.76元；2019年农村居民人均可支配收入达到16020.7元，城市居民人均可支配收入达到42358.8元，两者差距为26338.1元。虽然农村居民人均可支配收入呈现逐年上升的趋势，但与城镇居民人均可支配收入差距却正在拉大。同时，我国的城镇化进程也处于稳步推进阶段，达到一般认为发达国家城镇化率80%的水平仍需要相当时间。这也决定了对中短途的中小吨位货运条件下，物美价廉的三轮汽车在今后较长的一段时间内仍将具有比较优势，但需求量会出现缓慢下滑。另外，由于内需消费政策的带动，我国广大农村地区与农业相关的生产运营活动需求增加，这也是2020年三轮汽车产销量比2019年呈现较明显上升的主要原因。

2021年，三轮汽车用柴油机第三阶段排放要求即将实施，这是近2~3年的三轮汽车市场出现振荡波动的主要原因之一。三轮汽车配套的动力90%以上均为单缸柴油机，即将实施第三阶段的排放要求，将推动三轮汽车配套的柴油机的升级换代，产品成本将出现较大幅度的上升，可达20%左右，企业消化产品升级造成的成本增加需要时间，为解决产品排放升级对动力性、可靠性、使用经济性、维修方便性等方面可能造成的影响也需要技术投入，这对于微利润产品无疑是一个重大的考验。由于三轮汽车用柴油机第三阶段排放要求仍然没有发布实施，为避免可能出现配套第二阶段排放要求的三轮汽车积压至第三阶段排放要求实施后，产品无法销售的情况，近年，主要生产企业已经开始减少当年产量，这是近三年来三轮汽车产量下滑和波动明显的另一个原因。

农民的收入水平是决定农民购买何种道路货运工具的主要原因，这也决定了对中短途的中小吨位农村道路货运条件下，物美价廉的三轮汽车在今后较长的一段时间内，相对于微型货车、轻型货车、三轮摩托车、三轮电动车等运输产品仍将有较好的比较优势，三轮汽车产品仍然发挥农村地区中短途、中小吨位道路货运的主力军作用。随着三轮汽车用柴油机第三阶段排放要求实施后，以及在全球疫情形势下全国广大农村市场需求的整体变化，预计 2021 年三轮汽车市场会呈现平稳下降和波动的趋势。

（作者：张琦）

2020 年专用汽车市场分析及 2021 年展望

受突如其来的新冠肺炎疫情影响,2020 年 1~3 月份我国专用汽车销量同比大幅下滑,随着复工复产加快推进,受电商快递业务、中短途冷链物流需求快速增长,车辆排放升级及老旧车辆淘汰、超载超限力度持续增大,以及新基建加快推进等方面的影响,4 月份以后我国专用汽车销量持续回暖,销量同比大幅增加。2020 年 1~11 月份,我国六大类专用汽车累计销量为 151.1 万辆,同比增长 25.3%,普通自卸汽车累计销量为 33.9 万辆,同比累计增长 15.5%。其中,公路物流类、土建工程类、路面养护及抢险救援类、医疗救护类专用汽车增幅均超过 30%。2021 年,在政策和市场双重利好下,我国专用汽车销量仍将有小幅增长,预计六大类专用汽车销量为 172 万辆左右,普通自卸汽车销量为 40 万辆左右。

一、2020 年专用汽车市场态势

1. 专用汽车市场持续增长

(1)六大类专用汽车 2020 年 1~11 月份,我国六大类专用汽车(指车辆型号为 5 字头的汽车)累计销量为 151.1 万辆,同比增长 25.3%,达到近年来的高峰(见图 1)。2020 年专用汽车销量增长,一方面是由于国Ⅲ柴油车淘汰进程加快、国 Ⅵ 排放标准实施、国家治超力度加大等政策原因,另一方面是由于电商快递持续旺盛,以及复工复产加快推进后,公路物流、土建工程等持续回暖。

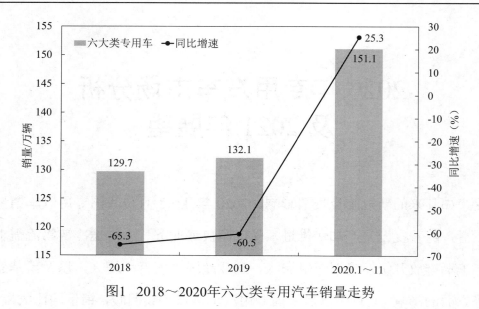

图1 2018~2020年六大类专用汽车销量走势

（注：资料来源于中国汽车技术研究中心有限公司产销数据库，下同）

六大类专用汽车中，厢式、仓栅、罐式、举升、自卸、特种占比分别为46.5%、28.8%、10.4%、5%、4.7%和4.7%。其中，2020年增幅最大的是仓栅汽车，增幅达到43.9%；其次是罐式汽车，同比增长29.2%；举升汽车同比增长24.6%；厢式汽车同比增长23%；特种汽车同比增长9.2%；而自卸汽车同比下降17.4%。厢式、仓栅、罐式专用汽车2018~2020年销量走势见图2，举升、特种、自卸专用汽车2018~2020年销量走势见图3。

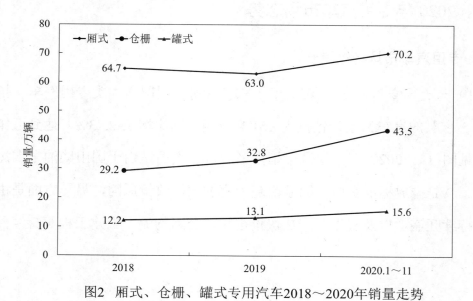

图2 厢式、仓栅、罐式专用汽车2018~2020年销量走势

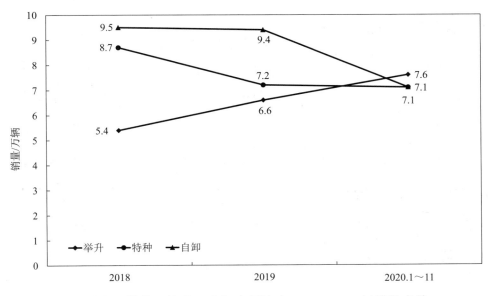

图3 举升、特种、自卸专用汽车2018～2020年销量走势

（2）**普通自卸汽车** 近年来，普通自卸汽车（车辆型号为 3 字头的汽车）市场呈现周期性波动。受土建工程需求快速增长，以及老旧车辆淘汰、超载超限治理的影响，2020 年 1～11 月份，普通自卸汽车销量为 33.9 万辆，同比增长 15.5%（见图4）。

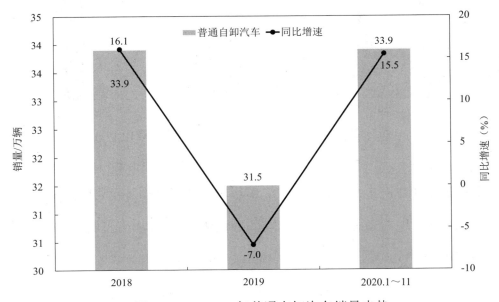

图4 2018～2020年普通自卸汽车销量走势

2. 专用汽车行业吨位结构变化

(1) 六大类专用汽车吨位结构　近年来，六大类专用汽车呈现轻重两端发展的市场态势，中型车市场空间不断被挤压。2020 年 1~11 月份，重型车销量为 47.8 万辆，中型车销量为 6.9 万辆，轻型车销量为 96.1 万辆，微型车销量为 0.2 万辆（见图 5）。从各车型的增速来看，重型车同比增长 26.8%，轻型车同比增长 27.3%，而中型车同比下降 2.8%，微型车下降 45.5%。从各车型结构占比来看，2020 年 1~11 月份，重型车占比增长 2.9%，中型车占比下降 3.8%，轻型车占比增长 1%，微型车下降 0.1%。

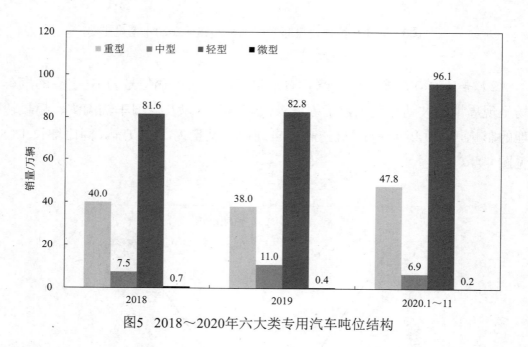

图5　2018~2020年六大类专用汽车吨位结构

(2) 普通自卸汽车吨位结构　2020 年 1~11 月份，轻型普通自卸汽车销量占比下降 6.3%，中型普通自卸汽车销量占比微增 0.2%，重型普通自卸汽车销量占比大幅增长 6.1%（见图 6）。

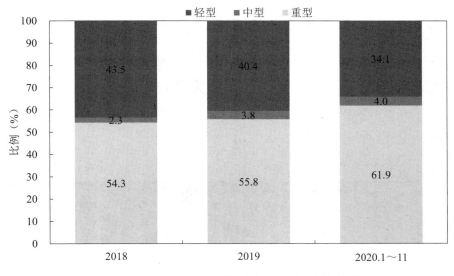

图6 2018～2020年普通自卸汽车吨位结构

3．专用汽车行业燃料结构与排放标准走势

（1）专用汽车燃料结构走势 2020年1～11月份，六大类专用汽车中，柴油车销量占比提高4.5%，达到76.4%，为近年最高值（见图7）。汽油车下降3.4个百分点至21.3%，混合动力车占比为0.4%，天然气车占比为0.3%。近年来新能源汽车补贴政策持续退坡，而新能源专用汽车产品竞争力与传统燃油汽车仍有一定差距，导致新能源专用汽车销量连续三年同比大幅下滑，2020年1～11月份新能源专用汽车销量占比仅为1.6%。

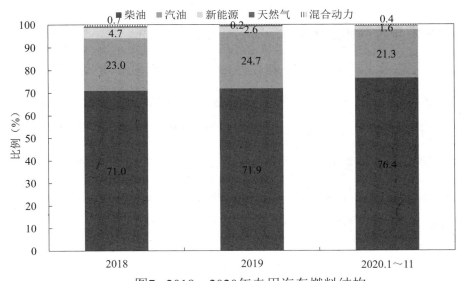

图7 2018～2020年专用汽车燃料结构

（2）专用汽车排放标准走势　近两年专用汽车排放升级加快，2020年1月份，国Ⅵ排放标准专用汽车占比已达到32.5%，2020年7月份，随着轻型车a阶段国Ⅵ标准和重型城市车辆国Ⅵ标准实施，国Ⅵ车辆占比达到38%以上（见图8）。

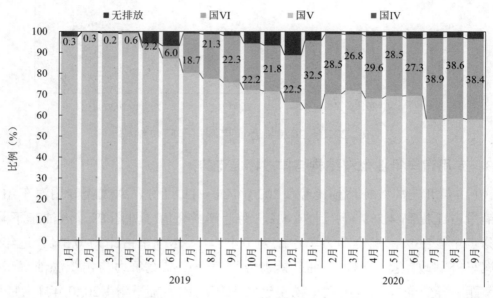

图8　2019~2020年专用汽车排放标准走势

4. 专用汽车月度销量走势

（1）六大类专用汽车　2020年1~3月份，受新冠肺炎疫情影响，专用汽车销量同比大幅下降，其中2月份销量降幅达到72.6%（见图9）。随着复工复产加快推进，4月份以后，公路物流、基础设施建设等加快恢复，专用汽车作为生产生活工具，销量同比大幅增长，此外，国Ⅲ柴油车淘汰进度加快、国Ⅵ排放标准升级、国家治超力度加大等政策原因也推动专用汽车市场新增需求。在双重利好下，4月份销量同比增幅达到22.9%，5~11月份销量增幅均超过30%。

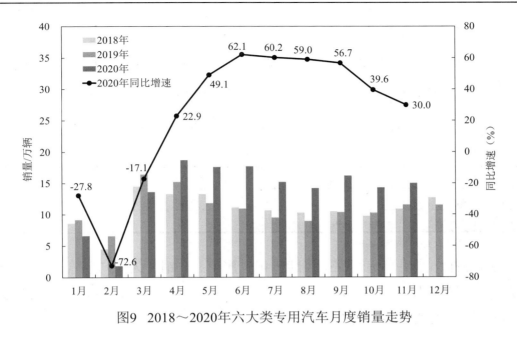

图9 2018~2020年六大类专用汽车月度销量走势

（2）普通自卸汽车 从月度走势来看，经历2020年1~3月份的大幅下滑后，2020年4月份，普通自卸汽车销量开始回暖，而5月份以来，普通自卸汽车销量均实现30%以上的同比增长，其中6~8月份销量同比增速达到90%以上（见图10）。

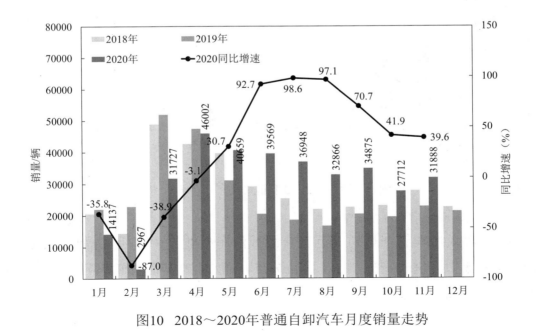

图10 2018~2020年普通自卸汽车月度销量走势

5. 行业竞争格局

（1）厢式汽车竞争格局　近三年厢式汽车市场集中度持续提高。2020 年前三名企业市场份额提高 2%，前十名企业市场份额提高 3.4%（见表 1）。

表 1　2018～2020 年厢式汽车市场集中度走势

（单位：%）

厢式汽车	2018 年	2019 年	2020 年
TOP3 市场份额	35.6	37.6	39.6
TOP10 市场份额	59.3	63.6	67.0

从行业排名来看，北汽福田连续多年位居第一，销量为 16.7 万辆；江淮集团位居第二，销量为 7 万辆，而江铃专用汽车销量为 4.1 万辆，主要厢式汽车企业均实现一定幅度的增长（见图 11）。

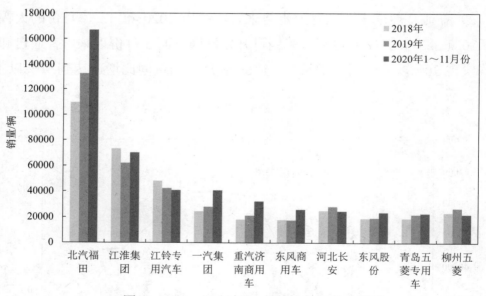

图 11　2018～2020 年厢式汽车市场竞争格局

（2）罐式汽车竞争格局　近三年罐式汽车行业集中度明显提高。2020 年 TOP3 企业集中度进一步提升 1.8 个百分点，而 TOP10 企业市场集中度提高 4.3 个百分点，行业竞争更加激烈（见表 2）。

表 2　2018～2020 年罐式汽车市场集中度走势

（单位：%）

罐式汽车	2018 年	2019 年	2020 年
TOP3 市场份额	24.2	27	28.8
TOP10 市场份额	55.4	53.7	58.0

近年来罐式汽车行业排名变化较大，三一汽车和中联重科销量大幅增长，2020 年 1～11 月份销量分别为 1.8 万辆和 1.2 万辆，程力专用车销量为 1.5 万辆，位居第二（见图 12）。

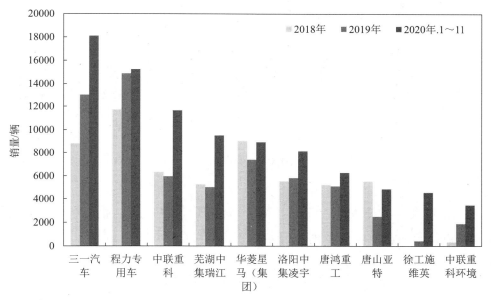

图 12　2018～2020 年罐式汽车市场竞争格局

（3）仓栅式汽车竞争格局　2020 年仓栅式汽车行业 TOP3 集中度大幅提升 5.8%，TOP10 提升 0.7 个百分点（见表 3）。

表 3　2018～2020 年仓栅式汽车市场集中度走势

（单位：%）

仓栅式汽车	2018 年	2019 年	2020 年
TOP3 市场份额	39.4	39.4	45.2
TOP10 市场份额	73.9	74.5	75.2

仓栅式汽车市场格局竞争激烈,一汽集团、重汽济南商用车、北汽福田位居前三,销量分别为8.1万辆、5.8万辆和5.7万辆,均实现较大幅度的增幅(见图13)。

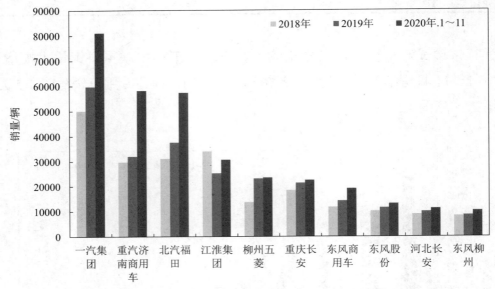

图13 2018~2020年仓栅式汽车市场竞争格局

(4)自卸汽车竞争格局 2020年,自卸汽车TOP3企业市场集中度下降了0.9个百分点,而TOP10企业市场集中度增加了1.7个百分点(见表4)。

表4 2018~2020年自卸汽车市场集中度走势

(单位:%)

自卸汽车	2018年	2019年	2020年
TOP3市场份额	28.4	28.8	27.9
TOP10市场份额	55.9	54.5	56.2

2020年1~11月份,上汽依维柯红岩、一汽集团和中联重科环境销量位居前三,分别为9598辆、5386辆和4745辆,多家自卸汽车企业销量呈下滑态势(见图14)。

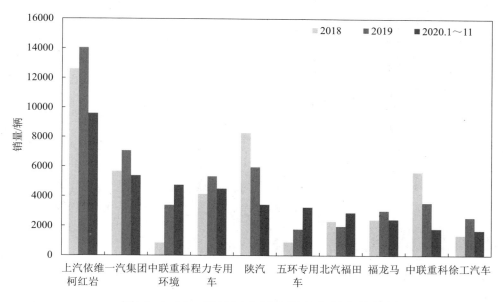

图14 2018~2020年自卸式汽车市场竞争格局

（5）举升汽车竞争格局　近三年，TOP3企业的市场销量持续快速增长，TOP3行业集中度已从2018年的50.2%增长到2020年的59.3%，2020年TOP10企业行业集中度比上年增长2.9个百分点（见表5）。

表5　2018~2020年举升汽车市场集中度走势

（单位：%）

举升汽车	2018年	2019年	2020年
TOP3市场份额	50.2	57.1	59.3
TOP10市场份额	72.7	73.7	76.6

2020年1~11月份举升汽车市场销量大幅增长，而前三名企业的增幅更加明显，徐工机械、中联重科、三一汽车销量分别为1.8万辆、1.4万辆和1.4万辆（见图15）。

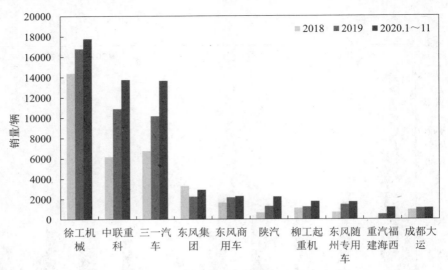

图15 2018～2020年举升汽车市场竞争格局

（6）特种汽车竞争格局　2020年特种汽车市场TOP3和TOP10企业市场份额分别下降2.3个百分点和0.9个百分点，行业集中度持续下滑（见表6）。

表6　2018～2020年特种汽车市场集中度走势

（单位：%）

特种汽车	2018年	2019年	2020年
TOP3市场份额	24.2	22.8	20.5
TOP10市场份额	45.6	44.2	43.3

2020年1～11月份特种汽车前三名企业分别为程力专用车、中联重科和中联重科环境，销量分别为5492辆、4625辆和4348辆（见图16）。

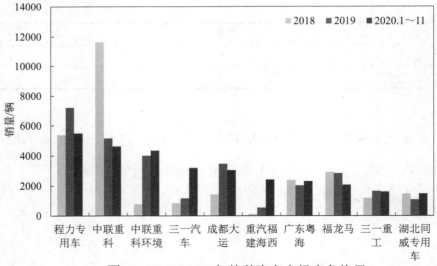

图16　2018～2020年特种汽车市场竞争格局

（7）普通自卸汽车竞争格局 2020年普通自卸汽车TOP3企业市场份额增长1.4个百分点，而TOP10企业市场份额增长1.6个百分点（见表7）。

表7 2018～2020年普通自卸汽车市场集中度走势

（单位：%）

普通自卸汽车	2018年	2019年	2020年
TOP3市场份额	26.2	27.4	28.8
TOP10市场份额	64.5	61.7	63.3

2020年1～11月份普通自卸汽车销量前三的企业分别是北汽福田、陕汽、上汽依维柯红岩，销量分别为3.9万辆、3.4万辆和2.5万辆，主流企业市场销量均呈现较大幅度增长（见图17）。

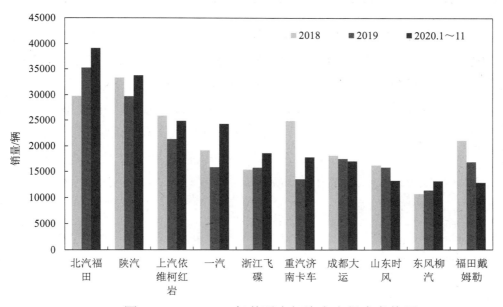

图17 2018～2020年普通自卸汽车市场竞争格局

6. 专用汽车各用途走势

专用汽车各细分用途中，公路物流类、土建工程类、环卫类及城市服务类是规模较大的细分市场。2020年专用汽车市场大幅增长，主要是由于公路物流类、土建工程类、路面及抢险类、医疗救护类的快速增长，而持续多年增长的环卫类专用汽车市场呈现较大幅度的下降，受近两年经济形势严峻的影响，城市服务类专用汽车也连续两年呈现下滑态势（见表8）。

表 8　主要用途专用汽车 2018~2020 年走势

（单位：辆）

用途	2018 年	2019 年	2020 年 1~11 月份	同比增速（%）
公路物流类	911314	909399	1099901	32.6
环卫类	156747	167575	134619	-12.5
土建工程类	129591	145541	179708	33.6
城市服务类	52414	50358	37757	-18.2
路面/抢险类	16357	16386	21427	46.4
危化品运输类	15866	17189	16905	14.1
医疗救护类	9208	8346	15212	105.3
警用军用类	2987	2857	2016	-20.5
消防类	2322	2469	2025	-10.4
其他	524	797	1099	37.9

（1）公路物流类专用汽车　2020 年 1~11 月份公路物流类专用汽车销量为 110 万辆，同比大幅增长 32.6%。其中厢式运输车和仓栅式运输车是主力车型。2020 年 1~11 月份厢式运输车累计销量达到 54.2 万辆（见图 18），同比增长 22.3%。仓栅式运输车累计销量为 42 万辆，同比增长 43.3%。冷藏车近年来持续快速增长，2020 年 1~11 月份销量为 6.6 万辆，同比增长 48.4%。翼开启厢式车为 2.6 万辆，同比增长 99.4%。这主要是由于 2020 年公路物流需求旺盛，尤其是快递业务大幅增长的市场需求拉动，以及老旧车辆淘汰、排放升级、大吨小标治理以及超载超限治理等政策因素的影响。

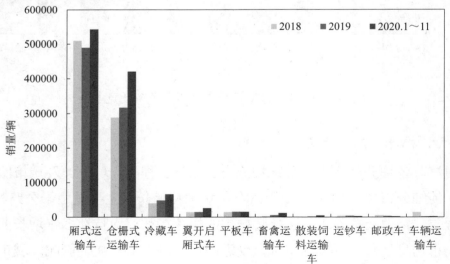

图 18　2018~2020 年公路物流类主要细分车型走势

（2）土建工程类专用汽车　2020年1～11月份，土建工程类专用汽车销量为18万辆，同比大幅增长33.6%，达到历年最高值。其中，混凝土搅拌运输车销量为9.1万辆（见图19），同比增长40.3%；汽车起重机车销量为5万辆，同比增长25.5%；随车起重运输车销量为2.1万辆，同比增长27.7%；混凝土泵车销量为1.1万辆，同比增长70.1%。这主要是由于随着新基建加快实施，2020年基础设施投资，尤其是交通领域基础设施和房地产开工建设的快速增长，以及政策因素推动的双重因素叠加。

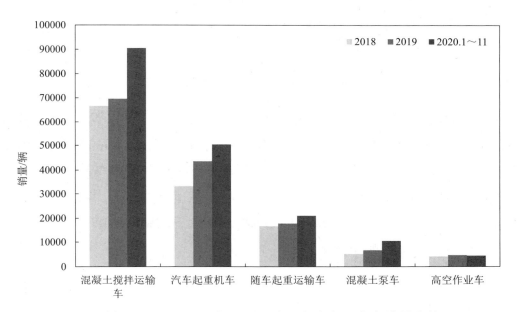

图19　2018～2020年主要土建工程类专用汽车销量走势

（3）环卫类专用汽车　2020年1～11月份环卫类专用汽车销量为13.5万辆，同比下降12.5%，结束了连续多年持续快速增长的势头。其中，自装卸式垃圾车为3.1万辆（见图20），同比下降39.5%；绿化喷洒车销量为1.9万辆，同比增长19.8%；压缩式垃圾车销量为1.3万辆，同比增长6.2%；洒水车销量同比下降14%；车厢可卸式垃圾车销量同比下降7%；洗扫车销量同比下降1.2%。这主要是受疫情影响，年初销量大幅下降，而复工复产后，环卫专用汽车采购仍然较为稳定，仅有小幅增长，难以弥补年初销量大幅下降的市场损失。

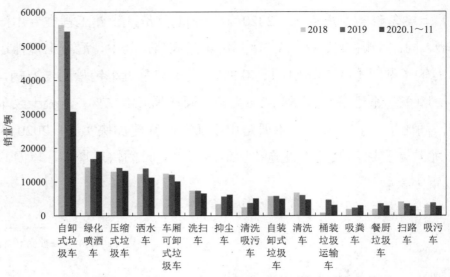

图20 2018~2020年主要环卫类专用汽车销量走势

（4）城市服务类专用汽车　2020年1~11月份城市服务类专用汽车销量为3.8万辆，同比下降18.2%左右。各主要车型中，售货车销量为9647辆（见图21），同比下降28.8%；旅居车销量为7760辆，同比下降7%；工程车销量为3591辆，同比下降19.3%；商务车销量同比下降41.35%。城市服务类专用汽车已连续两年市场持续下滑，这主要是受新冠肺炎疫情和宏观经济调整的影响，企业经营压力增大，相关车型销量大幅下降。

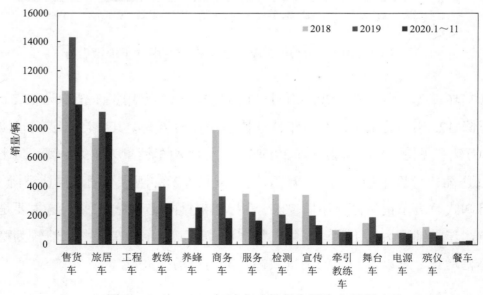

图21 2018~2020年城市功能类专用汽车销量走势

（5）医疗救护类专用汽车　受新冠肺炎疫情影响，2020年1～11月份医疗救护类专用汽车销量为1.5万辆，同比增幅达到105%，达到历年最高值（见图22）。

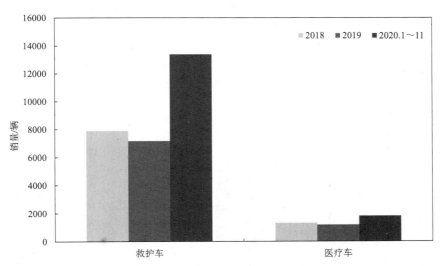

图22　2018～2020年医疗救护类专用汽车销量走势

7. 专用汽车各省市销量分布

（1）六大类专用汽车销量分布　专用汽车作为生产资料，其销量和各省市的经济、人口规模、产业结构等息息相关，主销区域包括广东、山东、河北、江苏、河南等经济或人口大省，上述各省2020年1～11月份销量分别为19.5万辆、13万辆、10.6万辆、10.3万辆和10万辆，各主销区域2020年销量均有大幅增长（见图23）。

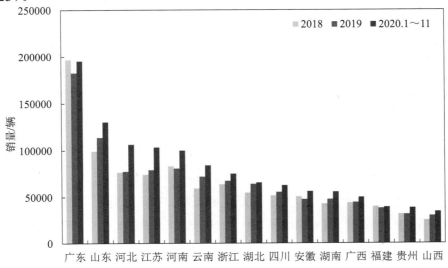

图23　2018～2020年专用汽车主销区域

（2）普通自卸汽车销量分布　2020年普通自卸汽车的主销区域包括浙江、广东、四川、河南、江苏等地，1～11月份累计销量分别为3.6万辆、3万辆、2.3万辆、2.3万辆和2.2万辆（见图24）。

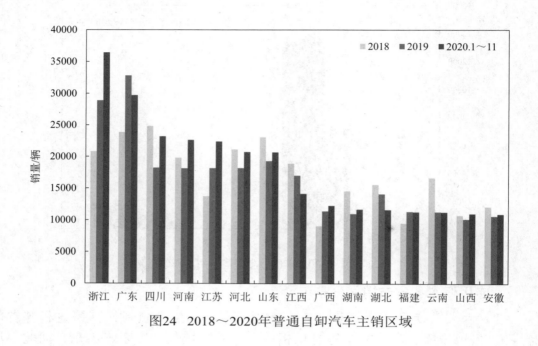

图24　2018～2020年普通自卸汽车主销区域

二、专用汽车市场的主要影响因素

1. 政策因素

（1）排放标准　根据生态环境部《轻型汽车污染物排放限值及测量方法(中国第六阶段)》《重型柴油车污染物排放限值及测量方法（中国第六阶段）》，轻型汽车国Ⅵ排放标准a阶段，全国范围内2020年7月1日实施，b阶段全国范围内2023年7月1日实施(见表9)。重型汽车国Ⅵ排放标准a阶段：城市车辆2020年7月1日实施，所有车辆2021年7月1日实施。重型汽车国Ⅵ排放标准b阶段，燃气车于2021年1月1日实施，所有车辆2023年7月1日实施（见表9）。

受新冠肺炎疫情等原因影响，为稳定和扩大汽车消费，促进经济社会平稳运行，2020年轻型汽车国Ⅵ标准升级有所延迟，根据国家发展和改革委员会等11部门2020年4月份联合发布的通知，轻型汽车国Ⅵ排放标准颗粒物数量限值生产过渡期截止日期为2021年1月1日前。

表 9　全国范围内排放升级实施时间

排放标准	类型	实施时间
国 VI	轻型汽车	a 阶段 2020 年 7 月 1 日实施（延迟至 2021 年 1 月 1 日）
		b 阶段 2023 年 7 月 1 日实施
	重型汽车	a 阶段:燃气车 2019 年 7 月 1 日实施
		城市车辆 2020 年 7 月 1 日起实施
		所有车辆 2021 年 7 月 1 日实施
		b 阶段:燃气车 2021 年 1 月 1 日实施
		所有车辆 2023 年 7 月 1 日实施

重型汽车从 2021 年 7 月 1 日起正式全面实施国 VIa 阶段排放标准。与国 V 阶段相比，国 VI 标准多项指标大幅提升，重型汽车国 VI 标准如期实施，将提振 2021 年重型汽车市场需求。

（2）老旧车辆淘汰　近两年，国Ⅲ及以下老旧车辆加快淘汰主要有两方面原因，一方面由于环境治理，另一方面是各地的促消费政策。

国务院《打赢蓝天保卫战三年行动计划》明确提出到 2020 年年底前，京津冀及周边地区、汾渭平原、长三角等重点地区淘汰国Ⅲ及以下排放的中重型营运货车 100 万辆以上。目前多省市对国Ⅲ车辆通行进行限制，此外，随着国 VI 标准加快实施，已有部分省市开始发布国Ⅳ及以下排放标准柴油货车禁止驶入的通告，对国Ⅳ及以下柴油货车形成通行限制，加快推进老旧车辆淘汰。

此外，各级政府纷纷出台汽车促消费政策，拉动当地消费复苏。2020 年 3 月 31 日国务院常务会议上，提出中央财政采取以奖代补，支持京津冀等重点地区淘汰国Ⅲ及以下排放标准的柴油货车。老旧车辆持续淘汰将形成一定的车辆更换需求。

（3）治超力度持续加大　近两年国家治超力度持续加大。2020 年 4 月份，国务院安委会印发《全国安全生产专项整治三年行动计划》，明确了严格落实治超"一超四罚"措施，到 2022 年基本消除货车非法改装、超载等违法违规问题。2020 年 7 月份，四部委联合发文，自 2020 年 7 月份至 2021 年 5 月份组织开展货车非法改装专项整治工作，强化危险货物运输车辆、自卸货车、半挂车、轻型载货汽车、混凝土搅拌运输车等 5 类重点货车生产改装监管，严厉打击"大吨小标"

等违法违规的超载行为，以实现到 2022 年基本消除货车"大吨小标"等问题。这加快了不合规的厢式运输车、仓栅运输车、自卸车、危险货物运输车、混凝土搅拌运输车等车辆的淘汰，使车辆向合规化转变，刺激了 2020 年和 2021 年两年相关车辆的市场需求。

（4）专用汽车标准日趋完善　各类车辆标准加快完善，对专用汽车市场形成利好。2020 年 9 月 18 日，交通运输部办公厅下发关于征求强制性国家标准《道路运输危险货物车辆标志（征求意见稿）》意见的函，强制性国家标准《道路运输危险货物车辆标志》完成二次修订。2020 年 12 月 10 日，工业和信息化部公开征求对冷藏车和客车安全性能强制性国家标准的意见。

目前在研专用汽车标准共 15 项，其中国家标准 5 项、行业标准 10 项；起草阶段 5 项、征求意见阶段 7 项、送审阶段 3 项。各细分领域专用汽车标准加快更新完善，将促进专用汽车产品质量升级和市场规模持续增长。

（5）新能源汽车　近年来，政策大力推进汽车电动化，新能源汽车产销量持续增长。而新能源专用汽车作为生产资料，其产品竞争力是决定产业发展的重要因素，目前新能源专用汽车的经济性和技术水平与燃油汽车仍有较大差距，因此对政策依赖仍然较大。2020 年陆续出台了一系列利好新能源专用汽车的重磅政策，长期来看，公共领域及部分重点场景新能源专用汽车前景可期。

2020 年 11 月 2 日，国务院正式印发的《新能源汽车产业发展规划（2021～2035 年）》提出：力争经过 15 年的持续努力，公共领域用车全面电动化；支持城市无人驾驶市政环卫等智慧城市新能源汽车应用示范行动；燃料电池汽车实现商业化应用，高度自动驾驶汽车实现规模化应用，充换电服务网络便捷高效，氢燃料供给体系建设稳步推进，有效促进节能减排水平和社会运行效率的提升。

工业和信息化部网站发布了关于政协十三届全国委员会第三次会议第 1535 号提案答复的函，其中提到：促进新能源重型货车推广应用，推动新能源重型货车在短途运输、城建物流以及矿场等特殊场景的应用，鼓励有条件的地区或城市对新能源重型货车研发或运营予以支持。开展重点区域全面电动化城市试点，选择部分试点城市，拟通过中央基建投资补助等方式，支持包括重型货车在内的特色领域新能源汽车的应用。下一步，工业和信息化部将联合相关部门发布实施《推动公共领域车辆电动化行动计划》，加快推进工程机械和重型货车电动化。

2020年9月份，五部门发布《关于开展燃料电池汽车示范应用的通知》，决定开展燃料电池汽车示范应用工作，五部门将采取"以奖代补"方式，对入围示范的城市群按照其目标完成情况给予奖励，提出明确合适的应用场景，重点推动燃料电池汽车在中远途、中重型商用车领域的产业化应用。随着未来四年燃料电池汽车示范城市群开始实施，燃料电池物流车，尤其是中重型燃料电池物流车示范应用将加快推进。

（6）商用车外资股比放开 2020年6月份，国家发展和改革委员会、商务部发布了《外商投资准入特别管理措施（负面清单）（2020年版）》《自由贸易试验区外商投资准入特别管理措施（负面清单）（2020年版）》，提出到2020年7月份将放开商用车制造外资股比限制。此外，我国对外开放步伐加快，2020年11月15日，第四次区域全面经济伙伴关系协定（RCEP）领导人会议以视频方式举行，会后东盟10国和中国、日本、韩国、澳大利亚、新西兰共15个亚太国家正式签署了《区域全面经济伙伴关系协定》；2020年12月30日，我国与欧盟、德国、法国签署了《中欧投资协定》。目前已有部分国外高端专用汽车企业开始进入我国市场，未来将有更多的高端底盘厂及改装车厂加快进入我国市场，对我国专用汽车企业的转型升级形成一定的竞争压力。

2. 经济因素

（1）全社会固定资产投资 2020年1～11月份全社会固定资产投资额为50万亿元，同比增长2.6%（见图25）。与土建工程类专用汽车相关的基础设施投资（不含电力、热力、燃气及水生产和供应业）同比增长1%，房地产开发投资同比增长6.3%。此外，2020年全国交通固定资产投资预计完成34247亿元，同比增长5.5%，实现了投资逆势增长。预计全年投产铁路营运里程4585km，其中高铁2416km；新改（扩）建高速公路12713km；新增城市轨道交通营运里程1100km。2020年交通固定资产投资、房地产开发投资等工程项目，为土建工程类专用汽车提供了一定的市场需求。

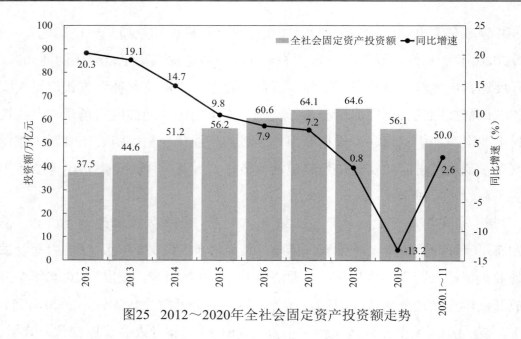

图25 2012~2020年全社会固定资产投资额走势

（2）公路货运周转量与国内快递量 2019年，公路货运周转量大幅下降16.3%，2020年全面复工复产后，公路货运周转量有所回暖，1~11月份累计与上年同期水平基本相当（见图26）。而自2020年6月份以来，各月度公路货运周转量同比增长分别为6.6%、4.6%、6%、8.8%、10.7%和8.9%，呈快速增长的态势，为各类物流车辆提供了一定的市场需求。

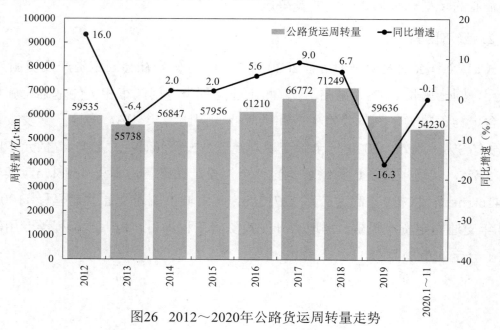

图26 2012~2020年公路货运周转量走势

2020年快递业务量突破800亿件，同比增长30%（见图27），对厢式运输车、冷藏车等各类城市物流车需求较大。

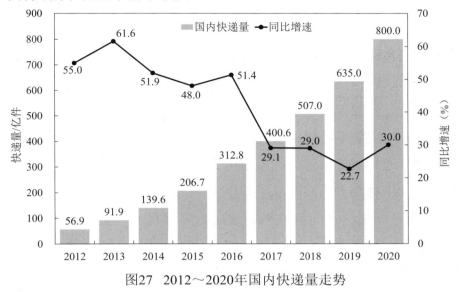

图27　2012~2020年国内快递量走势

（3）全社会零售品消费额　2020年受疫情冲击，全社会零售品消费额同比下降4.8%（见图28）。2020年3~7月份，全社会零售品消费额均呈明显下滑态势，尤其是3月份同比降幅达到15.8%。自8月份开始，全社会零售品消费额开始回暖，2020年11月份同比已达到5%。而2020年各月份实物商品网上零售额均呈同比增长态势，11月份同比增速达到15.7%。随着经济形势加快好转，预计2021年全社会零售品消费额将有大幅增长。

图28　2012~2020年全社会零售品消费额走势

3. 技术因素

（1）电动化　随着动力电池技术的突破、新能源专用汽车专用底盘的开发、轻量化水平持续提高，新能源专用汽车产品的竞争力将不断提高。目前动力电池龙头企业加快了技术创新，比亚迪刀片电池、宁德时代CTP电池等，通过简化模组，对电池包结构进行优化，实现了成本大幅下降、系统能量密度显著增加。越来越多的汽车企业开发设计新能源专用汽车专用底盘，实现了驱动系统集成化设计，优化了电机集成效率，优化了动力电池系统空间布置，改进了油车改电时异形电池导致的电池利用效率低、能量密度下降等问题。此外，通过去冗余设计、关键部件的轻量化材料应用，降低了车辆能耗水平。

（2）智能网联化　目前智能网联正成为多家物流车企业技术创新的热点，已有多家物流车企业推出 L4 自动驾驶卡车，前期主要应用在港口、物流园区等行驶路线较为固定的区域。未来物流车企业将加快推进新能源与智能网联技术融合，提升车辆运营效率。

三、2021年专用汽车市场趋势预测

1. 六大类专用汽车市场趋势预测

近几年随着我国经济由高速增长阶段转向高质量增长阶段，专用汽车领域的提质增效进程也在明显加快，各类专用汽车政策和标准加快升级，GB 1589、GB 11567、GB 7258、国 VI 排放实施、治限治超、加速淘汰国Ⅲ汽车等政策标准叠加实施，推动了各类专用汽车产品不断升级换代，市场需求持续释放。2021年，一方面国 VIa 阶段排放标准将全面实施，治超治限力度居高不下，老旧车辆淘汰继续推进，一批国家和行业标准加快制定；另一方面，我国作为全球率先恢复正增长的主要经济体，经济社会发展将进一步加快，据世界银行预测，2021年我国 GDP 增速将达到 7.9%，为各类专用汽车提供了旺盛的市场需求。在政策和市场的双重利好下，2021年我国专用汽车销量仍将有小幅增长，预计销量为172万辆（见图29）。

具体车型方面，国 VI 排放标准全面实施，老旧车辆加快淘汰，部分地区国Ⅳ车辆开始通行限制，治超治限力度居高不下，此外，公路货运量、快递量和社

会零售品消费额持续回暖,将促进公路物流类车辆小幅增长。受行业政策和标准的影响,新基建建设力度加大,土建工程类车辆需求旺盛,预计2021年土建工程车仍将有小幅增长。随着2021年疫情防控形势以及经济发展形势持续向好、城市垃圾运转体系加快建立、垃圾分类政策加快实施,各类环卫类车辆,尤其是垃圾车辆将有快速增长。危化品运输车管理持续加严,相关政策法规持续密集出台,预计2021年危化品运输车将有明显增长。城市服务类车辆中,企业用车需求仍将在低位徘徊,而居民消费类的车辆将恢复快速增长,围绕各细分应用场景的定制化研发产品将不断涌现。

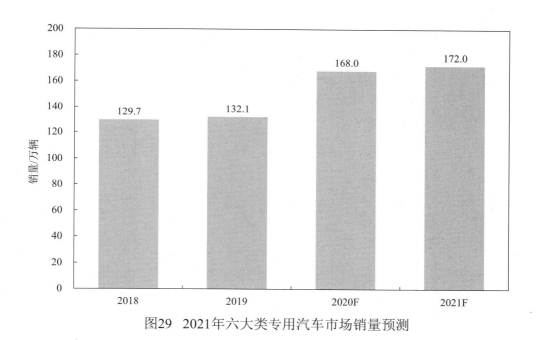

图29 2021年六大类专用汽车市场销量预测

2. 普通自卸汽车市场趋势预测

2021年国Ⅵa阶段标准全面实施,老旧车辆持续淘汰,治超治限力度居高不下,多个地方政府渣土车新政频出,利好自卸汽车市场。此外,预计2021年基础设施建设、公路货物运输需求仍保持较大规模,自卸汽车市场需求旺盛。受政策和市场双重利好的影响,预计2021年普通自卸汽车会有小幅增长,全年销量在40万辆左右(见图30)。

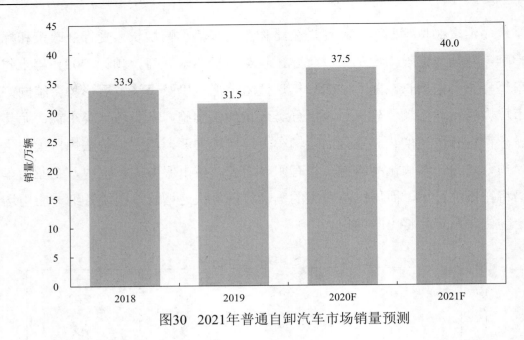

图30 2021年普通自卸汽车市场销量预测

（作者：任海波 张秀丽）

细分市场篇

2020年北京市汽车市场分析及2021年展望

一、2020年北京市汽车市场回顾

2020年对全球经济表现都是一个考验，由于受到新冠肺炎疫情的影响，整个汽车消费市场承受了巨大压力。国家及时出台了稳定和扩大汽车消费的政策措施，2020年我国汽车市场走出了一波前低后高的走势。北京市作为汽车限购城市，受疫情影响更为明显。2020年上半年汽车销售同比大幅下降，虽有二次疫情的反复，但随着疫情的逐步好转，下半年北京市汽车销售逐月恢复，年底受政策因素影响更是形成一波交易高峰。

1. 新车市场整体情况

2020年1～11月份，北京市新车交易54.9万辆，同比下降7.1%，降幅高于全国4.1个百分点，但预计全年新车交易65万辆左右，比2019年略有下降。作为限购城市，北京市的新车销售一直受政策影响，2020年更是受政策及疫情双重影响，北京市新车销售呈现出一波前低后高的走势（见图1）。

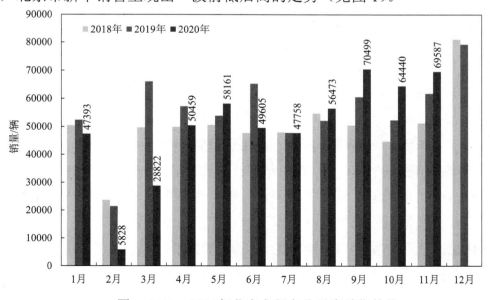

图1 2018～2020年北京市新车分月度销售趋势

2020年上半年汽车销售走势主要受疫情影响，2月份北京市新车销售同比下降72.81%（见图2），随后下降幅度逐月减小，5月份同比增长7.96%，随着6月份北京二次疫情的出现以及2019年国V、国VI切换导致的高基数，当月销售又同比下降了24.04%。下半年则在政府各项政策的影响下，销售同比一路走高，10月份同比增长23.08%，12月份预计还会创销量及增速新高。

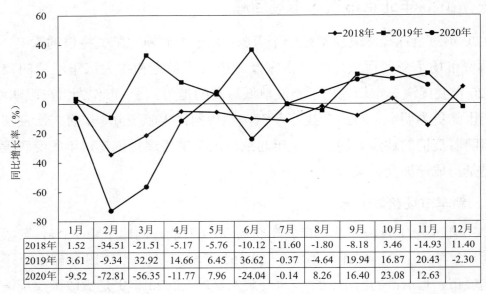

图2 2018～2020年北京市新车分月度销量同比增长趋势

2. 进口车销售情况

2020年1～11月份，北京市进口车累计交易5.03万辆，同比下降27.8%，降幅高于全国15.6个百分点，预计全年进口车累计交易能够达到5.8万辆，同比下降26.4%。2020年北京市进口车分月度销量趋势如图3所示。2020年北京市进口车销量受疫情和国VI政策影响明显，占北京市新车销售市场份额9.16%（见图4），连续第四年市场份额下降，与2019年相比，市场占有率下降了2.62个百分点。造成北京市进口车销量下滑的主要因素是平行进口车无法达到国VI标准而无车可买，造成货源紧张的同时也冲击了原有平行进口车的销售渠道，另外，特斯拉的国产化也降低了原有进口特斯拉的销量。同时受疫情的影响，2020年到北京市购买进口车的外地消费者也明显减少，这都是造成北京市进口车销售同比下降的主要因素。

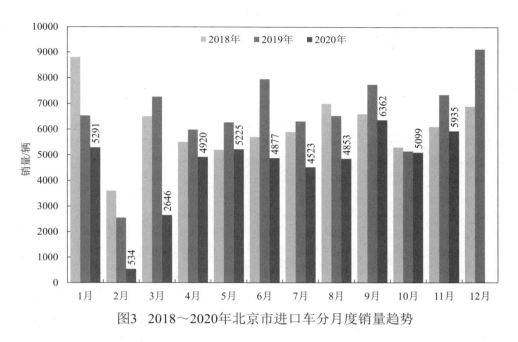

图3 2018~2020年北京市进口车分月度销量趋势

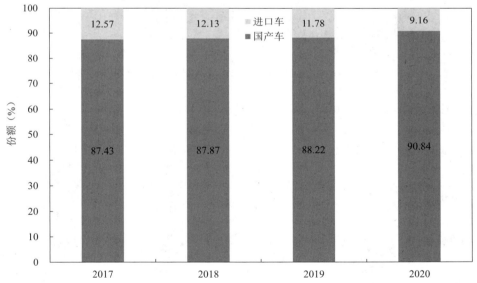

图4 2017~2020年北京市进口车市场份额变化

3. 新能源汽车销售情况

2020 年 1~11 月份,北京市新能源汽车累计交易 10.92 万辆,同比增长 18.25%,增幅高于全国 14.35 个百分点。2020 年北京市新能源汽车月度销售趋势如图 5 所示。新能源汽车虽然在 2020 年年初受疫情影响,销量有所下降,但从 7 月份开始新能源汽车保持了持续的快速增长。为了促进汽车消费,北京市 2020 年新增了 2 万个新能源汽车购车指标,更是推动了年底新能源汽车销售的强势表现。在 2019 年北京市成为第一个年销售新能源汽车 10 万辆的城市后(见图 6),2020 年北京市新能源汽车销售有望继续创造新高,全年新能源汽车销售有望超过 12 万辆,同比增长最终会在 15% 左右。

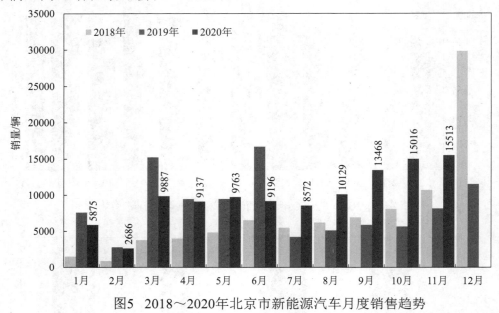

图5 2018～2020年北京市新能源汽车月度销售趋势

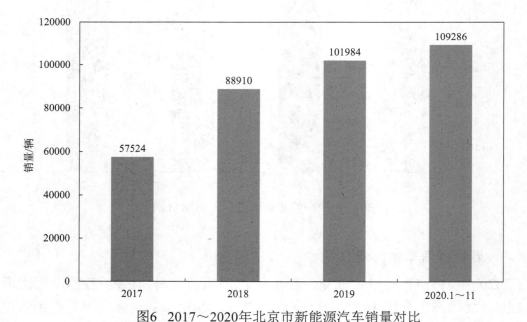

图6 2017～2020年北京市新能源汽车销量对比

北京市新能源汽车市场占有率不断提高，2019年为15.22%，2020年有望达到20%左右（见图7）。在销售品牌上，随着消费者对高质量新能源汽车消费需求的不断提高，以及更多的新能源汽车换购需求的增加，原有低端车型品牌的市场占有率不断降低，而一些造车新势力品牌则依靠自身产品竞争优势逐步站稳脚跟。比亚迪、北汽新能源、特斯拉仍占据北京市新能源汽车销售的前三甲，本田、丰田、广汽传祺紧随其后，造车新势力蔚来、威马、小鹏、理想表现较好。原本最早进入北京市新能源汽车市场的江淮、腾势、启辰、奇瑞等品牌表现不理想。

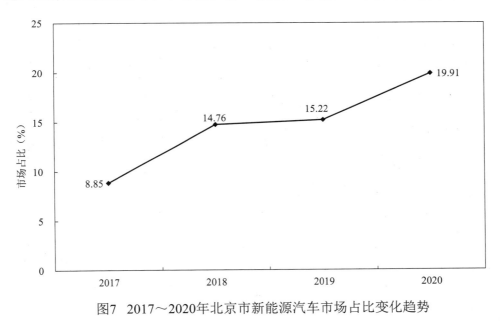

图7　2017～2020年北京市新能源汽车市场占比变化趋势

2020年北京市混合动力汽车销售占比从2019年的20.86%上涨到26.51%，市场份额增长了5.65个百分点。越来越多的消费者在新能源汽车补贴退坡后，选择购买插电式混合动力车型，甚至很多汽油车消费者也开始选择购买混合动力车型，丰田混合动力车型受到消费者的喜爱。

4．商用车销售情况

2020年1～11月份，北京市商用车累计交易6.47万辆，同比下降30.23%，与2020年全国商用车销售大幅上涨相比，涨幅相差50.73个百分点，预计全年销售累计7.2万辆，同比下降30%左右。2020年北京市商用车分月度销售趋势如图8所示。私人购买商用车曾推动需求快速提升，2019年北京市商用车销售占比达到15.69%，最高曾达到25%的高位。随着2020年年初北京市进一步限制商用车通行范围,加强对皮卡、微型货车销售的管控,商用车市场份额下降明显,市场份额逐月下降,到11月份已经下降到9.61%(见图9)。

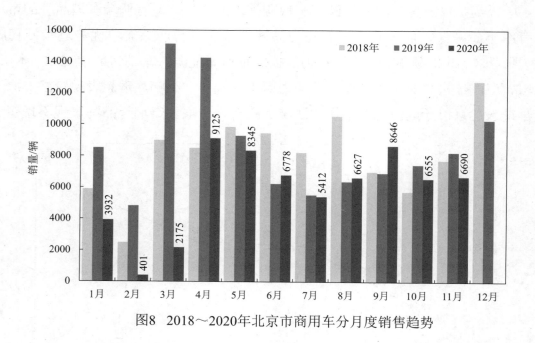

图8 2018～2020年北京市商用车分月度销售趋势

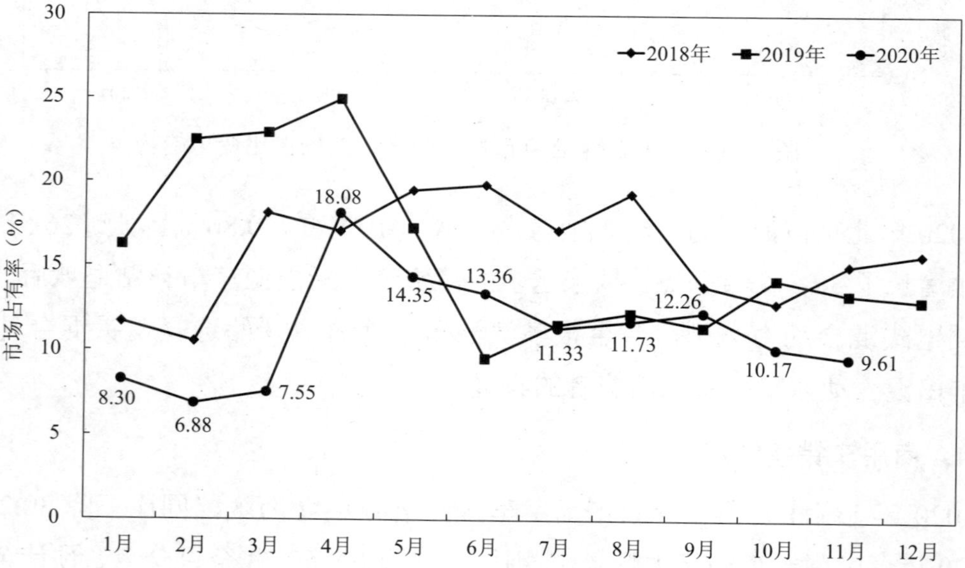

图9 2018～2020年北京市商用车分月度销量市场占有率变化

5. 二手车市场情况

2020年1～11月份,北京市累计成交过户二手车60.48万辆次,同比下降11.38%,降幅高于全国增长比例6.83个百分点。2020年北京市二手车分月度销售趋势如图10所示。二手车过户量超过新车销量10.5%,新旧车交易比例为1:1.11。

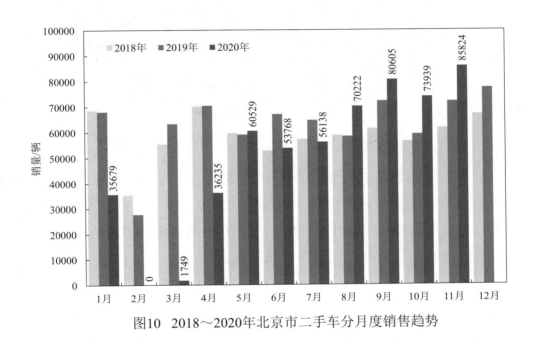

图10 2018～2020年北京市二手车分月度销售趋势

2020年1～11月份,北京市二手车过户外迁率为51.2%,虽然受疫情影响,2月份、3月份外迁率接近为零,但全年外迁率仍保持在较高水平,与2019年基本持平。北京市作为国内主要的二手车货源地,内蒙古、山东、山西、东三省、河南、新疆成为北京市二手车外迁的主要目的地(见图11)。河北省虽然离北京市最近,但受环保政策的影响,外迁到河北省的比例进一步降低,只占1.6%,而外迁新疆占比则明显增加,从2%增长到5.1%。

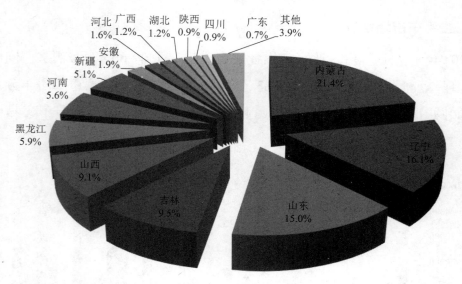

图11 2020年北京市二手车外迁地占比

从湖北省占北京市外迁比例变化趋势可以看出，疫情对二手车外迁地的影响。2019年湖北占北京外迁比例为1.62%，2020年2月份、3月份受湖北省疫情影响，外迁占有率为零（见图12），从3月份开始随着湖北省疫情逐步好转，外迁占比也逐月回升，到年底已经恢复到正常水平。

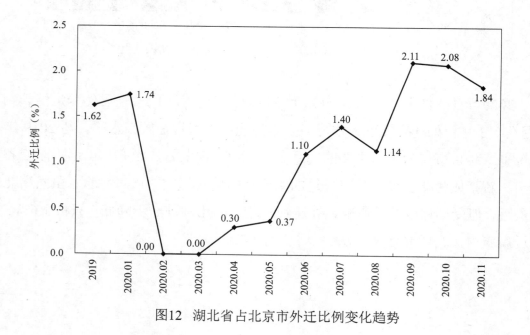

图12 湖北省占北京市外迁比例变化趋势

从交易车辆年限来看，各车龄段交易比例与2019年基本持平。8年以上的车占41.19%、5~8年的车占25.02%、3~5年的车占15.92%、3年内准新车占17.87%（见图13）。从交易流向来看，准新车更倾向于在北京本地交易，其占比进一步增加到25.6%，而准新车外地交易占比则进一步降低到只有9.2%。

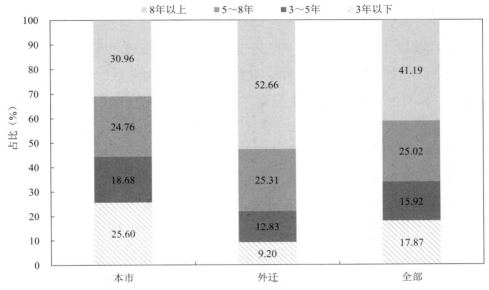

图13　2020年北京市二手车交易年限占比

二、2020年疫情对北京市汽车市场的影响

2020年对北京市汽车销售影响最大的因素就是年初的疫情，影响主要体现在流通渠道、车源和消费三个方面。对流通渠道的影响主要在2月份、3月份和6月份；2月份北京市汽车流通渠道基本处于全停滞状态，3月份开始部分汽车4S店开始陆续营业，造成2月份、3月份北京市基本处于销售停止状态。而6月份的北京市二次疫情，因为暴发的地点在北京市最大的二手车交易市场附近，造成在4月份才刚刚启动的二手车交易受到了严重影响。同时，因为疫情对全球汽车产业链造成了重大冲击，部分车型在货源供应上出现了紧张，尤其对平行进口汽车的进口方面影响巨大。疫情对消费需求的影响是双面的，因为出于安全出行的需要，有更多的汽车购买消费需求，但因为北京市是限购城市，疫情对汽车消费需求的短期促进作用并不明显，反而是对经济的负面影响抑制了北京市的整体汽车消费。2020年上半年北京市新车销售同比下降24%，下半年7~11月份同比增

长 12.4%,下半年恢复性增长明显。疫情对二手车的影响超过新车,上半年二手车过户量同比下降了 33.1%,主要是受二手车市场 2 月份、3 月份、4 月份闭市的影响。二手车市场开市后,因疫情防控的需要对办理过户手续的人员实行预约管理,也限制了上半年二手车过户量的快速增长。

三、2021 年北京市汽车市场的走势预测

2021 年是我国十四五规划的开局之年,也是全球疫情之后的变革之年。世界及我国经济都面临如何重启及恢复的挑战。北京市作为限行、限购城市,限行、限购政策已经实行了 10 年,2020 年受促经济、促消费的政策影响,部分限购城市放松了限购政策,北京市也增加了 2 万个新能源汽车购车指标。但作为首都,2021 年北京市将继续执行限行、限购政策,并且政策会进一步趋严。受政策及经济大环境的影响,2021 年北京市整体汽车市场表现仍会呈现前低后高的趋势,与全国汽车市场的快速复苏可能会有不同的走势,全年汽车销售呈现出与 2020 年基本持平或略有增长的态势。

新冠肺炎疫情对 2021 年北京市的销售仍会有影响,尤其是在一季度,但随着防控措施越来越精准,虽然疫情仍然会零星暴发却不会再出现如 2020 年 2 月份、3 月份因全城封控而全面停止销售的情况。疫情对北京市 2021 年的汽车市场影响将更多体现在经济层面和进口车源方面。

对北京市 2021 年汽车市场影响最大的还是总量调控政策。2021 年北京市将进入汽车总量调控的第 11 个年头,从 2021 年 1 月 1 日起北京市将实行新的《北京市小客车数量调控暂行规定》和《〈北京市小客车数量调控暂行规定〉实施细则》。2021 年北京市小客车配置指标数量仍为 10 万个,其中,普通指标 4 万个,新能源指标 6 万个。从配置指标数量来看,2021 年将比 2020 年减少 2 万辆的新能源指标。与原有政策相比,新政主要调整了四个方面的内容:

一是增加以"无车家庭"为单位摇号和积分排序的指标配置方式。通过赋予"无车家庭"明显高于个人的普通指标摇号中签率和新能源指标配额数量,优先解决"无车家庭"群体的用车需求。调整后购车刚需家庭将有更多机会获得购车指标,从而使购车指标尽快转化为实际购买力而避免购车指标的浪费。

二是调整了指标申请和配置的时间安排。由每年配置 6 次改为配置 3 次,其中 5 月份配置新能源指标,6 月份、12 月份配置普通指标。此次指标配置时间的

调整将对 2021 年北京市汽车销售造成巨大影响。2021 年首次指标配置在 5 月份，也就意味着 2021 年的 1~5 月份基本没有新增购车需求（仅有 2020 年获得指标而购车的用户需求），汽车销售企业需要想尽一些手段吸引置换客户度过 5 个月的新增销售空档期。而此次配置时间从以前的 6 次调整为 3 次，将进一步加剧北京市新车销售全年各月的不均衡性。未来 6 月份、7 月份及年底、年初的 12 月份和 1 月份将成为北京市新车销售的黄金期。

三是推动个人名下第二辆及以上在本市登记的小客车有序退出。1 人名下拥有多辆在北京登记的小客车的，车辆更新时可以选择其中 1 辆申请更新指标，其余车辆不予办理更新指标，但允许车主向其名下没有本市登记小客车的配偶、子女、父母转移登记多余的车辆。此条新政是造成 2020 年年底北京市旧车过户量暴涨及新车销售出现断货的主要原因。由于担心指标作废，很多消费者在短期内集中办理了转移登记，很多无法办理指标转移的消费者突击更换旧车购买新车，以便能更长时间地使用指标。这就造成了北京市部分潜在汽车消费需求的提前释放，将影响 2021 年的购车需求。但政策影响最大的并不是购买需求而是现有北京市二手车经营模式，因为在总量调控政策下，原有二手车经营企业都是靠租借购车指标进行经营，如果 2021 年新政实施，原有租借指标进行经营的方式将无法继续，如不能出台相关配套政策，大量二手车经营企业将无法继续经营。

四是取消了申请更新指标的时限要求，方便市民根据实际需要安排申请更新指标的时间，有利于进一步放缓机动车增长。

除限购外，北京市 2021 年将继续加强限行政策，2020 年北京市昌平、延庆、门头沟、房山、石景山、海淀等六区相继发布了"轻型货车限行措施"，再加上此前就已经制定相关限行措施的大兴区和通州区，从 2021 年起，皮卡等轻型载货车在北京市六环以内将受到非常严格的限行约束。新增限行措施的六个区，除了延庆区于 2020 年 7 月 1 日起实施外，其余各区的限行政策均从 2021 年 1 月 1 日起实施。2020 年北京市商用车销售受限行、限售影响已经同比下降了 30%多，2021 年进一步加强的限行措施将进一步打消私人消费者的购买欲望，全年市场占比会维持在 10%左右，原有经销体系将面临生存挑战。

2021 年虽然新能源汽车新增指标与 2020 年相比少了 2 万个，但与传统汽油车相比，北京市新能源汽车销售受政策引导仍处于上升期。2020 年将有更多的传统汽车品牌和造车新势力品牌的新能源汽车投放市场，更多的传统汽车销售商转为销售新能源汽车。北京市新能源汽车消费越来越趋于成熟,随着高品质、高质量的车型不断推出,越来越多的消费者开始喜欢全新的新能源汽车驾驶体验,购买车型的价格也从 10 万元左右向 20 万元左右升级。

2021 年北京市进口车销售仍将难以走出困境,尤其是平行进口汽车。北京市作为曾经的平行进口汽车集散地,是全国各地消费者购买平行进口汽车的主要城市。但受 2020 年疫情及国 VI 政策的影响,北京市平行进口车流通渠道受到重创,被迫收缩网点或者转型。2021 年平行进口汽车的环保政策仍不明确,处于观望状态的平行进口车商如继续处于无车可买的境地,将难以为继。2021 年北京市进口车销售也必然受到影响。

2020 年的疫情对北京市汽车流通体系的影响是深刻和全方位的,市场的下滑及相关政策加速了现有流通渠道的洗牌及流通模式的创新。2021 年将是北京市汽车流通渠道转型升级的关键之年。《北京市小客车数量调控暂行规定》将于 2021 年 1 月 1 日起正式实施,对二手车市场是一个重大的考验。如果没有配套政策,北京市上千个二手车企业以及 4S 店都将面临流通瓶颈。预计北京市 2021 年将推出针对二手车交易的临时周转指标政策,将会对北京现有二手车业态造成颠覆性影响。相关政策的出台会对北京市二手车交易全面利好,将从根本上解决现有二手车经营企业的指标瓶颈,大大降低经销商用于租用汽车指标的经营成本,有利于大型二手车经营企业做大做强。对 2021 年北京市二手车交易将是一大利好,对依靠置换来促进整体汽车消费也是重大利好。二手车交易市场及市场内的二手车品牌经销商将是这一政策的最大受益者。

2020 年北京市有近 8 万辆老旧机动车通过政策补贴完成了外迁或报废。截至 11 月 30 日,已有 26739 人(辆)收到财政补助资金,实发金额 21734.85 万元。2021 年将继续实施老旧机动车淘汰更新补贴政策,北京市国Ⅲ标准的老旧机动车还有十几万辆,随着年底补贴政策到期,必然会促进剩下的国Ⅲ老旧机动车加快淘汰更新,促进 2021 年北京市新旧车交易量的提升。

2021 年北京市整体汽车市场将呈现恢复性上升趋势,其中新车市场进口车需求保持基本稳定或略有上升。新能源汽车将继续保持增长,但增长幅度不会很大。商用车销售会继续下降或保持基本稳定。2021 年各项政策对二手车市场呈现利好,在政策带动下有可能有 15%以上的增长,从而带动新车销售。2021 年是北京市执行限购、限行政策的第 11 个年头,也是调控新政的第一年,作为十四五的开局之年和疫情之后的关键一年,北京市如何更好地解决城市交通管理与促消费、促经济之间的矛盾将是未来一年的重点。而政策的每一次调整对北京市汽车市场都是一次挑战,2021年挑战依旧。

(作者:郭咏)

2020年天津市汽车市场分析及2021年预测

天津市汽车市场呈现快速回暖态势，2020年疫情下的促进消费政策力度较大，天津市汽车市场2020年一季度下滑较大，但在政策和汽车厂家的共同努力下呈现出V形反转态势，全年实现25%左右的高增长。

随着国Ⅵ实施，天津市汽车市场的平行进口压力较大，中美贸易战也导致进口车的销量偏低。但作为限购城市的天津市消费升级潜力很大，估计平行进口新的变通政策仍会出台，2021年的进口车销量将有很好的表现。

一、天津市汽车市场分析

1. 天津市上牌量及历史变化趋势

天津市的汽车需求发展与全国的增长特征有所差异，这与天津市的限购下的需求变化因素直接相关。天津市汽车市场受到限购影响，从2013年的42.2万辆回落到2015年的22.6万辆谷底（见表1），自2014年开始销量下滑较大，2015年在22万辆水平，随后回升到2016～2017年的30万辆水平。2018～2019年的汽车市场低迷，2018年的人口外流和房价暴涨抑制消费现象较为突出，导致总体发展不佳。2020年天津市新增上牌受到政策推动，增速恢复较为明显。

表1 天津市上牌量及历史变化趋势

年份	数量/万辆			增速（%）		
	乘用车	商用车	汽车	乘用车	商用车	汽车
2004	7.9	1.9	9.8	29	16	27
2005	10.6	1.5	12.1	34	-21	23
2006	11.2	1.7	12.9	6	14	7
2007	13.5	2.4	15.9	21	39	23
2008	16.1	2.3	18.4	19	-4	16
2009	21.5	2.7	24.2	33	16	31
2010	27.0	4.1	31.1	26	53	29
2011	29.3	3.4	32.7	9	-18	5
2012	30.8	3.4	34.2	5	2	5

（续）

年份	数量/万辆			增速（%）		
	乘用车	商用车	汽车	乘用车	商用车	汽车
2013	38.2	3.9	42.2	24	15	23
2014	18.3	5.3	23.6	-52	34	-44
2015	17.6	5.0	22.6	-4	-5	-4
2016	25.9	4.5	30.4	47	-11	34
2017	24.6	4.5	29.1	-5	1	-4
2018	23.5	3.9	27.4	-5	-14	0
2019	20.9	4.0	24.9	-11	4	-9

2．天津市乘用车销量总量

天津市2020年11月份乘用车市场销量3.21万辆，同比增长57%；2020年1～11月份的天津市汽车市场乘用车销量27.54万辆，同比增长24%。天津市国产乘用车的传统换购群体相对稳定，销量走势受到新能源汽车的影响较大，2020年1～11月份，天津市乘用车市场形成了相对良好的增长态势（见图1）。2020年新能源汽车的市场波动较大，尤其5月份后的新能源汽车上牌数量多，推动了汽车市场较快拉升，三季度后走势相对较强。2020年的全年销量估计高于2018年销量。天津市乘用车在全国的销量地位较低，2019年份额在1.17%左右，总体需求不强。2020年上升到1.6%的较高水平。

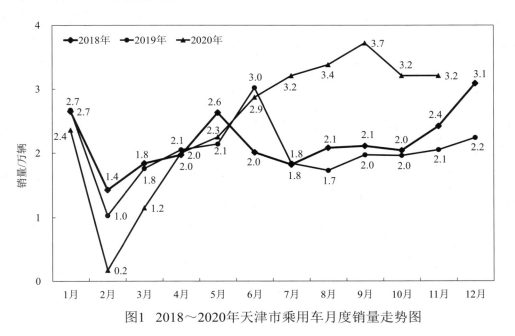

图1　2018～2020年天津市乘用车月度销量走势图

3. 天津市人口增长陷于停滞

天津市的人口增长也相对缓慢,从 2012 年的 1413 万人,增长到 2016 年的 1562 万人,这段时间,天津市人口增长较快,2017 年出现了人口下滑状态,所以 2018 年天津市放开了外来人口的落户,但 2019 年仅回到 2016 年水平。综合来看,天津市经济发展对汽车市场来说是相对较差的环境。

4. 天津市人均收入水平

天津市的人均收入水平在全国排名第四,2020 年人均收入在 4.3 万元。自 2012 年以来,天津市经济发展处于逐步减速之中,天津市的经济发展水平从 2012 年和 2013 年的全国 GDP 发展速度第一,逐步降到 2014~2016 年的全国第四位,随后又降低到全国的倒数第一位。经济下行对汽车市场的影响相对不利,但作为限购城市,需求相对受到调控,新购需求稳定。

二、天津市汽车促消费政策分析

2020 年 5 月份,天津市人民政府办公厅印发了《天津市人民政府办公厅关于印发天津市促进汽车消费若干措施的通知》。通知中提到了建设新能源汽车充电桩等推广新能源汽车的措施。同时,还提到了扩大天津市汽车消费,包括优化限购、适度增加个人指标、盘活废弃指标等措施。

1) 新增小客车个人增量指标。2020 年内新增小客车个人增量指标配置额度 35000 个,全部以摇号方式配置,每月具体指标配置额度由市交通运输委统筹安排。

2) 推动京津冀同城便利化。京、冀户籍人员,持有效本市居住证,可参加本市小客车个人增量指标竞价,竞得指标后须在本市购车(市交通运输委、市公安局按职责分工负责)。

3) 放宽个人增量指标申请资格。放宽京、冀户籍以外的非本市户籍人员参与小客车个人增量指标竞价条件,持有效本市居住证,在 2020 年 12 月 31 日前参与竞价的,将其在本市连续缴纳社会保险的期限调整为近 12 个月。

4) 放宽企业增量指标申请资格。放宽大额投资企业申请小客车增量指标条件,在 2020 年 12 月 31 日前参与摇号或竞价的,将纳入统计企业的上一年度在本市累计完成固定资产投资额或当年新开工项目计划总投资额调整为 5000 万元及以上。

5）完善小客车限购限行措施。设置小客车区域指标，居住地在本市的人员在本市购置小客车（不含面包车）可直接申领小客车区域指标。通过该类指标登记的车辆，不产生更新指标。上述车辆工作日（因法定节假日放假调休而调整为工作日的星期六、星期日除外）每日7时至9时和16时至19时两个时段，禁止在外环线以内区域（不含外环线）行驶。

6）鼓励新能源汽车消费。落实国家新能源汽车购置相关财税支持政策。按照国家规定，积极组织本市新能源汽车生产企业申请中央财政补贴资金。2020年6月1日至12月31日期间，居住地在本市的人员或注册地在本市的单位在本市新购置新能源小客车，给予每辆车2000元汽车充电消费券，全市不超过30000辆。

7）推进淘汰报废老旧柴油货车。采取严格超标排放监管、限制使用、适当补偿等综合措施加快推动老旧柴油货车的淘汰报废工作。2020年力争完成国Ⅲ及以下排放标准中重型营运柴油货车淘汰报废任务70%以上。

8）畅通二手车流通交易。培育引进二手车经营企业，稳步提升本市二手车出口规模。加强行业管理，促进二手车流通。

9）推动汽车配套设施建设。加快新能源汽车充电设施布局建设。落实本市新建小区充电设施配建标准，推动老旧小区建设公共充电桩。支持公交场站充电设施建设，引导政府机关、企事业单位加快单位内部充电设施建设，加快推进城市综合体、商场、公共停车场、产业园区等区域充电设施建设。三年内新建各类充电桩不少于1.5万台，2020年内新增公共充电桩4000台。

三、天津市汽车消费结构分析

1. 天津市进口与国产车上牌量分析

平行进口汽车是指未经品牌厂商授权，贸易商从海外市场购买，并引入中国市场进行销售的汽车。由于市场壮大和政策鼓励，我国的平行进口汽车产业已经处于快速发展阶段。

天津市从2006年开始探索小批量的平行进口业务，目前开展汽车平行进口试点是天津自贸试验区政策制度创新的重要内容之一。天津市进口车较强，进口销量相对较高,其中多元化进口较好。2020年实施的国Ⅵ标准是全世界最严格的小型车排放标准之一;在现有环保政策层面,企业能做的只有围绕国Ⅵ标准,寻找符合中国环保要求的车源。因此,2020年下半年天津市平行进口锐减。2017~2020年天津市进口与国产车上牌量见表2。

表2 2017~2020年天津市进口与国产车上牌量

上牌量	2017年	2018年	2019年	2020年							
				5月	6月	7月	8月	9月	10月	11月	1~11月份
天津	24.8	26.1	24.4	2.3	2.9	3.2	3.3	3.7	3.2	3.2	27.5
国产上牌量/万辆	22.9	24.3	22.8	2.1	2.7	3.0	3.2	3.5	3.1	3.1	26.0
进口上牌量/万辆	1.9	1.8	1.6	0.1	0.2	0.2	0.1	0.2	0.1	0.1	1.5
占全国比例(%)	1.0	1.2	1.1	1.4	1.8	2.0	1.9	1.9	1.7	1.6	1.6
国产比例(%)	1.0	1.2	1.1	1.4	1.7	1.9	2.0	1.9	1.7	1.6	1.6
进口比例(%)	1.6	1.6	1.5	1.6	2.1	2.0	1.8	1.8	1.6	1.5	1.7

2. 限购城市指标达到峰值

目前看限购城市的新能源汽车购买只有北京市限制较大。广州市、天津市的节能车中签率都是偏低的水平,而深圳市的中签率仅有不到3%,北京市的每年中签率只有1%。北京市与深圳市的消费者靠摇号购车基本短期内无法满足,摇号中签属于中彩票性质的,难度巨大。目前在限购城市的拍牌价格逐步企稳,各地拍牌价格差异较大。而目前来看上海市与深圳市的价格控制得相对较好,尤其是上海市的价格仍能保持9万元稳定水平,限购城市的购车需求仍有稳定的增长潜力。

3. 竞拍价格走势

限购城市的拍牌价格相对稳定(见表3),体现了购买牌照的需求仍相对很强。个人出行的用车需求持续上升,传统车的购买力不断提升,这对汽车市场也是很好的促进。

表3　2016～2020年限购城市竞拍价格

（单位：元）

城市	2016年12月	2017年12月	2018年12月	2019年12月	2020年10月
广州市	20591	32312	40985	15461	20025
天津市	28916	27542	21050	19700	14543
杭州市	33337	44887	31382	33893	33611
深圳市	42320	95103	57185	38569	52147
上海市	88412	92848	87508	89663	90726

4. 天津市新能源乘用车销售情况

（1）天津市新能源乘用车销售总量　天津市2020年的新能源乘用车销售增长较好（见表4），结构逐步转向纯电动，随着普通混合动力车的政策压制，导致微型纯电动车成为市场的主力，插电式混合动力车的市场表现较差。

表4　2020年天津市传统车、混合动力车和新能源乘用车销量汇总

车型	传统车销量/辆	混合动力车销量/辆	新能源汽车销量/辆	新能源汽车	
				插电式混合动力车销量/辆	纯电动车销量/辆
1月	19714	1473	2407	828	1579
2月	1348	81	267	66	201
3月	9229	873	1428	345	1083
4月	16377	1446	2188	600	1588
5月	18555	1396	2560	675	1885
6月	23334	1989	3378	781	2597
7月	26014	2403	3649	857	2792
8月	27448	2074	4275	1067	3208
9月	29286	2746	5198	984	4214
10月	25115	1905	5083	881	4202
11月	23674	2068	6380	871	5509
合计	220094	18454	36813	7955	28858

（2）天津市新能源乘用车销售情况　天津市新能源乘用车呈现快速变化特征，比亚迪表现一直比较优秀。2020年，长城汽车在天津市的市场销售相对火爆，低价新能源乘用车成为了天津市市场增量的核心推动力。广汽乘用车的出租网约

等车型也拉动了天津市新能源乘用车市场的发展。特斯拉作为高端车型在天津市的表现也相对较强。2017~2020 年 1~11 月份新能源乘用车销量见表 5。

表 5　2017~2020 年 1~11 月份新能源乘用车销量

（单位：辆）

乘用车	2017 年	2018 年	2019 年	2020 年 1~11 月份
长城汽车	241	345	2263	5292
比亚迪	3736	5983	5621	3238
广汽乘用车	148	1250	1382	3014
特斯拉	498	410	954	2826
奇瑞汽车	2684	4934	1898	2671
北汽新能源	3898	16429	2826	2561
合众新能源	—	124	1662	2102
上汽通用五菱	—	4	207	1402
一汽丰田	—	—	1152	1399
吉利汽车	1518	2085	2288	1199
上汽大众	—	53	948	1153
上汽乘用车	831	2255	1418	1009
一汽红旗	—	—	1379	1004
华晨宝马	7	661	967	853
理想汽车	—	—	20	804
一汽大众	—	20	25	802
长安汽车	819	2540	1187	768
江淮汽车	2425	1988	775	750

（3）天津市新能源客车销售情况　天津市新能源客车的主要需求是公交，珠海银隆的钛酸锂客车虽然技术落后，但市场表现很好。2017~2020 年 1~11 月份天津市新能源客车销量见表 6。

表 6　2017~2020 年 1~11 月份天津市新能源客车销量

（单位：辆）

新能源客车	2017 年	2018 年	2019 年	2020 年 1~11 月份
比亚迪	—	—	—	560
珠海广通	180	1002	492	279
郑州宇通	40	122	—	216
北汽福田	1	—	—	5

(续)

新能源客车	2017年	2018年	2019年	2020年1～11月份
东风汽车	1	—	—	—
烟台舒驰	200	—	—	—
江铃汽车	—	7	—	—
江苏九龙	4	—	—	—
扬州亚星	3	—	—	—
成都广通	—	100	—	—
中国重汽	280	—	—	—
上海申龙	—	—	3	—
苏州金龙	—	55	—	—
厦门金旅	10	—	—	—

（4）天津市新能源专用汽车销售情况　天津市专用汽车市场总体走势低迷，没有太强的优势产品推出，市场接受度也不高。2017～2020年1～11月份天津市新能源专用汽车销量见表7。

表7　2017～2020年1～11月份天津市新能源专用汽车销量

（单位：辆）

新能源专用汽车	2017年	2018年	2019年	2020年1～11月份
重庆瑞驰	—	143	321	331
北汽福田	3	31	—	131
昌河汽车	—	—	—	103
上汽通用五菱	—	—	—	93
东风渝安	363	62	2	88
奇瑞汽车	190	279	66	84
长安汽车	78	163	5	47
华晨鑫源	—	10	57	37
广西汽车	—	—	—	35
厦门金旅	3	10	5	34
中通客车	—	—	4	30
江淮汽车	—	—	15	25
吉利商用车	—	34	32	19
上汽商用车	81	2	22	14

四、天津市汽车保有量和历史变化趋势及 2021 年预测

天津市汽车保有量增长较快，从 2003 年的 52 万辆增长到 2020 年的 330 万辆。2021 年有望接近 340 万辆（见图 2），保有量增速处于相对高位。从增长特点看，2009～2013 年是增长的爆发年，增量平均达到 30 多万辆。2014～2016 年保有量增长较慢，2015～2016 年是内部调整期，而限购抑制增量突出。

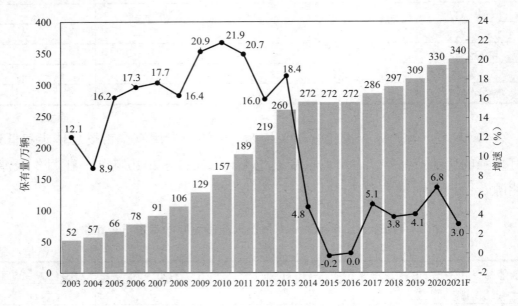

图2　2003～2021年天津市汽车保有量及增速

2020 年天津市新车交易市场大幅回暖，导致换购需求相对释放，而新能源汽车的新购需求促进汽车市场平稳增长。2020 年年末天津市的低排放车型限行措施推动了货车换购需求的增长，2021 年天津市货车销量可能暂时低迷，高增长后面临透支。

总体看，天津市 2020 年汽车市场增长表现较强，在 2019 年稍有下行的低基数下，2020 年以传统汽车和新能源汽车双拉动的结构性增长很强，进口车消费低迷。2021 年随着县乡市场回暖、平行进口车的回升、国产车市场的活跃，未来的天津市汽车市场流通体系建设将有更快的发展。

（作者：崔东树）

2020年上海市乘用车市场分析及2021年预测

一、2020年上海市区域市场分析

1. 2020年上海市经济情况

2020年以来，面对新冠肺炎疫情带来的严峻考验，上海市全面落实"六稳"要求，扎实做好"六保"工作，有效缓解了疫情对经济发展的冲击，统筹推进疫情防控和经济社会发展取得显著成效。随着一系列政策措施深入推进落实和叠加发力，全市经济运行延续回稳复苏态势，各项经济指标在上半年基础上进一步回升。

根据地区生产总值统一核算结果，2020年前三季度，上海市实现地区生产总值27301.99亿元，比上年同期下降0.3%，降幅比2020年上半年收窄2.3个百分点。其中，第一产业增加值55.03亿元，下降18.0%；第二产业增加值7009.63亿元，下降2.9%，降幅比上半年收窄5.3个百分点；第三产业增加值20237.33亿元，由上半年下降0.6%转为增长0.7%。第三产业增加值占地区生产总值的比重为74.1%，比上年同期提高1.9个百分点。

全市固定资产投资总额2020年前三季度比上年同期增长10.3%，增速比上年提高5.2个百分点；全市社会消费品零售总额11103.58亿元，比上年同期下降4.6%；全市货物进出口总额为2.53万亿元，比上年同期增长1.7%。

2020年前三季度，全市就业市场基本保持稳定，城镇调查失业率为4.4%；居民人均可支配收入54126元，比上年同期增长3.5%；全市居民消费价格比上年同期上涨2.3%，涨幅比上半年回落0.4个百分点。

2. 2020年上海市乘用车市场情况

（1）乘用车保有情况 根据上海市交通管理部门公布的统计数据，截至2019年年底，上海市乘用车保有量达540万辆，其中长期在沪的外省市号牌小客车170万辆（见图1），长期在沪的外牌小客车保有量占比为31.5%。2019年上海市乘用车保有量增加29万辆，低于2018年同期增量42万辆，保有量增长趋势放缓。

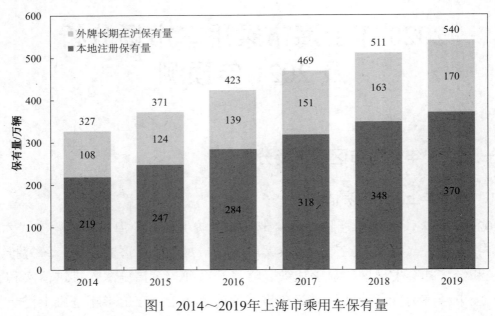

图1 2014～2019年上海市乘用车保有量

在2019年上海市乘用车保有量29万辆的增量中，沪牌的增量为22万辆，外牌的增量为7万辆，外牌在增量中占比24.1%，低于2018年的比例28.4%，外牌占比持续下降（见图2）。

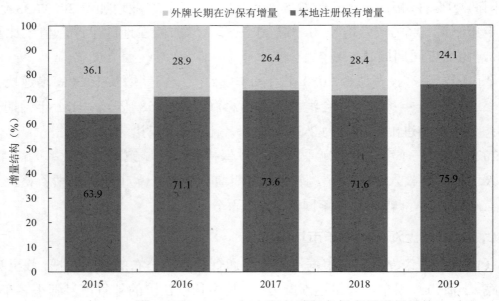

图2 2015～2019年上海市乘用车保有量增量结构

（2）乘用车需求情况　2020年上海市乘用车市场需求小幅下降，全年总体市场需求（上险数）预计为64.9万辆（见图3），同比增速-1.8%；其中，本地注册乘用车需求量预计为49.3万辆，同比增速预计为14.1%，占上海市总需求比例的76.0%。

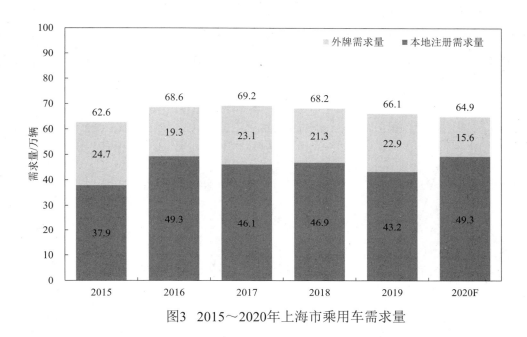

图3　2015～2020年上海市乘用车需求量

1）在新能源汽车需求大幅上升的推动下，2020年上海市乘用车市场本地注册新车需求大幅上升。

在新能源汽车相关政策、外牌限行政策调整的推动下，2020年新能源汽车销量大涨。

2020年4月23日上海市出台政策：对购买新能源汽车的消费者给予"充电补助"。消费者购买新能源汽车，除了继续享受中央财政补助和购置税减免等政策外，上海市对消费者使用新能源汽车过程中发生的充电费用，再补助5000元。另外，消费者置换新能源汽车的，获得新能源汽车专用牌照额度后，允许继续保留燃油汽车上牌额度。在政策鼓励之下，2020年1～9月份上海市新能源汽车新车销量达到6.2万辆，同比增长16.6%。

2020年10月24日上海市调整外牌车限行措施：2020年11月2日起，工作日7时至20时，悬挂外省市机动车号牌的小客车禁止在城市快速道路上通行；

2021年"五一"小长假后的第一个工作日起,工作日7时至10时、16时至19时,内环内禁止悬挂外省市机动车号牌的小客车通行。政策出台之后,由于外牌在城市快速道路上的限行时间从上、下班高峰时段扩大到几乎整个工作时段、2021年五一之后工作日高峰时段内环内的外牌不能上路,历年累积的170万辆外牌车中有市区通行需求的车辆迫切需要获取市区通行资格。在市区传统能源牌照额度受限的情况下,这部分车主只能换车转向新能源汽车,从2020年10月底开始新能源汽车销量大幅上升,预计全年新能源汽车销量将达到12.9万辆,同比增长89.1%(见图4)。

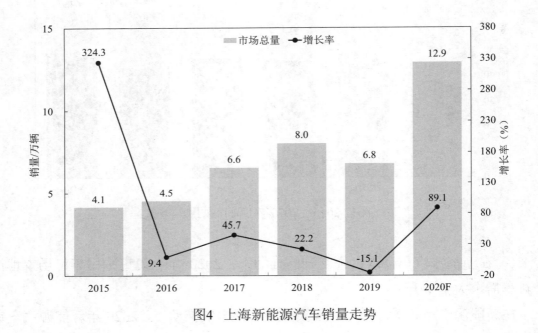

图4 上海新能源汽车销量走势

2)市区传统能源牌照额度增加,推动使用市区牌照的新车销量小幅上升。

由于上海市从2020年3月份起到2020年年底,在原有年度计划基础上新增4万个非营业性客车额度,2020年上海市区牌照额度(不含新能源汽车)投放数量达到19.9万个,比2019年的牌照额度多6.5万多个;其中主要是市区私车牌照额度,达到17.4万个,比2019年多6.2万个(2019年市区私车牌照投放了11.2万个额度,比原计划少2万多个),增幅54.9%。2020年全年市区私车牌照的投标人次为176.6万人,比2019年的189.6万投标人次低6.8%。上海私车牌照投标人数及中标率见图5。由于投放的牌照额度大幅上升,投标人数下降,2020

年私车拍卖全年平均中标率大幅上升，从2019年的5.9%上升到9.8%。虽然2020年3月份开始牌照额度大幅上升，但由于有不少市区牌照被用在沪C、外牌转为市区牌照，而且从拿到牌照到实现购买的周期比较长，2020年使用市区传统能源牌照的销量增量比牌照增量要小，预计增加1~2万辆新车需求，部分新增额度将在2021年实现新车销量。由于沪C只能在外环外行驶，且交通管理部门日常管控日益严格，2020年沪C牌照需求比较疲弱，预计仅为4.5万辆，同比出现明显下降。更新需求在保有量上升的推动下小幅上升。

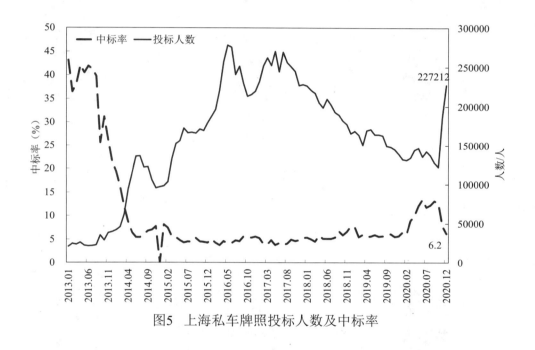

图5 上海私车牌照投标人数及中标率

3）由于上海市对于外牌车辆通行管控越来越严，又于2020年10月24日进一步收紧了外牌通行时间、区域，2020年外牌新车需求量预计大幅下降到15.6万辆，同比下降31.8%。

（3）乘用车需求结构

1）上海市2400多万常住人口，按540万人实际在沪使用小客车计算，2019年年底保有量水平已达到225辆/千人，上海市汽车市场逐步成为成熟市场，豪华型、进口车比例都明显高于全国水平，市场高端化特征比较明显。

2020年1~11月份上海市的车型档次结构中豪华型的比例已经达到30.0%（见图6），全国最高，明显高于全国的豪华车平均比例16.3%；经济型车型的比例仅为 11.8%，全国最低，明显低于全国的经济型车型比例 28.4%。

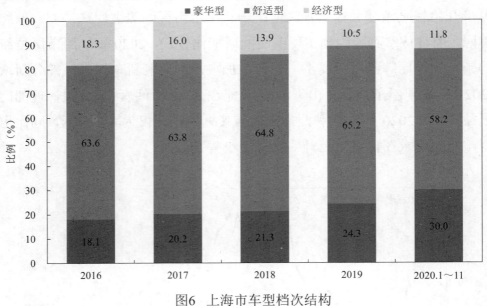

图6 上海市车型档次结构

2020 年 1～11 月份上海市的进口车比例为 9.0%（见图 7），仅低于北京市，明显高于全国的进口车比例 5.2%。

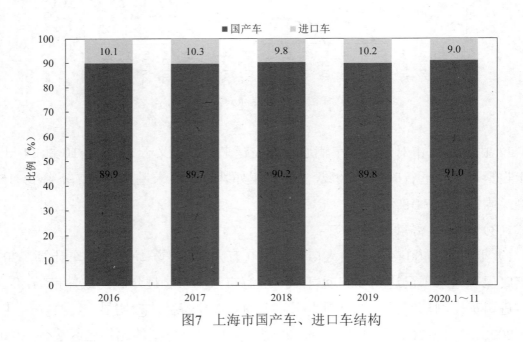

图7 上海市国产车、进口车结构

2）由于上海市传统能源汽车牌照受限，外牌通行政策不断收紧，2020 年 1～

11月份上海市新能源汽车比例全国最高,达到17.3%(见图8),远高于全国5.4%的比例。

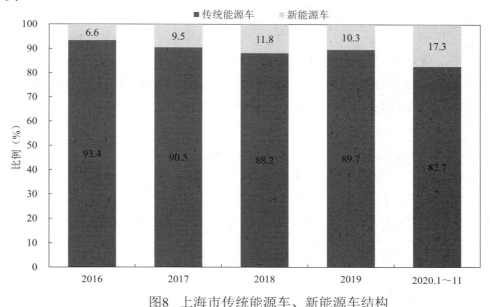

图8 上海市传统能源车、新能源车结构

上海市新能源汽车销量中,特斯拉Model 3占比达到25.9%(见表1),远高于全国的占比,需求明显偏高端化;前五车型占比接近一半,集中度也比较高。

表1 上海市及全国新能源汽车销量前五名车型及特斯拉占比情况

(单位:%)

上海市前五名车型	Model 3	Roewe Ei5	Roewe RX5	Roewe i6	NIO ES6	前五车型合计
车型比例	25.9	5.2	4.9	4.6	4.1	44.7
全国前五名车型	Model 3	Hongguang mini	AION.S	ORA R1	QQ	前五车型
车型比例	12.6	8.9	4.9	3.9	3.2	33.5

二、2021年上海市区域市场预测

1. 2021年上海市经济态势

中央经济工作会议2020年12月16日至18日在北京市举行,会议总结了2020年的经济工作,为2021年的经济工作定下基调,为"十四五"开局划出重点。

中央经济工作会议提出，构建新发展格局 2021 年要迈好第一步，见到新气象。为做好 2021 年的经济工作，上海市紧紧围绕构建新发展格局，认认真真抓落实，加快构筑上海市发展新的战略优势，不断提升城市能级和核心竞争力，加快打造国内大循环的中心节点、国内国际双循环的战略链接。一方面，做足大国经济以内需为主导、内部可循环的文章，在要素配置中占据关键环节，在供需对接中锻造关键链条，在内需体系中打造关键支撑，助力国内经济循环更加畅通。通过进一步发挥龙头带动作用，以一体化的思路举措为突破口，以联动畅通长三角循环为切入点，推进长三角新型产业一体化高质量发展，并进一步加强产业链供应链协同。另一方面，做足国内、国际双循环能量交换的文章，构建要素链接、产能链接、市场链接、规则链接，形成独具优势的战略通道，助力我国经济全面融入世界经济体系。通过打造吸附全球要素资源的引力场、融入全球产业链的桥头堡、参与全球经济治理的试验田，努力成为"走出去"的最好跳板、"引进来"的前沿阵地，赢得开放发展的战略主动。

上海市将更加突出实体经济的重要地位，坚持二、三产业两手抓、内外需求同步抓。要做强做优"五型经济"，把长板拉长，让优势更优。要增强改革开放动力，推动浦东更高水平的改革开放，放大"三大任务、一大平台"引领效应。要大力发展数字经济，搭好数字城市的框架，打通数据应用的瓶颈，激活应用场景的开发，打造具有世界影响力的国际数字之都。要加快建设"五个新城"，打造"产城融合、功能完备、职住平衡、生态宜居、交通便利"的独立综合性节点城市。要以科技创新催生发展新动能，为经济可持续发展提供内在驱动力，带动经济高效发展。

2．2021 年上海市乘用车市场影响因素及总量预测

2021 年上海市乘用车的新车需求将在新能源汽车需求的推动下保持较大增幅。现存 170 多万辆在沪使用的外牌车中需要经过城市快速路或内环上班通勤的车主在 2021 年 5 月 1 日之后面临无法使用的困境，而市区传统能源牌照虽有增量但仍很难拍中，限外政策调整后市区传统能源牌照中标率再次大幅下降到 6.2%，这些外牌车主只能转向购买新能源汽车，2021 年新能源汽车牌照额度发放量预计仍将大幅增加（见表 2）。

表 2　上海市新能源汽车牌照发放量

（单位：万个）

年份	2015 年	2016 年	2017 年	2018 年	2019 年	2020F	2021F
新能源汽车牌照数量	4.13	4.51	6.58	8.04	6.82	12.90	20.20

上海市本地注册保有量每年约增加 20 多万辆,在保有量上升的推动下,2020年更新带来的新车需求预计将增加 1 万多辆。

2020 年上海市区传统能源车牌照额度发放规模为 19.9 万个(见表 3),假设 2021 年管理部门保持这一额度发放规模,由于 2020 年 3 月份开始增加额度,这些增量额度中有部分到 2021 年进入购车期,2021 年全年各月市区牌照的新车需求都将会比较高,市区牌照的新车需求将保持小幅增加。

表 3　上海市传统能源汽车牌照发放量

(单位:万个)

年份	2015 年	2016 年	2017 年	2018 年	2019 年	2020F	2021F
市区传统能源汽车牌照数量	10.4	14.6	15.2	15.7	13.3	19.9	20.0

综合以上因素,预计 2021 年上海市乘用车销量(上险数)将达到 73.3 万辆,同比增长 12.9%(见图 9),其中上海市注册销量预计为 58.3 万辆,同比增长 18.3%。

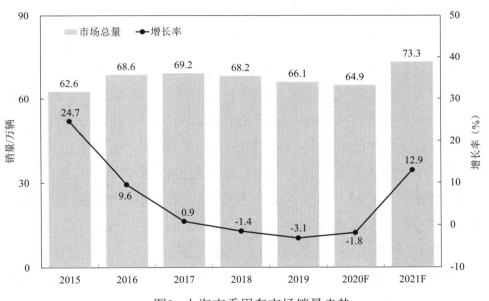

图9　上海市乘用车市场销量走势

(作者:俞滨)

2020年浙江省乘用车市场分析及2021年展望

浙江省经济发达，人均GDP、人均可支配收入均位居全国前列，汽车市场体量大，汽车发展阶段高，研究其汽车市场发展规律对预测其他省市汽车的发展具有重要的参考价值；作为外贸大省和新经济发展较好的省份之一，以及国家政策的重点关注省份之一，浙江省的汽车市场走势能够在一定程度上反映出国际贸易形势和国家政策对汽车市场的影响。

一、浙江省乘用车市场概况

1. 浙江省的基本情况

浙江省地处我国东南沿海长江三角洲南翼，幅员10.55万km^2，占全国总陆地面积的1.1%，是全国面积较小的省份，浙江省海域辽阔，海岸线总长6486.24km，占全国的20.3%，居全国首位。浙江省属于长江经济带南翼，与安徽省、江苏省、上海市共同构成的长江三角洲城市群已成为国际六大世界级城市群之一。2019年年末浙江省常住人口5850万人，占全国总人口的4.2%；浙江省对人口的吸引力强，常住人口中外来人口和劳动力人口比例都较高，劳动力资源丰富。

优越的自然地理环境和丰富的劳动力资源为浙江省成为全国经济体量大、发展水平高的省份奠定了基础。2019年浙江省GDP规模为6.2万亿元，全国排名第4位。人均GDP为10.8万元，达到中高收入国家水平，高于全国的7.1万元，全国排名第4位。城镇居民人均可支配收入连续17年位居全国第3、省区第1。同时，浙江省是我国经济尤其是民营经济最活跃的省份之一，具有结构均衡、民营经济强、外向型程度高的特点。浙江省制造业发达，同时第三产业发展水平高；制造业占第二产业比例接近90%，明显高于全国66%的制造业比例。2015年以来，浙江省大力发展信息、环保、健康、旅游、时尚、金融、高端装备制造七大万亿元产业；2017年又新增文化产业，形成八大万亿元产业。各产业融合互动、不断创新,已形成以八大万亿元产业为支柱的产业体系,经济新旧动能转换领先全国各省。浙江省最具特色的民营经济领冠全国,平均每 11 个人中就有 1 位业主,平均 30 个人拥有 1 家企业。浙江省出口以一般贸易为主,外贸依存度接近 50%,在全国省区排名中仅次于广东省;自 1999 年以来,浙江省一直保持着全国跨区域直接投资最大省份的地位。目前,在外投资创业的浙商超过 750 万人。浙江省内城市经济发展均衡,且各地市经济发达程度普遍较高,所辖 11 个地级市的人均 GDP 均高于全国平均水平。杭州市、宁波市、绍兴市、温州市是浙江省的四大经济支柱。

良好的经济基础为浙江省乘用车市场的发展创造了较好的条件。浙江省乘用车市场规模大,是全国七大百万级销量以上的市场之一,2017 年乘用车上险数达到 160 万辆(见图 1),2018~2019 年市场有所波动,2019 年降至 153 万辆,排名全国第 4 位。同时浙江省乘用车保有水平高,至 2018 年年底,千人保有量达到 222 辆,已处于乘用车发展阶段的普及后期。

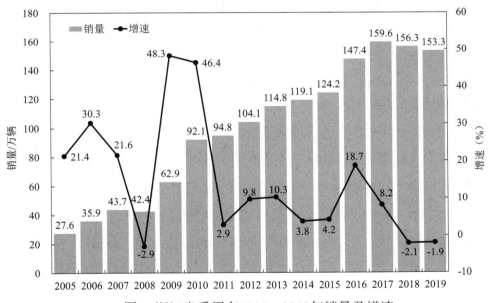

图 1 浙江省乘用车 2005~2019 年销量及增速

2. 浙江省乘用车市场特征

浙江省乘用车市场呈现出以下几大特征。

(1)市场容量大 浙江省乘用车年销量逐年增长,2017 年总量已达到 160

万辆，2018~2019年市场有所波动，2019年销量153万辆，仅次于广东省、江苏省、山东省，位于全国第4名，且连续数年位居第4名。

（2）发展阶段高　　随着人均GDP持续快速增加，浙江省乘用车千人保有水平快速增加，2018年已达到222辆，处于乘用车普及期的后期，千人保有量仅次于北京（223辆）。千人保有与人均GDP直接相关。2003年，浙江省乘用车千人保有水平超过10辆，当年人均GDP突破20000元；2012年浙江省乘用车千人保有水平达到100辆，人均GDP超过60000元；2017年浙江省乘用车千人保有水平达到200辆，人均GDP接近100000元。

（3）需求档次高　　浙江省乘用车需求不断向高端化发展，2019年豪华车渗透率达到24%，仅次于北京市和上海市，位居全国第3位。静态看，浙江省豪华车渗透率高的主要原因是居民收入水平高，豪华车消费力强。2016年浙江省居民人均可支配收入接近40000元，仅次于上海市和北京市；同时，浙江省的高净值人群占全国比例达到6.6%[①]。动态看，浙江省豪华车渗透率的提升经历了三个阶段。阶段一是2012年以前，豪华车渗透率较低且提升较慢，主要是因为经济发展水平不高，千人保有量不到100辆，汽车仍处于快速普及阶段，豪华车需求有限；阶段二是2012~2016年，豪华车渗透率快速提高至18%，主要是因为经济快速发展，部分居民财富快速积累，购买力大幅提高，显著带动了豪华车消费；阶段三是2017年后，豪华车渗透率再一次上台阶，主要是因为大量的更新和改善性需求逐渐释放，豪华车需求保持强劲。

（4）多样化需求日益明显　　从品牌的市场集中度看，销量排名前10的品牌市场份额由2010年的60%下降至2017年的52%，销量排名前30的品牌份额从88%下降至82%；从车系看，自主品牌的市场份额由2010年的不到20%上升至2017年的32%，合资品牌由近80%下降至60%；从车身形式看，2010年轿车独大，占比超过80%，SUV仅占10%左右，2017年市场更加均衡，轿车占52%，SUV占40%。日益多元化的需求主要来自于供给和需求两方面原因：一是供给端，产品供给越来越多元化，消费者拥有了更多的选择；自主品牌竞争力不断提升，消费者对其偏好随之提高；众多汽车制造厂家尤其是自主品牌汽车企业加大了SUV产品的开发力度，有效刺激了SUV需求的释放。二是需求端，浙江省经济

---

① 数据来源于《2017年中国高净值人群数据分析报告》。

发展好，是外贸发达、民营经济活跃的省份和人口流入大省。浙江省人口层次多样，存在着不同偏好和购买力的消费者。

（5）省内区域市场相对均衡　首先，各城市的汽车发展阶段均较高。全省11个市，除舟山外均高于全国水平，其中有8个市的乘用车千人保有量超过200辆。一方面，千人保有量高意味着市场潜在增速较低，未来浙江省以及省内各市的汽车销量增速将相对平稳；另一方面，千人保有水平高意味着增换购的改善需求增加，高端化、个性化的需求将持续释放。

其次，各城市的销量相对均衡。杭州市销量最高，占全省销量约24.2%（见图2），但远低于其他省会城市在省内占比；宁波市、温州市和金华市的销量各占全省的10%～17%，台州市、嘉兴市、绍兴市和湖州市的占比也超过5%。销量在各城市间的均衡分布，意味着个别城市的市场大幅波动不会带来全省销量的大幅波动。

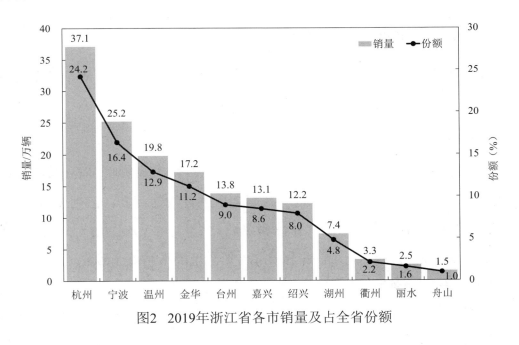

图2　2019年浙江省各市销量及占全省份额

第三，各城市的豪华车渗透率存在差异。浙江省11个地级城市中，仅丽水市和衢州市豪华车渗透率低于20%，其余9个城市均超过20%（见图3），这种地级城市之间的差异远低于其他省市。

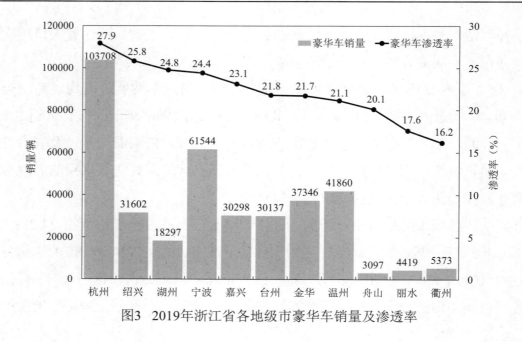

图3 2019年浙江省各地级市豪华车销量及渗透率

二、2020年浙江省乘用车市场分析

尽管受国内外疫情和国际贸易摩擦的双重影响,2020年浙江省乘用车市场在全国的份额仍在继续增长,市场形势好于其他地区。

1. 2020年浙江省乘用车市场表现

(1) 疫情之后快速回升　2020年一季度,受疫情的影响,浙江省乘用车销量大幅下滑(见图4);4~5月份疫情减弱之后销量快速回升,但由于2019年同期国V清库促销带来的高基数,二季度销量相比上年同期仍是负增长;三到四季度市场继续快速回升,季节因子高于正常水平,市场形势好于预期。

(2) 在全国份额继续提升　尽管受疫情和出口不利的影响,2020年浙江省乘用车销量在全国的份额继续提升,至10月份,在全国的份额为7.4%(见图5),较2019年提高0.1个百分点。2020年1~10月份,浙江省乘用车市场同比降幅9.5%,低于全国11.5%的降幅,其中舟山市表现较好,已实现正增长,杭州市、金华市、湖州市、宁波市、衢州市场降幅相对较低,绍兴市、台州市、温州市场降幅相对较大。

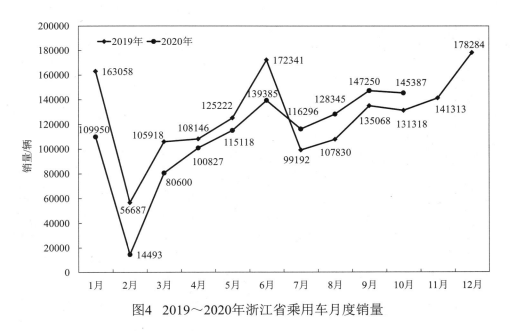

图4 2019～2020年浙江省乘用车月度销量

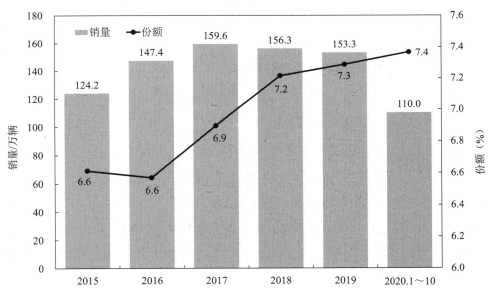

图5 浙江省乘用车2020年1～10月份销量及占全国份额

（3）浙江省豪华车渗透率继续提高 浙江省豪华车市场远好于普通乘用车市场，豪华车渗透率继续提升（见图6）。2020年1～10月份，浙江省豪华车渗透率达到29.4%，接近30%，仅次于北京市（31.8%），继续位居全国第二。全省11个地级市豪华车渗透率全部超过20%，高于全国18.1%的水平。其中杭州市豪华车渗透率超过北京市，宁波市、湖州市、绍兴市豪华车渗透率也接近30%，丽水市、衢州市豪华车渗透率幅度提升较大。

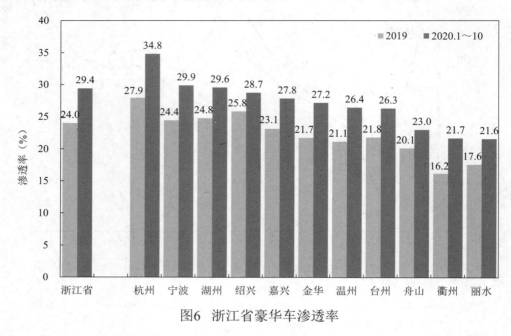

图6 浙江省豪华车渗透率

2．浙江省乘用车市场表现的原因分析

消费者、购买力、购买欲望是影响购车的三要素。2020年浙江省市场好于预期，也正是三要素的不同变化所导致的。

1）浙江省新经济、民营较发达，以阿里为代表的数字经济、网络经济发展迅速，导致大量高校毕业生、相关行业专业人员流入，据官方统计数据，2015年后，浙江省常住人口增量持续提高，2015年新增常住人口30万人，到2019年浙江省新增常住人口超过110万人（2018年80万人，2017年70万人，2016年60万人），其中杭州市是主要的流入城市。大量的新增人口为浙江省乘用车市场提供了大量的潜在需求者。

2）浙江省经济发展较快，购买力不断提高，为新增需求、换购车需求提供了经济基础。在疫情和出口形势不好的大环境下，浙江省受影响相对较小。其中宁波市、台州市出口占比较大，2020年受外贸不佳影响而跌幅较大，但相对于其他省区（如广东省），浙江省对我国香港地区和美国出口占比较小，对欧洲出口占比较大，而且出口物资中，加工贸易占比相对较小，与疫情相关的医疗、防护用品占比较大，因而浙江省出口形势仍然好于其他省区，宁波市、台州市乘用车市场下跌幅度也弱于其他出口型城市。温州市批发贸易占比大，受疫情影响大，乘用车市场下跌幅度也较大。但杭州、嘉兴、湖州、绍兴等城市，出口占比小，受疫情的影响也较小，乘用车市场下跌幅度较小，尤其是舟山市，2017年获批自贸区，经过几年的建设，2020年经济没有受到任何影响，在全国经济增速普遍回落的情况下，舟山市经济仍然保持高速增长，2020年前三季度GDP增长12.6%，创全国之最。

3）受疫情影响，购车欲望提高，大量无车用户增大了购买欲望，是影响全国包括浙江省市场的重要原因之一。同时，乘用车市场竞争加剧，大量车型竞相降价，也促进了许多用户的换购车需求。

三、2021年浙江省乘用车市场展望

1. 2021年浙江省乘用车市场影响因素分析

2021年是十四五开局之年，也是我国为实现第二个百年目标而奋斗的开局之年。国际疫情尚未得到有效改善，我国面临的国际形势愈加严峻，国际国内经济政治形势、调控政策是需要重点关注的聚焦点之一。

国际国内双循环是2021年主导我国经济发展的主要措施之一，在外贸形势严峻的情况下，需增大国内需求及消费、拉动经济增长，以抵御外贸给国内经济带来的负面影响。

浙江省作为数字经济的先行者和领导者，在2021年的双循环经济中将发挥重要的作用。一方面会带来数字经济、电商消费行业的发展，从而导致大量相关行业的发展以及相关人员的流入，另一方面也会促进本省商品的外销，推动本省经济的增长。

国际经济政治形势带来的贸易摩擦仍将严峻。但浙江省出口物资结构合理，出口目的地中美国、澳洲、加拿大等占比相对较低，预计相对其他省份，浙江省受外贸的影响会较低。宁波、台州这两个高出口依赖城市将会加大国内需求的推进力，以减少国外需求不佳带来的负向影响。

2020年8月，浙江省的杭州、金义、宁波再次获批自贸区建设，舟山市的建设经验证明，自贸区建设对区域经济促进较大，预计2021年浙江省在杭州、金义、宁波的投资建设力度较大，对区域经济的推动力较大。

2. 2021年浙江省乘用车市场预判

数字经济、出口结构、自贸区建设是影响2021年浙江省经济的主要素。总体来看，2021年浙江省经济形势会好于全国平均水平，人口流入会继续，国际贸易摩擦的影响会低于预期，浙江省乘用车市场仍存在较大潜力。总体来看，2021年浙江省乘用车市场将大概率延续2020年下半年的走势，市场表现较好，上半年较好但下半年会有回落。全年来看，2021年浙江省乘用车增速有望好于全国平均水平，需求有望回到2018年水平，约为155万辆。

（作者：王泽伟）

2020年海南省乘用车市场分析及2021年展望

一、海南省乘用车市场概况

1. 海南省基本情况

海南省是我国最南端的省级行政区，我国唯一的省级经济特区。海南省陆地总面积3.54万km^2，仅占全国总陆地面积的0.4%，是除北京、天津、上海三个直辖市以外陆地面积最小的省份；但却是海域面积最大的省份，海域面积约200万km^2。海南省人口规模小，2019年年末常住人口945万人，占全国总人口的0.7%；近年来人口流入加速，但从人口结构来看，劳动力人口比重并不高，劳动力资源欠丰富。

特殊的地理环境资源和并不丰富的劳动力资源导致海南省经济总量较小且发展水平较低。2019年海南省GDP规模0.5万亿元，全国各省（自治区、直辖市）排名第28位，仅高于宁夏、青海和西藏。人均GDP为56507元，落后于全国平均水平，购买力水平较低。海南省产业结构特殊，一产和三产比重处于全国领先位势。作为旅游大省，2019年海南省三产比重达到58.9%，全国排名第一；同时借助独特的热带资源，海南省水果、橡胶等特色农产品产业发达，是海南省经济稳定增长的压舱石，2019年一产比重达到20.3%，全国排名第二位，仅落后于黑龙江省。

海南省城市发展不均衡。海南省下辖四个地级市，海口、三亚、三沙和儋州，15个省直辖县，仅海口和三亚南北两极经济发展水平较高、体量大，经济总量占全省的比例达到50%。从人口来看，海口人口规模在百万以上，城镇化水平最高；三亚人口规模虽然较小，但人口年龄结构更年轻化，劳动力人口比重高。除海口、三亚外，海南省其他地区发展都比较落后。

相对薄弱的经济基础导致海南省乘用车市场的发展较为缓慢，叠加汽车限购政策，海南省乘用车市场发展进一步放缓。2018年5月，为控制近年来持续的人口流入导致的外来人口购车需求的增长和满足全岛建设自贸区绿色发展的主题，海南省实施了燃油小客车总量调控管理规定，成为我国第8个[①]实施汽车限购政策的地区，也是我国唯一一个全省范围内实施汽车限购政策的地区。汽车限购政策将海南省乘用车市场划分为两个阶段：2018年5月以前，海南省乘用车保有水平低，不足全国总保有量的1%，千人保有量不足100辆，尚处于乘用车发展阶段的普及前期，因而潜在增速快，加之外地人购车需求的增长，海南省汽车市场年均增速超过20%，截至限购前一年已达到每年15万辆的销量规模；2018年5月限购后，2018～2019年连续两年负增长，市场总需求台阶式下滑，2019年乘用车上险数仅10万辆，全国排名第28位（见图1）。

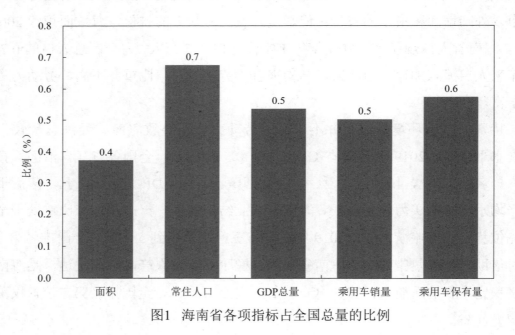

图1　海南省各项指标占全国总量的比例

2. 海南省乘用车市场特征

由于区域要素禀赋、经济发展水平和产业政策等方面的差异，与其他省份相

[①] 2018年海南省开始实施汽车限购政策时，全国共8个限购地区，2019年贵阳市汽车限购政策退出，全国限购地区变为7个。

比，海南省乘用车市场有着其自身特征。

（1）汽车限购政策控制了海南省乘用车市场需求的总额度，是影响海南省乘用车需求的主因素 2018年5月，汽车限购政策实施后，海南省新增需求额度受到控制，市场总需求明显下滑，市场发展不再符合乘用车发展阶段理论，取而代之的是限购城市需求预测模型。根据汽车限购城市需求预测模型，海南省乘用车新增需求由指标额度、更新需求和新能源汽车需求三部分构成：指标额度方面，不同于北京、上海、广州等其他限购城市，海南省新增指标额度充足，中签率高，从2019年主要限购城市摇号指标中签率来看，海南省中签率高达13%，其他城市中签率都低于1%，2018年限购初期中签率甚至达到80%，可见海南省新增指标额度对需求的满足度较高，限购力度弱于其他城市（见图2）；更新需求方面，由于保有水平不高，乘用车市场尚未发展到大规模更新置换的阶段，因此更新需求比重较小；新能源汽车方面，限购政策并未限制消费者购买新能源汽车，部分省外消费者转而购买新能源汽车，推动了海南省新能源汽车市场发展。因此，未来海南省乘用车市场需求将伴随指标额度和新能源汽车需求的涨跌而变化。

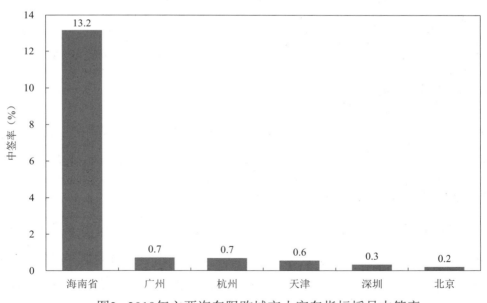

图2 2019年主要汽车限购城市小客车指标摇号中签率

（2）购买力依然是影响海南省乘用车市场需求的关键因素，同时人口因素和消费环境对海南省乘用车需求的影响作用持续加大 汽车限购政策实施后，海南省本地消费者成为主要购车群体，且较高的中签率使限购政策对本地消费者购车的限制作用较小，而本地消费者购车大多为首购，因此，购买力依然是主要决定因素。购买力因素包含收入和支出两方面，其中收入端主要受宏观经济影响，海南省经济欠发达，人均 GDP 低于全国水平，因而从收入端看，消费者购买力水平不高，需求层次不高。支出端主要受车价、税费等因素影响，如购置税减半等汽车消费刺激政策，一方面显著降低了购车成本、提高了购买力；另一方面国家主导的刺激政策也有利于乘用车消费氛围的形成。

人口因素和消费环境对需求影响日益增加。近年来海南省人口流入加速，外来人口比重持续攀升，限购政策虽然抑制了外来人口对燃油汽车的需求，但是并未限制购买新能源汽车，因此，随着新能源汽车的发展，外来人口的流入和流出对海南省乘用车市场需求规模的影响将逐渐增加。消费环境方面，虽然海南省已实施汽车限购政策，但是交通环保压力依然较大，交通方面，海南省的道路建设尚不能满足快速增长的乘用车保有量，车均城市道路面积连续多年下滑，且降幅快于全国降幅；环保方面，为满足海南自贸港"生态文明试验区"的定位，2019 年 3 月，海南省发布的《海南省清洁能源汽车发展规划》提出，到 2030 年全省全面禁售燃油汽车，因此未来燃油车需求可能进一步受到抑制。

二、2020 年海南省乘用车市场分析

2020 年，在新冠肺炎疫情影响下，全国乘用车需求增速创历史新低，不同于全国乘用车市场表现，海南省乘用车市场需求增速逆势上涨，具体呈现以下特征。

1. 2020 年海南省乘用车市场表现

（1）2020 年海南省乘用车需求呈两位数增长，实现限购以来的首次正增长

2020 年 1～10 月份，不同于全国增速大幅下滑的走势，海南省乘用车市场需求增速大幅攀升，同比增速 10.3%，较 2019 年提升 23 个百分点，实现了 2018 年限购以来的首次正增长，高于全国增速 20 个百分点，共完成乘用车销售 9.2 万辆（见图 3）。

图3 2015~2020年海南省与全国乘用车需求及增速

（注：2015年之前数据来源于国家信息中心注册数，2016年之后数据为保险数）

（2）海南省乘用车月度需求增速与全国月度增速走势基本一致，2020年4月份以后持续快于全国增速　从月度走势来看，海南省需求增速基本呈现逐月回升的态势，1月份海南省同比增速-26.4%，10月份同比增速55.8%，上涨82个百分点；全国1月份同比增速-28.9%，10月份增速13%，上涨42个百分点，海南省增速与全国增速相关性达到0.97。但4月份，海南省汽车市场率先恢复正增长，此后维持高增长态势，下半年需求增速基本保持在50%以上，持续领先全国增速30个百分点以上，与全国市场增速在不同的增长平台（见图4）。

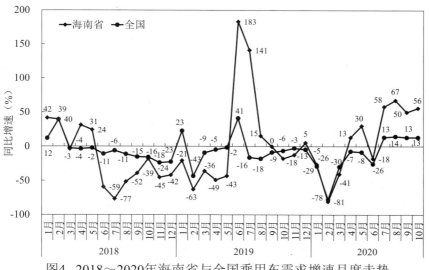

图4　2018~2020年海南省与全国乘用车需求增速月度走势

（注：图中数据保留整数位）

（3）海南省燃油车和新能源汽车双双保持快速增长，增速显著高于全国水平　分结构来看，2020年1～10月份海南省燃油汽车、新能源汽车月度需求增速与全国燃油车、新能源汽车月度增速走势均保持一致，但自1月份起，海南省新能源汽车增速持续领先全国水平（见图5），4月份起，燃油汽车增速也开始快于全国增速（见图6），二者领先全国水平保持在10个百分点以上，海南省市场需求更加旺盛。

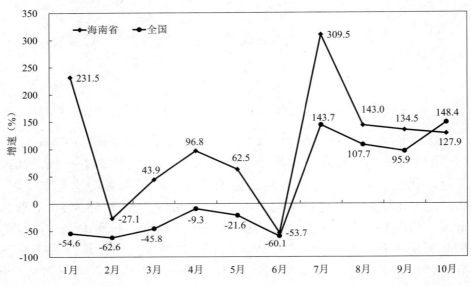

图5　2020年海南省与全国新能源车需求增速月度走势

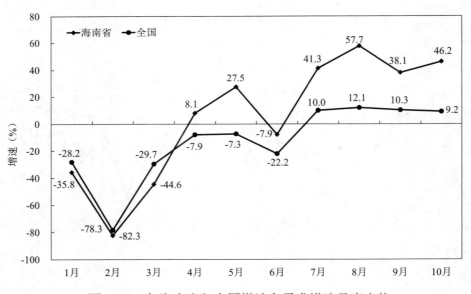

图6　2020年海南省与全国燃油车需求增速月度走势

2. 海南省乘用车市场表现的原因分析

（1）2020年海南省乘用车市场需求的高增长符合城市限购后的需求变化规律 2020年海南省乘用车市场需求逆势上涨，与其他已限购城市限购初期乘用车市场需求变化一致。从主要已限购城市限购前后乘用车需求增速变化来看，限购第一年，市场需求增速从限购前一年的高位大幅下滑，降至历史最低水平；低基数平台上，限购第二年需求增速反弹。整体来看，限购前后三年市场需求增速呈V形走势（见图7）。2018年5月，海南省实施了汽车限购政策，乘用车市场需求从2017年的高位下滑，由于海南省是年中实施的限购政策，因此2018~2019年两年都有部分月份属于限购第一年，均受到政策初期的影响，需求增速持续处于历史低位，2020年在2019年低基数平台上需求增速大幅攀升。综合来看，2017~2020年海南省乘用车市场需求增速同样呈V形走势。

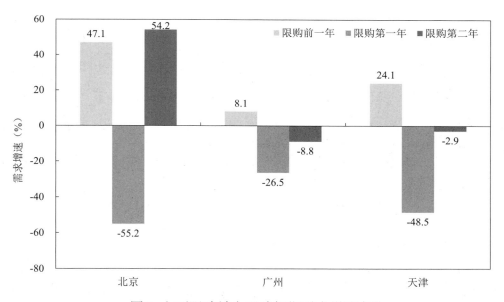

图7 主要限购城市限购初期需求增速变化

（注：由于2016年城市保险数据缺失，故仅列出北京、广州、天津三个限购城市的需求增速）

（2）海南省经济复苏势头强劲，支撑消费者收入和消费信心的恢复，是下半年海南省乘用车需求维持高位的主因 2020年海南省经济持续回暖，前三季度GDP增速1.1%，高于全国前三季度增速0.4个百分点（见图8），其中三季度多项指标增速创近年新高，固定资产投资增长18.3%，社会消费品零售总额增长17.7%，年初疫情对经济增长的冲击得到弥补。一系列加快经济复苏政策的实施是主要支撑力量，尤其是《海南自由贸易港建设总体方案》的实施和离岛免税政策的调整。2020年6月1日,《海南自由贸易港建设总体方案》发布,自贸港建设顺利开局,6月1日至11月30日,海南省新增市场主体19.1万户,市场主体总量达到115.9万户,其中新设企业同比增长169.5%;引进人才超过10.3万人,相当于过去两年引进人才的总和。7月1日离岛免税新政实施,仅三季度当季三亚市社会消费品零售总额同比增长50.5%,拉动全省消费市场增长7.2个百分点。在此大环境下,海南省消费者收入和消费信心加速恢复,购买力和购买意愿增强,购车需求显著增加,乘用车市场保持高速发展。

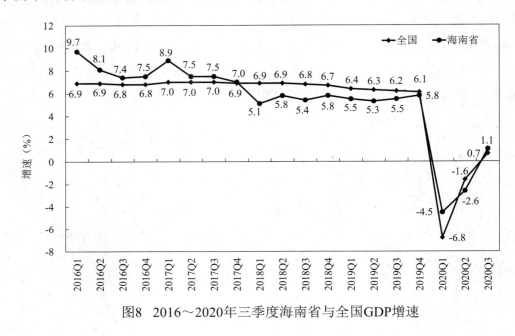

图8 2016~2020年三季度海南省与全国GDP增速

(3)两轮汽车促消费政策的出台,利于购车需求的释放,助力燃油汽车和新能源汽车双双保持快速增长 2020年4月30日,海南省出台《促进汽车消费临时性措施》,其中对12月31日之前购买新能源汽车的消费者每辆车奖励人民币1万元,奖励总额不超过1.5亿元;同时,2020年5~7月份,在每月1万个增量指标的基础上,每月增加2万个逾期未使用的指标,每月合计配置3万个摇号指标。9月份再出新政促进汽车消费,其中包括:购买新能源汽车不再受1.5万辆的总量限制,每辆车均奖励1万元;2020年9月至12月,每月再激活2万个过期指标进行摇号;以及放宽购车对象的限制等等。从限购政策实施以来海南省年度小客车指标额度来看,2020年海南省小客车指标额度达到25万个,远超2018年、2019年指标额度(见图9),是海南省限购后全年销量的两倍多,2020年11月份指标中签率达50%。充足的燃油车指标资源极大地满足了消费者的购车需求,较大规模的新能源汽车补贴有效地促进了新能源汽车需求的释放,共同支撑起了海南省乘用车市场高位运行。

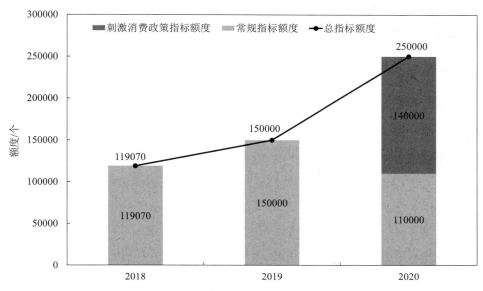

图9 2018～2020年海南省年度小客车指标额度变化

三、2021年海南省乘用车市场展望

2021年,汽车限购政策依然是影响海南省乘用车市场变化趋势的主因素,在扩大内需、稳定消费的政策驱动下,2021年海南省小客车指标额度有望继续保持宽松状态。同时,宏观经济也是影响海南省乘用车市场发展趋势的关键因素。综合来看,在政策宽松和经济复苏的大环境下,海南省乘用车市场需求有望继续保持高增长,增速快于全国增速。

1. 2021年海南省乘用车市场影响因素预判

(1) 海南省汽车限购政策展望 根据限购城市需求预测模型,指标额度、更新需求、新能源汽车需求是2021年海南省乘用车市场的主要构成部分,其中指标额度占比最大。2020年11月18日国务院常务会议部署提振大宗消费、重点消费和促进释放农村消费潜力。会议指出,消费是经济增长的主引擎,稳定和扩大汽车消费首当其冲,第一条即鼓励各地调整优化限购措施,增加号牌指标投放。因此,预计2021年海南省小客车指标额度有望继续保持宽松。

同时,2021年海南省指标使用率较此前两年有望提升。2020年9月份海南省出台了第二轮促进消费政策,其中,适当放宽购车对象限制,对于在海南省已购买房产、名下没有海南省登记的小客车,且没有应当报废未办理注销登记的其他机动车的个人,凭商品房交易合同网签备案和不动产权登记证,可获得参加小客车增量指标摇号资格。较此前的限购政策,该政策明显放宽了外来人口的购车资格,而这部分人群购买力和购买意愿充足,一旦获得指标,通常都会实现购车,因此,海南省小客车指标弃号率将显著下降,使用率显著上升。小客车指标和指标使用率的共同提升将带动2021年海南省乘用车市场的高速增长。

（2）2021年海南省宏观经济展望　宏观经济作为影响海南省乘用车需求的关键因素,2021年有望延续2020年的复苏态势,预计在2020年低基数平台上,2021年海南省GDP增速将达到8%（见图10）。受益于一系列"六稳""六保"超常规措施的加快推进和落实,特别是《海南自由贸易港建设总体方案》的实施,海南省经济复苏态势强劲,项目建设不断加快,投资持续快速增长,截至2020年11月,计划总投资10亿元及以上的非房地产项目完成投资同比增长8.6%,高于全省投资增速1.4个百分点,占全省投资的比重为29.3%,对于促进全省投资稳定回升发挥了积极作用;市场消费活跃度提升,受免税品旺销拉动,2020年1~11月份限额以上单位化妆品类、金银珠宝类连续五个月实现翻倍增长,旅游消费也显著回暖。伴随自贸港建设总体有序地推进,预计2021年海南省经济将继续向好,对汽车市场的支撑作用将进一步增强。此外,海南自贸港的建设吸引了大规模优质的劳动力资源,截至11月,海南全省共引进人才10.3万人,日益丰富的劳动力资源也为2021年海南省乘用车市场需求的高增长奠定了基础。

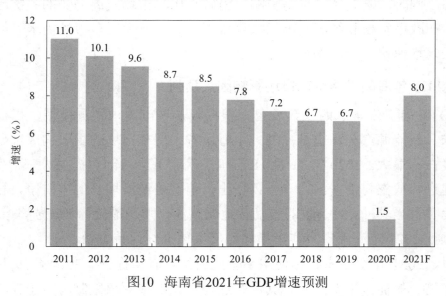

图10　海南省2021年GDP增速预测

2. 2021年海南省乘用车市场预判

综合考虑2021年海南省汽车限购政策、宏观经济等因素，预计2021年海南省乘用车市场需求将延续快速增长的态势，需求规模在20万辆左右（见图11）。

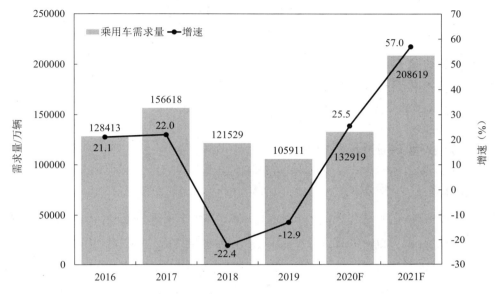

图11　海南省2021年乘用车市场需求及增速预测

（作者：张飒）

2020年安徽省乘用车市场分析及2021年展望

安徽省人均GDP、人均可支配收入、汽车发展阶段均位居全国中游，研究其汽车市场发展规律对预测全国汽车市场发展潜力具有重要意义。

一、安徽省乘用车市场概况

1. 安徽省基本情况

安徽省位于中国中部，东连江苏省、浙江省，西连河南省、湖北省，南邻江西省，北靠山东省，幅员14.01万km^2。安徽省滨江近海，有400km的沿江城市群和皖江经济带，是长三角的重要组成部分。安徽省下辖16个省辖市，9个县级市，52个县，44个市辖区。2019年年末常住人口7119.4万人，占全国总人口的5.1%。

优越的自然地理环境和丰富的劳动力资源为近年来安徽省的经济发展奠定了基础。2019年安徽省GDP规模3.7万亿元，增长7.5%，增速在全国排名第7。人均GDP为58496元，人均可支配收入26415元，按照世界银行的划分标准，安徽省已实现由低收入水平跃上中等收入水平的行列，正处于经济快速发展、消费潜力迅速释放阶段。同时，随着三次产业逐步调整为7.9:41.3:50.8，以及2015年以来大力推进制造强省建设，优先发展以装备制造业为代表的先进制造业，加快发展电子信息等为代表的新兴产业，巩固提升传统产业，工业经济发展迅猛，新兴工业大省的地位基本确立。

快速发展的经济是安徽省乘用车市场快速发展的有力支撑。安徽省乘用车市场规模较大，2020年乘用车上险数达到66万辆，全国排名第11位。过去十年，安徽省乘用车市场快速增长，2010~2020年平均增长率达到13%。2018年和2019年受全国经济下行影响，销量出现负增长，但跌幅低于全国；2020年受疫情影响较大，销量下滑12.4%（见图1），跌幅大于全国。安徽省目前汽车保有量水平仍不高,至 2019 年年底,千人保有量刚过 100 辆,仍处于乘用车发展阶段的快速普及期,未来发展空间仍然很大。

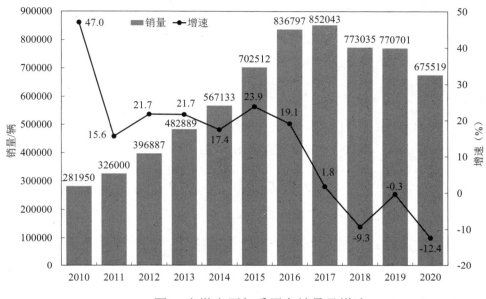

图1 安徽省历年乘用车销量及增速

(注:数据来源于国家信息中心)

2. 安徽省乘用车市场特征

总量特征上,汽车发展与经济发展阶段密切相关,当经济快速发展时,汽车市场发展迅速;当人均 GDP 和人均可支配收入高时,汽车保有量高。结构特征上,由于人均 GDP 和人均可支配收入仍不高,汽车需求仍以家用普通需求为主。区域特征上,由于安徽省内各城市间经济发展水平差异较大,汽车发展水平也存在明显差异。

(1)市场容量大且增长速度快 一是市场容量大,目前稳定在 70 万~80 万辆的水平。二是增长潜力大,千人保有量水平仍相对较低,2019 年刚超过 100 辆,距离饱和水平 500 辆仍有非常大的空间。三是增长速度快,2009~2013 年,千人保有量水平小于 70 辆,销量年均增速达到 26.5%;2014~2017 年,千人保有量水平在 70~100 辆之间,销量年均增速放缓至 15.6%;2018~2020 年,受外部环境影响,增速放缓,未来随着市场恢复正常,增速将恢复至 10%以上的高增长。

(2) 需求结构以家用普通需求为主　一是豪华车渗透率较低，2020 年，安徽省豪华车渗透率为 16.4%，低于全国平均水平（17.6%）。二是中低价位车占主体，价格①10 万～20 万元占 36.7%，价格 10 万元以下占 55.7%，20 万元以下合计占比超过 90%。三是首购需求为主体②，安徽省购车用户中，首次购车的用户占 79.5%（全国首购比例占 69.4%），增购仅占 9.0%（全国增购比例为 17.0%）。

(3) 品牌集中化和车型多样化并存　从品牌的市场集中度看，销量前 10 品牌的市场份额由 2010 年的 67% 下降至 2017 年的 56%，2020 年又回升至 61%；前 30 的品牌份额从 2010 年的 92% 下降至 2017 年的 88%，2020 年回升至 94%。从车身形式看，2010 年轿车独大，占比 82%；SUV 仅占 11%。2020 年市场更加均衡，轿车占 48%，SUV 占 47%。

品牌集中的原因：品牌市场集中度提高是全国性的，主要是近几年销量止涨下跌，市场竞争加剧，尾部品牌面临淘汰甚至已经被淘汰。此外，销量下跌阶段，被暂时挡在购车门槛外的用户收入相对较低，他们购车时并不追求品牌；相对应的，仍在购车的用户购车时对品牌明显更为重视，知名度有限的品牌被加速淘汰。

车型多样化的原因：从供给端看，产品供给越来越多元化，消费者拥有了更多的选择；自主品牌竞争力不断提升，消费者对其偏好随之提高；众多汽车制造厂家尤其是自主品牌汽车企业加大了 SUV 产品的开发力度，有效刺激了 SUV 需求的释放。从需求端看，作为经济快速发展的省份，安徽省人口层次逐渐多样化，存在不同偏好和购买力的消费者。

(4) 区域市场差异明显　首先，各城市的汽车发展阶段差异大。合肥的千人保有量为 230 辆（见图 2），保有水平省内最高，属于乘用车普及中后期；芜湖、宣城、池州、淮北、黄山、安庆千人保有量为 100～150 辆，属于乘用车普及中期，潜在增速较高；滁州、马鞍山、六安、淮南、铜陵、亳州、阜阳、苏州、蚌埠的千人保有量则小于 100 辆，正处于普及前期，潜在增速高。

---

① 价格是购车的裸车价，来源于国家信息中心 2020 年 NCBS 调研。
② 购车情形数据来源于国家信息中心 2020 年 NCBS 调研。

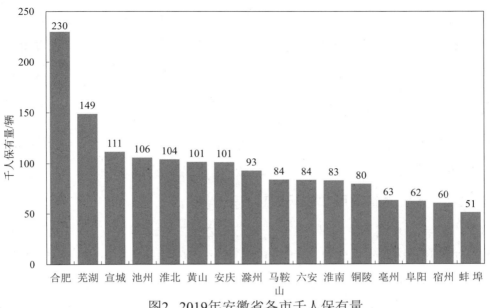

图2 2019年安徽省各市千人保有量

其次，各城市的销量差异大。2020年，合肥销量最高，占全省销量约32%，阜阳、芜湖分别占9.9%和7.9%，安庆、六安、宿州、亳州分别占5.8%、5.5%、5.2%、5.0%，其他城市销量占比均不到5%（见图3）。销量集中在省会城市合肥，意味着合肥的市场变化在一定程度上就代表着全省需求的变化，也意味着随着合肥都市圈的发展，未来安徽省的市场规模仍有增长潜力。

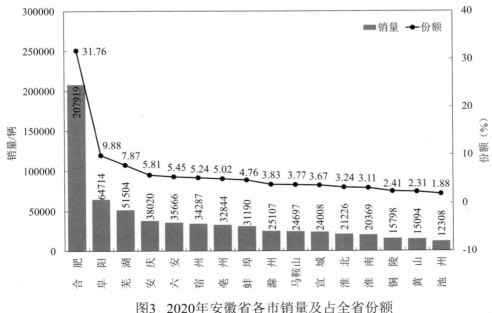

图3 2020年安徽省各市销量及占全省份额

第三，各城市的豪华车渗透率存在差异。豪华车渗透率达到20%的只有合肥市，铜陵和芜湖豪华车渗透率与全国差不多，其他城市均低于全国豪华车渗透率水平。从豪华车渗透率来看，安徽省的豪华车市场仍存在较大的增长空间。

二、2020年安徽省乘用车市场分析

尽管安徽省汽车市场正处于快速普及阶段，但近3年，受经济大环境的影响，全国汽车市场低迷，安徽省也不例外。

1. 2020年安徽省乘用车市场表现

（1）安徽省乘用车总量始终处于低位 2020年1月份安徽省乘用车销量受季节性影响下降30%（见图4）；2月份新冠肺炎疫情暴发，市场停摆，销量同比下滑85%；3～5月份销量跌幅逐步收窄；6月份受2019年国Ⅴ、国Ⅵ切换的基数影响，销量下降40%；7～12月份属于疫情后恢复叠加政策刺激行情，增速维持高位，全年累计销量下滑-12%，分季度看，四个季度销量增速分别是-39%、-23%、8%、9%。

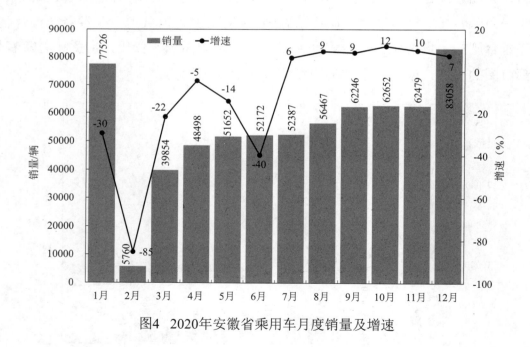

图4 2020年安徽省乘用车月度销量及增速

（2）安徽省自主品牌汽车表现波动更大 2020年自主品牌汽车的月度走势基本与市场整体保持一致，但是上半年下跌多、下半年恢复向好。1月份下跌1/3，

2月份减少85%,3~6月份跌幅均比总体市场更大,7~12月份增速表现好于总体市场,但全年还是下滑了20%。具体品牌继续分化,从2020年1~11月份的销量来看,传统强势自主品牌汽车中,长安表现优异,大幅增长18%;吉利、奇瑞、哈弗下跌超过20%;荣威和宝骏下跌超过40%;红旗实现了量的突增,增长87%,达到5490辆;五菱也凭借宏光mini EV取得了73%的增长,实现销量4312辆;近几年的自主新品牌,如领克、欧尚、星途、欧拉、蔚来等实现了不同程度的正增长(见图5)。

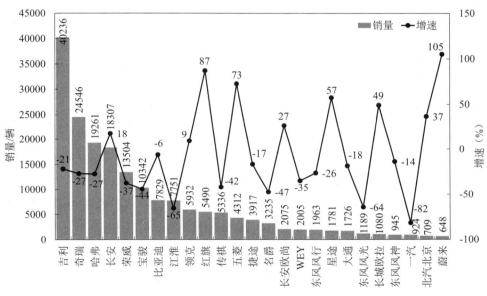

图5 安徽省2020年1~11月份自主品牌汽车累计销量TOP20及增速

(3)安徽省豪华车增速也是"前低后高",但显著好于乘用车整体市场 豪华车一季度负增长,二季度就开始连续高速增长,7~11月份持续稳定在25%以上的高速增长,1~11月份同比累计增长11%,豪华车渗透率从2019年的13%上升至17%。

(4)车型结构"分化明显" 2020年1~11月份MPV累计销量22170辆,下滑16%;轿车累计销量289153辆,同比下滑20%;SUV表现好于MPV和轿车,2020年1~11月份累计销量259521辆,同比下滑7%,SUV的份额也从2019年的42%上升至45%。

2. 安徽省乘用车市场表现的原因分析

人是购车的主体，需求结构以普通家用需求为主，近年汽车市场表现低迷，尤其是自主品牌汽车表现更加低迷，看似矛盾的表现，其背后的根本原因都是相关人群的购买力下降；同样地，合肥市销量占绝对主体、千人保有量水平高，但近年增速高于其他地级市其背后的根本原因也是合肥的人及其购买力的变化。

（1）安徽省居民购买力增长虽快，但并不高　2019年安徽省人均可支配收入26415元，按3口之家计算，家庭可支配收入79245元，购车预算不会太高。据调查，2020年，安徽省消费者购车裸车价格平均在11.4万元，10万元以下占56%，10万~15万元占28%，15万~20万元占9%，20万~30万元占6%，30万元以上仅占2%。

（2）2020年经济下行，主要影响的是中低收入群体，2020年疫情影响更多的也是工作不稳定群体　近两年的经济下行以及2020年的疫情冲击，主要波及制造业、建筑业和基建投资，以及民营企业、个体户和外贸企业，尤其是相关行业或企业的普通员工和一般职员的工资待遇受影响较大，直接冲击了中低价位车的需求。而相关行业或企业的中高层管理者、企业主和老板等收入相对稳定，受到的冲击较小、对冲政策的利好较大，相对应的中高价位车和豪华车表现仍然较好。

（3）品牌竞争加剧是自主品牌汽车表现不好的重要原因之一　汽车市场表现低迷，为了走量，豪华品牌汽车降价抢占合资品牌汽车市场份额，合资品牌汽车降价抢占自主品牌汽车份额，自主品牌汽车则面临合资品牌汽车价格下探和用户消费升级的双重压力，市场份额出现下滑。

（4）集全省之力发展合肥市，使得合肥市集聚越来越多的人口　2011年，巢湖撤市，部分区域划入合肥市，合肥市常住人口从500万人左右迈入750万人；其后几年，随着安徽省发展合肥市的力度不断加强，人口持续稳定增加，2019年合肥市常住人口已达到819万人，朝着1000万人口的大城市不断迈步前进。

三、2021年安徽省乘用车市场展望

1. 2021年安徽省乘用车市场影响因素分析

疫情是2021年安徽省乘用车市场表现最核心的影响因素，具体体现在三个

方面：疫情发展、疫情导致的低基数、疫情后的经济发展。

（1）疫情发展　一是根据目前的疫情发展，2021年一季度，疫情虽总体向好，但一季度的防控压力还是非常大，安徽省的防控并未松懈，汽车市场会受到一定影响。二是看疫苗何时能够实现全民接种，按可获得的信息，至少需要到2021年第二季度甚至下半年，届时生产、生活等都将全面恢复正常。

（2）疫情导致的低基数　2020年上半年疫情形势严峻，乘用车销量深度负增长；2021年虽然一季度疫情形势稍紧，但无论从疫情涉及区域范围，还是疫情防控的精准性来看，对市场的影响都明显小于2020年，2021年上半年的汽车市场必将是高速增长。但2020年下半年的市场高增长是伴随着疫情后的恢复和大量的购车补贴、厂家促销等一系列消费刺激，2021年即使政策不退坡，也只是维持与2020年相同的市场表现。但从全年来看，基数效应还是比较明显的。

（3）疫情后的经济发展　不利的影响有两个方面：一是疫情对2020年收入的影响会在2021年的购车决策上体现；二是2021年1~2月份人口流动受到影响，安徽省作为劳动力输出大省，往年的"春节买车"行情将受到影响。有利的影响则表现为2021年消费必将全面复苏，直接拉动经济恢复性增长；投资也将保持2020年下半年的力度，继续支撑经济增长；安徽省良好的经济结构和产业结构也将有利于经济恢复好于全国。总的来看，一季度汽车市场会受到经济的不利因素影响，但全年经济仍将有力地支撑汽车市场恢复性增长。

2. 2021年安徽省乘用车市场预判

疫情冲击是2020年安徽省汽车市场低迷的主要原因。总体来看，2021年，在低基数的影响、疫情逐步受到控制、安徽省经济良好恢复的情况下，乘用车将迎来正增长，乘用车销量约72万辆。

（作者：林超）

2020年河南省乘用车市场回顾及2021年预测

2020年,河南省前三季度经济运行回暖明显,呈现出"逐步发展、稳定回升"的态势。展望2021年,河南省的经济增长环境将会得到较大改善,预计2021年河南省经济将迎来新一轮的恢复性增长,增速总体略高于全国平均水平。乘用车市场增幅仍会低于全国平均水平,预计增长9%。

一、2020年河南省经济情况及乘用车市场回顾

1. 2020年河南省经济发展情况回顾

2020年,河南省前三季度经济增速乏力,增速不到1%,与上年同期相比,GDP仅仅增加了841亿元,对于一个接近4万亿元体量的经济大省而言,表现欠佳,增速不仅低于西部地区的云南、贵州、四川等省份,也低于中部地区的湖南、安徽、江西等省份,2020年前三季度部分省份经济总量和增速对比见图1。

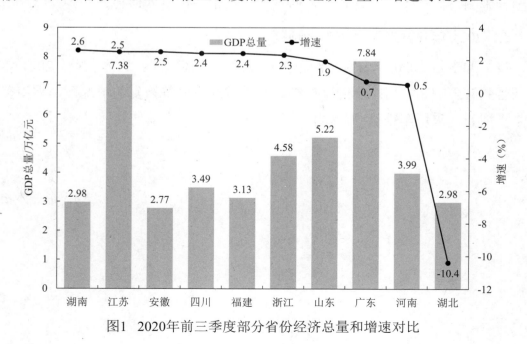

图1 2020年前三季度部分省份经济总量和增速对比

2020年第一季度，河南省全省GDP增速下降6.7%，创下了1992年有季度统计以来的首次负增长。疫情防控初见成效后，全省及时按下经济发展"重启"键，出台复工复产6项举措、发放消费券等，有力地促进了消费及市场信心的恢复，第二季度，全省GDP增速为-0.3%，较第一季度回升6.4个百分点，经济运行开始回暖。进入第三季度，经济持续向好发展，全省GDP增速由负转正，为0.5%，主要经济指标增速稳步回升。

分城市来看，省会郑州市2020年前三季度GDP总量8405亿元，名义增速4.41%,可谓增速一般，与上年第三季度初核相比，增加了354亿元，已经落后于同级别的宁波、青岛、无锡等城市，因此第四季度需要发力，不然将会拉大与其他城市的差距。省域副中心城市洛阳表现较差，截止到2020年第三季度名义增速仍然未转正，且同比下降了30亿元，经济规模不到郑州的一半。此外，第三大城市南阳也没有实现经济转正，经济规模较2019年同期下降了近70亿元。然而，许昌、商丘、漯河这三个城市的名义增速均超过10%，且每个城市的增量都在100亿元以上，特别是许昌，增量仅次于郑州。

总的来看，2020年前三季度河南省经济呈现了"逐步发展、稳定回升"的态势。

2. 2020年河南省乘用车市场回顾

（1）2020年河南省乘用车市场分析　从数据上来看，河南省同比下降9%，下降幅度与全国整体市场持平。河南省乘用车注册数2020年预计达130万辆，降幅约8%（见图2）。

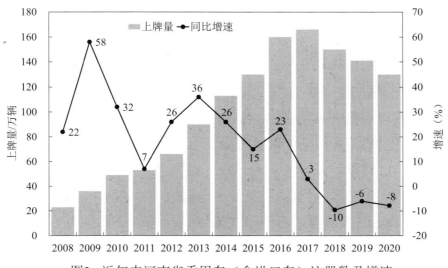

图2　近年来河南省乘用车（含进口车）注册数及增速

2020年1~11月份乘用车销量同比下滑9%,2019年上半年对国Ⅴ车型进行了集中清库,销量基数被异常拉高,再加之疫情影响,2020年上半年河南省整体销量呈现触底。2020年下半年经济回暖,消费信心提升,同时,郑州出台了鼓励汽车消费的补贴政策,2020年6月1日至12月31日期间,在郑州市销售并进行机动车注册登记的本地整车产品(含燃油汽车、新能源汽车等),给予每辆5000元的优惠支持。2020年下半年销量快速复苏,呈现V形反转,市场回暖趋势显著,全年销量预计达成130万辆,同比降幅约为8%。2020年河南省乘用车分月销量及同比增速见图3。

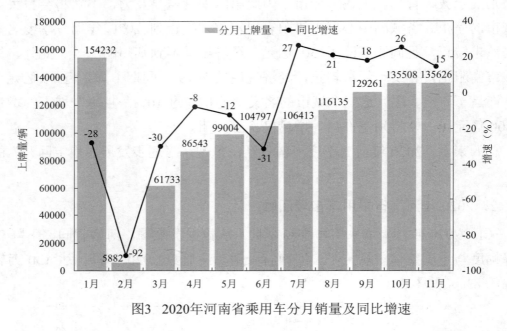

图3 2020年河南省乘用车分月销量及同比增速

郑州市场作为河南省的头部市场,新车销量占比超过河南省的1/3,常住人口超千万,350万辆的汽车保有量,将为中长期释放以置换为主的新车增量空间,其经济体量及人口规模都远超省内其他城市。

2020年9月16日起郑州开始启用豫V号牌,省内其他城市居民多愿意选择将车牌落户郑州,对周边城市的销量形成了虹吸效应。豫北区域的安阳、鹤壁、焦作等四线城市降幅在河南省内均处于较高态势,其整体市场总体量基数并不大,2020年依旧延续大幅下降态势,并未触底反弹。三门峡2019年在省内降幅位居前三,2020年实现了触底反弹,同比增速在全省排名第一(见图4)。销量恢复较好的城市还有漯河,销量基本已追平上年。

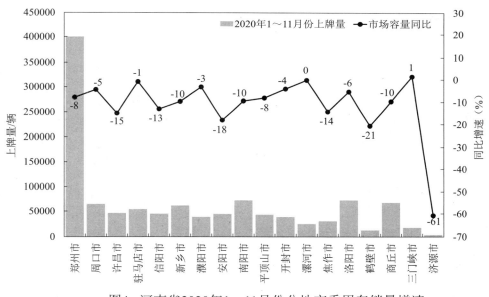

图4 河南省2020年1~11月份分地市乘用车销量增速

在 2020 年河南省最畅销的十大汽车品牌中，德系 2 家、自主品牌 4 家、日系 2 家、韩系 1 家、美系 1 家，上汽大众、一汽大众、吉利、别克、哈弗排在前五（见图5）。消费者还是首选技术成熟、皮实耐用的大众品牌。但是大众系整体增长乏力，销量恢复不及主要竞品，上汽大众旗下的多款主销车型销量大幅度下滑，2020 年 1~11 月份累计销量被一汽大众反超。日系品牌通过不断填充产品线空白，向上与大众抗衡，向下收割其他合资品牌份额，整体增速均恢复正向增长。而韩系品牌北京现代则同比下滑较大。需要特别注意的是，一汽大众增速明显，超过 20%，是增购换购的主力选择。豪华车市场是 2020 年汽车市场的高光板块，河南省市场的豪华车品牌呈现出头尾分化严重、高性价比品牌销量排名位居前列的区域性特征。奥迪在全国豪华车细分市场排名第三，而在河南省排名跃居首位，销量增速高于全国 3 个百分点，达到 10%。红旗品牌在第二梯队中销量最高，整体排名位居第四，较全国整体排名跃升两位，表明河南省内用户更趋于选购价格优势突出的高性价比豪华品牌。而处于第三梯队尾部的大众、英菲尼迪、讴歌的销量不足千辆，两极分化趋势日益显著。

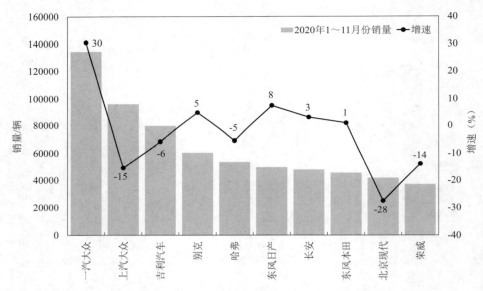

图5 河南省2020年1~11月份上牌量排名及增速

（2）分系别销量排名分析 2020年，自主品牌在河南省内的份额处于绝对性优势，整体份额高达40%，受到消费趋势向上升级的影响，其市场份额较上年同期缩减1个百分点，被日系所挤占。日系品牌是唯一实现销量正增长的细分品牌，2020年1~11月份销量增幅为5%（见图6），市场份额较上年同期份额扩增3个百分点，形成了与德系抗衡并且向下收割韩系、法系及自主品牌份额的态势。德系品牌虽然大众销量下滑，但在豪华品牌三强BBA的强力拉动下，整体市场份额与上年相比呈持平态势。

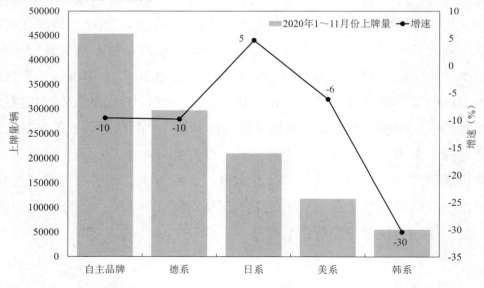

图6 河南省2019年1~11月份分系别上牌量排名及增速

（3）新能源汽车发展分析　河南省的新能源汽车销售呈现"两头多中间少"的结构，豪华新能源汽车和入门级新能源汽车多，中级新能源汽车的销量一般。

2020年1~11月份，河南省新能源汽车上牌量达到8万多辆，占比达到0.7%，同比上年上牌量增加了98%。三线、四线城市的低速电动车用户消费升级，使得河南省内新能源微型车市场潜力得到有效释放。五菱宏光MINI EV成功激活沉寂多年的微型车市场，上市不足半年，累计销量跃居省内首位，总量位居第二、第三名的欧拉、奇瑞新能源亦属于小微纯电车型（见图7）。汽车厂商看中河南省的市场潜力，纷纷加速在豫布局，目前，上汽集团新推出的新能源汽车品牌R标系列主要在郑州生产，东风日产和东风启辰的新能源汽车主要生产基地也在河南省，海马不但在郑州生产自己的新能源汽车，还为电动车品牌小鹏汽车进行代工生产。包括特斯拉、蔚来在内的纯电新能源汽车企业，以及北汽、比亚迪等传统新能源汽车企业，都将河南省作为重点区域。

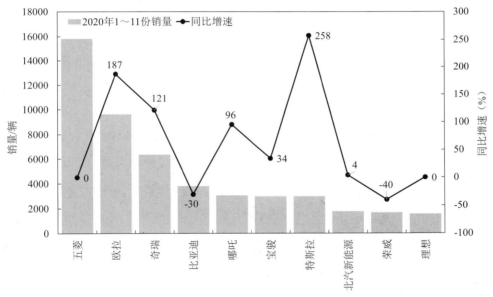

图7　河南省2020年1~11月份新能源汽车销量排名及增速

河南省新能源汽车销量的迅猛增长，与诸多因素有关，包括新能源车型增多、技术进步带来动力电池等成本下降、国家各项鼓励政策的作用；还与消费者更加愿意接受和使用新能源汽车，以及河南省多地推出尾号限行等原因有关。

（4）经销商网络变动　在行业整体销量大幅下降的情况下，再加之疫情的影响,经销商网络随之呈现较大波动。河南省近 80 个品牌经销商网络的数据变动显示,截至 2020 年年末,河南省包含 3S 店、4S 店、5S 店及厂商授权的二级网络为主的经销商共计 2011 家,经销商退网率达 11%,退网量高于新增量(见图8)。

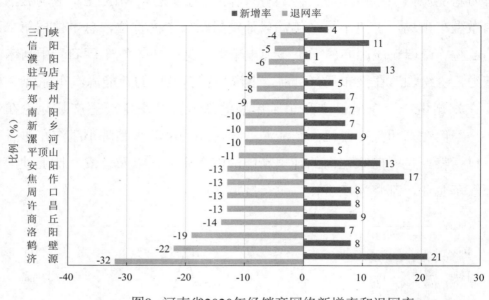

图8 河南省2020年经销商网络新增率和退网率

从新增网络类型来看,4S 店占比趋于下行,除豪华品牌以及主流合资品牌外,其他类别品牌多以单一销售网点、二网小型店,抑或是多品牌(主要以自主品牌为主)并店销售模式,反映出投资者对 4S 店的投资热度下降,盈利信心不足。

平价合资品牌受到市场下行的冲击力度较大,经销商网络呈现较大波动,以福特、JEEP、斯柯达及法系品牌为代表,经销商退网率显著高于其他类别品牌。豪华品牌的抗风险性高,网络渠道的稳定性较强,多数豪华品牌新增网络招募优于现有体系内经销商,网络增速较为平缓。部分品牌退出原有网络后,转换到长安、吉利、哈弗等主流自主品牌,再加之县级城市的下拓,主流自主品牌的网络新增率好于退网率。各级城市经销商网络量与当地经济、人口呈正相关态势。低线级城市经销网络稳定率较弱,市场整体规模小,区域内销量外流,经销商退网率随之向上攀升。

二、2021 年河南省经济走势和乘用车市场预测

1. 2021 年河南省经济走势预测

从最近抗疫形势看,各国将防疫策略从"围堵"转向"缓疫",世界经济开始恢复。全球经济有可能会在 2021 年第二季度出现反弹。国际货币基金组织预测,2021 年全球经济有望较快恢复,世界经济平均增长率将达到 5.4%。基于此,河南省 2021 年的经济增长环境将会得到较大改善,预计 2021 年河南省经济将迎来新一轮的恢复性增长,增速总体略高于全国平均水平。

(1) 有利因素 2021 年河南省积极扩大内需,畅通产业循环、市场循环、经济社会循环,为"六保""六稳"创造条件。《黄河流域生态保护和高质量发展规划纲要》的批复,将为河南省新一轮的改革发展提供新的机遇,形成 2021 年河南省经济发展新的支撑。在当前新冠肺炎疫情的背景下,"一带一路"已成为疏通外循环的重要通道。河南省在规划"四条丝路"蓝图,这将巩固提升全省开放通道优势,为 2021 年全省经济增长提供新的动力。此外,2020 年 5 月国家《政府工作报告》中指出,要加强新型城镇化建设,大力提升县城公共设施和服务能力。河南省将尽快激发县域经济活力和发展潜能,使县域成为 2021 年河南省高质量发展的坚强后盾。

(2) 不利因素 首先,全球新冠肺炎疫情持续蔓延风险仍在,不仅对全球经济复苏存在制约,也对 2021 年河南省经济增长形成挑战。其次,逆全球化持续冲击国内供应链,河南省经济受到的外部冲击将进一步增大,形成经济增长的利空。第三,河南省产业结构较重,劳动密集型产业比重较大,这些风险较全国更为突出。2021 年国内经济运行风险进一步释放,将对河南省经济增长形成制约。第四,河南省资源性产业较多,受环保政策的影响也较大。第五,河南省产业层次不高,税收含量较低,具有较大的民生支出压力,财政收支矛盾将在 2021 年更加突出。

2. 2021 年河南省乘用车市场预测

河南省作为全国第二人口大省,人口红利仍会继续释放,千人保有量仍处于全国较低水平,人口规模带来的汽车消费仍将是乘用车增长的主要支撑。数据显示,2019 年年末河南省全省总人口 10952 万人,比上年末增加 46 万人,常住人口 9640 万人,比上年末增加 35 万人,常住人口一直维持稳步增长。2020 年,由

于疫情的影响，河南省在外务工人员从沿海回流家乡创业，人口规模的优势既是生产力也是消费力。政府根据当地实际情况开办了朝气蓬勃的实体经济，增加了当地人员的收入，为当地消费者购车创造了条件。

此外，国家提出要扩大汽车消费，鼓励各地增加号牌指标投放，开展新一轮汽车下乡和以旧换新，鼓励有条件的地区对农村居民购买 3.5t 及以下货车、1.6L 及以下排量乘用车，对居民淘汰国Ⅲ及以下排放标准汽车并购买新车，给予补贴。

2021 年河南省将推进新型城镇化和区域协调发展，强化郑州、洛阳两大都市圈的引领作用，加快县域经济高质量发展，将有助于经济恢复增长。从行业宏观层面来看，由于疫情控制趋稳，乘用车市场的增长势头将会延续，2021 年将一改过往三年的销量下滑局面而实现恢复性正增长。

根据对上述影响乘用车发展的各种因素的综合分析预测，2021 年，河南省乘用车需求量预计约为 142 万辆，同比增长 9%。

（作者：朱灿锋　王彦彦）

2020年我国进口车市场分析及2021年展望

一、2020年我国进口汽车市场特点

1. 进口量累计下滑超过2成，三季度同比增速转正：2020年1~9月份，受全球疫情影响，全国累计进口汽车（含底盘）60.8万辆，同比累计降幅为21.3%；三季度疫情冲击减缓，第三季度进口量同比增长3.1%，市场开启复苏模式

2020年，受新冠肺炎疫情和全球经济减速等因素的影响，全球汽车业受到严重冲击，进口汽车市场受到巨大影响。2020年1~9月份，全国累计进口汽车（含底盘）61.8万辆，同比下滑21.3%（见图1），相比2019年降幅扩大19.3个百分点。

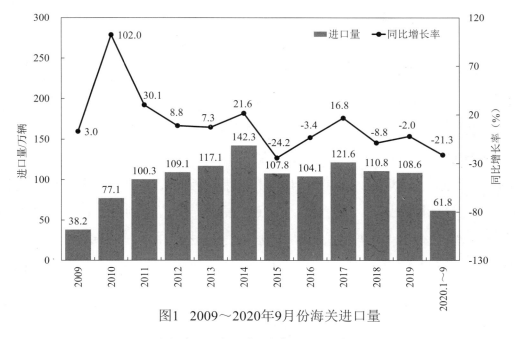

图1 2009~2020年9月份海关进口量

（注：数据来源于中国进口汽车市场数据库，下同）

从季度走势来看，2020年上半年受国外疫情影响，进口量同比下滑32.5%，一、二季度分别下降15.5%和46.0%，但第三季度开始，市场开启复苏模式，第三季度同比增长3.1%（见图2）。

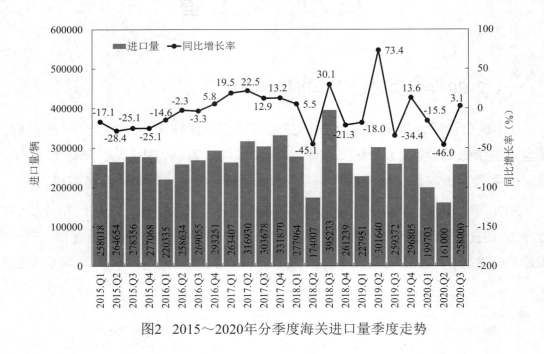

图2　2015～2020年分季度海关进口量季度走势

2. 终端销售下滑超过16%，但复苏势头有所显现：2020年1～9月份，受疫情影响，消费需求受到抑制，进口乘用车终端销售69.7万辆，累计同比下滑16.2%，下滑幅度继续缩窄，第三季度下滑不到1%

受全球疫情影响，消费需求受到抑制。2020年1～9月份，进口乘用车终端销售61.7万辆，累计同比下滑16.2%。上半年受国内疫情影响突出，进口车销量43.1万辆，累计同比下滑23.5%；到了三季度国内疫情受到有效控制，终端需求进一步得到释放，进口汽车销量明显恢复。三季度进口乘用车终端销售26.5万辆，当季同比下滑0.9%，降幅明显收窄。其中，8月和9月进口车终端销售同比分别增长0.7%和0.1%（见图3）。

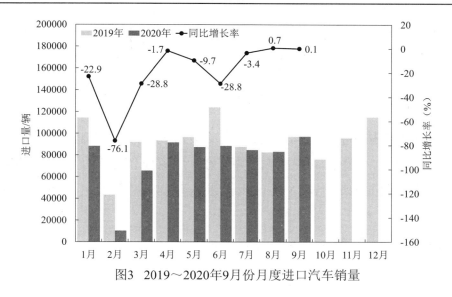

图3 2019～2020年9月份月度进口汽车销量

3. 汽车行业库存压力有所上升，进口汽车经销商库存水平处于合理区间：2020年9月行业库存系数1.56个月，库存系数同环比均上升4%，库存水平位于警戒线以上。进口汽车经销商库存系数为1.3个月，处于合理区间

根据中国汽车流通协会发布的经销商库存调研显示，2020年9月份汽车经销商综合库存系数为1.56（见图4）。汽车市场7月、8月两个月连续超预期增长透支后续需求，少数厂家降低全年销售目标，促销政策有所回收，不再进行全年冲量。部分厂家推出免息金融政策助力经销商，也促使部分消费者提前购车。同时，经销商进入秋季补库周期，库存压力上升。

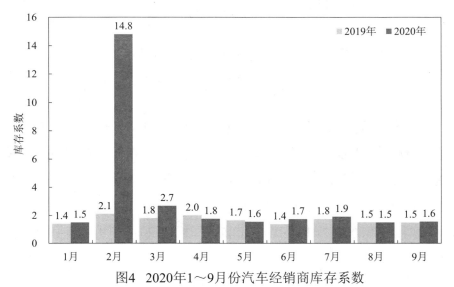

图4 2020年1～9月份汽车经销商库存系数

（注：数据来源于中国汽车流通协会经销商调研）

高端豪华品牌和进口品牌、自主品牌库存系数环比上升,合资品牌库存系数环比下降。其中,高端豪华品牌和进口品牌库存系数为1.30,环比上升8.3%,仍处于库存合理区间;合资品牌库存系数为1.55,环比下降1.3%;自主品牌库存系数为1.71(见图5),环比上升1.8%。

豪华品牌受价格下探和消费升级的推动,市场表现持续走强,库存系数处于合理范围内。合资、自主头部品牌表现强势,厂家营销政策加强冲击全年目标。但车展期间新车投放效应不及8月份,又进入旺季补库时期,合资、自主品牌库存压力增加。

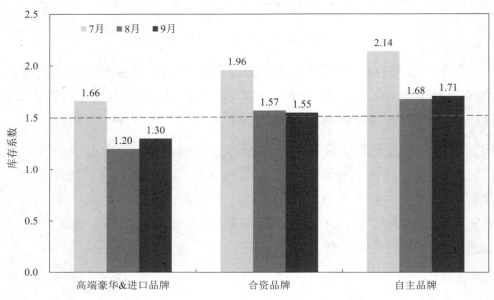

图5 2020年7~9月份进口、合资和自主品牌经销商库存深度

(注:数据来源于中国汽车流通协会)

4. 品牌分化明显,豪华品牌快速反弹:2020年1~9月份,前十大品牌集中度进一步提升,其中仅有2个品牌实现增长,分化明显;豪华品牌仍是销售主力,占销售总量的80.3%,豪华、超豪华品牌下滑幅度远低于非豪华品牌

2020年1~9月份,进口车品牌集中度进一步提升,排名前十的品牌共销售61.7万辆,在乘用车总销量中占比达88.5%,相比2019年的84.1%提升4.4个百分点。

在疫情影响下,2020年1~9月份排名前十的品牌中,仅雷克萨斯和奔驰实现增长。雷克萨斯同比增长 12.3%，以销售 16.2 万辆的优势位列第一，保持领先地位；奔驰同比小幅增长 7%，以 11.1 万辆的销量位列第二。其中，雷克萨斯 ES 销量大幅增长，是拉动雷克萨斯品牌销量整体提升的主要原因，1～9 月份雷克萨斯 ES 车型销量 7.9 万辆，占雷克萨斯总销量的 48.8%；奔驰 GLE 销量较大，1～9 月份奔驰 GLE 车型销量 2.8 万辆，拉动奔驰品牌整体提升。除雷克萨斯和奔驰，其他品牌均出现下滑，奥迪、林肯、大众品牌下滑最为明显，分别为 -22.7%、-50.5%、-41.6%（见图 6）。

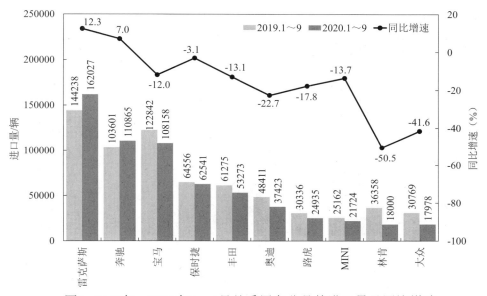

图 6　2019 年～2020 年 1～9 月份乘用车分品牌进口量及同比增速

2020 年 1～9 月份，豪华品牌仍是销售主力，占销售总量的 80.3%，份额远高于非豪华品牌。同时，豪华品牌的降幅也低于非豪华品牌。2020 年 1～9 月份，非豪华品牌、豪华品牌、超豪华品牌分别下滑 33.0%、10.9% 和 3.4%。9 月份，非豪华品牌下滑 31.0%，而豪华和超豪华品牌实现正增长，分别增长 9.3% 和 12.5%。

5. 三大车型销量均显著下滑，仍以轿车和 SUV 为主：从车型结构看，2020 年 1～9 月份，SUV 占比 54.9%，销量 46.3 万辆，同比下滑 17.5%，在三大车型中降幅最大；轿车在总销量中占比 40.9%，销售 33.5 万辆，同比下滑 14.9%；MPV 占比 4.2%，销售 3.3 万辆，同比下滑 11.3%

2020 年 1～9 月份，三大车型销量均显著下滑。SUV 占比 54.9%，仍为主力车型，但降幅也最大，下滑达 17.5%。轿车和 MPV 分别下滑 14.9%、11.3%。

SUV作为主力车型,2020年1~9月份下滑明显,销量约38.2万辆(见图7),同比下滑17.5%,但第三季度销量较上半年有所提升。2020年1~9月份轿车销售约28.5万辆,下滑14.9%,占进口车整体销售的40.9%。受国产化影响,特斯拉Model3销量大幅下滑,2020年1~9月份仅销售6381辆,同比下滑85.9%。MPV基数较低,降幅稍小于其他两种车型,2020年1~9月份MPV销量3.3万辆,同比下滑11.3%。

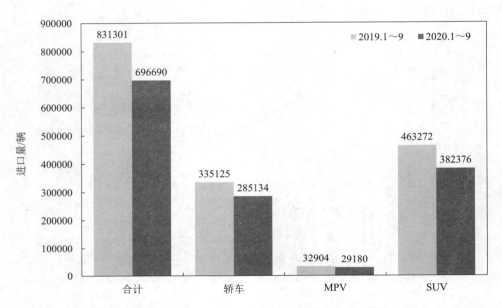

图7 2019年和2020年1~9月份乘用车分车型进口量

2020年1~9月份,销量前十名车型中,SUV占七成,雷克萨斯RX成为SUV的领先车型。轿车中,两款产品表现出色,雷克萨斯ES以绝对优势位列第一,销量超过7.9万辆,远超其他车型;宝马7系,销量超1.7万辆,进入前十名(见表1)。丰田Alphard是唯一进入前十的MPV车型,销量同比增长3.4%。但丰田LandCruiser、保时捷Cayenne、保时捷Macan、雷克萨斯NX销量下滑,分别下滑31.9%、13.4%、23.6%和8.2%。

表1 2020年1~9月份分车型进口量排名

排名	车型	销量/辆
1	雷克萨斯ES	79075
2	雷克萨斯RX	34176
3	宝马X5	33964

(续)

排名	车型	销量/辆
4	奔驰 GLE 级	27770
5	雷克萨斯 NX	26399
6	保时捷 Macan	24177
7	保时捷 Cayenne	20046
8	宝马 7 系	17125
9	丰田 Alphard	16740
10	丰田 LandCruiser	16577

6. 细分市场明显分化，大型和中大型份额大幅提升：大型和中大型进口车细分市场份额相比 2019 年均有所提升，分别提高 2.1 个和 6.9 个百分点；其他细分市场份额均有所减少，数据显示疫情对中高端进口汽车市场影响相对较小

2020 年 1～9 月份，中大型进口车细分市场占据 53.4%的市场份额，较 2019 年提升 6.9 个百分点；大型车细分市场占 15.0%份额，较 2019 年提升了 2.1 个百分点。其他细分市场份额均有所减少。数据显示疫情对中高端细分市场的影响相对较小。

7. 1.5～3.0L 是进口车核心排量区间，其中 1.5～2.0L 仍是第一排量区间：进口车排量结构向 1.5～3.0L 排量区间聚拢，份额超过 81.7%，比 2019 年全年增长 4.5 个百分点；1.5～2.0L 排量区间以 44.5%的份额稳居第一大排量区间，2.0～3.0L 区间占比提高 6.2 个百分点

2020 年 1～9 月份，排量结构呈现出向 1.5～3.0L 排量区间聚拢的趋势，该区间份额为 81.7%。其中，2.0～3.0L 区间占比提高 6.2 个百分点，主要源于雷克萨斯 ES 销量增长的拉动。1.5～2.0L 排量区间以 44.5%的份额稳居第一大排量区间，较 2019 年全年下降 1.7 个百分点。受特斯拉 Model 3 国产影响，进口新能源汽车销量较 2019 年同期大幅下滑，1.0L 以下排量份额较 2019 年下降 3.4 个百分点。

8. 前十大市场有 9 个出现下滑，广东、浙江、江苏销量位居三甲：2020 年 1～9 月份，广东以绝对优势位列全国销售榜首，占比 15.4%，下滑较明显；浙江和江苏以 10.9%和 9.8%的份额位居第二、第三位；受疫情影响，北京、上海、四川销售下滑幅度高于整体水平

2020 年 1～9 月份，进口汽车全国销售前三的省份仍然是广东、浙江、江苏。

广东以绝对优势位列全国销售榜首,共销售进口汽车 10.7 万辆,占比 15.4%。销售前十的省份均出现下滑,多数省份降幅超过 30%,北京、上海、四川下滑幅度扩大,分别下滑 49.8%、41.2% 和 41.2%。

9. 新能源乘用车销量巨幅下滑,纯电动车型仍是主力:2020 年 1~9 月份进口新能源乘用车销量 1.8 万辆,同比下滑 70.0%,其中,纯电动新能源乘用车占比为 62.4%,仍是主力车型

根据中国进口汽车市场数据库显示,2020 年 1~9 月份进口新能源汽车销售 18073 辆,同比下滑 70.0%(见表 2)。新能源乘用车占进口乘用车销量总量的 2.6%,相比 2019 年的 5.4%,份额下降 2.8 个百分点,主要源于疫情和特斯拉 Model3 国产的影响。从新能源汽车类型来看,2020 年 1~9 月份插电式混合动力车型表现好于纯电动车型。插电式混合动力车型下滑 46.6%,远好于纯电动车型的市场表现,占比提升到 37.6%。受 Model3 国产影响,2020 年 1~9 月份特斯拉进口汽车销售 6381 辆,同比下滑 85.9%。在特斯拉国产化影响下,纯电动车型同比大幅下滑 76.3%,占比同比下滑 16.4 个百分点。但纯电动车型仍是进口新能源汽车的主力,占据 62.4% 的市场份额。

表 2 2019 年和 2020 年 1~9 月份新能源汽车进口量、同比增速与占比

车型	2019 年 1~9 月份进口量/辆	2020 年 1~9 月份进口量/辆	同比增速(%)	2019 年占比(%)	2020 年占比(%)
BEV	47469	11270	-76.3	78.8	62.4
PHEV	12738	6803	-46.6	21.2	37.6
NEV 总计	60207	18073	-70.0	—	—

二、2021 年中国进口汽车市场展望

1. 展望未来,尽管依然处在复苏通道,但增长动能将有所放缓,我国经济将进入复苏的平台期

展望 2020 年四季度,我国经济将进入复苏的平台期。一是外部环境依然受疫情和政经格局变化影响,出口增长依旧面临很多不确定性。二是疫情防控措施对餐饮、旅游、运输等行业的影响依然存在,加上中国经济已接近正常水平,增

速进一步提高的难度加大。三是基数效应基本消除。总体判断，2020年四季度中国经济增长5.6%左右，增速高于三季度，但加快幅度低于二、三季度。

未来一段时间，我国经济领域要特别关注以下四个方面的风险：一是外部环境的不确定性、不稳定性依然较大。二是逆周期调节政策进退两难带来的相关风险。三是宏观杠杆率持续增加，增大了未来去杠杆的压力。四是市场信用风险上升。

展望2021年我国经济仍面临众多不确定性，最大不确定性来自国际，比如国际政治格局变化、全球疫情新的发展变化，都可能给中国带来冲击。由于2020年的经济增长基数比较低，在2021年一系列政策调整到位、一系列工作做到位、国际形势不发生重大冲击和变化的情况下，中国经济应该能走出比较好的轨迹。据IMF预估，中国经济2021年增长8.2%。

2. 据不完全统计，2021年将有32款进口新车投放中国市场，其中15款新引入车型，以超豪华、高端豪华车型为主。换代车型以车型补充为主，总体评估来看，新产品对销量拉动作用有限

据不完全统计，2020年四季度及2021年全年预计将有32款进口新车投放中国市场，包括15款全新产品、7款换代产品、10款增添版本（见表3）。从车身形式看，有15款轿车、15款SUV。

从车身级别看，进口新产品仍以中型、大型车为主，共30款，在引入的新产品中份额达到93.8%，包括宝马X8-PHEV、奔驰EQS和SL级、奥迪Q4 e-tron、捷豹J-Pace等，体现了进口车市场高端、豪华的特点。

从品牌看，豪华品牌占比81.3%，是进口新产品的主力。随着消费需求的变化，新产品体现出多样化、时尚化、个性化等特点。在双积分政策指引下，厂家纷纷将旗下产品增添低能耗版本，包括14款纯电动车型和4款插电混动车型，新能源车型导入力度加大，纯电豪华车型的引入将起到树立品牌和多元化市场的作用。

综合评估来看，32款新引入车型，以超豪华、高端豪华车型为主，换代车型以车型补充为主，新冠肺炎疫情的蝴蝶效应，或将影响进口产品导入进程，在目前的市场环境下，对进口车市场销量的拉动作用有限。

表3 2020年四季度及2021年预计进口车新产品（不完全统计）

品牌车型	上市时间	所属细分市场	新品类型
现代帕里斯帝	2021年底	中大型SUV	全新
宝马i4	2021年底	中型豪华纯电动轿车	全新
宝马X8-PHEV	2021年底	大型豪华插混动SUV	全新
宝马iNEXT	2021年底	中大型豪华纯电动SUV	全新
奔驰EQS	2021年内	大型豪华纯电动轿车	全新
奔驰EQS SUV	2021年内	中大型豪华纯电动SUV	全新
奔驰SL级	2021年内	大型豪华轿车	换代
奔驰AMG One	2021年内	大型豪华轿车	换代
奔驰CLA-PHEV	2021年内	紧凑型豪华插混动轿车	增添版本
奔驰GLA-PHEV	2021年内	紧凑型豪华插混动SUV	增添版本
奥迪e-tron GT	2021年内	中大型豪华纯电动轿车	增添版本
奥迪Q4 e-tron	2021年内	中型豪华纯电动SUV	全新
奥迪Q5-PHEV	2021年内	中型豪华插混动SUV	增添版本
保时捷Taycan Cross Turismo	2021年内	中大型豪华纯电动轿车	增添版本
路虎揽胜	2021年下半年	中大型豪华SUV	换代
路虎揽胜-BEV	2021年下半年	中大型豪华纯电动SUV	增添版本
捷豹XJ-BEV	2021年内	大型豪华纯电动轿车	增添版本
捷豹J-Pace	2021年内	大型豪华SUV	全新
阿尔法·罗密欧Giulia GTA	2021年内	中大型豪华轿车	增添版本
阿斯顿·马丁/Vantage 007	2021年一季度	中大型超豪华轿车	增添版本
阿斯顿·马丁/DBS Superleggera 007版	2021年一季度	中大型超豪华轿车	增添版本
阿斯顿·马丁/Lagonda Sedan	2021年内	中大型超豪华纯电动轿车	全新
福特/野马Mach-E	2021年内	中型豪华纯电动SUV	全新
凯迪拉克/Escala	2021年内	大型豪华轿车	全新
玛莎拉蒂/Folgore	2021年内	大型超豪华纯电动轿车	全新
日产/Ariya	2021年内	中型纯电动SUV	全新
现代/Genesis JW	2021年内	中大型纯电动轿车	全新
英菲尼迪Q80	2021年内	中大型豪华轿车	全新
道奇/蝰蛇	2021年内	中大型豪华轿车	换代

（续）

品牌车型	上市时间	所属细分市场	新品类型
GMC/Yukon Denali	2021年内	大型SUV	换代
雪佛兰/Suburban	2021年内	大型SUV	换代
雪佛兰/Tahoe	2021年内	大型SUV	换代

注：新产品包括全新产品、换代产品和新增排量、新增车身形式，不包括年款车型、增加配置和限量版等。

评估目前的供需情况，预计 2020 年四季度进口车市场同比增速由负转正，全年下滑 10%左右；展望 2021 年进口汽车市场形势，宏观经济明显恢复，政策有望有利于平行进口汽车，产品供给有限但国产化力度不大，上述三大因素均有利于进口汽车市场恢复，预计 2021 年进口汽车市场规模有望重回百万辆规模。但同时国际环境复杂多变，贸易格局变化加剧、新冠肺炎疫情的发展仍存在不确定性，进口车市场也存在一定的变化风险。

（作者：国机汽车股份有限公司　王存）

2020年中国汽车出口市场分析与2021年展望

一、2020年汽车出口概况

在新冠肺炎疫情冲击下,世界经济回落,全球市场需求疲软,2020年我国汽车出口面临前所未有的困难。据海关统计,2020年1~10月份,整车(不含低速载人电动车,下同)出口73.26万辆,同比下降13.0%(见图1);出口金额121.49亿美元,同比下降8.2%。其中,乘用车出口51.77万辆,同比下降9.4%,出口金额66.83亿美元,同比增长6.2%;商用车出口21.49万辆,同比下降20.7%,出口金额54.66亿美元,同比下降21.2%。预计2020年全年整车出口量在92万辆左右,同比下降约8%。

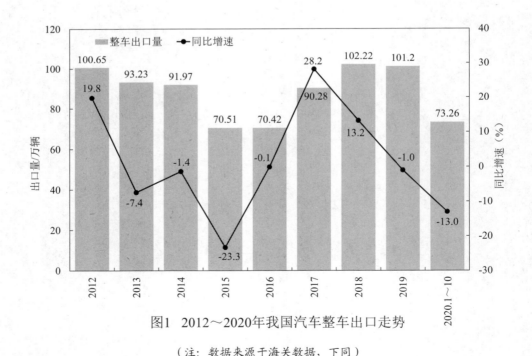

图1 2012~2020年我国汽车整车出口走势

(注:数据来源于海关数据,下同)

在月度走势上，2020 年 1~10 月份整车出口呈现出较为明显的随疫情波动特征。2~3 月份受尚未全面复工复产，人员、物流、产能未能完全到位拖累，2 月份出口出现较大回落，4 月份随着复工复产的推进，出口量逐步回归并超越上年同期水平（见表 1）。5 月份起海外疫情导致需求下挫，出口量也降至同期最低水平，同比下滑幅度超过 35%，而后缓慢回升，至 10 月份单月表现强劲，出口增幅超过 16%，有力地拉动全年出口上行步伐。

表 1 2019~2020 年我国汽车整车出口月度走势

2019	1月	2月	3月	4月	5月	6月
出口数量/辆	78312	55508	89165	69932	87633	95089
出口金额/亿美元	12.25	8.17	14.04	11.67	13.89	15.87
2020	1月	2月	3月	4月	5月	6月
出口数量/辆	86508	48490	68744	83295	56646	60053
出口金额/亿美元	12.99	7.14	9.27	13.65	11.99	12.19
2019	7月	8月	9月	10月	11月	12月
出口数量/辆	98485	89464	90598	88313	93346	98208
出口金额/亿美元	14.75	13.70	14.66	13.30	13.76	15.98
2020	7月	8月	9月	10月	11月	12月
出口数量/辆	67648	72950	85545	102728	—	—
出口金额/亿美元	12.68	12.74	14.25	14.59	—	—

二、2020 年汽车出口的主要特点

1. 出口产品结构持续优化，商用车降幅大于乘用车

我国整车出口产品结构进一步优化。分车型看，2020 年 1~10 月份，乘用车出口量仍然超过商用车，占整车出口总量的 70.7%，比 2019 年同期下降了 0.8 个百分点。小轿车作为第一大出口车型，共出口 21.95 万辆，同比下降 26.08%（见表 2），占乘用车出口总量的 42.4%；9 座及以下小客车位居第二，共出口 21.00 万辆，同比增长 6.32%，占乘用车出口总量的 40.6%；以上两类车型出口量占整车出口总量的 58.6%。

表 2　2020 年 1～10 月份我国整车出口结构分布

车型		出口数量/辆	同比增速（%）	出口金额/万美元	同比增速（%）
乘用车	小轿车	219476	-26.08	201385.06	-21.55
	四驱 SUV	6729	-44.43	12812.97	-26.32
	9 座及以下小客车	209958	6.32	255721.09	7.17
	其他乘用车	81554	25.64	198362.88	70.21
	乘用车合计	517717	-9.40	668282.00	6.20
商用车	10 座及以上客车	34315	-35.38	165776.88	-19.97
	其中：轻型客车	19601	-40.41	22330.78	-41.06
	货车	143253	-17.11	205368.44	-16.07
	其他商用车	37322	-100.06	175432.14	-27.54
	商用车合计	214890	-20.73	546577.47	-21.23
汽车合计		732607	-13.04	1214859.47	-8.19

2. 电动载人汽车出口表现亮眼

在海外需求端整体走弱的情况下，电动载人汽车出口表现亮眼。2020 年 1～10 月份，我国电动载人汽车出口约 7.2 万辆，同比增长 163.45%，出口额约 23.75 亿美元，同比增长 184.41%（见表 3）。其中，纯电动乘用车同比增幅较大，出口约 4.9 万辆，占电动载人汽车出口总量的 67.7%，出口额约 9.88 亿美元，占电动载人汽车出口总额的 41.6%。

表 3　2020 年 1～10 月份电动载人汽车出口情况

车型	出口金额/万美元	同比增速（%）	出口数量/辆	同比增速（%）
电动载人汽车	237464.53	184.41	72025	163.45
其中：混合动力客车（10 座及以上）	640.84	-71.77	64	-56.46
纯电动客车（10 座及以上）	53902.45	95.28	2100	83.57
非插电式混合动力乘用车	4275.60	95.18	1474	1069.84
插电式混合动力乘用车	79795.90	125.21	19670	136.70
纯电动乘用车	98849.74	517.89	48717	176.61

3. 出口市场较为集中，中高端市场初露端倪

以往我国整车出口主要集中在拉美、西亚、东南亚等发展中国家和地区，从

2020 年 1～10 月份的出口市场分布看，发达国家市场有望成为新的增长点。2020年 1～10 月份，沙特为我国整车第一大出口市场，出口约 8.31 万辆，同比增长超过 100.89%（见表 4）；埃及位居第二，出口约 4.64 万辆，同比增长 92.38%；智利位居第三，出口约 3.99 万辆，同比下降 38.19%；澳大利亚列第四位，出口约 3.14 万辆，同比增长 43.17%；俄罗斯列第五位，出口约 3.09 万辆，同比下降 7.73%。值得注意的是，对欧盟国家出口呈现较快增长态势，其中对英国出口约 1.99 万辆，同比增长 33%，出口额约 4.08 亿美元，同比增长 70.28%，列第十一位；对比利时出口 9629 辆，同比增长 882.55%，出口额约 2.20 亿美元，同比增长 337.3%，列第十四位。此外，对德国、荷兰、瑞典、挪威的出口均有较大幅度增长。

表 4 2020 年 1～10 月份我国汽车整车出口市场分布

序号	国家（地区）	出口数量/辆	数量同比增速（%）	出口金额/万美元	金额同比增速（%）
1	沙特阿拉伯	83070	100.89	129498.54	63.60
2	埃及	46426	92.38	32474.11	100.40
3	智利	39925	-38.19	42350.82	-31.03
4	澳大利亚	31434	43.17	41121.31	16.72
5	俄罗斯	30942	-7.73	52682.39	-11.99
6	美国	29223	-13.79	59752.89	-20.12
7	墨西哥	28976	-71.40	34502.11	-63.14
8	越南	27014	-4.82	36979.86	-18.86
9	菲律宾	23778	-25.52	47673.22	-30.07
10	马来西亚	23309	-38.39	25930.46	-55.95
11	秘鲁	20700	-35.30	19302.20	-33.38
12	英国	19937	33.00	40819.01	70.28
13	巴西	19721	-20.02	24701.71	-14.23
14	比利时	9629	882.55	21989.28	337.30
15	哥伦比亚	9037	-23.97	23222.13	66.45
16	德国	8436	83.55	24669.29	99.31
17	荷兰	7468	198.72	30800.70	236.24
18	瑞典	7114	317.49	27130.31	317.34
19	挪威	6222	439.17	27617.42	351.59
20	哈萨克斯坦	6065	0.00	19498.94	8.41

4．自主品牌整体向上，部分企业仍待发力

我国整车出口仍以自主品牌为主，企业出口增长情况差异较大。根据中国汽车工业协会统计的整车企业出口数据（见表5），2020年1～10月份，排名前十位的出口企业分别为上汽（21.74万辆）、奇瑞（8.65万辆）、长安（6.57万辆）、长城（5.23万辆）、吉利（4.90万辆）、东风（4.76万辆）、北汽（4.26万辆）、大庆沃尔沃（3.56万辆）、江淮（2.85万辆）、重汽（2.57万辆），合计出口量占出口总量的89.4%，呈现向头部企业集中的趋势。其中，奇瑞、长安、东风等企业出口均呈快速增长趋势，分别增长8.64%、20.75%和23.97%，而北汽、江淮和中国重汽下滑幅度较大，分别为-30.66%、-28.16%、-21.31%。

表5　2020年1～10月份我国主要汽车整车企业出口数据

序号	企业名称	出口数量/辆	同比增速（%）
1	上海汽车集团股份有限公司	217437	-5.64
2	奇瑞汽车股份有限公司	86531	8.64
3	中国长安汽车集团有限公司	65748	20.75
4	长城汽车股份有限公司	52261	-5.18
5	浙江吉利控股集团有限公司	49017	-4.76
6	东风汽车集团有限公司	47612	23.97
7	北京汽车集团有限公司	42602	-30.66
8	大庆沃尔沃汽车制造有限公司	35559	-1.94
9	安徽江淮汽车集团有限公司	28518	-28.16
10	中国重型汽车集团有限公司	25720	-21.31
11	厦门金龙汽车集团股份有限公司	13494	-34.25
12	华晨汽车集团控股有限公司	11733	12.88
13	广州汽车工业集团有限公司	10794	-43.71
14	中国第一汽车集团有限公司	9059	-32.25
15	陕西汽车集团有限责任公司	8906	-53.15
16	比亚迪股份有限公司	4366	-45.60
17	郑州宇通集团有限公司	2957	-37.81
18	河北中兴汽车制造有限公司	2777	15.66
19	中通客车控股股份有限公司	1848	-3.55
20	山东唐骏欧铃汽车制造有限公司	1806	-37.62
21	北汽银翔汽车有限公司	1669	-34.78
22	扬州亚星客车股份有限公司	1354	-34.34
23	东南（福建）汽车工业有限公司	1327	-39.10

(续)

序号	企业名称	出口数量/辆	同比增速(%)
24	福建新龙马汽车股份有限公司	1047	-37.34
25	徐州徐工汽车制造有限公司	909	-9.82
26	贵航青年莲花汽车有限公司	569	0.00
27	现代商用汽车(中国)有限公司	459	118.57
28	成都大运汽车集团有限公司	439	20.27
29	安徽华菱汽车有限公司	420	-29.29
30	广东福迪汽车有限公司	350	-7.41

注：数据来源于中国汽车工业协会，下同。

5. 合资企业出口规模尚存增长空间

随着国内汽车市场增速放缓和产能过剩问题的加剧，合资企业调整自身定位，扩大出口规模。2020年1～10月份，上汽通用、上汽通用五菱、大庆沃尔沃、东风悦达起亚、长安福特、北京现代、本田中国、华晨宝马、广汽菲克、郑州日产等合资企业整车出口占汽车出口总量的比重达30.09%（见表6），较上年增长3个百分点。随着我国汽车产业的不断开放，以及RCEP为代表的区域性自贸协定的签署，跨国汽车企业加快区域产业链布局，我国有望成为部分跨国公司全球性的重要汽车出口基地。

表6 2020年1～10月份我国乘用车合资企业出口情况

序号	企业名称	出口数量/辆	同比增速(%)	所占比例(%)
1	上汽通用	50198	-59.32	9.17
2	上汽通用五菱	40599	104.26	7.41
3	大庆沃尔沃	35559	-1.94	6.49
4	东风悦达起亚	21456	-7.21	3.92
5	长安福特	10692	199.83	1.95
6	北京现代	3763	-59.27	0.69
7	本田（中国）	1686	-85.22	0.31
8	华晨宝马	580	-37.83	0.11
9	广汽菲克	245	0.00	0.04
10	郑州日产	4	-50.00	0.00
	合计	164782	-27.51	30.09

6. 电动化风起云涌,国际市场竞争加剧

2020年1~10月份,全球新能源汽车合计销量为212.66万辆(见表7),同比增长20.6%。销量排名前20位品牌中中国汽车企业占据7席,比上年减少3席,合计占比约为22%。比亚迪、上汽、广汽、长城均是连续两年上榜。值得注意的是,欧盟2021年开始采用新的工况标准WLTP,乘用车排放不得高于95g/km,否则将面临每超标1g/km支付95欧元的高昂处罚,此举迫使欧洲汽车厂商加速电动化进程。2020年,标致雪铁龙、沃尔沃、宝马和雷诺四家汽车企业在欧洲的电动汽车销量均实现了2倍以上的增长。大众集团尽管已与上汽名爵品牌组建"排放池",预计2021年排放仍旧难以达标。福特也不得不选择与沃尔沃联手,捷豹路虎更是直言已准备好罚金。

表7 2020年1~10月份全球电动汽车品牌销量榜

品牌	2020年1~10月份销量/辆	市场份额(%)
特斯拉	352792	17
大众	138290	7
比亚迪	126243	6
宝马	116963	6
梅赛德斯	89624	4
上汽通用五菱	85692	4
雷诺	83101	4
沃尔沃	80159	4
奥迪	79430	4
现代	72969	3
起亚	69121	3
上汽	67426	3
标致	51495	2
日产	47110	2
广汽	46987	2
丰田	38200	2
保时捷	33185	2
长城	32989	2
蔚来	31553	1
福特	31188	1
其他	483231	23
共计	2126560	100

注:数据来源于EV Sales。

目前,全球电动汽车销量占全球汽车销量的 3%左右。疫情的出现在一定程度上加速了欧洲各国以电动汽车购置补贴和减税为主的新能源汽车政策的实施,由此引发了电动车型的集中上市。市场竞争加速行业转型,自主品牌的电动化突围之路依然任重道远。

7. 自主品牌开启国际化新进程

2020 年 1 月份,长城汽车和通用汽车就收购通用汽车印度塔里冈工厂达成协议,后因印度政府中止批准流程而陷入停滞;2 月份,长城汽车宣布收购通用汽车的泰国罗勇府整车制造工厂,进军东盟市场乃至澳新市场;9 月份,长城俄罗斯图拉工厂与俄罗斯联邦工业和贸易部正式签署在俄特别投资合同(SPIC),预计投资 424 亿卢布(约合人民币 37 亿元)建设具备核心零部件深度本地化能力的汽车制造厂,包括发动机、变速器、电子控制模块和车辆控制系统。进入下半年,爱驰 U5、比亚迪唐和汉、东风风光 ix5、赛力斯 3、小鹏 G3 等电动车型先后出口欧洲市场。2020 年 12 月 4 日,一汽红旗最新的全尺寸智慧纯电 SUV E-HS9 亮相"2020 中国企业家博鳌论坛",并宣布正式上市,此车将率先登陆挪威,后续将在欧洲市场进行销售。疫情之下,产品依然是回应市场最好的"武器",自主品牌带着诚意满满之作试水欧洲,为即将到来的全面电动化做好了准备。

三、2020 年汽车出口问题分析

1. 疫情扰动世界经济,复苏前景仍存在不确定性

国际货币基金组织 2020 年 10 月份发布的《世界经济展望》报告显示:2020 年全球增速预计为-4.4%,较 6 月份的预测上调 0.5 个百分点。调高增速的原因是,发达经济体二季度 GDP 增长好于预期,部分国家 2020 年五六月份放松了封锁措施,此后经济活动比预期更快改善。此外,有关指标显示,三季度经济复苏力度强于预期。

据中国社会科学院世界经济与政治研究所监测:2020 年 10 月份,中国外部经济环境检测(CEEM)PMI 为 55.76,较上月反弹超过 2 个点,为新冠肺炎疫情蔓延后连续第六个月反弹(见图 2)。其中美国、欧元区、英国、韩国、澳大利亚以及巴西、印度、南非等主要新兴市场国家 PMI 均在荣枯线(50.00)上方,日

本和俄罗斯位于荣枯线下方。

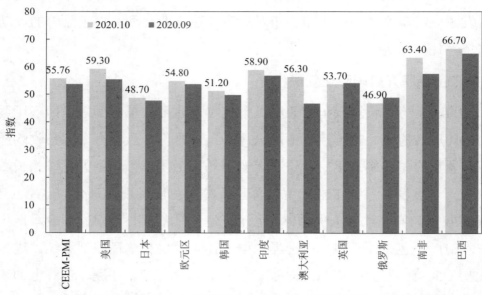

图2 制造业PMI:主要经济体和中国外部经济环境检测综合指数

（注：数据来源于CEIC，世界经济预测与政策模拟实验室）

2020年10月份全球实体经济持续反弹，且随着美国大选等重大事件落定，疫苗研发出现进展，市场不确定性下降，经济复苏前景向好。但不能排除其中有疫情常态化后带来的短期过度乐观情绪。目前主要风险仍集中在疫情反复对发达经济体的扰动，和对部分新兴市场国家长期竞争力的损害。

2. 疫情拖累需求增长，主要海外市场表现不一

受疫情影响，2020年4～5月份，主要海外市场轻型车销量接连触底，创近30年以来最大跌幅。特别是欧盟市场，在首轮疫情冲击下，西班牙、意大利、英国市场销量几乎陷入停滞（见图3）。而我国国内市场则展现出颇为强大的韧性，自2月份轻型车销量跌入全年低谷后，3月份旋即达到上年同期水平。2020年4～10月份，轻型车销量已连续7个月实现正增长，且月同比增幅大于10%。2020年1～10月份全球主要汽车市场轻型车销量情况见图4。

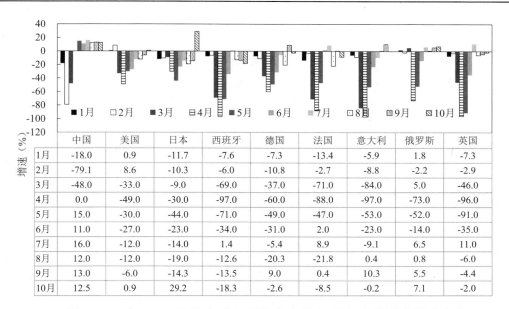

图3 2020年1～10月份全球主要汽车市场轻型车销量同比增速变化

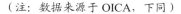

（注：数据来源于OICA，下同）

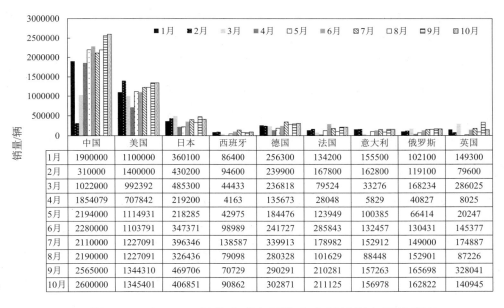

图4 2020年1～10月份全球主要汽车市场轻型车销量情况

然而，二次疫情的不确定性压力仍然存在。在经历了2020年9月份的短暂正增长后，二次疫情卷土重来，欧美国家市场再次步入下行轨道。短期看，封锁措施将引发销量下滑、产能萎缩等不利因素，但需求通道在经历了上半年的短暂压抑后,企业在手订单已达到或超越上年同期水平,出现回暖迹象。因而从长期看,二次疫情带来的冲击有限,随着常态化防控措施的普及,叠加疫苗研发的逐渐成熟,市场有望于2021年二季度回归常态。

3. 投资审查与制造业回流,逆全球化在摇旗呐喊

2020年7月份以来,以德、法为代表的欧盟国家不断传出将扩大对外商直接投资的审查力度,特朗普政府更是振臂高呼"制造业回流"。中美贸易摩擦叠加新冠肺炎疫情的肆意蔓延,西方国家纷纷提出要重塑相对独立的经济体系,掀起了一股不合时宜的逆全球化浪潮。全球化一直被认为是一个动态的过程,原始积累差异造成的国际分工格局已基本形成,生产能力趋于高度集中,产业链配套体系呈现区域化特征,因而企业想独自"拔寨而走"并不容易。同时,全球化亦是一个商业利益驱动的过程,企业在不断探索全球生产、全球销售的最佳模式,以期达到利益最大化。

2020年3月份,现代汽车100%持股四川现代,成为国内第一家外商独资商用车企业。独资运营后,现代将引进氢燃料电池重型货车,进一步开拓中国商用车市场。日野和比亚迪于2020年10月份签署合资协议,在华成立合资公司共同开发纯电动商用车及配套零部件。2020年12月份,斯堪尼亚宣布全球第三大生产基地将以独资的形式落户江苏省南通市,整车制造除在国内销售外,还将返销海外市场。戴姆勒货车与北汽福田共同宣布,双方将针对中国高端货车细分市场,在华生产和分销梅赛德斯-奔驰牵引车。外资企业在国内商用车市场纷纷发力,背后的主因是疫情冲击下中国市场的稳定性和吸引力愈加凸显。

4. 新兴市场货币购买力下降,人民币汇率持续走高

自主品牌汽车主要出口市场集中在新兴市场和发展中国家。这些国家均遭受了疫情重创,经济颓势已非常明显,本国货币大幅贬值,严重影响属地终端客户的购买能力和经销商的资金周转率。汇率的巨额波动引起的市场不稳定性将进一步加剧,企业海外盈利能力经受考验。人民币汇率自2020年5月份起一路上行,于12月初走高至6.5附近。人民币的强势表现主要由于中国率先控制住疫情并迎来经济复苏,美国疫情持续加重拖累经济复苏前景,中美两国经济基本面差异扩大,支撑人民币短期进入升值通道。另外,国内出口表现出色,美元指数大幅下跌,也加速了国际资本的流入。RCEP于2020年11月15日的正式签署也将促进

人民币在区域贸易结算与支付中发挥更为重要的作用,对RCEP各国增加对人民币需求方面都将带来利好,这也对人民币汇率持续保持升势带来一定推力。不可否认的是,升值将挤压海外授权市场利润空间,加大经销商采购成本,从而削弱产品竞争力。出口收汇的外币结汇成本也将同步增加,产生汇兑损失。

5. 航运运价疯涨,全球贸易不平衡问题突出

回顾2020年,全球贸易经历了上半年航运需求下跌后,在出口量增长的带动下,下半年海运价格持续攀升,且存在部分航线大面积缺箱、甩柜、征收附加费等现象,其中滚装船价格上涨20%~30%,杂货船价格上涨10%~20%,集装箱船价格甚至出现3~5倍上涨。中欧班列也出现计划吃紧现象,国外段运费和用箱费高企,且边境口岸拥堵严重,影响订单按时出运和交付。

全球范围内的贸易结构不平衡,叠加疫情搅局,致使集装箱"空箱危机"愈演愈烈。疫情导致的海运中断、延期,严重地打乱了集装箱空箱在国际贸易中流转的正常节奏。中国率先实现复工达产,外贸出口大幅回升,集装箱多由中国港口出发运往欧美,但鲜有运回。同时国外港口的集输效率大幅下降,也是导致整个物流链的全产业链拥堵的重要原因。

四、2021年汽车出口形势展望

2020年我国汽车出口经受了严峻考验。在疫情阻断人员往来,防控措施升级,物流效率下降,航运价格大幅攀升,部分国家货币汇率跳水,市场需求疲软,人民币汇率波动等不利因素下,我国汽车企业并没有放缓走出去的步伐。由新四化主导的行业自我革新将引导新一轮的优胜劣汰,以新能源汽车为引领,我国汽车业正面临近百年来产业转型升级的最大窗口期。加速品牌向上,参与全球竞争,迈进中高端市场成为必然选择。预计2021年汽车出口将保持稳中求进的态势,乐观估计全年整车出口恢复性增长10%左右。

1. 全球疫情不确定致经济复苏动力不足

据亚太经合组织2020年12月初预测,在第二轮疫情将会得到控制、疫苗得到广泛应用的前提下,2021~2022年全球经济将呈现渐进且不均衡的增长。预计2020年全球经济萎缩4.2%,2021年增速预期为4.25%,2022年增速为3.75%。得益于我国经济快速复苏,预计到2021年年底,全球经济有望恢复至危机之前

的水平，但主要经济体恢复情况将会呈现两极分化。多数国家2022年GDP增速将会大大低于此前预期，部分开展有效监测、控制发病率和采取隔离措施的国家情况稍好，但也会受制于全球需求总体萎缩等因素，出现就业率增长缓慢、企业投资动力不足、职工名义工资和物价涨幅较慢、发达国家贫富差距进一步拉大、发展中国家将普遍呈现消费低迷等情况。由于全球经济复苏乏力，新兴市场需求回升不足，我国汽车出口稳定增长仍有较大压力。

2. RCEP有利于域内汽车产业链整合

2020年11月15日《区域全面经济伙伴关系协定》（RCEP）的签署，有利于我国在全球价值链地位的提升。协定将削减关税壁垒、非关税壁垒和投资壁垒，促进贸易和投资，促进域内各类经济要素的自由流动。区域累计原产地规则的实施，也将显著提高协定优惠税率的利用率，从而合理优化域内汽车产业链布局。虽然对整车出口暂未体现大幅关税减让安排，但我国自日本进口零部件关税则将逐年下调至零。尽管短期内RCEP对我国汽车出口边际拉动效应有限，但从长期看，对于我国汽车业优化自身产能结构，进一步扩大外向型发展空间，稳定注入高质量发展动能将起到积极作用。以新能源、智能网联为代表的我国优势汽车产品及产业链将加快域内布局与发展速度。

3. 新能源汽车出口有望持续发力

据中国海关统计，2020年1～10月份，我国电动载人汽车出口超7万辆，同比增长163%，纯电动乘用车出口近5万辆，同比增长176%。欧盟2020年最新发布的气候友好型交通出行目标提出，将减少运输部门的二氧化碳排放量，以实现2050年碳中和的目标。而为完成这一目标，则至少需要到2030年实现3000万辆零排放汽车上路计划。此外，美国拜登政府上台后将重返《巴黎协定》，恢复清洁能源计划落地。种种迹象显示，新能源汽车成为未来全球汽车市场增长点的态势已经明了。得益于产业链的完整性，我国在新能源汽车领域的优势有望进一步加强，新能源汽车出口潜力持续看好。

4. 合资企业注入出口新动力，中国品牌竞争力不断提升

随着我国汽车产业链的不断强化与比较优势的凸显，跨国汽车企业持续强化我国在区域布局的中心地位，合资企业除满足国内市场需求外，还将扩大返销国际市场的规模，如东风汽车与雷诺合资的易捷特电动汽车将向欧洲国家批量出

口，奔驰 EQC、宝马 iX3 等在华生产的电动车型将批量返销欧洲。与此同时，自主品牌汽车企业深耕技术创新与研发领域，以奇瑞、长安、上汽、比亚迪、吉利、长城、重汽、福田、宇通等为代表的自主品牌汽车打造了丰富的产品线，拥抱市场多元化需求，展现出较强的性价比优势。

5. 加速海外全价值链布局，创新平台化营销方式

我国目前已经建立了完备的汽车产业体系，但海外市场的全价值链要素依然不够完整，短板明显，成为制约我国汽车对外贸易发展的主要因素。国内汽车市场开放三步走步伐的加快，整车进口关税的降低，都将推动国内国际双循环发展格局的加速构建。下一步，应以促进中国汽车走出去高质量发展为核心，贸易与投资并举，建立适应海外市场需要的创新研发中心、生产基地、营销中心、供应链中心及金融服务等汽车产销全价值链，创新开展主机厂与商贸服务平台相结合的海外营销方式。

（作者：陈菁晶　孙晓红　吴松泉）

2020年二手车市场分析与2021年预测

市场变化受多种因素的影响，2020年也不例外。常规因素容易把握，比如说经济周期、关联市场变化等，但突发因素难以预料。2020年一场突如其来的新冠肺炎疫情打乱了所有人的节奏，也影响了全球经济发展秩序。2020年一季度各行业把工作重心投放在了疫情防控上，除与阻断疫情以及民生相关的行业加大马力生产外，其他行业基本上处于停滞状态。

据中国汽车流通协会对市场监测报告，截止到2月中下旬，4S店复工率仅为9.3%，二手车交易市场开市率为9.9%，二手车商复工率为11.1%；3月初4S店复工率提高到了36.6%，二手车交易市场开市复工率为55.5%，场内车商复工率为47%，场外车商复工率为66.5%。但随着疫情逐渐得到有效控制，市场逐渐恢复，下半年市场开始出现快速增长，在交易端也呈现出供销两旺的景象。

据中国汽车流通协会发布的数据，受新冠肺炎疫情影响，2020年1～11月份全国共交易二手车1263.35万辆，同比下降4.5%（见图1），交易金额为8317.59亿元，累计交易额同比下降6.5%。二手车交易量出现有统计数据以来的首次负增长，疫情对市场的影响之大始料未及。

图1 近年来二手车交易量与增速

对二手车行业各参与主体而言，二手车市场整体失速无疑是一次重大危机。但危机中同时孕育着机遇，2020年的二手车市场正印证了这个道理。2020年虽然行业经历了困苦，但也迎来了巨变的条件，二手车市场即将展开蓬勃发展的全新一页。

下面从二手车交易数据、二手车经营主体结构、二手车流通政策变化三个维度，对二手车市场运行特征、存在问题和2021年市场前景进行分析和预判。

一、二手车市场运行特征

1. 从低谷到快增长

从2020年二手车市场的发展态势看，呈现出三个阶段：第一阶段在一季度，为新冠肺炎疫情严格防控期，二手车交易几乎停滞，与上年度同期相比，交易量下滑达38.4%。第二阶段为复苏期，出现在第二季度，自4月份起二手车市场开始复苏，各地开始解除部分限制，经济活动开始逐渐恢复，疫情中心的武汉市也在4月8号解除封城，4月下旬开始有限制地复市。从全国情况来看，五六月份逐步恢复上年同期水平。二季度交易量与上年度相比仅下降了2.6%，接近上年同期水平；第三阶段出现在第三季度，也就是通常的淡季，市场却出现加速上涨态势，7月份和8月份均出现了正增长，其中8月份开始实现两位数的增长（见图2）。

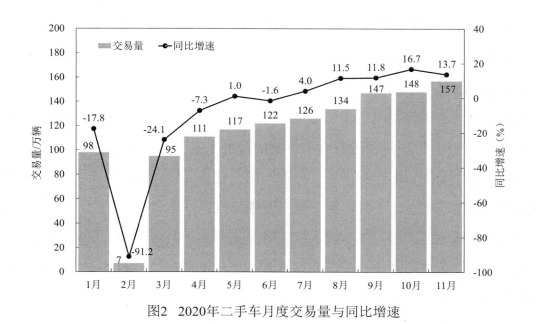

图2 2020年二手车月度交易量与同比增速

2. 轿车交易量与上年同期接近

从细分市场的交易情况来看，二手乘用车占比仍处于提升之中：2020年1~11月份二手乘用车交易978.2万辆，交易量同比下降3.1%，但好于整体市场。乘用车占交易总量的77.4%，比上年同期的76.3%多出了1.1个百分点，商用车交易227.1万辆，同比下滑达到9.4%，商用车占总交易量的18%，比上年同期下降了0.9个百分点。乘用车中，轿车交易754.8万辆，同比下降1.1%，轿车占市场总量的59.7%，比上年增长了2个百分点；MPV交易73.3万辆，同比下降13.8%，占交易总量的5.8%，比上年同期减少了0.6个百分点；SUV交易119.9万辆，同比下降6.8%，占交易总量的9.5%，比上年同期份额下降了0.2个百分点；微型客车共交易30.1万辆，同比下降8.2%，占交易总量的2.4%，这一比例也与上年同期基本持平（见表1）。

表1 2019年和2020年1~11月份各车型占总交易量的份额

（单位：%）

年份\车型	乘用车			商用车			其他车	农用车	挂车	摩托车
	轿车	MPV	SUV	微客	货车	客车				
2020年	59.7	5.8	9.5	2.4	9.3	8.7	2.0	0.3	0.8	1.5
2019年	57.7	6.4	9.7	2.5	9.3	9.6	2.2	0.2	0.8	1.6

3. 广东、江浙表现较好，其余区域市场有不同程度下降

2020年1~11月份，交易量排在前十位的省份除广东省、浙江省外，其他省份交易量均出现了不同程度的下降（见图3），其中，河北省、北京市下降幅度接近30%。河北省下降幅度较大的原因有两点：一是河北省在京津冀区域内，作为首都的"护城河"，在疫情没有完全控制的前提下对人群聚集密度的要求很严格。二是河北省作为国Ⅵ限迁的区域，外部车源无法进入该地区，只靠自身产生的车源无法满足市场需求，不时出现车源紧张的情况。广东省无疑是二手车市场最发达与最活跃的地区，这不仅是因为广东省是最早实行改革开放的区域，经济发展活跃，同时广东省还是第一大汽车保有省。据相关数据，广东省2019年年末汽车保有量为2327万辆，占全国总保有量的9.2%；其中私人汽车保有量达到了

2037.65万辆，占全国的比例为10.2%，可见广东省私人汽车保有量占全国的比例要高于汽车保有量占全国的比例。再从私人汽车保有量与汽车保有量的占比上看，全国为86%，广东省为88%。显然，广东省的私人汽车保有水平高于全国。私人汽车是决定二手车市场活跃度的最直接因素。同时，广东省也是新冠肺炎疫情最早得到有效控制的省份，其生产流通秩序的恢复比其他地方要早些。

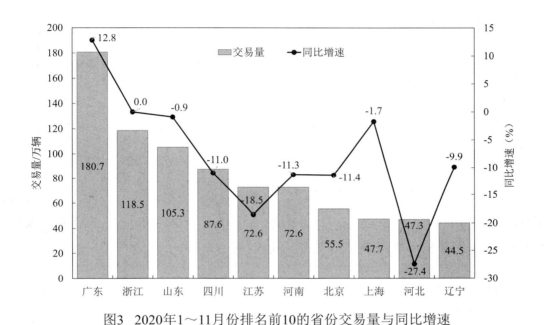

图3 2020年1~11月份排名前10的省份交易量与同比增速

4. 二手车平均交易价格下降

2020年1~11月份，二手车平均交易价格约为6.16万元（见图4），比上年同期下降了1260元。其中主力车型轿车平均交易价格为5.81万元，比上年同期下降了7285元；MPV平均交易价格为6.69万元，比上年同期下降了8541元；SUV平均交易价格为12.22万元，与上年同期相比，增幅最大，达到了3万元。平均交易价格下降，是由份额最高的轿车价格大幅度下降引起的。这也体现了疫情下的消费心理，上半年市场启动源于低价位车型，用于解决无车人群出行代步的需求。

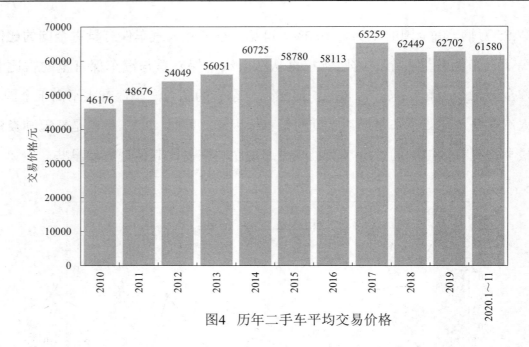

图4 历年二手车平均交易价格

从各月平均交易价格变化情况看，上半年，由于疫情原因二手车平均交易价格出现较大波动，进入下半年，随着市场趋于稳定，二手车平均交易价格也相对比较稳定（见图5），市场进入了良性发展阶段。

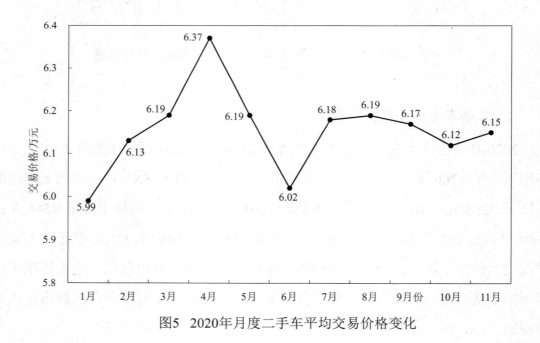

图5 2020年月度二手车平均交易价格变化

5. 老龄车份额提高

据统计，2020年使用年限在3年以内的准新车共交易305.63万辆，同比下降7.9%。准新车的比例为总交易量的24.2%，相比上年同期下降了0.9个百分点；使用年限在3～6年的"中年"车龄的车辆共交易427.08万辆，占总交易量的37.4%，占比与上年同期相比下降了3.9个百分点；7～10年车龄的车辆共交易308.1万辆，占总量的24.4%，比上年同期增加了2.2个百分点；10年以上的老旧车共交易177.5万辆，同比增长17.9%，占总交易量的14%（见图6），比上年同期增加了2.6个百分点。与往年相比，车龄在3～6年区间的比例有了明显下降；而车龄在7～10年及以上的比例明显提升。这一方面说明保有车辆的车龄在提升，另一方面说明2020年受疫情影响，消费者购买行为主要是满足代步需求，车辆的档次以及车龄不再是首要因素。同时，车龄的提高，与平均交易价格下降形成呼应。

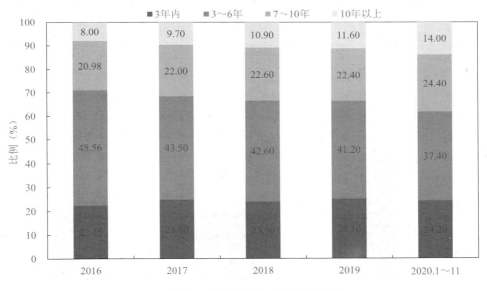

图6 各车龄段二手车的比例

6. 跨区域流通与上年基本持平

据中国汽车流通协会对二手车跨区域交易的监测数据，2020年1～11月份，二手车异地交易总量为344.5万辆，占总交易量的比例为27.3%，与上年同期相比，下降了1个百分点。2020年1～11月份，外迁比例最高的5个省份分别为北京市55.2%，安徽省54.4%，四川省47.5%，浙江省36.6%，辽宁省33.1%。这似乎有点出乎大多数人的意料，理论上北京市、天津市、上海市、广东省应该是二手车外迁的大户，但广东省与上海市却没有进入前五之列，取而代之的是安徽省与辽宁省。

二、二手车市场存在的主要问题

1. 行业结构不合理

虽然我国二手车市场发展近30年，但整个交易主体结构仍不太合理。中国汽车流通协会发布的数据显示，2019年二手车交易中，通过个人交易占55.2%，通过二手车商交易的占36.6%，而通过新车经销商交易的仅占8.2%（见图7）。与发达国家相比，存在明显差异。当然，个人交易中有部分是通过个人"背车"的形式实现的二手车经销商交易车辆。由于这个数量不好估计，无法精确划定真正个人交易以及通过车商交易的比例。但总体来说，市场结构明显不够合理。

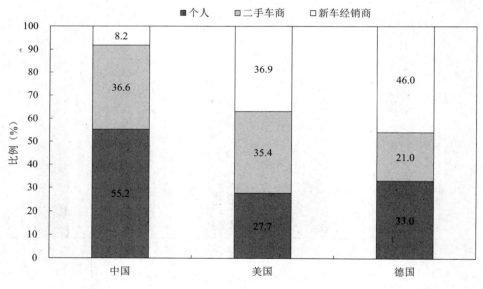

图7 中外二手车市场结构对比

2. 经营主体小、散、弱

中国汽车流通协会对二手车经销商2019年的营商环境调查显示，年销售量在100辆以下的企业占59.3%，人员规模小于3人的占51.9%。之所以二手车经营主体长不大，新车经销商不愿做二手车，主要原因是二手车经营需要用个人"背车"的方式实现。所谓"背车",就是二手车经营主体在购进车辆时,不是以企业名义收购,而是进入公司员工个人名下,销售时再从员工名下转给买主。现金流也不能通过企业账户,而是通过私人账户。据调查,全部用个人"背车"方式做交易的二手车商占72.8%,部分以个人"背户"的占26.3%,只有不到1%的受访企业以公司名义进行交易。为何大家热衷于用个人名义代替企业进行交易呢?道理很简单:按照原税收政策,公户交易要上缴交易额的2%增值税,个人则可以免交。个人"背车"的弊病有三:一是用个人名义进行交易,规模不容易做大,无法进行大规模购进;二是个人交易需要用个人账户,资金监管难度大,很容易出现灰色地带;三是在购进阶段,以个人交易方式,容易产生"飞单",肥水流入他人田。个人"背车",虽然解决了企业避税问题,但也把二手车交易打成了碎片,适合小企业、个体商户以及夫妻店的经营方式,对大企业不利。

3. 信息不透明、售后无保障

中国汽车流通协会所做的"2020年二手车营商环境调查"结果显示,提供第三方检测的企业仅占11%,不提供任何车况信息的企业占33%(有效问卷885份),不提供售后服务的企业占65.6%。说明虽然整体行业在车况信息透明、售后保障上有所提高,但信息不透明、售后无保障的问题在终端二手车零售市场上仍然突出。

4. 二手车限迁制约市场活力

长三角、珠三角、京津冀三个区域是我国重要的汽车消费市场,2019年这三个区域共实现二手车交易648.9万辆,占全国总交易量的43.5%。但是,随着国Ⅵ的实施,这些区域也对二手车迁入按照国Ⅵ标准要求。实施新的限迁标准后,对这些区域影响多大,无法量化,可以举几个城市上半年和下半年交易量对比,预估影响程度。以2019年7月1日提前实施国Ⅵ的几个区域为例。上半年迁入的二手车占全年的比重来看,浙江省占73.1%,上海市占76.5%,天津市占79.7%,河北省占72.1%。数据反映出,提高限迁标准以后,这些区域在下半年迁入的二手车出现了大幅度下降,对这些区域二手车市场的影响是显而易见的。而2018年全国二手车交易中,上半年是全年的47.7%,2017年则为47.1%,说明下半年的二手车交易量要高于上半年。显然提前实施新限迁标准的区域损失了超过20%交易量。

三、2021 年展望

从 2020 年各月交易量增长趋势，以及二手车经理人信心指数来看，进入三季度，二手车市场开始提速，这种势头有望在 2021 年度得以保持。预计 2020 年二手车交易量在 1440 万辆上下，与 2019 年相比下降约 3%～4%。但 2021 年二手车市场应该会保持较高增长的态势。

1. 汽车保有量继续加大，二手车市场水涨船高

国家统计局发布的年度公报数据显示，2019 年全国汽车保有量为 2.54 亿辆（除去三轮汽车和低速货车 762 万辆），同时保有量的年净增量还保持在 2000 万辆的高位。保有量的持续扩大为二手车市场保持快速增长奠定了基础。

2. 有利于二手车行业发展的政策逐渐落地

过去常说的二手车行业里的"三座大山"已经或即将被移除，率先被移除的第一座大山是税收问题。2020 年 3 月 31 日国务院常务工作会议确定了"对二手车经销企业增值税减按 0.5%征收"政策，长期以来制约行业发展的二手车税收政策终于落地。如前所述，过高的税负逼迫企业以个人"背车"的形式从事经营活动，是二手车市场经营主体小、散、弱的原因。税收新政对行业的好处有三：一是大部分二手车企业不再用经纪的方式从事经营活动，回归二手车经营本质，企业化经营有利于品牌建设以及做大做强；二是增值税下调了 75%，为二手车经营主体减负，有利于中小企业成长；三是实施新税政策后，二手车统一发票不用必须到交易市场开具，经营主体可以自行开具，大大缩短了交易流程，降低了经营成本。

第二座大山是"商品属性"。从国办发〔2020〕24 号文件中提到"简化二手车经销企业购入机动车交易登记手续"的字里行间可以嗅出，二手车商品属性问题即将得到解决。一旦解决了二手车商品属性问题，不但能够降低交易成本，企业还可以通过商品质押形式获取银行流动资金贷款，助力经营主体做大规模。

第三座大山是二手车限迁。交易量占据全国四成的京津冀、长三角、珠三角国Ⅳ限迁若能如传闻所说得到解决，二手车交易将会更加活跃，市场活力将会进一步释放。

3. 从市场运行形态显现提速特征

2020年二手车市场从8月份开始连续4个月出现两位数增长,二手车经理人指数曲线也走出了与月度增长曲线同样的技术特征,即从2020年8月份开始,信心指数连续在荣枯线以上或在荣枯线附近(见图8),表明进入8月份,二手车市场进入繁荣期,二手车经营管理者对市场普遍有比较高的期望值。

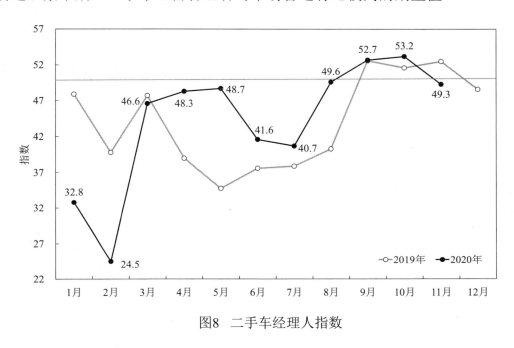

图8 二手车经理人指数

4. 2021年预计市场增速会在10%以上

预测是一件难度很高的工作,因为市场运行状态是各种因素共同作用的结果。对二手车市场产生影响的因素有很多,归纳起来有如下六方面的因素:第一是宏观经济因素。2021年在"双循环"大政方针下,我国宏观经济无疑是全球最好的,很多权威机构预测中国GDP增长会超过8%,无疑会对汽车消费形成强有力的支撑。第二是相关市场的影响,这里最直接的影响是新车市场,汽车工业协会预测乘用车市场在2021年会有7.5%的增长。当然,其他机构也对2021年给出了预测。目前从各机构的预测结果看,大家的意见高度一致,就是2020年的乘用车市场保持正增长。第三是政策环境,政策环境在不断向好,对二手车市场发展有利。第四是市场发展软环境,包括经营主体结构、交易的可靠性等。第五是市场发展硬环境,主要是指汽车保有量与消费者购买行为。第六是其他因素,如新冠肺炎疫情仍然是制约 2021 年市场发展的不利因素。

以上六个因素中，五个都是正面因素，只有一个是负面因素。在这里很难用一个数学模型计算出来。不过从市场发展的角度来看，二手车市场中长期保持持续增长是大概率事件。因此可以大致判断，2021 年二手车市场增长率将超过 10%，全年交易量应该会在 1600 万辆以上。

（作者：罗 磊）

市场调研篇

上汽大众产品市场调研报告

一、2020年上汽大众市场总体表现

自 2018 年总体汽车市场出现了 28 年以来的首次负增长，随之 2019 年中美贸易摩擦加剧，再加之 2020 年年初的新冠肺炎疫情暴发，汽车市场又一次受到了重创。2020 年 1～11 月份总体市场同比增速已经达到了-8.0%。在这严峻的市场形势下，上汽大众也受到了巨大的冲击，2020 年 1～11 月份累计零售出现了同比-19.5%的负增长，总销量为 140.6 万辆。其中大众品牌凭借深厚的实力和品牌底蕴，共实现销售约 124.9 万辆，仍稳居全国汽车企业中单一品牌销量第一；斯柯达品牌年度销量约为 15.6 万辆（见图 1）。

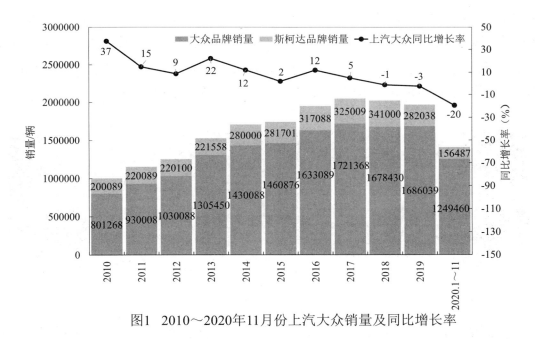

图1 2010～2020年11月份上汽大众销量及同比增长率

二、大众品牌

大众品牌 2020 年 1～11 月份销量约为 124.9 万辆，同比增长率约为-16.6%。

虽然同比销量下滑，但新朗逸以31.2万辆的傲人销量，继续保持中国汽车市场单车销量冠军，并领跑A级轿车市场。随着新Passat帕萨特的安全性再次得到证实，其销售也重新有所起色，月销量重回万辆级别，最终实现销量为11.3万辆。随着2019年T-Cross途铠的加入，上汽大众实现了SUV市场全面覆盖，并在2020年逆势抗压，实现总销量为42万辆，基本维持了2019年的水平。其中Tharu途岳实现销量13.5万辆，同比增长达到25.7%，老大哥途观L携新上市的途观X和途观PHEV，依然势头不减，实现总销量16.8万辆。全新上市的Viloran威然实现销量1.2万辆，填补了上汽大众在中大型MPV市场的空缺。

三、途观X

途观X于2020年11月9日上市，作为途观L的轿跑SUV车型，采用了Coupe造型设计，搭载高低功率版本2.0T发动机，售价区间为24.59万～30.59万元。

外观方面，途观X兼具SUV车型和Coupe车型的设计风格，其中全系车型都搭载了R-Line运动套件，相较普通版车型更加动感，也更有辨识度（见图2）。其余细节方面，途观X前脸造型与途观L相比，上格栅的面积增大，修长的前灯造型呼应车身侧面线条，显得活力动感。车身侧面，途观X低矮的车身姿态配合修长的车窗造型，跨界的溜背造型视觉效果引人注目。车身尺寸方面，新车的长、宽、高分别为4764mm、1859mm、1628mm，轴距为2791mm。

图2 途观X外观

途观X中控台中央的多媒体触摸屏尺寸为9.2in（233.68mm），提供了常规的导航、手机映射等功能（见图3）。另外，展车还配备了哈曼卡顿音响系统，拥有10个扬声器。此外，途观X拥有宽大的内部空间，尤其是在拥有动感时尚的溜背造型同时也保证了舒适的后排头部空间。

图 3　途观 X 内饰

途观 X 是途观家族在车型风格上的延展,并且轿跑式的动感溜背造型在市面上 coupe 风格车型中独树一帜,代表着时尚潮流的先锋。

四、Viloran 威然

Viloran 威然是上汽大众首款 B 级 MPV 车型,于 2020 年 5 月 28 日上市,售价为 28.68 万~39.98 万元,搭载 2.0T 高低功率涡轮增压发动机和 7 速湿式双离合变速器。

外观方面,威然采用了新家族式设计语言,搭配较为低矮的车身,十分大气(见图 4)。威然的前中网与大灯组进行了融合处理,整体感更强,其中前保险杠的造型十分激进,并采用了镀铬进行装饰,与前中网形成了呼应。其长、宽、高分别为 5346mm、1976mm、1781mm,轴距达到 3180mm,保证了第三排座椅的舒适空间。

图 4　Viloran 威然外观及内饰

威然采用了 2+2+3 的座椅排列形式,第二排座椅拥有靠背及腿托电动调节、主动通风、加热等功能，同时还支持 3 种模式×3 种挡位的气动按摩功能，让乘客乘坐更为舒适。同时，双贵宾行政座椅采用头等舱座椅中央扶手，头枕采用航空睡眠头枕，保证了乘客的乘坐舒适性。另外，新车搭载了全新在线服务系统，触屏系统界面增加了联网音乐、自然语音识别、手机 App 远程控制等功能。

威然是上汽大众首款大型商务 MPV，有别于途安 L 的家用化定位，威然将其高端商务定位体现得淋漓尽致，成为商务出行的最佳选择。

五、斯柯达品牌

斯柯达品牌同样受到了新冠肺炎疫情的影响，2020 年 1~11 月份销量为 15.6 万辆，同比增速为-36.9%。受冲击最显著的体现是在传统三厢车型上，明锐和速派销量下滑接近-50%。斯柯达 SUV 的表现比三厢车略好，在因疫情基本损失了第一季度销售的情况下，柯米克 GT 上市后的增量使柯米克家族销量达到 4 万辆，销量与 2019 年基本持平；柯珞克完成销量 2.3 万辆，柯迪亚克完成销量 1.6 万辆。

六、柯米克 GT

继柯米克之后，斯柯达柯米克 GT 于 2019 年年底的广州车展上市，售价为 11.19 万~12.59 万元。

外观方面，柯米克 GT 采用了大量 VISION GT 概念车设计元素，造型个性张扬，融合了水晶切割的美学理念与三维立体的动态光影效果，是斯柯达年轻化的又一标签，彰显了其引领斯柯达 SUV 潮流和未来设计的独特魅力（见图 5）。黑顶的拼色色彩设计，展现出独具一格的色彩美学。灵动的 GT 标识性尾部造型，动感十足。

图 5　柯米克 GT 外观

内饰方面，同样融入了时尚动感风格的设计元素。通过色彩与纹理的精心配合，打造了兼具硬朗 SUV 风范与激情动感风格的空间表现。中控台金属拉丝纹理饰板，映衬 GT 风格一体式座椅，尽显柯米克 GT 潮酷特质。

柯米克 GT 是斯柯达在华 SUV 战略的又一最新力作。自 2017 年起，斯柯达柯迪亚克、柯珞克、柯米克、柯迪亚克 GT 相继推出；如今，随着柯米克 GT 的上市，对斯柯达来说，中国不仅是其在全球最大的单一市场，也是其唯一一个提供五款 SUV 车型的市场。

七、总结与展望

2020 年突如其来的新冠肺炎疫情对于整个世界经济都产生了巨大影响，对于劳动密集型的汽车制造业的打击更为严酷。加之总体市场需求的萎缩，我国汽车市场自 2018 年和 2019 年连续两年出现负增长之后，2020 的疫情打击可谓是雪上加霜。

然而困境总是伴随着机遇并存，在疫情影响下，消费者的消费观念也会发生转化。一部分担心公共出行健康安全的消费者会增加购买私用和家用车；在经济环境不确定的情况下，紧凑型经济车型会更受欢迎；在国际旅游受到限制下，国内长途驾车出游成为了新时尚；健康环保的意识进一步加强，新能源车型成为了越来越多用户的选择。

令人瞩目的是，2020 年 1~11 月份纯电动汽车市场逆势同比增长 2.3%，经过市场的严酷筛选，一批新能源汽车品牌开始在市场上崭露头角：特斯拉首年引入市场即占据了新能源汽车销量榜首，蔚来、小鹏、威马等新能源汽车企业也脱颖而出，并贡献了增量。上汽大众在这样的环境中同样在变革转型，而消费者被造车新势力吸引的同时，也期待着传统汽车企业的变革，因为他们更信任品牌的历史沉淀和品质保障。

2020 年 MPM 研究显示，消费者对于上汽大众新能源车型的购买考虑在总体市场中排名第三，可见市场对汽车龙头企业新能源产品的期待。上汽大众也不负众望，MEB 工厂在 2020 年三季度正式投产，首款基于 MEB 平台的纯电动车型 ID.4X 正式亮相（见图 6）。

图 6　ID.4X 外观和内饰

ID.4X 将于 2021 年年初上市,随着这款 MEB 电动车专用平台的车型问世,上汽大众也正式迈入了新能源汽车企业的行列。ID 家族的新潮设计语言加之 MEB 平台所包含的最新智能科技,使得 ID.4X 的亮相颠覆了消费者对大众车型的认识,从此开启崭新的篇章。上汽大众以"创造价值,负责任,创新进取,可持续"为企业价值观,长期经营磨炼出丰富的行业经验和远见卓识。敢于变革,勇于创新,不畏艰难,不断迈进,突破在当下,未来亦可期。

(作者:张曙)

2020年一汽-大众（大众品牌）产品调研报告

2020年是不平凡的一年，是足以载入史册的一年，在非常不利和复杂的汽车市场形势下，大众品牌依靠不服输的拼搏精神、持续的产品布局、与时俱进的营销创新抵御风险冲击，在汽车营销转型的十字路口，做出正确的选择，闯出了一条新路，在取得了骄人销售业绩的同时，更为未来奠定了坚实基础。

2020年或许是中国乘用车市场近三年来波动调整期的拐点，对于一汽-大众（大众品牌）来说，也是产品布局继往开来的关键一年，新老合计8款产品同步销售（见图1）。

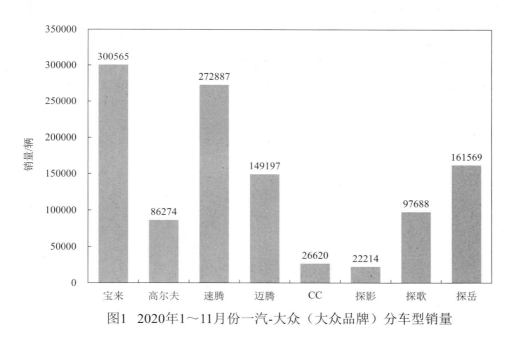

图1　2020年1～11月份一汽-大众（大众品牌）分车型销量

一、传奇再续——高尔夫

近十年来，中国两厢车市场经历了从迅速发展到持续下滑的发展过程，2014年是市场份额由升转降的转折点，随着SUV逐渐走热，两厢车市场随着现有产品的逐渐老化以及部分车型停产渐渐萎缩。下降趋势在2020年仍在延续（见图2）。

图2　2007~2020年A级两厢车细分市场占比走势

作为大众最经典车型以及符号般的象征，2009年高尔夫4被引入中国，到如今已经进化到第八代。高尔夫凭借其品牌影响力、多年积累的口碑以及高保值率在这个细分市场保持着绝对的统治地位。2013年高尔夫7上市，迅速夺取了市场份额，并于2014年起连续7年稳居细分市场销量第一的宝座（见图3）。

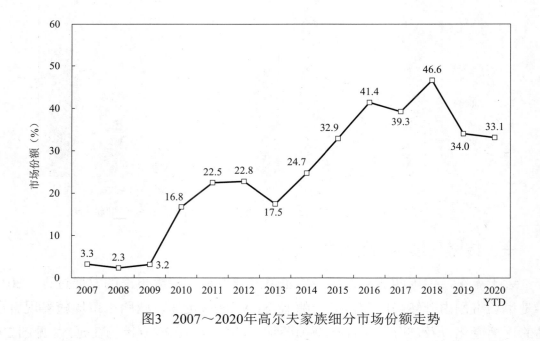

图3　2007~2020年高尔夫家族细分市场份额走势

2020 年，第八代高尔夫上市，一汽-大众赋予了其全新的基因——"数字化"，命名其为"全新数字高尔夫"。数字化是第八代高尔夫的关键基因，它也是基于数字化理念的大众 MQB Evo 平台上诞生的第一款车型。全新数字高尔夫搭载了大众全新数字化座舱，实现了历代高尔夫车型中最极致的视觉提升和数字增强技术上的进步。全新数字高尔夫搭载了最新 Travel Assist 巡航辅助系统，实现了 L2+ 级自动驾驶辅助。从智慧座舱、到智能互联，再到智能驾驶，其每一处细节，无不体现出全新数字高尔夫就是数字化时代的产物。一经问世，全新数字高尔夫即受热捧，成为市场新宠。无论是北京车展还是广州车展，即便是新车云集，它始终都是展馆里备受瞩目的焦点。2020 年一汽-大众为高尔夫车友打造了一个专属的线上社交平台——高尔夫营地，上线不到 4 个月已经累计吸引超过 30 万名高尔夫粉丝入驻。

自 1974 年诞生以来，高尔夫既是技术革新和性能至上的传奇缔造者，同时还是粉丝赛车改装等多元文化聚合的 icon，吸引了一大批敢于创新、追随信仰的年轻人。这个成功的车型已经远远超过了一款产品应有的定义，形成了其底蕴深厚的粉丝文化。一代又一代的高尔夫为每一个特定的时代留下了深刻的先进技术烙印。在产品力不断提升的支撑下，"高尔夫文化"得以持续。2020 年全新数字高尔夫又一次凭实力圈粉。

二、家轿典范——宝来

宝来作为中国汽车市场的家轿典范，全新宝来 MQB 联手宝来传奇深耕细分市场，深受客户认可。2020 年 1~11 月份累计销量达 295465 辆，2020 年 1~11 月份宝来月度销量走势见图 4，即使受到了疫情的强烈冲击，依然实现了销量同比 4.1% 的正增长，稳居细分市场 Top3。2020 年年底，宝来产品再次全面升级，全系标配 8in（203.2mm）屏幕，全系标配车联网功能，我们期待 2021 年宝来将与更多家庭一起探寻美好生活。

图4 2020年1～11月份宝来月度销量走势

三、有口皆碑——速腾

速腾作为A+级三厢轿车市场的标杆车型，一直有口皆碑。2020年是基于MQB平台打造的全新速腾L上市后的第一个完整年，其市场表现众望所归。2020年1～11月份，速腾以272887辆的销量遥遥领先于细分市场其他竞争对手（见图5）。2021年伴随全新竞品的加入，A+级三厢轿车市场竞争将愈演愈烈。为了更好地应战，速腾2021款全系标配车联网功能，全系标配8in（203.2mm）大屏，全系标配液晶仪表，期待速腾在2021年能够披荆斩棘再创辉煌。

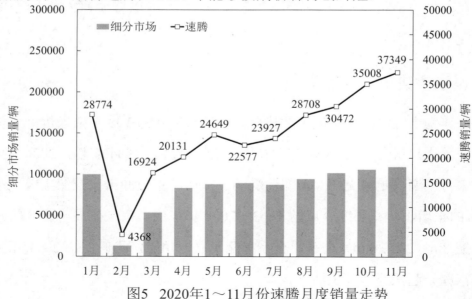

图5 2020年1～11月份速腾月度销量走势

四、中流砥柱——迈腾

凭借时尚外观、豪华内饰、全面功能、舒适空间、澎湃动力和四大核心科技（IQ. Light、IQ. Drive、"众行家"车联网、GTE），新迈腾持续引领市场潮流与格局，始终立于国内B级轿车市场的标杆地位。

随着增换购比例攀升带来的消费升级趋势显现，B级三厢轿车需求稳中有升，新迈腾凭借着优秀的产品竞争力，在2020年实现了可圈可点的销量表现。2020年1~11月份迈腾月度销量走势如图6所示，2020年1~11月份累计实现销量149197辆。

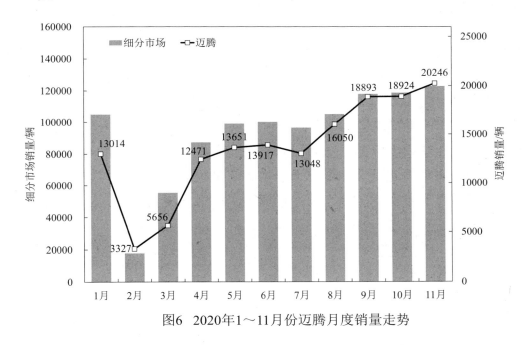

图6 2020年1~11月份迈腾月度销量走势

新迈腾GTE搭载了1.4T发动机与电动机组成的插电混合系统，最大扭矩高达400N·m，最高车速达到200km/h，百公里加速时间7.7s，而同时百公里综合油耗只有1.8L，既能满足驾驶乐趣，又能兼顾客户对使用成本的关切。

五、至善至美——CC家族

2020年12月7日，新CC家族上市发布会在云南丽江举行。作为一汽-大众的旗舰车型，CC自诞生以来就备受瞩目。新CC的中期改款，凭借引领大众新高度的设计与比肩豪华轿跑的实力，将进一步夯实细分市场地位。

首款国内本土化猎装车——新CC猎装车拥有优雅格调的设计和多元的使用

空间,处处闪耀着"不从流 领潮流"的品牌精神,面向有实力、有态度、有格调的时代精英。

新 CC 的焕新升级,新 CC 猎装车的重磅加入,不仅代表着一汽-大众在造型设计、内饰空间、智能科技上的品质水准,更是对中国消费者个性多元用车场景的深度洞察。新 CC 家族肩负着引领细分市场潮流的使命,同时也要做消费者个性化生活方式的同行者。

六、绝处逢生——探影

2020 年是探影上市后的首个完整销售年,探影的上市再次丰富了一汽-大众(大众品牌)的产品组合,将产品线向下延伸至 A0 SUV,探影以其丰富的配色、劲影美学的设计,给消费者带来了更具活力、欢乐、便捷的出行体验,如同灵动多彩的城市精灵一般,传递着"年少有为"的进取精神。作为一汽-大众践行品牌年轻化战略的"生力军",是一汽-大众小型 SUV 市场的"开拓者",代表着大众全新时代的"风向标"。在设计方面,探影采用"劲·影美学"设计理念,刚劲有力的线条,赋予探影强健的体魄,探影灵动的身姿如水中的月光一般,超凡脱俗。上市即遭遇疫情重击,探影顽强地完成销量爬坡,在强势产品的夹缝中生存下来,在细分市场中占据一席之地,2020 年 1～11 月份累计实现销量 22214 辆,11 月当月销量已提升至 4216 辆(见图 7),进入细分市场 Top5 行列。

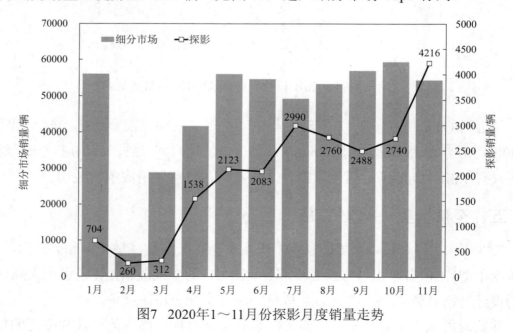

图7 2020年1～11月份探影月度销量走势

七、重塑竞争——探歌

自上市以来,探歌凭借时尚的外观设计及强大的产品实力,深受众多寻求时尚、个性、潮流的年轻消费者追捧,市场表现持续走高,稳居紧凑型SUV销售榜单前列。在此基础之上,探歌快速响应消费者的需求变化,全面满足用户多元化、个性化、智能化的用车需求,进一步夯实其在15万元级别SUV市场的竞争力和标杆地位。凭借对年轻客户的深刻洞察,探歌在外观内饰设计、颜色搭配、装备配置方面全面迎合年轻人的喜好,真正做到了"读懂"年轻人,赢得年轻客户的青睐。2020年更是重新规划了车型版本,实现了装备、动力双升级。探歌的上市为紧凑型SUV市场注入了新鲜血液,重塑了市场竞争格局,位列细分市场前三甲,与竞品展开角逐,并维持三足鼎立的局面。2020年1~11月份探歌月度销量走势如图8所示,2020年1~11月份探歌累计实现销量97688辆。

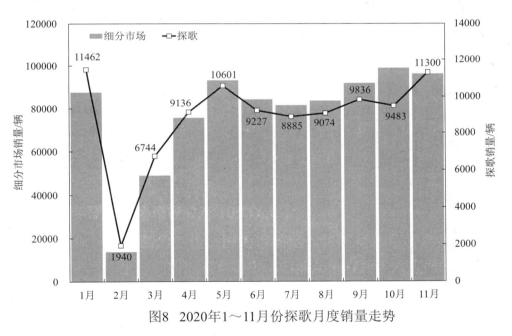

图8 2020年1~11月份探歌月度销量走势

八、突出重围——探岳家族

作为一汽-大众中高端旗舰SUV,探岳在2020年完成了家族化布局。探岳X和探岳GTE的上市丰富了探岳这一车型品牌的家族矩阵。探岳家族形成了由中坚车型探岳、新能源车型GTE、Coupe风格车型探岳X组成的完整谱系。

探岳GTE于2020年4月上市,融合了大众汽车GTE家族的赛车基因和高效插电式混合动力技术，动力强劲、油耗低，同时拥有纯电动车、混动节能车和高性能车的用车优势。作为一汽-大众首款 Coupe 风格先锋运动高性能型 SUV，探岳 X 于 2020 年 7 月上市，车身采用轿跑形式，双尾翼搭配双边四出式尾排及全新样式的 LED 光源尾灯组，内饰采用仿碳纤维材质，搭载大众汽车 4Motion 智能四驱系统，配备博格华纳第五代电控多片离合器中央差速器，在极限工况下可以实现 100%后轮动力输出。作为探岳家族核心车型，探岳于 2020 年推出智联版，全系标配智能网联系统，同时对外观和内饰进行全面升级，如外饰氛围灯、侧标、大尺寸屏幕和触摸屏空调，进一步打造科技智能座舱。

2020 年，是探岳上市的第二个完整年，在这一年，疫情反复，市场起伏，多款实力强劲的竞品集中上市，在这种严峻的市场环境下，探岳完成了家族化布局并实现了销量突破。2020 年 1～11 月份探岳家族月度销量走势如图 9 所示，2020 年 1～11 月份探岳累计销量达 161569 辆，在竞争激烈的 A+级 SUV 细分市场，稳居市场 TOP3。

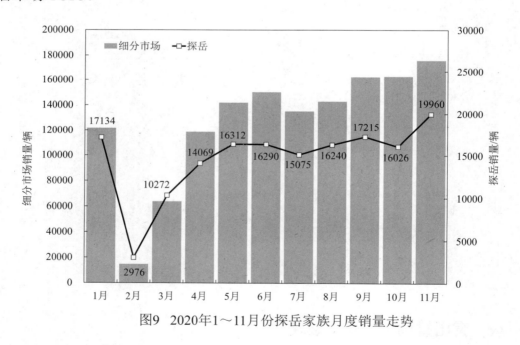

图9　2020年1～11月份探岳家族月度销量走势

九、进化革命——MEB

2021 年将是一汽大众（大众品牌）全面推行智能化、网联化和电动化的变革之年，也是持续深化品牌向上之年。2021 年将有三款全新产品上市，其中新能源产品方面，MEB 平台产品 ID.4 CROZZ 和 ID.6 将陆续上市销售，燃油车方面全新中大型 SUV 将补齐一汽-大众（大众品牌）高端 SUV 产品短板。

2021 年率先上市的 ID.4 CROZZ，是一汽-大众（大众品牌）首款基于 MEB 专属纯电动车平台打造的全球高品质纯电 SUV。该产品历时近 5 年的潜心雕琢，是一汽-大众呼应时代浪潮、挺进纯电时代的扛鼎力作。ID.4 CROZZ 产品可总结为革新设计、智领科技、全维安全、舒适驾控和可靠续航五大核心亮点。

1. 革新设计

ID.4 CROZZ 沿袭而不拘泥于大众经典的简约、犀利设计风格，再次将大众设计美学带到了一个立体、灵动、富有情感属性的新高度。发光元素与大众 Logo 的完美搭配，交互式 LED 前照灯与高辨识度外饰氛围灯的巧妙组合，各造型元素间缜密的逻辑关系，构建出了 ID.4 CROZZ 前脸造型令人过目难忘的独特魅力（见图 10）。MEB 平台带来了全新的总布置方案，ID.4 CROZZ 不但实现了极致的长轴距和短前悬，同时在设计上，释放出许多意想不到的内部空间。车内最大净值空间高达 1840mm，后排乘坐空间超过 900mm，512L 到 1800L 超大可变后排储物空间，让 ID.4 CROZZ 真正做到了内外皆从容。

图 10 ID.4 CROZZ 外观示意图

2. 智领科技

我们都知道，智能化已然成为纯电时代的标配，ID.4 CROZZ 在全新 E3 电气架构的加持下，可将用户的驾乘体验即刻从现实带到未来。比如，AR HUD 增强现实抬头显示功能，将驾驶体验带入到了全新的层次。再如 ID.4 CROZZ 的智能灯光交互系统，ID. Light 通过光影变化的"灯语"实现车内人车智能交互。从此，ID.4 CROZZ 不再是冰冷的机器，而是宛若心意相通的伙伴和家人。智能驾驶方面，IQ. Drive L2+高级辅助驾驶系统，依托于先进的雷达和摄像监控系统，将前沿的 Travel assist、ACC 高级自适应巡航、交通标志识别、车道保持等驾驶辅助功能进行整合,推出集成化更高、功能更强的 FAS 驾驶辅助系统,可实现 0~160km/h 范围内的全速域、全旅程覆盖。

3. 全维安全

ID.4 CROZZ 整车安全性严格按照最新 C-NCAP 2021 五星及"中保研"C-IASI Good 标准进行碰撞试验设计研发,进行了历经多次整车碰撞试验及气囊参数开发试验,车身大范围采用热成型钢板,并通过合理的吸能设计和先进的激光焊接工艺及自动化制造技术,保证所有碰撞工况下乘员舱的完整性。采用最新一代宁德时代电池包,进行了远超国标要求的多达 197 项的严苛检验,只为全方位守护电池安全。

4. 舒适驾控

ID.4 CROZZ 传承德系驾控,搭载后 5 连杆式独立悬架,进一步加强整车的操控性能,保证驾驶的舒适性。同时,动力总成和车身之间采用双级隔振系统设计,有效地降低了电机高频振动对整车舒适性的影响,平缓舒适过坑、优雅稳定变道。

5. 可靠续航

新车搭载 84.8 kW·h 大容量电池,配合高效 BMS 能量管理系统,可实现 550 km NEDC 续航里程,带给用户更真实有效的续航,带来用户更安心无虞的使用体验。这得益于高性能电芯的选型及充电策略的优化管理,ID.4 CROZZ 拥有超级快充功能,仅需 10min 就可以获得 120km 以上的应急电量。

ID.4 CROZZ 的上市,将正式宣布一汽-大众(大众品牌)进入 MEB 时代。之后,更大尺寸的 ID.6 将接续上市(见图 11),该车将给用户提供更大空间、更多座椅排布方式的选择,开启外资品牌大型电动化产品投放的先河。

图 11 ID.6 外观示意图

除此之外，一汽-大众（大众品牌）首款 B 级 SUV 也即将与广大消费者见面（见图 12），SUV 与 MPV 跨界风格是该车的主要视觉识别点，或将开启中大型 SUV 跨界转型的红海蓝湾。

图 12　B SMV 外观示意图

汽车行业已经迎来智能电动化时代的黎明，一汽-大众（大众品牌）将顺应行业发展的浪潮，完成从 PQ（1.0）、MQB（2.0）、MQB 37W（2.5）向 E3（3.0）架构转型升级的进化革命，全面满足客户对汽车产品的各种使用场景和情感诉求，一汽-大众（大众品牌）有信心继续引领中国汽车市场新一轮的发展浪潮。

（作者：袁烨）

2020年上汽通用汽车产品市场调研报告

一、上汽通用汽车2020年总体市场表现

2020年，新冠肺炎疫情对我国的整体经济发展和世界政治经济格局都造成了巨大影响，也同样冲击了我国的汽车生产和消费。一季度国内生产总值大幅下降，制造业、消费、投融资出现断崖式下跌；二季度实现大面积复工复产后，整体经济出现企稳态势；三季度随着疫情得到有效控制，国内生产生活逐步恢复常态；综上，2020年前三季度，国内生产总值增速由负转正，同比增长0.7%。然而，全球疫情的不断变化，造成出口外贸、全球产业及供应链的压力不断增加，加剧了全球经济的负担。2021年，随着政府调控和战略部署，后疫情时代我国经济将逐步复苏，并有望助力全球经济的好转。

受年初疫情影响，2020年我国汽车工业出现大幅下跌，但恢复情况整体良好。基于中国汽车工业协会发布的数据，2020年1～10月份乘用车销量为1536.1万辆，比上年同期下降10.6%。其中，轿车销量同比下降32.1%，SUV销量同比下降13.6%，MPV销量同比下降2.7%，交叉型乘用车销量同比下降14.7%。

在汽车工业整体遇冷的大背景和年初疫情的双重影响下，上汽通用汽车迎难而上，锐意进取，通过产品周期调整和中长期战略决策规划，积极面对多变的经济和市场环境，旗下三大品牌仍有多款新车发布或上市。上汽通用汽车在2020年1～10月份国内批发总销量1064722辆，2020年1～10月份上汽通用汽车批发销量统计如图1所示，比上年同期有所下滑，但总销量依然位列乘用车行业第三位（见图2）。

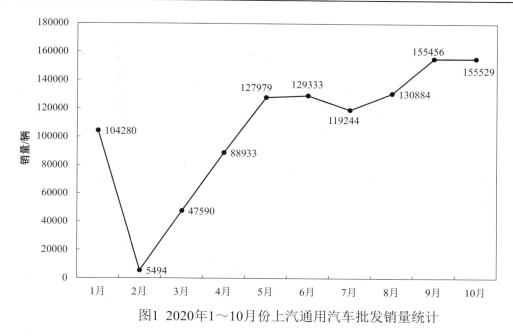

图1 2020年1～10月份上汽通用汽车批发销量统计

(注：资料来源于中国汽车工业协会)

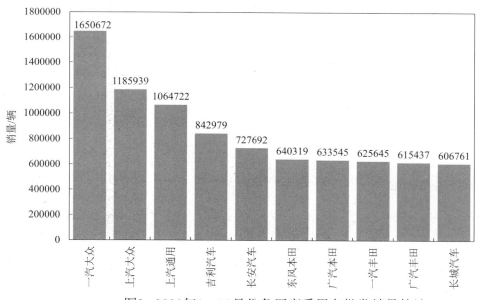

图2 2020年1～10月份各厂商乘用车批发销量统计

(注：资料来源于中国汽车工业协会)

二、别克品牌2020年各车型的市场表现

别克品牌在2020年1～10月份总销量为677057辆，英朗月均销量约2.4万

辆,GL8月均销量过万辆(见图3),并实现了月度销售连续7个月同比增长。2020年别克品牌全新产品强势集结,并通过全面升级科技产品力,不断创新变革营销体系,赢得了广大消费者的高度认可,展现出强大的市场后劲。

2020年以来,别克旗下全新一代MPV、SUV、轿车三大家族亮点频出,Avenir艾维亚、GS两大高端子品牌,以及微蓝新能源子品牌影响力稳健提升,高端车型销量占比超过50%,产品结构与销售质量持续优化向好。在品牌全面向上的有力助推下,别克的品牌价值与产品吸引力不断提升。

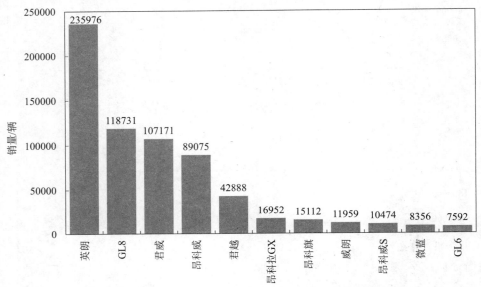

图3 2020年1～10月份别克主销车型批发销量

1. 紧凑级轿车

2020年,别克"五好"轿车家族换新上市。全新轿车家族以高颜值、新技术和更完善的产品阵容,满足了新生代消费者的多元用车需求。其中,紧凑级轿车长期以来一直是我国乘用车市场最大的细分市场。别克的英朗系列和全新威朗GS表现亮眼。

别克英朗系列自2020年推出英朗典范及轻混动车型后,销量连月迅猛攀升,英朗系列10月份单月销量为33789辆,同比劲增106.5%,创下21个月以来的最好成绩,稳居主流紧凑型轿车第一梯队。

2020年4月30日,新款英朗轻混动车型上市,作为上汽通用首款搭载48V轻混技术的车型,搭载1.3T Ecotec双喷射涡轮增压发动机,并独立配备由48V

电动机、48V 动力电池、电源管理模块和混合动力控制单元组成的轻混系统。该系统能够实现制动能量回收、敏捷启停、电动助力、电动怠速、智能充电等电气化功能。在其助力下，2021 款别克英朗的综合百公里油耗低至 5.3L，同时驾驶体验进一步提升，凸显"轻快、轻静、轻耗"的"三轻"优势。

随着别克英朗新一轮布局到位，2021 款英朗轻混动车将携手英朗典范车型，以更丰富的产品阵营、更具竞争力的综合优势以及更人性化的产品与服务体验，满足新时代年轻消费者对品质紧凑级轿车的多样化需求，并巩固别克在该细分市场的领先地位。

全新威朗 GS 是别克 GS 子品牌下的一款个性产品，配备 GS 专属个性化运动套装，并以吸睛红黑撞色搭配释放运动天性与炫酷锋芒，为追求颜值、注重个性的新生代年轻群体打造潮流、动感的驾乘体验。新车采用"三维展翼立体美学"设计理念，双展翼车头格栅结合 GS 专属空气动力学包围，加之炫黑色涂装车顶、外后视镜、车窗饰条、四轮炫红色刹车卡钳、熏黑双五幅运动型铝合金轮毂，以及一体式座舱搭配贯穿中控面板的 GS 碳纤维风格饰板，GS 酷感全黑打孔麂皮绒面运动座椅以及 GS 铝合金运动踏板，凸显酷感十足的运动氛围。

2．中高级轿车

在中高级轿车市场，领衔车型 2021 款别克君越和君威凭借全面升级的产品力和更为丰富的型谱，销量稳健高企。别克君越 2020 年 10 月份销售 4895 辆，同比增长 48%；别克君威 10 月份销量为 14569 辆，展现了"新驾值之美"所带来的旺盛人气。2020 年 1~10 月份，别克"双君"累计销量为 149976 辆，比上年同期增长 16.1%，继续领跑中高级车细分市场。目前，别克君越车主已超过 110 万位，而别克君威也将在 2020 年年底迎来第 150 万位车主，别克"双君"也将以持续提升的产品力，满足消费者对于驾乘品质的更高需求。

作为别克中高级轿车的旗舰车型，全新上市的 2020 款别克君越 Avenir 艾维亚和 2020 款君越延续了别克中高级轿车的优雅与豪华气质，通过车型配置的优化升级，为当代社会中坚消费者带来了更具设计感与品质感的高阶用车选择。2020 款别克君越 Avenir 艾维亚以"细节至美"的设计美学、考究的材质、精致的工艺，以及"以客为尊"的别克关怀定制化服务，引领传统轿车市场的个性化发展。2020 款君越拥有跨越级别的驾乘空间、配备同级标杆的安全及舒适豪华配置、实用便捷的 eConnect 互联技术，为消费者带来了更富有乐趣、科技感与品质感的驾乘体验。

此次，新车在乘坐舒适性方面再度提升，不仅进一步优化了后排的座椅舒适性，入门款君越还全新升级两片式超大全景天窗。同时，2020款君越Avenir艾维亚和2020款君越新增纳米级防PM2.5空调滤芯，配合双区独立自动空调、负离子空气净化系统及AQS空气质量控制系统，带来纯净的座舱空气。

而君威GS将携手紧凑型威朗GS共同发力，构筑兼具性能与个性的别克GS运动子品牌，为新生代年轻消费者带来更多样化的选择。同时，GS运动子品牌将与别克旗下强调豪华舒适的Avenir艾维亚高端子品牌一道，推动母品牌价值提升，加速别克全面向上的战略进程。

3. SUV产品

实力进一步壮大的别克SUV家族目前已全面覆盖中大型、中型、紧凑型、小型SUV细分市场，并提供7座、6座、5座的丰富选择，受到市场热捧。别克SUV家族2020年1~10月份全系累计销量168411辆，同比增长33.2%。其中，昂科旗销量中艾维亚和旗舰版车型占昂科旗销量近50%，以傲视同级的全能实力受到消费者青睐。

全新时尚运动SUV昂科威S在2020年10月份销量为3379辆，创上市以来月销新高，其凭借超越同级的全能实力备受年轻消费者的青睐。2020年7月份，全新时尚运动SUV别克昂科威S与昂科威S Avenir艾维亚正式上市。作为别克品牌最新全球战略车型，昂科威S基于通用汽车中型豪华SUV架构打造，汇聚全球优势资源开发，率先搭载别克eCloud智能云电子架构，以潮·动美学（Stylish）、全能驾控（Sporty）、生态互联（Smart）、全域安全（Safe）、全感舒适（Satisfying）的全能实力，与乐享生活的年轻精英一同演绎积极进取的人生态度。

中型SUV畅销主力别克昂科威继续保持月均过万的稳健表现。别克昂科拉GX和昂科拉双车2020年1~10月份累计销量为29723辆，同比增长67.4%。

别克SUV旗舰昂科旗系列2020年10月份销量为1972辆，昂科旗艾维亚和旗舰版车型占比近50%，而2020年9月份全新推出的昂科旗前驱战旗型，则让更多消费者能够拥有和体验昂科旗"一步到位的豪华"品质。昂科旗的豪华品质日益深入人心，有力地助推了别克销售结构与销售质量的持续提升。

2020年，完善的别克SUV家族产品布局和丰富的车型选择，将进一步夯实别克品牌在 SUV 市场的竞争实力。

4. MPV 产品

一直以来,别克品牌深耕中国 MPV 市场,并长期处于"一枝独秀"的领导者地位。2020 年,别克品牌构建起由 GL8 Avenir 艾维亚、GL8 ES 陆尊和 GL8 陆上公务舱三大系列组成的全新一代 GL8 家族矩阵,实现对 MPV 市场的全面布局,赢得市场的热烈反响。2020 年 1~10 月份,别克 GL8 系列累计销量为 118731 辆,继续巩固了在国内大型 MPV 高端市场的领军地位,并不断扩大领先优势。其中,GL8 艾维亚四座尊礼版与六座贤礼版自上市至今一直供不应求。

近年来,上汽通用汽车扎实推进"2025 车联网战略",加速智能网联汽车研发。2021 款别克 GL8 Avenir 艾维亚作为业内首批搭载 V2X 智能交通技术的量产车型,能够实现车与车(V2V)、车与道路基础设施(V2I)之间的信息交互及共享能力,提供车与车通信相关的紧急制动预警 EBW、车辆失控预警 CLW、异常车辆提醒 AVW、交叉路口碰撞预警 ICW,以及车与道路基础设施通信相关的限速预警 SLW、闯红灯预警 SVW、道路危险状况提示 HLW、绿波车速引导 GLOSA 共 8 项功能。

随着新车的到来,别克 GL8 家族再度焕新,在为用户带来更豪华、更舒适、更智能的 MPV 新体验的同时,也将继续引领整体 MPV 市场升级。

2020 年 11 月 19 日,2021 款别克 GL6 上市销售,共推出三款车型,定位在 14.99 万~16.99 万元的家用 MPV。新车全系标配双 10.25in(260.35mm)仪表与中控联屏,并采用了别克最新迭代的 eConnect 3.0 智能互联科技,配合"赤陶棕"配色真皮座椅,座舱品质大幅升级。此外,2021 款 GL6 全系搭载 48V 轻混技术,将为更多大家庭提供智能化、多功能、多场景的高品质六座家用车新体验。

未来,别克品牌将继续深耕国内 MPV 市场,运用多年的深厚积累和科技先发优势,并依托上汽通用汽车行业领先的"智造"体系与服务体系的可靠保障,为新生代家庭的多场景用车、出行提供高品质的选择,让幸福更具质感。

5. 新能源产品

在主流新能源汽车市场,2020 年,别克"微蓝"家族全新推出微蓝 6 插电式混动车和微蓝 7 纯电动 SUV,别克"微蓝"家族 2020 年前 10 个月累计销量为 8356 辆,同比增长 4 倍以上。别克"微蓝"三款车型的造型设计时尚潮流,并搭载通用汽车全球领先的新能源技术,以超高的安全性和可靠性树立了行业标杆。

针对当下购车用车痛点，别克"微蓝"不仅能够带来新能源汽车的轻松上牌、免购置税以及超低使用成本等诸多便利与实惠，还能让用户选择别克最新推出的"优新享"融资租赁方案，享受最低0首付、0利率等金融套餐及多种低门槛购车、用车方案，更轻松便捷地畅享高品质的新能源出行生活。

三、雪佛兰品牌2020年各车型的市场表现

雪佛兰品牌2010年1～10月份总销量为210425辆，其中，畅销车型科鲁泽月销近万辆，热门车型迈锐宝XL及探界者月销过3000辆（见图4）。2020年，雪佛兰SUV家族的旗舰车型雪佛兰开拓者，于2020年上半年率先推出7座车型，凭借宽绰舒适的车内空间、高端完备的智能科技、强劲高效的动力表现、掌控全境的操控性能，以及高辨识度的纯正美式SUV硬朗造型，成为社会新中产群体心中大SUV的"价值之选"。

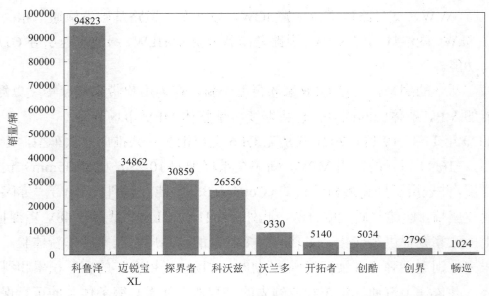

图4　2020年1～10月份雪佛兰主销车型批发销量

1. 紧凑型轿车

2020年，上汽通用汽车雪佛兰品牌旗下的中级车阵营扩容，多款轻混动车型发布，形成了更完整的产品布局。2020年5月11日，时尚运动座驾科鲁泽轻混动车型与时尚中级家轿新科沃兹1.3L车型同步上市。

其中，科鲁泽2020年1～10月份累计销量为94823辆，轻混动则搭载48V

轻混动系统，"更轻快、更轻静、更轻耗"，拥有 4.7L/100km 的超低油耗表现，也带来了更富乐趣与舒适感的驾乘享受。

新科沃兹新增 2 款手动挡车型，搭载全新一代 Ecotec 1.3L 双喷射 VVT 发动机，匹配 5 速手动加强型变速器，最大额定功率达 79kW，最大转矩为 130N·m，百公里综合工况油耗低至 4.8L。手动挡车型的加入，为喜爱操控的爱好者提供了更纯粹的驾驶乐趣。同时，新科沃兹全系标配 TPMS 四轮独立数显胎压监测，提升了出行的便利性和安全性；车联系统车载 APP 定向流量由首年 12G 扩充至每年 100G，让车主彻底告别"流量焦虑"。

此外，2020 年 6 月份，5＋2 全能新家轿沃兰多轻混动车型上市，售价为 13.69 万～15.99 万元。沃兰多轻混动车型带来了更舒适轻享的驾控体验和更绿色环保的低油耗与低排放，同时新车搭载雪佛兰全新一代 MyLink+智能车载互联系统，实现了动力、科技双升级，进一步满足了新时代年轻群体全天候、多场景的用车需求。

2. 中高级轿车

自 2012 年进入国内以来，雪佛兰迈锐宝家族已收获了近 80 万中国车主的认可与信赖，凭借领先同级的产品实力稳居中高级轿车细分市场的主流地位。2020 年，随着全系标配 9AT 的全新迈锐宝 XL 535T 上市，为国内消费者提供了科技领先并更具实用性的产品体验。

作为雪佛兰中高级旗舰轿车，2020 年雪佛兰品牌发布了全新迈锐宝 XL 535T 车型，新款 535T 车型搭载 1.5T 顶置直喷涡轮发动机，最大额定功率为 124kW，在 1700r 时即可爆发出 250N·m 的峰值转矩。同时，新车所匹配的通用汽车全球首款 9 速手自一体变速器采用同轴设计，体积紧凑、齿比分布绵密，拥有 7.6:1 的最佳齿比范围，既优化了车辆的加速性能与燃油经济性，也提升了行驶品质与节能表现。在全新动力总成加持下，新款 535T 车型 0～100km/h 加速时间仅为 9.1s，综合工况百公里油耗为 6.3L，实现了动力性能与环保节能的高效平衡。

随着新款 535T 车型的上市，全新迈锐宝 XL 全系迈入 9AT 阵营，其中，550T 车型凭借雪佛兰 2.0T 智能变缸涡轮发动机与 9 速手自一体变速器组成的"2T9"动力组合，以同级领先的强劲动力让车主尽享运动驾控乐趣；新车型以科技高效的产品实力，为用户带来了中高级旗舰座驾的高品质驾享体验。

3. SUV 产品

作为雪佛兰 SUV 家族的明星车型，探界者一直是雪佛兰实力与口碑的"双担"，全球累计销量至今已逾 380 万辆。自 2017 年上市进入中国以来，凭借硬核实力为国内消费者带来了纯正的美式 SUV 驾控体验。

2020 年 9 月份，新探界者上市，荣获"中国汽车消费者满意度研究与测评规程推荐车型"。造型设计上更加硬朗，并新增彰显运动性能的 RS 系列车型，满足了消费者的个性化审美。同时，新探界者 550T 车型新增两驱版本，且均搭载由第八代 Ecotec 2.0T 智能变缸涡轮发动机与 9 速手自一体变速器组成的雪佛兰 2T9 动力组合，更强的低扭性能、更平顺的换挡体验与更经济的油耗表现，满足了消费者对驾驶乐趣与燃油经济性的双重追求。

此外，新探界者在智能科技方面也进行了全面升级，新增 ACC 自适应巡航系统，并为中配及以上车型配备 FCA 前方碰撞预警、AEB 碰撞缓解制动等 10 项安全科技；智联科技方面，新探界者"第二引擎"升级为全新一代 MyLink+智能车载互联系统，并引入了可支持连续对话的科大讯飞智能语音识别功能，满足了更多年轻消费者对智慧出行的更高要求。新探界者坚持从北美到我国始终如一的硬核标准，用实力彰显雪佛兰品牌对品质的一贯追求。

作为雪佛兰 SUV 家族的旗舰车型，雪佛兰开拓者于 2020 年上半年率先推出了 7 座车型，凭借宽绰舒适的车内空间、高端完备的智能科技、强劲高效的动力表现、掌控全境的操控性能以及高辨识度的纯正美式 SUV 硬朗造型，成为社会新中产群体心中大 7 座 SUV 的"价值之选"。基于对中大型 SUV 细分市场及消费者需求的洞察，2020 年 8 月份，雪佛兰开拓者再推三款 5 座车型，以更具竞争力的价格和更实用的配置，为雪佛兰的"忠粉"们提供了多样化的选择，进一步满足了消费者在不同出行场景下的用车需求。

近年来，雪佛兰持续品牌向上发展，全球同步产品更新换代，"高性能"和"全功能"双元产品阵线布局日渐完善；雪佛兰还陆续推出了 7 款更年轻、更时尚的 Redline 尚·红系列车型和 4 款外观更个性化、性能更强悍的 RS 车型，进一步强化了"年轻、运动、时尚、科技"的品牌新形象。未来，雪佛兰将全球同步引入更多重磅产品，大步迈向高端化、电动化与智能化。

4. 新能源产品

2020 年 2 月份，雪佛兰品牌首款纯电城际轿跑 CHEVROLET MENLO 雪佛兰畅巡率先在北京上市。源于 CHEVROLET FNR-X 概念车的设计理念，畅巡以肌肉立体流线勾勒富有时尚运动气息与科幻未来风格的跨界轿跑造型；以飞翼式双元素悬浮座舱打造富有层次感的立体驾乘空间，结合以直觉操作为核心的交互设计，加上首次应用新能源专属"氢蓝"色内饰搭配可降解材质，在凸显科技感与驾驶激情的同时，传递环保意识。

作为雪佛兰推出的首款纯电城际轿跑，畅巡从造型设计、纯电驱动、智能互联以及智能安全科技等方面，全面迎合时下消费者对于新能源汽车出行的需要，以先进的电动化、智能化科技为人们提供了全新的电动智能出行体验，在中国揭开了雪佛兰电动时代的崭新篇章。

四、凯迪拉克品牌 2020 年各车型的市场表现

2020 年，随着 CT4 的上市，凯迪拉克品牌形成了"3＋3"新美式豪华全新产品阵容，整体销售结构趋于健康均衡。不仅如此，凯迪拉克 Super Cruise 超级智能驾驶系统、人脸识别解锁启动系统、全新一代车载互联系统等一系列最新推出的前瞻科技，也在 2020 年亮相中国汽车市场。

凯迪拉克 2020 年 1～10 月份累计批发为 177240 辆，覆盖豪华车各细分市场，其中，XT5、XT4 月均销量近 5000 辆，豪华旗舰 SUV XT6 上市以来销量持续攀升，2020 年 10 月份零售近 3000 辆。豪华轿车家族 CT5、CT6 销量持续增长，新美式旗舰轿车 CT6 上市以来也有不俗的表现（见图 5）。

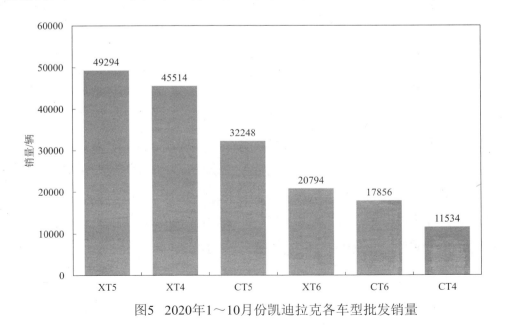

图5 2020年1～10月份凯迪拉克各车型批发销量

1. 豪华轿车

2020年3月份，凯迪拉克品牌发布了新美式风尚后驱轿车凯迪拉克CT4。这款中小型豪华轿车是凯迪拉克"新美式豪华后驱轿车家族"的实力新成员，虽然尺寸较同门师兄CT5和CT6小，但CT4依然基于全新一代轻量化豪华后驱平台打造，并搭载全新匹配的2.0T可变缸涡轮增压发动机及纵置8速手自一体变速器，诸多"实料尖货"傍身，带来极具质感的风尚驾趣和灵动驾控体验。

2019年，凯迪拉克品牌在我国市场累计销量历史性突破百万辆，豪华后驱轿车型谱上的两款重磅产品也交出了亮眼的成绩，CT6创单年销量新高，CT5上市后也稳步增长。随着CT4即将正式入列，完整布局的"新美式豪华后驱轿车家族"成为推动凯迪拉克品牌持续发展的中坚力量，引领品牌整体向上。

2020年6月份，美国J.D.Power和10月份我国的J.D.Power新车质量研究（IQS）中，CT6凭借卓越的品质与可靠性，荣获两份榜单的"双冠军"。除了全球一致的高质量标准，CT6所搭载的Super Cruise超级智能驾驶系统也在刚刚出炉的北美《消费者报告》2020年智能驾驶系统排名中，以大比分领先优势夺得第一。作为大型豪华轿车市场的奢享与科技标杆，CT6搭载同级独有的全新10速手自一体变速器、11种复合材料宇航级轻量化车身、MRC主动电磁感应悬架、ARS主动式后轮转向系统以及尊享舒适的豪华驾乘感受，成为凯迪拉克全系车型中搭载最多业内前瞻科技的集大成者，为消费者带来了独具风范的新美式豪华驾乘体验。

2. 豪华SUV

2020年，焕新上市的2021款凯迪拉克XT4，凭借率先装备的人脸识别解锁启动系统、升级全新一代车载互联系统和新增胭红外观颜色，成为了凯迪拉克展台另一耀眼的明星车型。当用户靠近时，人脸识别解锁启动系统通过安装于B柱上的高清触摸屏自动激活，以全天候的光感识别实现无感瞬秒刷脸进入；系统更融入指纹解锁、密码信息共计三重保障，可根据用户习惯自由组合；多账户管理功能可支持1名管理员和7名普通用户注册使用，让车辆共享更加轻松便捷。通过这套人脸识别解锁启动系统，凯迪拉克XT4让广大车主先人一步体验"无钥匙时代"。

随着"二胎政策"全面放开，消费水平不断升级，用户家庭三代同堂或多人出行的多元化需求日渐增多，拥有更舒适乘坐体验和更灵活空间布局的豪华大三排SUV车型日益受到消费者追捧。2020年6月份，凯迪拉克品牌宣布新美式大型SUV凯迪拉克XT6产品系列再扩容，推出两款全新车型，并新增缎银外观颜色。作为凯迪拉克深耕大型豪华SUV市场的重磅产品，XT6凭借傲视同级的尊崇空间、齐备奢华的舒适配置以及强大的动力科技，成为该细分市场真正"大三排SUV"的唯一选项，满足社会精英们商务、家庭的多场景使用需求。

未来，凯迪拉克将持续以"科技制胜"的产品开发策略，不断提升产品的核心竞争力，强化用户服务与体验，践行为消费者打造"更安全、更优化、可持续"未来智能出行的承诺。

五、2020年总结及2021年展望

作为国内最大的中美合资企业，成立23年来，上汽通用汽车始终在时代和产业变革中破浪前行。2020年，在汽车市场近年来整体低迷的大背景，和新冠肺炎疫情的突然冲击下，上汽通用奋勇拼搏，迎难而上，完成了国内2020年1~10月份批发销量106.4万辆，零售销量103.4万辆的阶段性成果，维持在批零端均位列第三的成绩。

展望2021年，以国内大循环为主体，国内国际双循环相互促进的新发展新格局正在逐渐形成，在消费和制造业投资等内生动力的支持下，中国GDP增长率有望恢复至6.7%，走出疫情影响，拉动全球复苏。乘用车市场受稳定和扩大汽车消费的若干政策推动，有望进一步恢复。预计汽车市场将恢复至低位震荡，乘用车销量2056万~2175万辆左右。从细分市场来看，SUV将继续成为增长主力，MPV市场稳中有升，同时，豪华车市场占有率有望进一步增长。

未来上汽通用将聚焦"电动化、智能化、网联化、共享化"行业发展趋势，继续以高质量的发展步伐"行健致远"，向着"引领智慧出行，成就美好生活"的企业愿景坚实迈进。

（作者：姚倩）

2020 年广汽本田产品市场调研报告

一、2020 年广汽本田整体市场表现

2020 年,受新冠肺炎疫情的影响,我国乘用车市场遭到重大冲击。虽然在国家宏观政策与地方鼓励汽车消费政策双重引导下,汽车整体销量呈现了较快的回暖态势,但市场整体已经进入了优胜劣汰的调整期,呈现出强者愈强的马太效应,消费者群体显示出明显的消费升级信号,对相应品牌造成较大影响。

在充满挑战却不失机遇的 2020 年,广汽本田不负 800 万粉丝的期待,坚持自身节奏,推进高质量经营:在车型方面,雅阁"星空限量版"惊艳亮相,持续引爆市场热度;飞度王者归来,开启新王朝;凌派新增混合动力版本,为乏善可陈的 A 级混动轿车市场带来更多惊喜;更推出 VE-1+、VE-1S+与 EA6 共同助力转型电动化。在战略与营销方面,秉承技术向上驱动梦想未来的信念,成立了"锐·混动联盟";坚持用户价值为导向,发布"广汽本田车生活全价值"战略;解锁"宠粉新姿势",打造燃爆"躁梦节"。在速度与经营质量兼顾的发展模式下,广汽本田 2020 年 11 月份销量为 86314 辆,同比增长 25.1%。2020 年 1~11 月份,广汽本田累计销量为 722819 辆(见表 1),对比上年实现同比正增长,全国市场占有率更同比提升 5%,价格 20 万元以上车型在整体销量中约占 40%。

表 1 2020 年广汽本田分车型批发销量情况

车型	2019 年 11 月销量/辆	2020 年 11 月销量/辆	同比增长率(%)	2019 年 1~11 月累计销量/辆	2020 年 1~11 月累计销量/辆	同比增长率(%)
雅阁	19101	24162	26.5	204287	191221	-6.4
飞度	4143	10825	161.3	106758	54453	-49.0
锋范	2617	0	-100.0	22534	2	-100.0
奥德赛	4038	4861	20.4	40744	37180	-8.7
凌派	15829	10202	-35.5	144033	104570	-27.4

(续)

车型	2019年11月销量/辆	2020年11月销量/辆	同比增长率（%）	2019年1~11月累计销量/辆	2020年1~11月累计销量/辆	同比增长率（%）
缤智	12920	15749	21.9	105495	135732	28.7
冠道	6404	5661	-11.6	66421	49664	-25.2
皓影	1734	13389	672.1	1734	135847	7734.3
讴歌	1694	908	-46.4	12951	9987	-22.9
VE-1	521	557	6.9	1285	1773	38.0
世锐	0	0	—	1547	1	-99.9
CITY（出口）	0	0	—	0	2389	—
合计	69001	86314	25.1	707789	722819	2.1

二、2020年广汽本田细分市场产品表现

1. 雅阁（ACCORD）

以"年轻"为底色，第十代雅阁（ACCORD）凭借全面年轻化的设计与高品质产品力，2020年1~11月份累计销量为191221辆，持续领跑中高级轿车细分市场。其中，第十代雅阁（ACCORD）锐·混动（见图1），以先进的科技感和极致的驾驭乐趣圈粉无数，2020年1~11月份累计销量为40411辆，实力问鼎中高级混合动力车市场第一名。此外，庞大的保有量以及细分市场的标杆形象，让第十代雅阁（ACCORD）在J.D.Power发布的2020年《中国汽车保值率研究报告》中获得细分市场保值率第一的荣誉。

即使第十代雅阁（ACCORD）的年轻魅力与出色品质已经获得了市场的大力认可，其前进的步伐永不停止。第十代雅阁（ACCORD）深谙年轻人的个性之道，在广州车展上隆重推出2021款雅阁（ACCORD）星空限量版，凭借高级酷炫的运动外观、革新性的科技配置以及强劲平顺的动力，再次掀起了年轻化浪潮，引领同级，震撼全场。

图 1 第十代雅阁（ACCORD）锐·混动

2. 皓影（BREEZE）

高价值本色魅力转化为热销势能，广汽本田核心战略 SUV 皓影（BREEZE）2020 年 11 月份实现销量 13389 辆，连续 8 个月销量破万辆。作为国内中级 SUV 市场的"实力新星"，皓影（BREEZE）上市一周年累计销量突破 14 万辆，单月最高销量突破 2 万辆，稳居"万辆俱乐部"前列。

凝聚广汽本田 22 年高品质造车积累，皓影（BREEZE）不止拥有领先同级的高颜值、大空间和丰富的科技配置（见图 2），更拥有立足全球的全方位安全实力。中国保险汽车安全指数管理中心（C-IASI）正式公布的皓影（BREEZE）碰撞成绩，皓影（BREEZE）成为同时获得 C-NCAP 和 C-IASI 双权威机构认证的"五星安全双优生"。为了让更多年轻人感受皓影（BREEZE）的本色魅力，2020 年 11 月份，皓影（BREEZE）"本色奇遇记"走进榕城福州，与全国媒体和用户共同奇遇生活的本色之美，探索本色生活的无限姿态。

图 2 皓影（BREEZE）

3. 第四代飞度（ALL NEW FIT）

沉寂近一年后，承载着众多消费者的信赖与期待，第四代飞度（ALL NEW FIT）携超强实力王者归来。凭借全新进化的地球梦科技 1.5L 动力，个性十足的双色外观与双色内饰，以及超大全景视野、Honda SENSING（安全超感）系统等高价值配置（见图3），第四代飞度（ALL NEW FIT）实力圈粉泛 Z 世代，连续 3 个月销量破万辆，截至 2020 年年底累计订单已有近 5 万辆。在 2020 年广本"躁梦节"上第四代飞度（ALL NEW FIT）更是作为"潮改 Z 计划"的 C 位担当，与车主一同享受与释放心中对汽车的热爱。今后，第四代飞度（ALL NEW FIT）不仅将为广汽本田的整体销量作出重大贡献，同时，作为 A0 级别标杆产品也将持续为提升细分市场整体份额而努力。

图 3　第四代飞度（ALL NEW FIT）

4. 新缤智（NEW VEZEL）

七年历久弥新，2020 款新缤智（NEW VEZEL）（见图4）经历市场的风雨沉淀，在存量市场上越显光芒，成为汽车市场中兼具时尚与实用双重优势的龙头选手。2020 款新缤智（NEW VEZEL）深谙现代年轻人更精明理性地挑选高价值产品的消费心理，搭载了 1.5L 和 220 TURBO 两套动力系统，并新增众多高价值配置，来最大化满足消费者追求精享都市生活的需求。这种对消费者的透彻理解同时真切反馈到销量上。2020 年 11 月份，2020 款新缤智（NEW VEZEL）实现销量 15749 辆，同比增长 21.9%，2020 年 1~11 月份累计销量为 135732 辆，2020 年实现 9 次月销破万辆，已成为广大年轻人的时尚潮流爆款。

图 4　2020 款新缤智（NEW VEZEL）

5. 凌派（CRIDER）

凭借着傲视同级的超长轴距大空间、型酷外观、卓越的动力和油耗性能，新一代凌派（CRIDER）被媒体称为"中级家用轿车首选"，是体现广汽本田对我国消费者深刻理解的又一力作。2020 年 6 月 10 日，凌派（CRIDER）锐·混动响应消费者期待跃级上市（见图 5），搭载 Honda 在中国首发的 1.5L 第三代 i-MMD 混合动力系统，为消费者提供更具性价比的入门级混合动力车型，将豪华混动技术的魅力辐射到更广泛的人群，从而助推凌派（CRIDER）品牌 2020 年 1～11 月份累计销量 104570 辆，占据同级别市场销量高地。

图 5　凌派（CRIDER）锐·混动

6. 奥德赛（ODYSSEY）锐·混动

认识到消费者一方面渴求 MPV 的空间性与舒适度，另一方面却对此类车型的高油耗望而却步，广汽本田顺应市场需求推出了奥德赛（ODYSSEY）锐·混动（见图 6），助力无数精英用户开启乐趣生活，提升生活品质。奥德赛（ODYSSEY）锐·混动凭借"MPV+i-MMD"的高价值魅力，凸显出无与伦比的空间灵活性、实用性与经济燃油性，圈粉无数，在细分市场内一骑绝尘。2020 年广州车展上，回应60万用户的期待，2021款奥德赛（ODYSSEY）锐•混动新增"威尼斯蓝"车色，以更个性的颜色赋予奥德赛（ODYSSEY）更多的年轻基因。奥德赛（ODYSSEY）品牌1~11月份累计销量为37180辆。

图6　2021款奥德赛（ODYSSEY）锐•混动

7. 电动化产品的市场表现

近日发布的《节能与新能源汽车技术路线图（2.0版）》指出，2035年节能汽车与新能源汽车将各占50%，这预示着电动化车型将成为市场主流。洞察最新风向，广汽本田积极布局混合动力产品和纯电动车型。在混合动力领域，企业下放混合动力技术至入门级车型，让更广泛的人群体验混动技术的魅力，满足用户对移动出行的多样需求，为广大消费者提供当下环保出行的最佳选择；创新开展多个线下活动，深化锐•混动联盟技术IP形象，进一步增强消费者对广汽本田电动化技术的认知度。在纯电动车领域，于广州车展首发亮相融合了广汽本田与广汽新能源各方面优势的首款纯电动轿车EA6，同时焕新推出**VE-1+**、**VE-1S+**（见图7），未来，EA6将与VE-1一起，组成"SUV+轿车"双子星，为消费者带来更多的纯电乐趣。

图7　VE-1S+

8. 广汽 Acura

2020 年乘用车市场风雨飘摇,继承了"东瀛法拉利"血统的广汽 Acura 不惧挑战,坚守自我,秉持"以性能论豪华"的信念持续出新,先后推出 NEW CDX A-Spec 运动款、NEW CDX SPORT HYBRID A-Spec 运动款车型以及 RDX A-Spec 运动款。至此,"A-Spec 运动家族"在中国正式诞生。

A-Spec 运动家族通过专属的 A-Spec 运动风格套件的运用,进一步强化了其年轻而富于激情的一面。其中 NEW CDX A-Spec 运动款搭载的 1.5T 直喷发动机+8 速 DCT 变速器动力总成将性能属性展现得淋漓尽致(见图 8)。而 NEW CDX SPORT HYBRID A-Spec 运动款所搭载的 ADS 自适应减振更是每 0.002s 调整一次,在不同的路面情况下都表现自如,让操控与舒适随时自由切换,将行驶质感再提升一个档次。同时该车型配备了 Acura Watch™智能安全系统,集诸多高级别智能安全功能于一体,高效整合的精密雷达系统与高精度摄像系统能够提前洞悉并规避险境,为消费者提供全方位、多层次的安全守护。

图 8　NEW CDX A-Spec 运动款

A-Spec 运动家族中的另一款车型 RDX A-Spec 运动款所配备的第四代 SH-AWD®超级四轮驱动力自由控制系统的后差速器则在 MDX 系统的基础上进行了改进(见图 9),增强了扭矩容量,最大限度地发挥了轮胎的牵引力,从而为驾驶者提供出色的驾控信心、操控精度和弯道抓地力。

除了超强的硬产品实力,广汽 Acura 依旧注重与消费者之间的情感链接。广汽 Acura 通过微电影《不一样的父亲》,再次向人们传递了与众不同的品牌调性和价值观,树立起足以被铭记的差异化形象,让品牌走进消费者的内心。除了微电影这种传递情感的方式外,广汽 Acura 还通过多种形式构建起与年轻消费者沟通的桥梁:搭建内容营销矩阵,通过布局抖音、快手、B 站、知乎、小红书等泛社交媒体平台,打通消费者圈层,拉近品牌与年轻用户之间的距离;通过创新综艺的发布会形式,吸引众多年轻群体的关注;举办第二次"周末放疯"活动,加强消费者对产品的了解……未来,广汽 Acura 还将不断深耕品牌营销与体验式营销,进一步加强与年轻用户的沟通,让更多消费者进一步了解广汽 Acura 的品牌价值与内涵。

图 9　RDX A-Spec 运动款

三、总结与展望

虽然 2020 年是汽车市场不确定性增多的一年,但广汽本田依旧交出了令人较为满意的成绩单。这份成绩单也是广汽本田坚持以用户价值为导向,为用户提供高品质商品价值、优质体验价值、出色保有价值,并与用户共创文化价值的必然结果。未来,广汽本田将坚守品牌初心,坚持贯彻"广汽本田车生活全价值"战略,向更高销量目标发起挑战,与用户共创更大价值,让梦走得更远。

(作者:毛玉晶)

2020年东风日产产品市场调研报告

一、2020年乘用车市场回顾

2020年乘用车市场负增长扩大，1~11月份相比于2019年同期下滑7.8%（见图1）。从增长分解上看，合资品牌和自主品牌分别下降108万辆和70万辆，而豪华品牌增加30万辆。

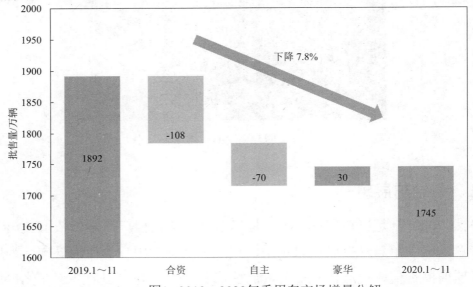

图1 2019~2020年乘用车市场增量分解

（注：资料来源于全国乘用车市场信息联席会）

如果将年份放到四年来看，从2017~2020年，合资品牌的销量持续出现下滑，自主品牌经过前几年的增长后也出现下滑趋势，而豪华品牌维持了强劲且连续多年的正增长，2020年1~11月份同期涨幅达15%（见图2）。豪华品牌的持续增长一方面反映了中国汽车消费市场的升级趋势，以及消费者对豪华品牌车型较高的价值认同；另一方面间接折射出中国汽车市场上日益加剧的竞争态势，外加特斯拉等新能源汽车厂商也加入了传统豪华车型价格带的蛋糕抢夺战之中，豪华品牌也在不断丰富车型和动力总成的供应，扩展价格和需求的覆盖范围。

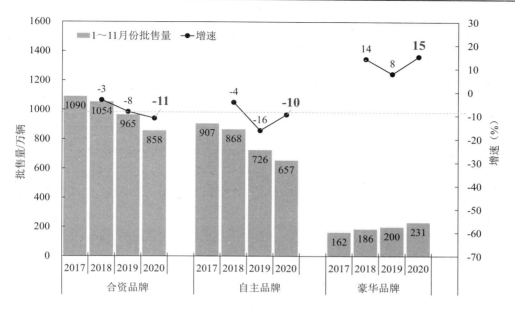

图2　2017年1~11月份至2020年1~11月份乘用车批售量及增速

（注：资料来源于全国乘用车市场信息联席会）

对于新能源汽车市场，随着双积分政策的不断加严和鼓励行业新能源汽车产品发展的势头持续，2020年3月份起新能源汽车市场销量不断走高，并从2020年7月份起连续5个月超过之前两年的同期销量。虽然预计2020年新能源汽车总产销量无法达成200万辆的产业目标，但随着新能源汽车产品的不断完善，2020年私人购买市场，尤其是非限购区域的私人购买新能源汽车销量不断攀升，达历史新高，并由价格带高低呈现出"两头大"的结构：其中，A00级代步类产品宏光MINI EV、长城欧拉，高价格带上的特斯拉Model3，新势力强竞争力产品比亚迪、蔚来、理想、小鹏等表现尤为突出（见表1）。这一方面反映出消费者逐渐认可新能源汽车带来的用车便利性和经济友好性，消费逐渐理性化；同时，也代表着消费者愿意为能够提供出色产品体验和功能溢价、更有综合竞争力的新能源汽车品牌和产品买单。后续随着传统合资品牌的全新新能源车型也加入竞争，将继续助推全行业的新四化转型。

表1　2020年新能源汽车月均销量前30的车型

排名	品牌	企业	2020年月均销量/辆
1	宏光MINI	上汽通用五菱	21790
2	Model 3	特斯拉中国	9522

(续)

排名	品牌	企业	2020年月均销量/辆
3	欧拉黑猫	长城汽车	5478
4	汉 EV	比亚迪	3953
5	AION S	广汽乘用车	3352
6	秦 EV	比亚迪	3159
7	eQ 电动车	奇瑞汽车	2598
8	理想 ONE	理想汽车	2208
9	蔚来 ES6	蔚来汽车	2122
10	宝马 5 系	华晨宝马	1807
11	小鹏 P7	小鹏汽车	1661
12	EMG ZS	上汽乘用车	1640
13	威马 EX5	威马汽车	1637
14	唐	比亚迪	1480
15	宝骏 E100	上汽通用五菱	1458
16	比亚迪 e2	比亚迪	1443
17	帕萨特	上汽大众	1272
18	元 EV	比亚迪	1251
19	VELITE6	上汽通用	1037
20	宋 EV	比亚迪	982
21	宝骏 E300	上汽通用五菱	900
22	荣威 Ei5	上汽乘用车	802
23	途观	上汽大众	769
24	几何 C	吉利汽车	742
25	蔚来 ES8	蔚来汽车	738
26	奔奔	长安汽车	718
27	宋 DM	比亚迪	627
28	帝豪 EV	吉利汽车	599
29	荣威 eRX5	上汽乘用车	535
30	红旗 E-HS3	一汽轿车	325

注：资料来源于全国乘用车市场信息联席会。

从主要合资厂商的销量情况看，排名靠前的日系、德系厂商表现得相对稳健，其中，东风日产稳居合资销量前四位，东风本田、广汽本田、一汽丰田和广汽丰田这四家厂商均实现不同程度的增长，尤其丰田的两家合资公司表现抢眼，在合资销量整体下滑的大前提下，广汽丰田和一汽丰田分别实现了11.1%和6.2%的同比增长（见图3）。在当前汽车市场的大环境下，丰田、本田能够维持这样的增长势头，很好地诠释了品牌力与产品力之间互补、反哺的良性互动式增长模式。在未来的存量竞争中，品牌力与产品力领先所带来的优势可能会继续扩大；同时，强势品牌也愈发注意发挥渠道力，在双合资公司、双渠道内纷纷采取了全区隔覆盖的双车战略，进一步抢夺市场份额。

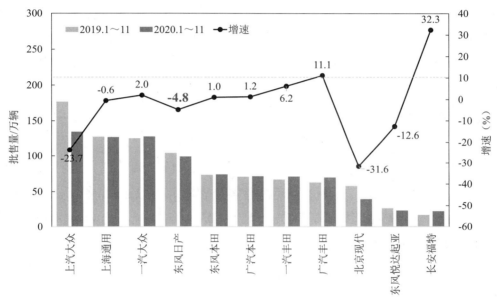

图3 2019~2020年合资汽车企业（不含豪华和自主品牌）批售量及增速

（注：资料来源于全国乘用车市场信息联席会）

二、2020年东风日产市场表现

1. 2020年东风日产整体市场表现

东风日产2020年1~11月份销量为99万辆，较2019年同期销量有所下降，但在合资非豪华品牌中，东风日产市场占有率继续提升，由2019年的10.8%增长至11.6%，产品线整体表现稳健。虽然2020年东风日产没有全新车型的投放，但仍通过年度改款持续推广日产"智行科技"：首先，智能网联方面，全车系完成了第二代拥有自主知识产权的车联网"超互联"系统的更新迭代；其次，智能驾驶方面，ProPILOT"超智驾"自动辅助驾驶技术在核心车型上的搭载不断扩张；

最后，智能动力方面，天籁上所搭载的全球首款量产的 VC-Turbo 可变压缩比涡轮增压发动机"超变擎"也在高价位内取得了不错的市场表现，后续智能动力方面还将有更多的新产品新技术投入市场。未来，东风日产将继续以日产"智行科技"为核心，不断推出契合中国消费者需求的出行科技产品，为打造备受消费者喜爱和信赖的"技术日产"品牌而不断努力。

具体车型方面，天籁、轩逸系列、奇骏、逍客依然是东风日产产品线中的"C位"，是销量、收益和品牌认知度的主要贡献者（见图 4）。其中，旗舰车型"天籁"表现突出，取得销量增长：2020 年通过一系列的车型年度改款，针对性地改进和提升了产品竞争力；同时，充分挖掘了天籁车型的历史口碑，以及由日产"智行科技"加持所带来的新亮点，给广大消费者带来了强劲动力、高效节油、先进智能网联的全新舒适驾控体验，在合资 B 级车竞争中占据了一席之地。同时，2019 年全新换代的轩逸系列表现同样抢眼，其产品与定位很好地契合了中国消费者对入门级合资家用车的需求，又通过良好的车型家族差异化，最大化满足了广大消费者对于合资三厢轿车的期待，成为 A 级"舒适家轿"的首选，连续多月登上全市场销量冠军宝座。SUV 方面，奇骏和逍客虽已在市场上征战多年，但凭借出色的产品力和车型口碑，捍卫住了其在 A 级 SUV 中的地位，也为后续的车型换代打下了良好基础，未来可期。

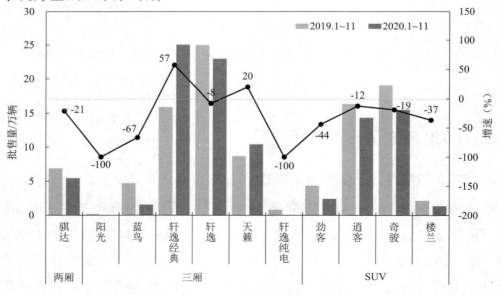

图4　2020年1～11月份东风日产分车型批售量

（注：资料来源于全国乘用车市场信息联席会）

2. 2020年东风日产重点车型表现

（1）天籁 全新天籁于2018年年底换代推出，一改过往中庸商务的车型形象，以兼顾了舒适与动感的全新设计、兼顾了动力和油耗的可变压缩比涡轮增压发动机导入，搭载全新日产"智行科技"，为消费者打造了一台全新的科技旗舰轿车。2020年，天籁车型通过年度改款，对基础装备水平、内饰品质感和舒适度、车联网系统以及自动辅助驾驶科技的使用体验进行了优化，扬长补短，在2020年取得了销量增长，继续在合资B级轿车的竞争中站稳脚跟。全新天籁外观和内饰见图5和图6。

图5 全新天籁外观

图6 全新天籁内饰

同时，天籁车型也不断挖掘由日产"智行科技"加持所带来的全新增长点，尤其是由全球首款量产的2.0T可变压缩比涡轮增压发动机（VC-Turbo超变擎）所带来的新增长机会，在维持日系车型省心耐久的传统形象外，也通过更好、更智能的动力和油耗综合表现在高级别高价格带销售上有所突破（见图7）。

图 7　日产 2.0T 可变压缩比涡轮增压发动机

（2）轩逸系列　日产轩逸自面世以来，一直都是中国主流合资家用轿车的典型代表车型。多年来，凭借着越级的空间、舒适的乘坐性以及优异的油耗和耐久表现，赢得广大消费者的高度认可；多年来销量稳居轿车排行榜前三，为日产品牌的销售基盘和品牌口碑贡献巨大。同时，过往几代轩逸车型的换代与变化，也很好地诠释着东风日产对中国合资轿车消费者的需求洞察和与时俱进：在维持车型口碑和消费者基本需求的同时，通过车型内外科技的更新迭代紧跟新时代下的消费潮流，满足甚至超越中国消费者对于家用轿车产品的期待。

2020 年突发的新冠肺炎疫情促进了无车家庭对购置私家车的刚性需求，而这类需求恰好与轩逸系列的产品定位相契合，助力其销量提升。2020 年 1~11 月份，轩逸系列合计销量近 50 万辆，同时，区隔内市场占有率持续提升，由 2019 年同期的 10.4%上升至 14.2%，销量及口碑表现喜人。后续，东风日产也会稳抓新四化趋势，在轩逸系列上持续发力。

（作者：张健锋）

2020 年神龙汽车市场调研报告

2020 年新冠病毒来势凶猛，持续时间之长、波及范围之广、危害程度之深史无前例，给世界政治经济带来了深远影响，也给包括中国在内的全球汽车产业造成了重创。2020 年上半年，我国乘用车市场出现了罕见的连续六个月的负增长，其中 2 月份的跌幅高达-78%。处在疫情最为严重的湖北武汉的神龙公司更是雪上加霜、深度下跌（见图 1）。

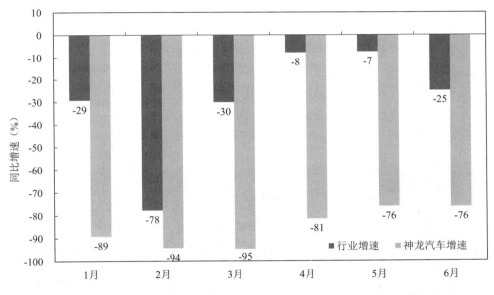

图1 2020年疫情肆虐期间神龙汽车与行业分月同比增速

不仅如此，由于连续几年销量下滑，叠加同门法系兄弟品牌退出中国市场，神龙汽车遭受了前所未有的生存和舆论压力。面对如此困境，神龙汽车唯有重启信念，重建目标，集结力量。2020 年 9 月 2 日，神龙汽车领导班子调整，进一步加强对神龙汽车经营团队的授权以提升决策效率。2020 年 9 月 21 日，第四季度经营目标达成动员会暨形势目标沟通会召开，公司全体员工通过 114 个会场同时参会。总经理与各部门负责人签署第四季度目标军令状，吹响"奋战 100 天、誓保目标"的冲锋号。2020 年 9 月 29 日，PSA 集团官方微信发布：决定于 2020 年第四季度向神龙提供 5000 万欧元的资金,东风集团也将为神龙生产经营所需流动资金需求提供坚强的支持,进一步保障及充实神龙的现金流;神龙汽车四季度将再补充 1.5 亿元商务费用,强化区域营销,为 2021 年销量复苏打好基础;2020~2037 年期间,PSA 集团每年将向神龙汽车提供上亿元人民币的资金,用于东风标致及东风雪铁龙双品牌的品牌形象建设和渠道发展;两大股东决定于 2021 年对神龙汽车进行增资,以保证神龙汽车面向未来的发展。在双方股东的强力支持下,当下的神龙汽车做好了"破釜沉舟""背水一战"的各项准备。

一、重铸信赖,神龙汽车从心出发

2020 年 10 月 24 日,英雄之城武汉,2020 神龙汽车文化节盛大举行(见图 2)。"元+"计划发布、"五心守护行动"落地、战略合作签约、双品牌经销店启动、致敬抗疫英雄,神龙汽车聚焦客户价值,回应市场期待,重整行装,重铸信赖。这是一程百万车主的回家之旅,这是一场全球合作伙伴的情谊升华,这是一次坚强神龙人的从心出发。在动听的旋律间,在经典的画面里,在真诚的祝福中,在政府领导、股东高层、合作伙伴、车主代表、媒体记者等 5000 人的见证下,神龙汽车坚定品牌自信,凝聚前进力量,为美好汽车生活赋能。

图 2 信赖 责任 从心出发,神龙汽车文化节在武汉体育中心隆重举行

二、"元+"计划,从深入认识问题到加速解决问题

在激烈的市场竞争下,每增加一个满意客户,就意味着企业增加了一份无形资产,赢得客户、赢得客户信赖是企业赢得竞争、获得持续发展的根本途径。正是基于这样的认识,神龙汽车调整、刷新中期事业计划,形成"元+"计划(见图 3),将战略行动升级为"产品更中国""营销更精准""服务更信赖""运营更

高效"。这既是一个能够聚焦当下,加速解决困扰神龙发展重大问题的计划,也是一个谋划长远、明晰未来方向的计划。

图3 神龙汽车发布"元十"计划

产品更中国。增配不加价,将客户关注、高频使用的配置,用于主销级别车型上;立足中国客户需求,未来5年打造并投放14款新车型,实现配置全面升级、体验全面升级、性能全面升级,诚意满满;持续推进E动战略,在现有发动机全部实现国VIB排放标准、实现"三升一降"的基础上,全面启动MHEV轻混、国Ⅶ研发,推出更加经济和节油的新动力总成产品。

营销更精准。进一步明晰两个品牌在中国市场的定位、价值和优势,强化品牌价值传递,东风雪铁龙致力于从产品、服务、客户体验360°打造行业舒适标杆,东风标致将"设计之美、品质之实、科技之悦"作为品牌的核心价值。围绕品牌内涵和硬核技术,精准、持续地实施营销动作,让更多客户能更便捷、更真切地体验我们的"良心车""放心车""安全车"。

服务更信赖。致力于成为"让客户最信赖的汽车企业",实施"五心守护行动",通过"买车放心、用车安心、服务贴心、换车开心、一路同心",来守护、陪伴客户用车全生命周期,真诚感恩600多万东风雪铁龙、东风标致车主的支持与信任。

运营更高效。建设真正以客户为中心的企业,所有工作的评价,都以"客户满意"来作为标准,进行检核。保证客户的每一个诉求,都能快速关注、快速响应、快速解决、承诺必达。执行首接负责制,客户找到谁,谁就是责任人,谁就跟踪到底。

从整个计划看,现在的神龙汽车变得更成熟了。这种成熟体现在愿意更多地站在客户角度思考问题,讲怎么更好地提升服务,讲怎么更有效地传递品牌价值,讲怎么更好地理解中国客户的需求。

三、"五心守护行动",从理解客户需要到回馈客户信赖

"要光,就会有光。朝着光前进,之后你就在光里,再之后,你就变成了光。"神龙汽车坚信,当客户成为市场信仰时,所有问题都会迎刃而解。关注客户,关键在客户服务。关注客户服务,关键在主动靠近客户,以客户利益为中心,最大限度地满足客户需求。全新出发的神龙汽车,更加清晰地审视自己,更加认真地倾听客户声音,更加深刻地思考服务痛点,直面质疑,及时响应,快速行动。一场基于服务和回馈老客户的"五心守护行动"由此展开(见图4)。

"买车放心"。开创性地推出"7·1·5"三项服务政策,即"7天可退换车""新车承诺1年保价""新车质保5年无忧"。消费者在购车7天内,因产品质量问题,可以无损失的退换车;双品牌新上市车型,品牌下调官方指导价,或官网发布促销政策,将对1年以内已购车用户给予差价补偿;新车至高享受5年/15万公里整车质保+免费6次基础保养(或可选择增值换购礼),这样的政策全面超越三包标准,远高于行业水平。

"用车安心"。送出三项诚意礼包:购买3年5次、5年9次保养套餐合同,品牌直补,史无前例,享7折特惠,让保养更经济;近800种常用备件价格全面下调,平均降价率达10%,让维修更省钱;跨平台合作,实现23000辆救援车全天候24h待命,同城内半小时速达,全国范围内2h速达,让救援更及时。

"服务贴心",在行业内首创"不满意、就免单",双品牌8项服务承诺全新升级,更便捷、更贴心,如常规保养2h内完成,超时免单;全国范围救援2h必达,超时就免单;车辆更换旧件,展示给用户,未履行就免单。

"换车开心"。推出"增值换购计划",旧车最高可增值15000元。

"一路同心"。实力宠粉,针对老客户推出老友礼。6年以上首任车主回店,品牌赠送免费保养1次,惠及360万车主。

行动,让承诺掷地有声。为确保一系列硬核服务承诺的有效兑现,2020年10月24日起,神龙汽车在双品牌400服务热线中,增设总经理投诉专线,2h限时回应客户诉求,可谓诚意满满。风雨兼程,神龙汽车不为赶路,只为在汽车产品无限丰富、开发周期不断压缩的时代,依然执着于无限接近品质的极致,无限接近服务能力的极致。

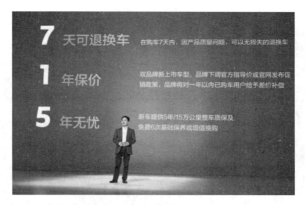

图 4　神龙汽车总经理陈彬发布"五心守护行动"

四、销量回升，产品发力，力量集结，回馈社会，向好改变正在发生

1. 在内外合力的推动下，公司销量逐月攀升

从 2020 年 9 月份开始，神龙汽车分月销量逐月提升，环比增速远高于市场平均增速，向好改变正在发生（见图 5）。2020 年 10 月 9 日，神龙汽车与上海融和电科融资租赁有限公司签署战略合作框架协议（见图 6），订购 1000 辆东风富康 e 爱丽舍。2020 年 10 月 24 日，在 2020 神龙汽车文化节大客户签约暨交付仪式上，神龙汽车与襄阳公交集团签约 430 辆订单，并向中电投、人保、厦门万量等大客户交付共约 2500 辆新车。相伴相成就，同行向未来。未来，经营规模将重回行业主流水平，全价值链将持续健康发展。

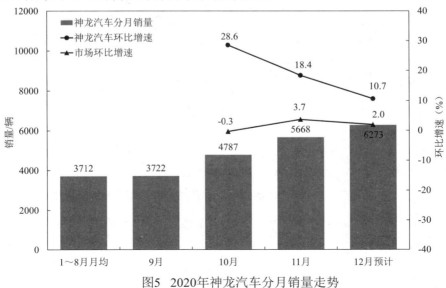

图5　2020年神龙汽车分月销量走势

图 6　2020 神龙汽车文化节大客户签约暨交付仪式

2. 全场第一！东风雪铁龙天逸挑战 CCPC 麋鹿测试再创新纪录

2020 年 11 月 17 日~18 日，在中国汽车技术研究中心（以下简称中汽研）举办的 2020 年中国量产车性能大赛（以下简称 CCPC）天津站上，东风雪铁龙天逸作为官方指定赛车进行 CCPC 麋鹿测试项目，最终以 3.369s 的优异成绩打破该赛事 3 年的纪录，荣获 2020 年 CCPC 麋鹿测试全场第一（见图 7）；同时，在 18 日下午的国内首场湿地麋鹿测试中，凭借其优异的操控性跑出了 3.461s 的 2020 年度最好成绩，力压 2020 年其他品牌车型的干燥路面成绩。

图 7　东风雪铁龙天逸挑战 CCPC 麋鹿测试再创新纪录

中国量产车性能大赛（CCPC）是由中汽研和中国汽车摩托车运动联合会共同打造的国家级专业汽车赛事，被誉为中国汽车的"奥运会"。CCPC 赛事是以完全不改装的量产车型作为比赛车辆，更加贴近真实用车场景和驾驶习惯，所以对于普通消费者来说，赛事的成绩更具有现实意义，更有说服力。其规则是，车辆在进入测试区域后，测试者对车辆的方向控制和动力控制同步进行，确保以最快的速度通过障碍路段。测试中，车辆操控性、ESC 调校、轮胎性能、刹车性能、动力性能等都会对最终成绩产生影响，因此评判更加全面、综合，相比常规的麋鹿测试数据更加准确、真实。

天逸在此次麋鹿测试中，无论是在干燥路面还是在湿滑路面都取得了非常优异的成绩，操控性表现令人眼前一亮。操控性在本质上是通过各种技术手段来提升轮胎与地面的附着性。只有以良好的轮胎与地面的附着性作为基础，车辆才能够正确地响应驾驶员的操作指令，做出符合驾驶员预期的动作及运动轨迹。拥有雪铁龙大师级底盘调校技术和 PHC 自适应液压稳定技术的天逸创新性地采用了偏心弹簧、变截面后横梁、双胶料衬套、二阶阻尼曲线控制的缓冲块以及 PHC 减振器等多项黑科技，确保了轮胎与地面的完美贴合，实现了舒适性与操控性的完美平衡。

3. 挑战史上最严侧面碰撞试验，东风标致 508L 验证五星品质

2020 年 12 月 8 日，东风标致 508L 在天津中国汽车技术研究中心碰撞试验室挑战"国内首次公开满载高速双向侧面碰撞试验"，获得圆满成功：得分率达 88.75%，现场评定成绩为优秀（见图 8）。在为汽车试验史画上了浓墨重彩的一笔的同时，充分表现了东风标致对安全和品质的极致追求。

国家汽车安全领域权威专家、国内汽车碰撞安全研究创始人之一，1998 年神龙富康轿车创造的"中华第一撞"的组织者，清华大学安全与节能国家重点实验室碰撞实验室主任张金换教授，现场见证了东风标致 508L 这次侧面碰撞挑战的过程，并对事件给予了高度评价。她说，试验难度大，不可控因素多，能取得这样优秀的成绩，非常不容易。这个事件和当年"中华第一撞"一样，具有示范意义。再次说明神龙公司、东风标致对自身产品品质的高度自信。希望通过这次碰撞测试，能让社会各界更多地关注交通安全，关注汽车安全。

图 8　挑战史上最严侧面碰撞试验，东风标致 508L 验证五星品质

4. 植根武汉，感恩社会、回报客户，做一个有责任、有担当、有价值的良心企业

作为植根武汉的本土汽车企业，神龙汽车在这场疫情防控阻击战中，与武汉人民守望相助、共渡难关，竭尽全力配合和支援一线抗击疫情工作，并全方位为客户提供关爱。2020 年 1 月 24 日，得知东风出行组建应急车队，急需防护服，神龙汽车从武汉工厂涂装车间紧急调集 800 套防护服，第一时间送达。2020 年 2 月 13 日，在得知支援协和西院的广州医疗团队缺乏通勤车时，神龙汽车及时将 2 辆公务通勤车交付给医疗团队，保障单程 30km 的通勤需求。此外，神龙汽车还有 100 多名员工主动参与到医院、社区的志愿服务中去。作为守望相助的"好邻居"，神龙公司在武汉体育中心改造方舱医院期间，得知紧缺特种作业叉车和特种作业司机，紧急协调人力和设备资源，第一时间提供支援满足改造需求；得知餐饮供应短缺，力荐神龙公司食堂为武汉体育中心方舱医院供应餐食，为建设者、病患和医护等提供营养、美味、放心的餐饮保障。神龙汽车文化节专门邀请武汉金银潭医院张定宇团队的黄朝林副院长及 9 位医生，作为抗疫英雄代表现场出席，向全国抗疫英雄致敬（见图 9）。针对抗疫英雄，神龙汽车现场发布专项购车优惠政策：对获得全国表彰的抗疫人员及配偶，给予国家英雄献礼——2 万元购车礼金；对援鄂医护人员及配偶、湖北医护人员及配偶，给予医护英雄献礼——1 万元购车礼金。

图 9 神龙汽车发布致敬抗疫英雄专项礼遇

2020 年 11 月 10 日，神龙汽车向武汉市金银潭医院张定宇团队捐赠一辆东风雪铁龙 C6 轿车（见图 10）。金银潭医院是武汉最早接收新冠肺炎感染者的定点医院,该院 600 多名医护人员曾奋战在抗击疫情的最前线,为打赢疫情防控阻击战做出了卓越贡献。在 2020 年 9 月 8 号召开的全国抗击新冠肺炎疫情表彰大会上,金银潭医院被授予"全国抗击新冠肺炎疫情先进集体"称号,院长张定宇被授予"人民英雄"国家荣誉勋章,副院长黄朝林被授予"全国抗击新冠肺炎疫情先进个人"称号。该院一大批医护人员获得国家、省、市等各级抗疫先进表彰。捐赠仪式上,张定宇表示,神龙公司是一家有担当、有社会责任感的武汉本土企业,和我们一起为打赢这场疫情防控阻击战做出了突出贡献。神龙公司是和武汉改革开放一起成长的,所以武汉人对雪铁龙富康有着非常深刻的印象、非常深厚的感情。作为共同经历了疫情考验的武汉人,理应更加支持本地企业。希望神龙公司能够随着祖国的伟大复兴,随着中华民族的伟大复兴,迈上一个新的台阶,为祖国的深化改革开放做出更大贡献。2020 年 11 月 27 日,公司又向曾经改造成方舱医院的武汉体育中心捐赠一台东风雪铁龙 C6 和一台东风标致 5008。

神龙公司用脚踏实地的行动和最大的诚意,感恩社会、回报客户的支持与信任,努力做一个有责任、有担当、有价值的良心企业。

图 10　神龙汽车向抗疫英雄张定宇团队及曾经改造成方舱医院的武汉体育中心捐车仪式

(作者:李锦泉)

2020年北京现代产品市场调研报告

一、2020年北京现代整体市场表现

2020年注定是让人难忘的一年,从一开局就见证了太多意想不到的"历史"。突如其来的新冠肺炎疫情、中美脱钩、全球经济衰退都为汽车市场前景带来了不确定性。乘用车市场自2018年7月份开始出现了连续22个月负增长(见图1),2020年2月份受到新冠肺炎疫情影响,全国大面积停工停产,乘用车市场销量跌至谷底。但得益于我国政府对疫情的出色管控,政府出台的汽车消费若干刺激政策以及疫情促使消费者对汽车购买意愿的提高和购买前移,乘用车市场从2020年5月份开始恢复正增长,年度销量跌幅收窄。

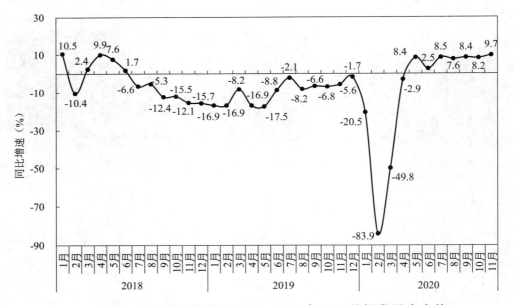

图1 全国乘用车市场2018~2020年11月份批发月度走势

(注:资料来源于全国乘用车市场信息联席会,数据含微型客车销量,不包含出口)

在汽车市场整体销量下滑、销售结构调整以及疫情影响下,北京现代的销量也受到了前所未有的挑战。2020年北京现代开始调整战略方向,从追求销量到追

求品牌，从追求数量到追求质量，从性价比路线到要成为技术的领导者、技术的创新者，2020年1~11月份北京现代实现了终端累计销量44.39万辆，累计份额2.6%。北京现代2020年月度终端销量见图2。

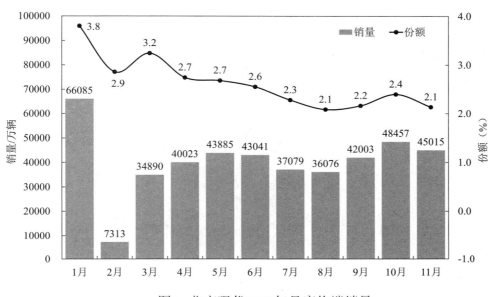

图2 北京现代2020年月度终端销量

（注：数据来源于全国乘用车市场信息联席会）

二、2020年北京现代重点产品介绍

在新产品方面，北京现代2020年先后上市了新车型菲斯塔纯电动汽车、明星车型第十代索纳塔、第七代伊兰特。

1. 菲斯塔纯电动汽车

该车为北京现代首款纯电动轿车，于2020年3月10日上市，补贴后售价17.38~19.88万元。作为肩负北京现代"HSMART+"战略使命的一款重要车型，菲斯塔纯电动汽车定位"纯电时尚魅力座驾"，承袭KONA EV的现代汽车新能源技术优势，展现与昂希诺纯电动同等的北京现代技术实力，与昂希诺纯电动携手组成北京现代SUV+运动轿车的"纯电双雄"组合，以同样的年轻化定位、超长续航里程和合资高品质实力，为中国消费者带来性价均衡、性能优异的产品选择。菲斯塔纯电动汽车NEDC综合工况续航里程高达490km，以合资高端A级纯电动轿车标杆的市场地位，开创了新能源纯电动汽车细分市场的新篇章。

外观方面,采用了现代汽车全新的"Sensuous Sportiness(感性运动)"设计理念,展示了现代汽车多年来通过开发兼具未来感与运动感的车辆而积累起来的设计品位。菲斯塔纯电动汽车采用了优化空气动力学特征的封闭式前格栅和 H-LOGO 中央充电口,匹配鲨鱼鳃式竖向日间行车灯,构成充满攻击性的前脸。横贯前脸的亚光镀铬装饰犹如画龙点睛之笔,提升精致感,车身采用溜背式设计(见图3),风阻系数仅为0.27。

图 3　菲斯塔纯电动汽车外观

内饰方面,菲斯塔纯电动汽车采用的 7in(177.8mm)彩色仪表盘为全液晶数码显示,全新的电子按键换挡,配备 10.25in(260.35mm)车载多媒体系统,集成了智能网联 2.0、BlueLink 等智能操作系统(见图4),为行车提供充分的便利保证。在操作界面中,配备有 EV 专属页面,可查看 EV 系统核心信息、碳排放减少量等数据。

图 4　菲斯塔纯电动汽车内饰

续航及动力方面,菲斯塔纯电动车型拥有 490km 超长续航,12.7kWh/100km 超低能耗,0~50km/h 加速时间 3.5s 的强劲动力表现。同时,其在低电量的条件下，菲斯塔纯电动汽车还可充电 12min 行驶 100km，为用户创造更随心、更节约、更实用的价值体验。

配置方面，采用了 Hyundai SmartSense 智心合一安全系统，多达 16 项 ADAS 智能驾驶辅助功能，如 SEW 乘客安全下车提醒，在车门解锁时，如后方来车，会通过声音和图像进行提醒，大幅降低安全隐患；RCCA 后方交叉防撞辅助，在倒车出库时，时刻监测盲区，减少出库时的碰撞隐患。

菲斯塔纯电动汽车搭载智能网联系统，可以通过车内语音控制和手机 APP 或授权后的百度 AI 音箱远程控制车辆启动、空调设置及车门解锁等。具有 EV 专属功能，如快速查找附近充电桩、设置充电量和电流、查看电量信息、预约充电等。

2．第十代索纳塔

北京现代第十代索纳塔于 2020 年 7 月 22 日上市，指导价 16.18 万～20.58 万元。第十代索纳塔诞生于 i-GMP 第三代技术平台，具有短前悬、长轴距、长后悬、低重心的设计特点。在满足驾驶乘坐空间需求的前提下，车身高度相比上一代车型降低了 40mm，更加年轻化和运动化，轴距达 2890mm。

外观方面，第十代索纳塔采用现代汽车的新一代设计理念"Sensuous Sportiness（感性运动）"。它将人们的情感价值，通过严谨的比例感、结构感、造型感和技术感进行完美协调，最终将其实现。车身设计采用 8 分音符型轮廓、箭羽式前格栅、隐藏渐变式 LED 日行灯、双 C 贯穿镶嵌式尾灯，腰线为光影刀刻三腰线，车轮采用了运动型 19in（482.6mm）轮毂＋米其林宽胎（见图 5）。

图 5　第十代索纳塔外观

内饰设计灵感来源于隐形战斗机"Levitate"，纤细且具高级感，设计风格简约扁平化，符合年轻用户对于简约、未来感的内饰诉求。以驾驶者为中心，通过美观且智能的内饰设计,打造出高科技感与活力感并存的数字化智能座舱。简约又不失高贵的内饰,将车内空间感提升到极致。双 12.3in(312.42mm)贯穿一体式大屏,便捷的触控操作,让未来尽在掌握。64 色氛围灯,座舱个性十足(见图 6)。

图 6 第十代索纳塔内饰

动力放面,第十代索纳塔采用了新一代动力总成 Hyundai Smartstream,新一代动力总成可以使燃烧效率最大化,实现热损失及摩擦最小化,并搭载 CVVD 技术,以发动机、变速器之间和谐的协助控制,使动力总成效率以及驾驶性能最大化,最终为驾驶者提供最高水平的油耗和驾驶乐趣。全系车型提供 1.5T+7DCT 和 2.0T+8AT 两种动力总成方式。

配置方面,第十代索纳塔采用了坚持以人为本的品牌核心理念,以先进的智能技术构成了主动安全新标准。Hyundai SmartSense 智心合一安全系统确保驾乘人员的出行安全,集成多达 23 项主被动安全配置:如 NSCC 导航自适应巡航、HDA 高速公路驾驶辅助、LFA 车道跟随辅助、FCA 前碰撞预警制动系统、RCCA 后方交叉防撞辅助、SEA 乘客安全下车辅助、BCA 盲区防撞辅助、BVM 盲区显示系统等,达到 L2+级别自动驾驶效果。

3. 第七代伊兰特

伊兰特作为全球畅销车型,上市 30 年,历经六代车型进化,全球累计销量达到 1400 万辆。2003 年,伊兰特在国内推出,2017 年以来累计销量近 470 万辆,多次蝉联 A 级车市场销量冠军。第七代伊兰特经典回归,将重塑伊兰特品牌新形象。第七代伊兰特于 2020 年 10 月 25 日上市,指导价 9.98 万~14.18 万元。

第七代伊兰特在"Sensuous Sportiness(感性运动)"设计理念的基础上,运用了"Parametric Dynamics(参数动力学)"设计表现形式,通过分割的几何形体之美带来全新的感性体验:参数化宝石图案前格栅、楔形 LED 日间行车灯、参数化宝石切割魅影腰线、H 型贯穿式尾灯、参数化运动轮毂等。大量质感参数化形状和几何图形的运用,让整车充满前卫、运动的锋芒气息。第七代伊兰特车身尺寸为 4680mm×1810mm×1415mm,轴距为 2720mm,车身更宽、更低趴(见图7)。

图 7　第七代伊兰特外观

第七代伊兰特以驾驶者为中心的沉浸式座舱设计,主驾驶位置采用同级独有的包裹式设计,为驾驶员打造专属的驾驶空间。内饰提供黑色和浅色两种颜色三种风格。另外,在黑色内饰基础上,240T GDi 车型还有专属红色缝线,分别被布置在方向盘、车门板和座椅上面,座椅侧翼采用了绗缝工艺,大大提升了质感。双 10.25in(260.35mm)智慧连体屏,中控屏幕采用高清电容屏,支持多点触控,提供手机无线充电功能,提供 64 种颜色、10 种亮度的氛围灯,支持手动调节。同时氛围灯还可以和驾驶模式、QQ 音乐联动,自动调整(见图 8)。

图 8　第七代伊兰特内饰

第七代伊兰特搭载 Hyundai Smartstream 新一代动力系统，提供 1.5L 和 240T GDi 两种动力总成，在带来澎湃动力输出的同时，兼顾燃油经济性，百公里最低油耗分别达到 4.9L 和 5.2L，真正做到更高效、更环保，非常适合出行代步、城市通勤。第七代伊兰特搭载 Hyundai SmartSense 智心合一安全系统，拥有 23 项 ADAS 配置：如 FCA-JT 前方防碰撞辅助-交叉路对向车、BCA 盲区防碰撞辅助、SEW 安全下车提醒、RCCA 后方交叉防碰撞辅助、DRM 后方影像显示系统、BVM 盲区显示系统、SVM360°等。第七代伊兰特上市首月销量成功破万辆，展现了不俗的实力。

三、总结与展望

2019 年"车市寒冬"的余波还没有过去，2020 年突如其来的新冠肺炎疫情又让汽车市场雪上加霜，不过 2020 年中国汽车市场的"深 V"形走势表明我国汽车市场的强大韧性，也让笔者对未来的汽车市场充满信心。预计 2021 年汽车市场在低基数作用下将出现较高的增速。

2020 年北京现代继续深耕市场，通过新产品、新技术、新营销、新客户体验，让大家看到了北京现代的突破、进步，以及北京现代的技术路线、技术战略的转型和发展。2021 年北京现代新车覆盖将更加全面，名图、途胜等车型将迎来换代，全新 MPV 车型也即将上市，这对北京现代的销量会有很大的提振作用，再加上技术进阶、服务升级，品牌向上，将共同助力北京现代重回"快车道"。

（作者：郑海远）

2020年奇瑞主销产品市场调研报告

一、奇瑞汽车整体表现

2020年受新冠肺炎疫情影响，经济下行压力加大，居民购买能力、购买意愿受到较大冲击，拖累了汽车市场表现。截至2020年11月份，我国狭义乘用车市场销量为1662万辆，同比下滑7.6%（国内狭义乘用车批发数据，奇瑞口径），国内市场规模再下台阶，存量竞争态势愈发明显，市场竞争趋于白热化。在这样严峻的市场形势下，奇瑞汽车深化客户导向，紧跟市场需求，持续优化产品结构，不断提升产品竞争力，先后推出全新一代瑞虎7、全新一代瑞虎5x、瑞虎8 PLUS、艾瑞泽5 PLUS等新车，并凭借积极有为的营销策略，主动出击，找增量、抓机会、稳节奏，2020年1~11月份奇瑞汽车新车销售38.2万辆，同比增长4.3%（见图1）。

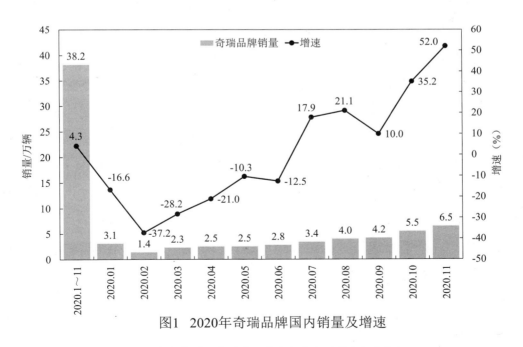

图1 2020年奇瑞品牌国内销量及增速

（注：数据来源于全国乘用车市场信息联席会批发数）

二、奇瑞汽车重点产品介绍

1. 全新一代瑞虎 7

全新一代瑞虎 7 于 2020 年 3 月 9 日上市，提供瑞虎 7 和瑞虎 7 PRO 两个版本（见图 2），瑞虎 7 搭载 1.5T+CVT/6MT 动力，PRO 版本搭载 1.6T+7DCT 动力，共推出 9 款车型，长×宽×高分别为 4500 mm×1842 mm×1746mm，轴距为 2670mm，售价区间为 7.99 万～14.19 万元。

全新一代瑞虎 7 是首款基于全新一代家族式峰格设计理念打造的 SUV 车型，前脸提供点阵式星河和几何矩阵钻石高亮两种前格栅，搭配多腔阵列反射式 LED 前照灯，大大地提高了前脸的辨识度。通过悬浮车顶、隐藏 D 柱，搭配车身侧面多腰线设计，强化侧面层次感，营造时尚运动气息。尾部设计上采用大量水平元素，包括横向尾灯、横向特征线、后保下部银色横向装饰条等，加强稳健大气的感觉。

车内整体采用环抱宽体驾舱设计，搭配豪华质感雅致内饰等多种内饰组合，精致感、档次感提升明显。并配备了 10.25in（260.35mm）悬浮中控屏、12.3in（312.42mm）全液晶屏、8in（203.2mm）空调触摸屏，通过三屏交互设计，营造出强烈的科技感。通过配备 $1.13m^2$ 超大全景天窗，质感无极变色音律氛围灯、电子挡把、全新平底式方向盘等，进一步提升车内档次感、科技感。

全新一代瑞虎 7 搭载 1.5T 发动机，最大功率 115kW，峰值转矩 230N·m，热效率可达 37.1%，百公里油耗仅 6.9L，传动系统匹配 6 速手动变速器，以及模拟 9 速 CVT 无级变速器，传动效率可达 97%，加速平顺无顿挫感；全新一代瑞虎 7 PRO 则搭载 1.6T 发动机，最大功率为 145kW，峰值扭矩 290N·m，运用了 IHEC 智效燃烧系统、快速响应增压技术、快速升温的热管理系统、轻量化全铝发动机、博格华纳 D-VVT、六大降摩擦技术，共 17079 项申报专利，11032 项国际授权专利，百公里加速仅 8.8s，百公里油耗仅 6.9L，传动系统匹配 7 速湿式双离合变速器，燃油效率高于自动变速器 5%～9%，传动效率可达 96%，支持经济、运动两种动力模式，满足用户不同的需求。

受益于积极的产品调整及竞争力的提升，瑞虎 7 上市后取得了不错的市场表现，销量快速提升（见图 3）。

图 2　全新一代瑞虎 7

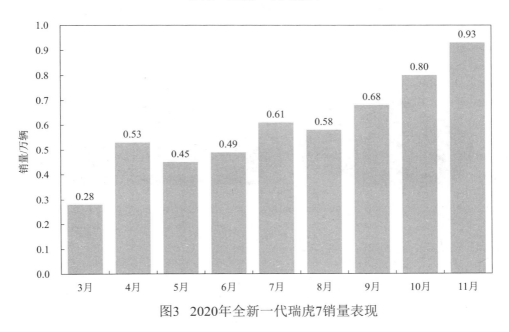

图3　2020年全新一代瑞虎7销量表现

（注：数据来源于全国乘用车市场信息联席会批发数）

2. 全新一代瑞虎 5x

全新一代瑞虎 5x 车型于2020 年 7 月 16 日正式上市，新车搭载 1.5L+5MT/CVT 动力，共推出 6 款车型，长×宽×高为 4358 mm×1830mm×1670mm，轴距为 2630mm，售价区间为 6.99 万～9.79 万元，并于 2020 年 8 月 26 日增补 1.5T 动力，售价区间为 8.99 万～10.59 万元，从而为消费者提供了更多选择。

全新一代瑞虎 5x 车型采用全新外观造型，前脸采用点阵式星河前格栅，辐射外展布局，塑造前脸张力（见图 4）。通过全新 G 型亮条装饰，呈现动感时尚风格。尾部采用字母设计和横拉式镀铬饰条，拉伸尾部视觉效果，档次感提升明显。内饰则采用轻奢宽体环抱布局，将张力、平衡、优雅的设计视觉化，不易产生视觉疲劳。细节上空调出风口采用镀铬装饰,中央控制区改为琴键式造型,面料采用双色几何渐变透孔纹理,提升了内饰精致感。科技配置上配备 AI 人工智能语音交互、APP 远程车辆控制、AI 人脸识别等提升了用车便利性和科技感。安全配置上搭配博世 9.3 版本 ESP、高清 360°全景影像等,进一步提升用车安全性。实用配置上通过搭载第三代 PEPS、隐藏式行车记录仪、EPB 智能电子驻车制动等,进一步提升了车辆实用性,满足了不同生活场景的需求。

全新一代瑞虎 5x 车型外观运动、时尚感更强,内饰档次感、精致感提升明显,具备超高的性价比。从而获得了不错的市场反馈,销量保持稳步增长(见图5)。

图 4　全新一代瑞虎 5x

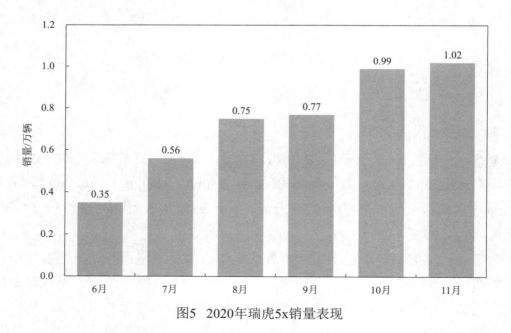

图5　2020年瑞虎5x销量表现

(注:数据来源于全国乘用车市场信息联席会批发数)

3. 瑞虎 8 PLUS

瑞虎 8 PLUS 于 2020 年 10 月 15 日正式上市，新车搭载 1.6T+7DCT、1.5T+CVT 动力，共推出 6 款配置车型，长×宽×高为 4722 mm×1860 mm×1745mm，轴距为 2710mm，售价区间为 12.49 万～15.99 万元，支持五座、六座、七座三种座椅布局，瑞虎 8 PLUS 基于奇瑞 T1X 平台打造，是奇瑞全新旗舰 SUV 产品。

瑞虎 8 PLUS 采用全新的 LIFE IN MOTION 3.0 峰格设计理念，几何矩阵钻石前格栅带来极具辨识度的视觉效果（见图 6）。搭配 4D 光刃豪华前灯组，集成 LED 晶体前照灯、双光刃日行灯、流水转向灯，并加持 AFS 大灯随动转向、IHC 智能远近光切换等科技配置，完美兼容设计感和功能性。侧面线条采用 HDS 灵性动感水流车身，由三条主线勾勒而成，营造出动静皆宜的动感效果。尾部采用全新造型，全新中置 LOGO 标识，提升整车档次，晶钻阵列后尾灯搭配流水转向灯及呼吸迎宾模式，增加了科技感和辨识度。

舱内采用高档软搪塑、立体缝线工艺、精致拉丝饰板、360°豪华皮覆盖，体现高档感。24.6in（624.84mm）超大智慧双联屏、8in（203.2mm）液晶空调和座椅触控屏构建出科技三屏交互视界。座椅采用世界 500 强汽车零部件供应商 LEAR（李尔）品牌，坐垫、靠背均采用加厚、加宽侧翼设计，增加了对乘坐者的包裹性，并配备同级独有专属贴身豪华真皮座椅、自由调节航空舒压头枕、主驾自动迎宾+AI 识别记忆功能、副座椅无级调节老板键等，为乘客提供头等舱式 VIP 座席体验。同时全系标配 Sony 定制豪华音响，并通过搭载马牌静音轮胎、博世第四代静音刮水器、20 处空腔隔断、30 多处多层减振板结构及 60 多处无死角吸隔音材料，将怠速噪声控制在 34dB，营造出更为静谧的乘坐体验。驾控方面配备 L2.5 级自动驾驶辅助系统，集成全速 ACC 自适应巡航系统、APA 全自动全景泊车辅助系统、AEB 自动紧急制动系统等配置，带来驾驶更轻松、停车更便捷、行车更安全的体验。在科技配置方面，瑞虎 8 PLUS 拥有便捷式高级换挡拨片、深邃的呼吸灯效、手机快速无线充电、感应式智能防夹记忆电动尾门、多功能智控手表、外后视镜自动折叠＋电加热防雾等配置，全方位满足用户的各种用车需求。

瑞虎 8 LUS 首次引入了小奇智能管家，搭载最新的 LION4.0 雄狮智云智能网联系统，增强了自然语音交互，"小奇"可与车主进行面对面交流，支持 46 种方言识别。同时，为满足当下消费者对车载智能配置的进阶需求，新车还采用超科技 HMI 4.0 交互界面,配备车机端人脸识别控车、智能迎宾记忆功能、私享车载 KTV 以及智云互联手机远程控制及服务等超丰富的智能配置,提升驾乘乐趣。

瑞虎 8 PLUS 搭载 i-POWER 3.0 智效动力总成技术,运用航空发动机技术评价标准,核心零部件均由国际一线品牌提供,最大功率为 145kW,峰值转矩 290N·m,由此带来出色的加速性能和超低油耗,百公里加速仅 8.9s,百公里油耗低至 6.8L,同时全系发动机承诺终身质保,并且在 1.5T 动力上搭载 48V 轻混系统,百公里油耗降低至 6.4L,怠速启停后 0.3s 可快速启动,最高提供 70N·m 助力转矩,常温下冷启动优先使用 48V 系统。

瑞虎 8 PLUS 一经上市就获得市场认可,助力瑞虎 8 系列销量快速提升,2020 年 11 月份销量突破 2 万辆(见图 7),成为奇瑞汽车 2020 年销量增长的强劲动力。

图 6　瑞虎 8 PLUS

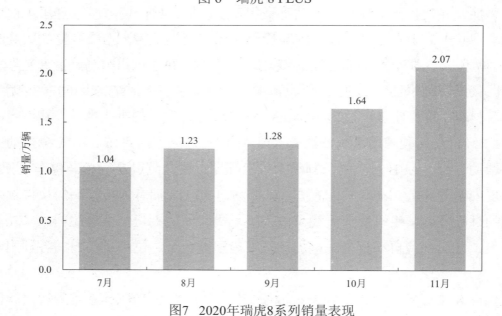

图7　2020年瑞虎8系列销量表现

(注:数据来源于全国乘用车市场信息联席会批发数)

4. 艾瑞泽 5 PLUS

艾瑞泽 5 PLUS 于 2020 年 12 月 18 日正式上市，新车搭载 1.5L+CVT、1.5T+5MT/CVT 动力，两种动力分别推出 8 款配置车型，长×宽×高为 4680 mm × 1825 mm ×1490mm，轴距为 2670mm，售价区间为 6.99 万～9.99 万元。

艾瑞泽 5 PLUS 沿袭 LIFE IN MOTION 3.0 的全新设计理念，首次采用双前脸设计，"小泽"搭配大气风范的前脸，搭配横条格栅，凸显整车的大气与精致，机翼式的电镀饰条彰显年轻风尚（见图 8）。"小艾"搭配凌厉风尚前脸，搭配分层式上下格栅造型和锋利的格栅装饰框，彰显个性时尚，突显整车凌厉动感。车身侧面采用动感双腰线设计，棱角分明，简洁有力，突显强烈的运动属性，尾部采用贯穿一体式 LED 尾灯，拉宽视觉效果，灯带造型以激光剑的形式呈现，极富能量感与辨识度。

车内采用全新内饰，环抱式的座舱设计与动感时尚的外观相得益彰，配合多处几何切割折线设计，搭配 10.25in（260.35mm）高清中控大屏、10.25in 全屏显示液晶仪表双大屏，更突出科技感。大量运用超高质感材质，同时皮革拼接搭配高金属质感 INS 膜，体现精致品质。并秉承"驾驶者为中心"的设计理念，以宽体高中央通道设计，优秀的储物空间设计，让实用和豪华兼备。同时搭配同级独有 64 色随音律动氛围灯，为用户提供听觉和视觉双重享受。通过红黑内饰、精典黑金内饰等年轻撞色内饰设计，凸显前卫时尚的内饰风格。智能辅助驾驶方面，艾瑞泽 5 PLUS 搭载的雄狮智驾系统涵盖了 13 项驾驶辅助系统，包括全速域 ACC 自适应巡航、LDW 车道偏离预警＆LKA 车道保持、AEB 自动紧急制动系统，FCW 前方碰撞预警、BSD 全天候高精盲点监测等功能，达到了 L2 级别智能驾驶，可满足从 0～150km/h 车速范围的全速域自动驾驶辅助。同时博世最新一代 ESP 9.3 车身电子稳定系统、360°全景超清倒车影像等的配置，也让驾驶更安全安心。艾瑞泽 5 PLUS 搭载的 Lion 雄狮 3.0 智云交互系统，拥有 AI 人脸识别技术、AI 智云管家、AI 增强型自然语音交互、AI 智云互联远程车辆控制技术，同级独有的 AI 人脸识别技术，系统经对人脸进行识别、分析，实现手机对车门、空调、天窗、车窗、行李舱的远程控制，大大增强了用户的人机体验。AI 智云管家可实现在线进行 OTA 升级，满足在线收听电台、新闻等各项需求。AI 增强型自然语音交互支持 46 种方言，可通过语音控制生活服务、空调、音乐、电话、导航、天窗 7 大类功能。艾瑞泽 5 PLUS 轴距为 2670mm，车宽 1825mm，乘坐空间上更加宽敞舒适。加上立体包裹式沙发座椅、电子换挡、EPS 电动助力转向、无线充电功能、一键升窗带防夹、锁车一键升窗等舒适配置，显著提升了用车生活的实用便捷性和舒适性。并针对轮胎、底盘结构和风噪声等多项 NVH 细节进行提升，为乘客带来了图书馆级静谧的驾乘环境。而对于消费者最为关注的车内空气质量问题，艾瑞泽 5 PLUS 还配备了 N95 级防病菌空调滤芯、AQS 空气质量管理系统、负离子空气净化、空气一键净化以及座舱自洁功能等，很好地保证了后疫情时代用户出行的健康安全。

艾瑞泽 5 PLUS 搭载 1.5L 和 1.5T 两种发动机，匹配 9 速 CVT 变速器和 5MT 变速器，1.5L 发动机最大功率 85kW，峰值转矩 143N·m。1.5T 发动机最大功率 115kW，峰值转矩 230N·m，值得一提的是，1.5T+9CVT 动力组合高效、敏捷、平顺，百公里加速只需 9s，9 速 CVT 变速器集成多项前沿技术，采用全新结构设计，传动效率达 97%，从根本上规避了换挡冲击的问题，极具驾乘舒适性，可最佳匹配发动机工况，改善燃油经济性，同时 SPORT、ECO 等模式可让用户进一步体验到驾驶乐趣。

图 8　艾瑞泽 5 PLUS

三、结语

2021 年在全球疫情影响逐步消退、国内十四五开局、投资驱动力保持的背景下，我国经济将迎来快速修复，经济基本面的向好态势将利好购买力、购买意愿的有效恢复。政策层面国家部委则多次释放促进汽车消费的政策信号。多重因素将利好 2021 年汽车市场触底反弹。2021 年奇瑞汽车将进一步深耕国内市场，以客户为中心,以市场为导向,继续坚持国际标准和正向研发,进一步提升品质要求,满足用户多元化的需求。

(作者:洪佳伟)

2020 年广汽传祺产品市场调研报告

2020 年是广汽传祺践行新模式、新规划的关键一年。

2020 年 9 月 24 日，广汽传祺正式发布品牌新营销战略——"金三角战略"。以"e-TIME 行动"计划为指针，一切以顾客体验为中心，广汽传祺聚焦产品增值、科技增值、服务增值三大板块，实现为消费者增值、为经销商增益、为广汽传祺赋能的目标。

2020 年 11 月 20 日，在广州车展上，广汽传祺发布了全新服务品牌 Fun Car+e。其中 Car+e 即 Care，融合了服务和智能 e 时代的双重含义，打通"客-店-厂"服务生态圈，以数字化赋能特色服务体系，通过一键掌控、一键触达、一键尊享三大数字体验打造全场景、全周期的数字化服务。广汽传祺将不断升级创新，提升服务品质和效率，为客户带来可视化、便捷化、尊享化的用车生活体验，赋能广汽传祺数字化发展。与此同时，广汽传祺还发布了全新的品牌口号为"一祺智行更美好"，一祺即 TOGETHER，与消费者一起同行，智行即以先进的智慧科技，持续为用户带来充满乐趣的移动出行体验，更美好，寓意传祺和每位用户一起同行，以"趣、质、亲"的移动出行体验，走向美好人生。

2020 年也是广汽传祺三年调整期的收官之年，尽管面临着中长期市场环境压力，以及疫情产生的诸多影响，苦练内功、回到原点上去看问题仍是广汽传祺坚持的信念。

一、广汽传祺市场表现

1. 广汽传祺历年市场表现

10 多年来，广汽传祺经历了从 0 到 1 的突破，广汽传祺的发展轨迹与中国汽车工业的发展历程吻合，一同经历了爆发性的高增长时期和存量竞争的行业调整期。2010 年，广汽传祺首款产品传祺 GA5 上市即定位中高端市场，为突破自主品牌价格的天花板而不懈努力；2015 年，随着第一代 GS4 上市，成功开启了广汽传祺的高速发展期；2017 年 GS8 打开七座 SUV 蓝海市场，助力广汽传祺成为最快实现年销 50 万辆的自主品牌。2018 年，在宏观环境和市场因素的多重影响下，汽车行业进入下行调整周期，与此同时，广汽传祺也进入了三年调整期，销量减少，增速下降，与行业头部企业的差距增大（见图 1）。

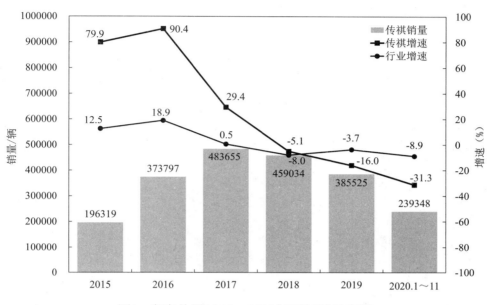

图1 广汽传祺2015～2020年历年销量表现

（注：数据来源于中国汽车技术研究中心交强险数据）

2．广汽传祺 2020 年市场表现

2020 年年初，在疫情和中美贸易摩擦等不确定性因素的影响下，我国乘用车市场遭受重创。二季度后，随着经济逐渐恢复，乘用车市场开始回暖。2020 年 1～11 月份乘用车市场总销量 1634.6 万辆，同比下滑 8.9%。所有汽车企业都希望抓住危机后的复苏机会，市场竞争愈趋激烈，且表现为明显的分化：豪华品牌车及合资品牌车价格下探，特别是德系车和日系车份额增长显著，自主品牌车在 15 万～25 万元中高价格段的市场份额被持续挤压；10 万～15 万元价格段市场，自主品牌产品众多、竞争激烈，同时合资轿车价格下探也挤压了一定市场；在 10 万元以下自主品牌车占绝对主体的低价格段市场，疫情造成消费者收入下滑，导致市场严重压缩。在此形势下，传祺在 2018 年和 2019 年连续两年调整的基础上，完善产品结构，创新营销方式，持续推动传祺品牌的高质量发展。

2020 年，传祺发布了全新一代动力总成平台品牌"钜浪动力"，体现了传祺的科技转型成果；推出了 GS4 COUPE、GS4 PHEV、GS3 POWER、GS8S 等车型，持续完善 GS4 和 GS8 两大核心产品家族,稳固了 SUV 市场;M8 和 M6 的 MPV 双子星组合,2020 年逆势增长,表现抢眼;广州车展亮相的轿车 EMPOW55,反响热烈。2020 年 1~11 月份传祺品牌销量 23.9 万辆,同比增速虽低于行业平均水平,但销量环比逐渐恢复(见图 2)。

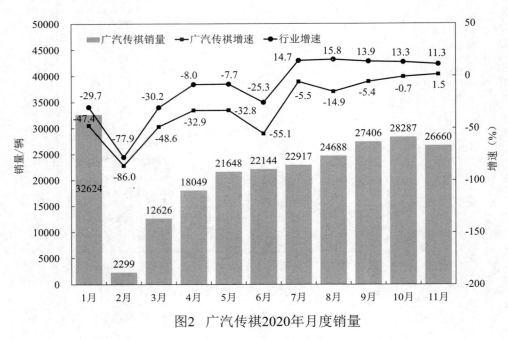

图2　广汽传祺2020年月度销量

(注:数据来源于中国汽车技术研究中心交强险数据)

3. 广汽传祺的三年调整期

2018~2020 年是广汽传祺的"三年调整期"。传祺苦练内功,以稳健策略推动品牌的调整变革,一系列掣肘品牌发展的深层问题,如库存、产品结构、销售体系等都得到了根本性的改善。2020 年,广汽传祺发布了"金三角"战略,以"e-TIME 行动"计划为指针,一切以顾客体验为中心,聚焦产品增值、科技增值、服务增值三大板块,实现为消费者增值、为经销商增益、为广汽传祺赋能的目标。2020 年是三年调整期的最后一年,广汽传祺全力克服困难,走出困境,未来广汽传祺也将始终以用户为中心,用科技创新驱动品牌向上,推动自主品牌的高质量发展。

二、广汽传祺产品策略

广汽传祺目前已覆盖 SUV、轿车、MPV 三大主要细分品类。其中 SUV 的细分布局最丰富，广汽传祺在 A0-SUV、A-SUV 和 B-SUV 方面均有重要产品；2018年以来，MPV 产品 GM8 和 GM6 先后上市，在细分市场也取得了优异成绩；广汽传祺亦积极开拓竞争激烈的轿车市场，目前主销车型为 GA6、GA8 车型。

1. A0-SUV：GS3 POWER 实现产品增值

自 2017 年 8 月，搭载 150N、200T 两款发动机的 2017 款 GS3 首次上市以来，凭借新潮原创的外观设计、爱信 6AT 变速器、米其林浩悦系列轮胎等越级产品力，传祺 GS3 在 2017 年、2018 年连续两年的年末旺季实现销量突破，分别登上了 5000辆、10000 辆两个单月销量台阶（见图 3）。2019 年 2~6 月份，受国Ⅵ排放切换的短期刺激，GS3 销量迅速突破 1.1 万辆，但也透支了下半年的部分需求，故 7月份满足国Ⅵ排放的 2019 款 GS3 上市后，月销量爬坡速度不快。2020 年受新冠肺炎疫情影响，GS3 销量低迷，7 月份起，随着疫情后复工复产、消费能力逐渐复苏，汽车市场销量向好，但受产品生命周期接近末尾的影响，GS3 销量回升较慢。2020 年 10 月份 GS3 POWER 上市，通过换装新的 270T 发动机和 6AT 变速器、采用全新的外观内饰设计语言等，产品竞争力大幅提升，GS3 系列销量环比快速增长。在新品与旺季的助力下，GS3 有望进一步复苏。

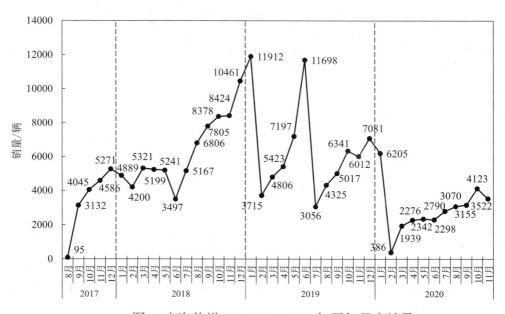

图 3　广汽传祺 GS3 2017~2020 年历年月度销量

（注：数据来源于中国汽车技术研究中心交强险数据）

2. A-SUV 市场：GS4、GS5 双车布局

2018 年以来，虽然乘用车增速放缓，但是 A-SUV 细分市场所占份额持续走高，众多 A-SUV 新车型不断进入。广汽传祺在 2018 年下半年上市了 A-SUV 第二代 GS5，在 2019 年年底上市了 A-SUV 第二代 GS4。通过产品迭代，广汽传祺补强了 A-SUV 细分市场的竞争力。

对比同时期其他优秀的自主品牌，广汽传祺在 A-SUV 产品线仅有 G 系列，且销量高度依赖 GS4 单车型。GS5 与 GS4 的定位存在重叠，一定程度上影响了销量提升。此外，广汽传祺暂无哈弗 M6、远景 SUV 等价格较低的车型，也缺少长安 UNI-T、吉利 icon 等聚焦个性化细分市场的全新产品。因此，2020 年 4 月、5 月，新能源——GS4PHEV、跨界——GS4 COUPE 相继上市，补充了 GS4 家族，以满足不同客户群体的需求。2021 年，GS5 车型也将迎来改款，进一步满足 A-SUV 消费者的差异化需求。2020 年 1～11 月份主要自主品牌 A-SUV 车型占本品牌 SUV 销量比例见表 1。

表 1　2020 年 1～11 月份主要自主品牌 A-SUV 车型占本品牌 SUV 销量比例

哈弗汽车		长安汽车		吉利汽车		广汽传祺	
车型	销量占比（%）	车型	车型	销量占比（%）	销量占比（%）	车型	销量占比（%）
H6 二代	24.8	CS75 PLUS	GS4	59.9	18.6	GS4	59.9
H6 运动	16.4	CS75	GS5	8.8	10.3	GS5	8.8
H6 三代	5.2	CS55 PLUS	—	—	13.7	—	—
M6	21.5	UNI-T	—	—	13.1	—	—
F7	14.4	—	—	星越	4.3	—	—

注：数据来源于中国汽车技术研究中心交强险数据。

3. B-SUV 市场：GS8

2020 年 1～11 月份，传祺 GS8 系列累计销量 16115 辆。广汽传祺在 2020 年推出了多款 GS8 系列新车，丰富了产品矩阵。为满足消费者大 5 座的需求，广汽传祺新增 GS8S 车型，采用全新"震天翼"的格栅设计，兼具霸气、年轻、运动的特点。2020 年 12 月份，GS8 暗夜骑士版正式上市，熏黑的中网塑造独特的机械美感，也为消费者提供更个性硬派的选择，肌肉感更足，更加野性。此外，在 2021 年，传祺 GS8 也将迎来全新改款，搭载全新"钜浪动力"技术。2020 年 9 月 26 日，广汽传祺在北京车展上发布了全新一代动力科技品牌"钜浪动力"。"钜浪动力"平台包含发动机、变速器两大领域，以高效发动机、高效变速器、混动

产品为三大支撑,包含 1.5L 和 2.0L 燃油发动机、DHE 混动发动机、AT、WDCT 变速器、DHT 混动变速器六个板块结构。"钜浪动力"的出现,意味着我国品牌的动力系统能与合资品牌直接竞争。第四代 2.0ATK 发动机+ G-MC 机电耦合变速器,最高热效率 42.10%,最大传递效率 97.8%,节油率超 35%,百公里油耗达到 4L。"钜浪动力"平台凝聚了广汽对旗下自主研发动力总成"动力强劲、环保节能、品质可靠"的美好愿望。2020 年 10 月份,搭载"钜浪动力"2.0T 发动机的特制 GS8,以官方指定座驾加盟芒果 TV 自驾真人秀节目——《飞驰的尾箱》,GS8 以高效澎湃的动力输出,舒适与操控兼具的底盘表现,让驾驶者轻松自如地应对各种野外复杂路况,尽展硬派实力。

4. MPV 市场

2020 年,广汽传祺 MPV 双车销量稳步提升,稳居 MPV 品牌榜第 4 位(见图 4)。M8 2020 年下半年销量和市场占有率稳步增长,9 月份新款更名并上市后,"中国豪华商务 MPV 创领者"M8 在 11 月份首次突破月销 4000 辆阶梯。新款 M8 外观更霸气、配置更丰富、内饰更豪华,提升了车内智能互联及安全防护科技。同时,持续推出的领秀系列和大师系列,将进一步巩固自主品牌豪华 MPV 的领导地位。

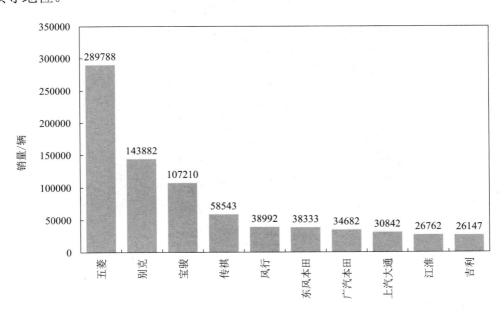

图4　2020年1～10月份MPV品牌榜前十名销量

(注:数据来源于中国汽车技术研究中心交强险数据)

随着七座车纳入 6 年免检等利好政策的推出,自主品牌高端 MPV 升温,主要自主品牌均积极布局MPV，市场竞争也将加剧。面对新的挑战，广汽传祺M8坚持以客户为本，注重产品力的持续提升与客户尊贵服务的维护，继续与时俱进，源源不断地向消费者提供高颜值加高性价比的产品，并实现超越对手、领先同行的性价比。

广汽传祺M6销量稳步增长，市场占有率持续提升，9月份销量已接近4000辆，稳超自主同级竞品。在广州车展上，M6大师版的亮相吸引了媒体和消费者的广泛关注，此外2021年M6将推出改款车型，持续向市场投放优秀、优质的产品，促进销量稳步提升。

5．轿车市场：产品系列重新布局

面对轿车销量不高的情况，传祺不遗余力地在轿车领域强化突破。2020年6月28日，GA8中改款正式上市，采用了全新的家族式设计，在配置、动力等方面均有所升级，致力打造中国豪华驾享新旗舰。2020年11月20日，基于GPMA全球平台打造的广汽传祺全新运动轿车EMPOW55（暂名）在广州车展正式亮相（见图5），新车启用了全新"轻跑"运动轿车风格，凌厉的造型给人留下深刻印象，极具攻击性的前脸以及低趴的车身姿态吸引了大量关注。以独特的设计风格，高辨识度的外形，直击年轻客户群体的需求。

图5　广汽传祺EMPOW55

三、2020年广汽传祺区域市场概况

1．疫情对整体市场的冲击

2020年1月份，突发的新冠肺炎疫情对经济造成了巨大冲击，汽车市场亦面临重大下滑。汽车作为国民经济的重要支柱产业，需要重点保障以稳定经济表现。

故在一系列的刺激措施出台、客户需求增强的情况下，汽车企业2020年4月份开始复工复产，汽车销量也逐渐复苏。

从宏观环境看，中央到地方均迅速出台大力度的政策，消费者因对公共出行疑虑促使购车意愿显著提升，这些都是促使汽车销量快速恢复的正向因素。但汽车是高价耐用消费品，消费者的收入水平显然制约了汽车市场的恢复速度。疫情导致的经济下行压力与中美贸易战的下行压力合并，使广大中低收入家庭虽购车意愿增强，却难有购车能力。此外，不少主机厂推出了KN95滤芯、防病毒健康车型等概念，但这些技术并非革命性的进步，对汽车市场影响相对较小。以PEST模型分析疫情对汽车市场的影响见表2。

表2 以PEST模型分析疫情对汽车市场的影响

维度	P——政治环境	E——经济环境	S——社会环境	T——技术环境
疫情期间变化	中央、地方发布各项刺激政策	2020年一季度和二季度面临显著的经济下行压力 民营企业受影响更大 中低收入群体受影响更大	消费者偏好改变，认为自有车辆更安全	各主机厂推出KN95/CN95滤芯等健康技术配置或升级
变化对汽车市场的影响	正向	负向	正向	影响不大

2. 不同价格段汽车市场表现出现分化

通过前述分析，经济环境不景气制约了汽车市场的恢复，部分人群因收入下降，不得不放弃购车。此外，疫情对各群体的冲击差异较大，一般而言，民营企业规模较小，抗风险能力较弱，受疫情波动影响更大。大部分就职于民营企业的群体收入较低，并已深受2018年以来中美贸易战的影响，疫情的到来进一步削减了这一群体的家庭收入，购买力不足。正如清华大学金融系主任教授李稻葵提到，新冠肺炎疫情造成了"穷人的危机"，低收入人群受到的冲击最大。

反映到汽车市场，2020年1~11月份汽车行业的同比增速随着零售价格段的提升而提升，5万元以下价格段的同比降幅高达25.6%，而25万元以上价格段的增速为4.9%。不同收入群体的购车行为受疫情及其派生经济波动的影响，出现明显分化。总的来说，中低收入人群主力选购的15万元以下价格段车型的大降，提示其购车需求很可能被抑制。由于我国自主品牌的价格重心相对较低，因此中低收入群体购买力下降,对自主品牌的影响更大(见表3)。中高收入群体更青睐20万元以上价格段,合资品牌占据了其中绝大多数的份额,高价格段的逆势上涨为合资企业带来了稳定的营收来源。

表3 2020年1~11月份自主品牌和合资品牌分零售价格段的销量和增速表现

零售价格段		5万元以下	5万~10万元	10万~15万元	15万~20万元	20万~25万元	25万元以上	总计
自主品牌	销量/万辆	20.1	261.8	199.3	43.0	18.9	15.3	558.4
	同比增速(%)	-25.6	-14.4	-5.7	-2.5	-44.5	60.2	-11.6
合资品牌	销量/万辆	0	80.1	357.1	237.1	132.3	269.6	1076.2
	同比增速(%)	—	-39.2	-9.6	-7.7	13.5	2.8	-7.4

注:数据来源于中国汽车技术研究中心交强险数据。

3. 不同省份的汽车市场表现出现分化

党的十九大报告指出,新时期我国社会的主要矛盾已经转化为人民日益增长的美好生活需要和不平衡不充分的发展之间的矛盾,表明当前中国仍存在区域发展不均衡的现实。在东西部差别、城乡差别、收入差别的影响仍未完全消除的背景下,宏观环境带来的购车价格段分化,在不同的省份也有体现,各省份汽车市场表现也出现分化。从各省(自治区、直辖市)自主品牌汽车份额变化看,2020年1~11月份与上年同期相比,东部、中部省(自治区、直辖市)中,除上海市、天津市、海南省外,自主品牌汽车份额均有下滑,其中东部下滑的幅度更高;东北、西部地区自主品牌汽车份额则基本保持增长,但靠近中部的陕西省、重庆市、贵州省的自主品牌汽车份额也有所下滑(见表4)。

表4 2020年1~11月份各省(自治区、直辖市)自主品牌汽车份额下滑表现

省(自治区、直辖市)	2020年1~11月份销量/万辆			各省(自治区、直辖市)自主品牌份额(%)		
	合资品牌	自主品牌	合计	2020年1~11月份	2019年1~11月份	差距/百分点
西藏	1.6	1.7	3.2	51.6	58.2	-6.6
福建	30.6	10.9	41.5	26.3	30.5	-4.2
广东	127.6	46.7	174.3	26.8	30.3	-3.5
广西	22.6	17.2	39.8	43.2	46.6	-3.4

（续）

省（自治区、直辖市）	2020年1~11月份销量/万辆			各省（自治区、直辖市）自主品牌份额（%）		
	合资品牌	自主品牌	合计	2020年1~11月份	2019年1~11月份	差距/百分点
陕西	28.8	21.0	49.8	42.2	44.7	-2.5
浙江	84.1	33.7	117.8	28.6	31.0	-2.4
江西	28.1	11.8	39.9	29.6	32.0	-2.3
安徽	36.2	20.5	56.7	36.2	38.3	-2.1
河北	55.4	32.0	87.4	36.6	38.4	-1.8
湖北	37.3	17.9	55.2	32.4	34.2	-1.8
山东	83.9	41.8	125.7	33.3	34.8	-1.5
贵州	19.9	18.3	38.2	48.0	49.3	-1.3
重庆	20.1	16.2	36.3	44.6	45.7	-1.1
河南	65.6	45.5	111.1	40.9	41.6	-0.7
江苏	95.3	33.4	128.6	25.9	26.3	-0.4
湖南	41.9	20.2	62.1	32.6	32.6	-0.1
宁夏	4.2	2.4	6.6	36.4	36.3%	0.1
四川	52.4	32.2	84.6	38.1	37.8	0.3
山西	22.6	16.3	38.9	41.9	41.6	0.4
北京	31.3	11.6	42.9	27.1	26.5	0.5
新疆	13.6	9.2	22.9	40.3	39.6	0.7
内蒙古	14.9	8.9	23.8	37.3	36.0	1.3
黑龙江	15.6	7.9	23.6	33.7	32.3	1.3
上海	38.7	12.7	51.4	24.6	23.3	1.3
甘肃	10.3	10.1	20.3	49.6	47.6	1.9
云南	23.0	22.4	45.4	49.4	47.5	1.9
天津	16.8	9.3	26.1	35.6	33.5	2.1
青海	3.3	2.4	5.8	41.9	39.4	2.5
吉林	14.7	8.9	23.6	37.7	35.0	2.7
辽宁	28.6	11.6	40.2	28.9	26.0	2.9
海南	7.3	3.4	10.7	32.1	23.7	8.4
全国	1076.2	558.4	1634.6	34.2	35.2%	-1.1

注：数据来源于中国汽车技术研究中心交强险数据。

东部地区自主品牌的下滑，除与中低收入群体购买力下滑相关外，还与疫情对人员流动的影响有关。首先，与2020年1~3月份全国各地因疫情延迟复工，交通受限，中西部流动人口无法返回东部地区工作；4月份后虽逐渐复工复产，但国外疫情大暴发，对进出口贸易影响巨大，尤其是其中深度融入世界供应链体系的广东等地,一旦上下游某个环节所在国因疫情停工,相关中国工厂也只能减产或停工。笔者通过走访调查发现,广东制造业发达的佛山、中山等地,都曾出现外来务工人员返城后,发现暂无合适工作,因而再度回乡的情况。外来务工人员是自主品牌的购车主体之一,2020年这一群体总数的减少,进一步加剧了自主品牌的困境。

4. 广汽传祺区域变化

广汽传祺在2020年与其他自主品牌的情况类似,在第一季度也面临严峻下滑,而广汽传祺的销量比重集中于广东、河北、河南等省份,如前分析,这些省份自主品牌的下滑幅度较大,故广汽传祺承受了更多的压力,影响了2020年的全国销量。广汽传祺同比减量前10位的省份基本为总销量靠前省份,尤其在广东大本营,1~11月份同比减量达2.46万辆,占全国总减量的近1/4。传祺的增速也明显较低,为-31.3%,是全国增速-11.5%的3倍左右。减量前10名的省份合计下滑76963辆,占全国下滑总量的70.5%,集中度较高。2020年1~11月份广汽传祺同比减量前10名的省份表现见表5。

表5 2020年1~11月份广汽传祺同比减量前10名的省份表现

省份	销量/辆	同比增量/辆	同比增速(%)	同比增速(%)
广东	43101	-24600	-36.3	-13.5
河南	22331	-9247	-29.3	-8.5
河北	19947	-8590	-30.1	-17.5
山东	18123	-7324	-28.8	-6.9
江苏	11192	-7046	-38.6	-5.2
浙江	9313	-4600	-33.1	-6.7
湖北	8167	-4576	-35.9	-15.9
四川	8645	-4125	-32.3	-9.4
湖南	8949	-3899	-30.3	-6.8
安徽	5259	-2956	-36.0	-14.5
全国	239348	-109069	-31.3	-8.9

注:数据来源于中国汽车技术研究中心交强险数据。

四、广汽传祺品牌焕新

2018~2020年，面对市场的低潮期，广汽传祺勤修内功，从各领域进行对标调整。一方面推动产品聚焦工作，另一方面则对品牌价值进行重新梳理，在2020年北京车展上发布品牌新营销战略——"金三角战略"。以"e-TIME 行动"计划为指针，一切以顾客体验为中心，广汽传祺聚焦产品增值、科技增值、服务增值三大板块，实现为消费者增值、为经销商增益、为广汽传祺赋能的目标。在2020年广州车展上发布了"一祺智行更美好"的全新品牌口号，以"趣、质、亲"为核心价值，并发布服务品牌FUN CARE，打造"十大服务承诺"特色服务体系。全新品牌口号的发布标志着广汽传祺加速向智能化科技型企业转型的战略决心。

五、2021年展望

2021年全球经济有望复苏，但前景仍不确定。一是国外疫情进展不乐观，仍存在局部暴发风险；二是新冠疫苗虽然陆续推出，但有效性仍需时间检验；三是收入大幅下降，世界经济修复仍需时日；四是全球产业链、供应链持续调整重构，不稳定性增加；五是受全球高债务风险影响，国际金融市场波动性将增大。在2020年较低基数下，2021年全球经济增长预计将为4.2%~5.2%。

面对环境的不确定性，广汽传祺要继续落实三年调整的各项举措，确保销量、效益实现正增长。聚焦资源打造明星爆款车型，重点发展SUV，聚焦入门级SUV、主流SUV GS4和高端SUV GS8共3款车型，强化GS4的明星地位；MPV聚焦布局入门级和形象级两款车型，巩固MPV领先地位；轿车则聚焦资源、精心打造入门级和A级两款车型，提升市场销量。广汽传祺将紧扣"趣、质、亲"的品牌核心，以客户需求为导向，贯彻"高颜值、科技领先、PVA领先、品牌向上、特色服务"五大战略，苦练"降低成本、提高质量、提升性能、提高效率"四项内功，为品牌的二次腾飞蓄势储能。

（作者：简飚 刘玉华 黄怡青 邹永健）

2020年吉利汽车产品调研报告

　　2020年注定是不平凡的一年，市场在波动中前行。截至2020年11月，我国乘用车市场年累计销量为1745.7万辆，同比增长-7.8%。疫情影响使得整个行业的发展在年初陷入了巨大的不确定性中。叠加市场自身发展周期与外部经济因素的双重影响，市场探底。随着后期国内疫情得到有力控制，经济恢复超预期，消费信心增强，外加利好政策等多因素共同驱动，我国乘用车市场已经连续7个月实现销量同比正增长，前期受压制的消费需求得以释放。回看2020年，市场与过往有着相似却又不同的一面。存量市场下，自主品牌上攻与合资汽车企业下探交汇，份额之争显得愈发激烈和胶着。特斯拉、蔚来等造车新势力崛起带来的"非常规"打法，也使得整个汽车市场的风向与格局发生了巨大变化。经济环境和技术变革给市场带来了新机遇，消费者需求变化伴随汽车新三化等相关车载技术不断地发展与革新，市场竞争已经悄然步入了全新的赛道。

　　都说市场波动见真章，在这样的大背景下，2020年吉利汽车以"稳"字当头，在激荡的市场环境中始终保持战略定力，2020年1～11月份累计零售销量达116.6万辆，实现了连续四年销量破百万辆（见图1），并在最困难的2020年取得了累计销量破千万辆的优秀成绩。深厚的技术积累和对市场与消费者的深刻理解是吉利在波动市场中得以稳定的利器，逐渐完善的产品矩阵，品牌协同的加强，从轿车、SUV到MPV，再到新能源和自动驾驶领域的全面布局，2020年吉利汽车在多领域实现了齐头并进。

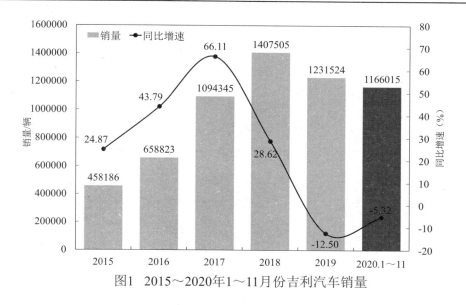

图1　2015～2020年1～11月份吉利汽车销量

一、架构之年——CMA 超级母体协同 SEA 浩瀚架构拉开吉利汽车造车新篇章

2020年是吉利汽车推出技术架构，涌现实力新车，产品多矩阵齐发力的一年。CMA 超级母体架构的推出意味着吉利汽车正式迈入了科技吉利 4.0 时代，吉利汽车迎来了全面架构造车时代，紧随其后推出的 SEA 浩瀚架构也将在未来助力吉利汽车在智能电动车领域取得新的突破。

1. CMA 超级母体架构

CMA 超级母体架构是吉利汽车打造的世界级造车体系，它具备电子电气架构，同时拥有安全、运动、智慧和形体四大属性（见图2），可以用于打造高端、高性能的产品。目前沃尔沃、领克、极星和吉利四个品牌近二十款车型都是基于 CMA 超级母体打造的，这些车型累计销量超过 60 万辆，平均售价 17 万元。

图2　吉利 CMA 超级母体架构

基于 CMA 架构，2020 年吉利品牌推出了家轿颠覆者——星瑞，它的加入为吉利品牌补齐了 A+级细分市场，出色的产品力使其在上市首个完整销售月就迎来了销量超 7000 辆的"开门红"。星瑞是吉利品牌首款基于 CMA 架构打造的轿车，售价区间在 11.37 万～14.97 万元，2800mm 的轴距、全系搭载了沃尔沃同款 Drive-E 2.0T 发动机，在动力水平和空间感受上均领先于同级别车型。外观上，星瑞采用了全新家族式设计语言(见图 3)，以此来吸引更年轻化的消费者。配置上，星瑞拥有主被动安全配置、智能配置等，可以说星瑞在各方面都表现得很均衡，没有明显短板。透过这款产品，吉利想要给消费者传递的是 CMA 架构带来的扎实质感与舒适的驾乘体验(见图 4)。吉利始终坚持围绕消费者的需求去打造产品，在 10 万～15 万元级轿车价位段，星瑞这款车型既满足了消费者对于外观的高颜值追求，又能为他们提供上乘的品质，全方位解决了消费者的顾虑，相信未来会在市场上持续发光发亮。

图 3 吉利星瑞车型外观和内饰

图 4 吉利星瑞车型架构模块造型图

领克品牌方面，基于 CMA 平台也在 2020 年推出了领克 05 车型。不同于领克其他车型，领克 05 独特的溜背造型赋予了它性感时尚动感的属性，这是一款别致的 SUV。领克 05 作为领克家族的旗舰车型，全系采用了沃尔沃的 Drive-E 系列 2.0TD 涡轮增压发动机＋爱信 8AT 变速器的黄金动力组合，其最大功率可达 254hp（186.8kW），峰值转矩为 350 N·m。车型的前脸造型配备了全新的进气格栅，使得运动感明显增强。在内饰布局上，领克 05 所突出的是简洁大方与高级豪华，车内的方向盘采用了皮质材质，于消费者而言接触好感度会有所增加。全车中控台以上使用的都是软质材料，极大地提升了整车的档次感，12.7in（322.58mm）的显示屏和全新一代车机系统都为用户带来了更好的体验（见图5）。此外，领克 05 也沿袭了优质的安全基因，主被动安全配置齐全，一系列的"价值加持"助力领克 05 成功突围了小众市场，2020 年上市以来累计销量已达近 2.8 万辆，销量几乎稳定在月均 4500 辆以上（见图6）。

图 5　领克 05 车型外观和内饰

图6　领克05 2020年5～11月分月销量

基于上述内容，可以看出吉利汽车 CMA 平台的设计灵活性极强，可以覆盖多种类别车型的研发与制造，且在驾控品质和极致人本科技运用上也体现出了强大的智慧基因。

2. SEA 浩瀚架构

2020 年 9 月，吉利汽车发布了 SEA 浩瀚智能进化体验架构，这是我国汽车企业开发的首个具有高扩展性和灵活性、并采用全新电子电气架构、性能出众、具备更高智能化水平和自动驾驶能力、交互体验也更加人性化的纯电架构（见图7）。浩瀚架构的特点在于可以打破物理局限，覆盖 1800~3300mm 轴距范围的车型，级别从紧凑型车到中大型车，类型则包括轿车、SUV、MPV、旅行车、跑车和皮卡等。不仅如此，浩瀚架构还是一个开放的平台，该架构下目前已有超过 7 个品牌 16 款以上的车型正在研发当中。这是吉利汽车由传统汽车企业向智慧出行服务商转型的关键一步。当前市场用户对于完全接受新能源汽车还存在着诸多疑虑，吉利汽车也在开发产品的同时不遗余力地去解决用户的痛点和焦虑。SEA 浩瀚架构重新定义了能量的边界，它更新了技术的拓展范围，在"老三电"基础上提出了"新三电"，即电驱动、电管理和电生态。架构下单驱动电动机最大输出功率 475kW，整车最大 600kW，0~100km/h 加速用时在 3s 以内。并且架构采用碳化硅模块，能够降低内阻，增加电控系统的过流能力，进而提升电动机性能。整个电源管理系统云端化和高效化，实时联网，车况可以在云端进行分析并及时做出调整，可以实现控制策略的快速迭代。而且电生态所覆盖的电池模块，SEA 浩瀚架构的车型将采用全球最长寿命电池，NEDC 工况下 20 万 km 电量无衰减，电池使用寿命可达 200 万 km，配合车内搭载最大 800V 的高压系统，可以实现充电 5min、续航 120km 的效果。

图 7 SEA 浩瀚架构

ZERO CONCEPT 是浩瀚架构下的第一款车型,也是未来领克品牌 ZERO 量产车的雏形,将于 2021 年发布并投入市场。ZERO concept 车长近 5m,轴距达 3m,在智能、性能和豪华体验上,展示了浩瀚架构对未来出行体验变革的强大创造力。相信在 2021 年,这款车的上市必定会给市场带来极大的惊喜(见图 8)。

图 8 领克概念车型 ZERO CONCEPT

二、聚焦用户,处变不惊,强化品牌与产品间的协同应对冲击

2020 年是多变的一年,吉利汽车旗下的各个品牌也面临着不同的挑战与冲击,例如旗下吉利品牌受到了来自合资企业和自主头部企业的双面夹击,部分车型的市场表现也并不完全尽如人意。在市场环境复杂多变的情况下,吉利品牌做出了及时的市场策略调整,使得整体基盘销量在受冲击的情况下依然稳固。吉利品牌、领克品牌和几何品牌的协同作战使得吉利汽车整体上在产品覆盖的广度和深度上都得到了强化,各品牌在不同车辆类型和不同价格段之间形成了有效的攻防线,并在不同能源类别领域形成了多面化的覆盖,以更均衡的产品线应对市场变化。存量市场下,精益化管理与运营的重要性凸显,吉利汽车始终聚焦用户,秉承以用户为中心来打造产品和制定营销策略。当下,市场车型种类和品牌不断增多使得消费者的选择变得更加广泛,而要在这些广泛的选择中脱颖而出,做好对用户的研究与深耕显得尤为重要。

首先,在轿车领域,吉利品牌协同领克品牌在基盘最大的 A 级轿车市场深耕。受 2020 年 A 级轿车市场份额萎缩及产品迭代因素的影响,吉利品牌旗下轿车组合市场表现有些差强人意,2020 年 1~11 月份,吉利品牌轿车车型累计销量为 34.8 万辆,同比下降 20.0%(见图 9)。但吉利通过策略调整,2020 年 11 月份及时推出了针对 A+细分级别的星瑞,在岁末有力地提振了吉利在 A 级轿车市场的销量。预计在 2021 年,随着后续车型的款型更新和新车的加入,吉利品牌轿车销量将大幅提升。

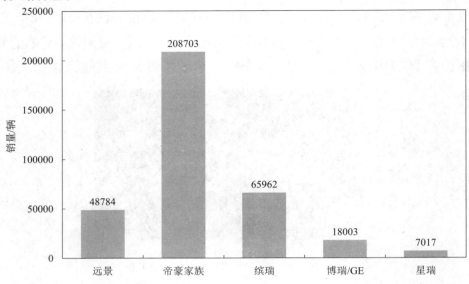

图9 2020年1~11月份吉利品牌轿车分车型销量

除此之外，领克品牌旗下轿车领克03车型的表现可圈可点，销量和市场占有率在2020年均实现了较大的突破。2020年1~11月份领克03累计销量达6.2万辆，累计同比增加33.1%，累计销量超越了大众的凌渡车型（见图10）。2020年，领克03以持续推进赛车文化为卖点吸引年轻人关注，并推出了03和03＋的冠军版本，以此吸引更多的消费者购买，03的外观选择也变得更加丰富（见图11）。

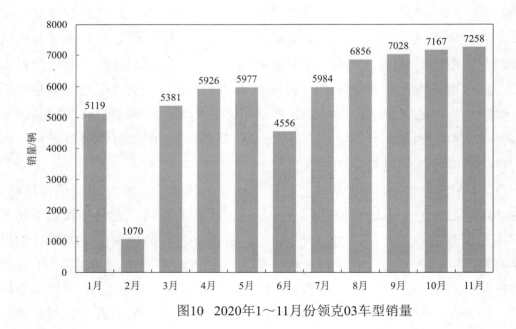

图10 2020年1~11月份领克03车型销量

图 11 领克 03 冠军版

在 SUV 方面，吉利品牌在 SUV-B 级市场补入豪越，SUV-A 级加入 ICON，使得吉利品牌的产品矩阵更加完善，协同不同价位段的远景家族车型（远景 SUV、远景 X3）、博越、星越、缤越和帝豪 GS 等车型持续发力 SUV 市场，2020 年 1～11 月份，吉利品牌 SUV 车型累计销量达 63.2 万辆（见图 12）。

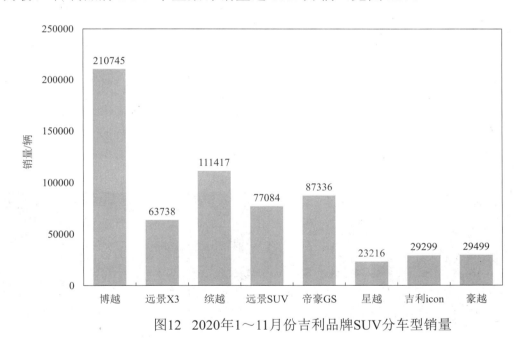

图12 2020年1～11月份吉利品牌SUV分车型销量

另外，领克品牌也推出了极具竞争力的全新车型，领克 05、领克 06 和全新领克 01 全球版。如上文所述基于 CMA 平台打造的溜背造型 SUV-领克 05，基于都市对立美学的极致设计理念，上市后反响极大，在细分市场赢得消费者青睐。而身在 SUV-A0 级别的领克 06 主打年轻科技，在上市之初便获得了不错的销量表现。2020 年 1~11 月份,领克品牌 SUV 累计销量为 8.8 万台,累计同比增长 25.3%。2020 年 1~11 月份领克品牌 SUV 分车型销量如图 13 所示。2020 年 12 月发布的领克 01 全球版(见图 14)在产品力方面的革新彰显了领克品牌的技术沉淀,未来必会把领克 01 车型销量带到全新高度。领克品牌始终聚焦于用户,对产品进行不断的完善与更新迭代。后续领克品牌还将推出首款纯电车型 ZERO 和一款中大型 SUV,敬请期待 2021 年领克品牌给市场带来的"意外之喜"。

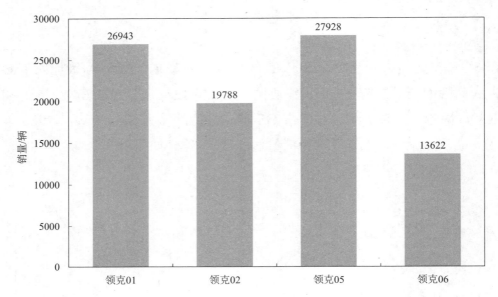

图13 2020年1~11月份领克品牌SUV分车型销量

图14 领克 01 全球版车型外观和内饰

MPV 方面,嘉际表现持续稳定,深耕家用 MPV 市场,2020 累计销量达 2.6 万辆。新能源汽车领域,几何品牌拥有较高潜力,近期上市的新款车型几何 C,强化了几何在 SUV 市场的竞争力,协同几何 A 和帝豪 EV 形成了完善的产品矩阵,持续成为新能源汽车市场的"新实力"。几何 C 是几何品牌首款 SUV 车型,也是首款基于几何＋平台打造的几何车型,NEDC 续航可达 550km,售价区间为 12.98 万～18.28 万元(见图 15)。

图 15　几何 C 车型外观和内饰

覆盖多级别的丰富产品线使得吉利汽车在应对市场变化时更为从容,三个品牌协同效应也使吉利车型能覆盖不同价位段和不同需求的消费者,在激荡中始终保持稳定。

三、多方合作、开放互联,以拥抱变化的姿态迎接新挑战

近年来,吉利汽车在多维度上和多领域的强势企业进行合作,以应对市场变化和布局未来。随着电动化和智能化在汽车领域的推进,未来自动驾驶将成为汽车企业转型中的重要一环。吉利汽车在此方面也是同多方开展合作,以保持技术的全面性和领先性。2019 年 7 月,吉利汽车与百度就智能网联、智能驾驶、智能家居、电子商务等 AI 技术在汽车、出行领域的应用展开了全面战略合作,共同研究、探索"最强汽车＋最强 AI",携手加速中国智能汽车的大规模普及,引领全球智能出行体验。2020 年 6 月,Waymo 与沃尔沃汽车集团达成全球战略合作,全力推进 Waymo Driver 部署。Waymo 致力于开发全世界技术最完善、经验最丰富的自动驾驶平台"Waymo Driver",并通过与大型汽车集团合作来达成使命:把人或物安全、便捷地送达他们想要去的地方。Waymo 成为沃尔沃汽车集团及其战略投资品牌极星和领克 L4 级别自动驾驶技术全球独家合作伙伴。

除了在自动驾驶领域的合作外,由于国家政策和汽车技术路线的变化和发展,混动在未来 5 年可能成为市场较为重要的技术路线之一。吉利在 2020 年 11 月份与戴姆勒集团计划就一款用于下一代混动车型技术的高效动力系统展开合

作，拟共同开发混合动力系统解决方案，合作领域将包括工程研发、采购、产业化及效率举措等，以打造规模效应，提高在全球市场的竞争力。

四、2021年展望

展望 2021 年，乘用车市场竞争格局即将迎来拐点。市场整体下行态势预计将在2021年得到缓解，市场需求逐步回升预计能带动乘用车市场销量增速在2021年重新转正。虽然市场大概率整体回暖，但是汽车企业间的竞争也将持续加剧。存量市场下，技术革新和经济形势变化带来了消费需求的升级和更新，未来汽车企业如何做好转型和抓住未来消费需求、如何面对全新赛道的竞争将是各汽车企业需要深入思考的重要课题。2021年新能源汽车与市场发展将成为最大的变量，新势力引领的纯电路线与营销模式，日系坚持的燃料电池与轻混技术，都影响着行业格局的走向。同时，国家新发布的新能源技术路线规划中，也着重提及了混动车型在未来几年的发展机遇，吉利在混动技术和新能源方面的技术储备较为深厚，相信未来也能够很好地应对市场变化。

在复杂和激荡的环境下，吉利不变的是俯首躬身的匠人之心；在面对变化和困难时，吉利展现的是与时俱进和勇敢超越的决心。眼下，这可能是最坏的时代，但也是最好的时代。吉利愿以开放之心与各汽车企业及相关企业一同携手并进，共同为我国乘用车市场开创出一番新景象。

（作者：张陈明）

2020年荣威及MG产品市场调研报告

一、2020年乘用车市场概况

2020年国内外宏观环境错综复杂，在新冠肺炎疫情的强烈冲击下，全球经济增速大幅下滑。我国经济也受到了重大影响，投资、消费增速下行，居民收入下降导致消费表现不佳，GDP增速同样下滑明显。2020年下半年在疫情基本得到有效控制的前提下，我国经济持续回暖，居民消费信心和购买力恢复，乘用车市场也呈现出向好的态势。

我国乘用车市场在经历了20多年的高增长后，2018年开始进入下行调整期，2020年依然未能打破下行趋势。截至2020年11月份，累计销量1716万辆，同比下滑9.4%，下滑幅度较2019年加深（见图1）。2020年下半年随着促消费政策和营销活动刺激需求，乘用车市场恢复显著，"金九银十"表现超预期，同比分别增长7.9%和7.8%，尤其自主品牌汽车呈现出较好的恢复态势（自主品牌汽车7月份起市场占有率环比持续上涨，月度同比也均有增加），扭转了上半年疫情影响下市场占有率连续下滑的局面。2020年市场按季度来看，呈现"触底、恢复、蓄力、冲刺"的走势，预计2020年全年乘用车市场累计销量1987万辆，同比下滑7.1%。

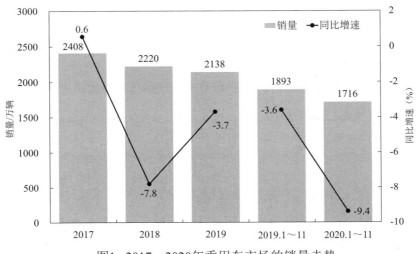

图1　2017~2020年乘用车市场的销量走势

（注：数据来源于机动车交通事故责任强制保险统计数据）

二、2020年上汽乘用车市场表现

在这种严峻的形势下,技术和品质才是赢得市场和消费者的根本。上汽(上海汽车集团股份有限公司,以下简称上汽)乘用车打造了一个全新的全球智能化模块化的平台,以满足未来汽车多造型比例诉求,在迎合电动化未来趋势的同时,也将引领 ICE 汽车(含 HEV)未来趋势,支撑 L3 以上智能驾驶技术成熟发展,实现从智能座舱到智能车的跨越。品牌方面,上汽乘用车启动了全面"焕新"的升级战略:荣威品牌推出"科技造国潮",MG 品牌实行"Mission 100"战略,R 汽车则以"科技兑现想象"开启上汽电动化之路新起点,开启了新的篇章。从 2020 年 1~11 月份数据来看,上汽乘用车受整体市场下滑趋势影响,累计销量 38.8 万辆,位列自主品牌第五位(见图 2)。

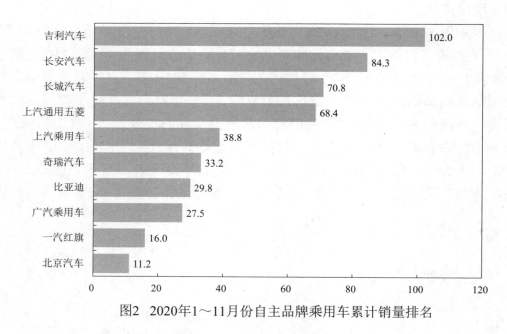

图2 2020年1~11月份自主品牌乘用车累计销量排名

(注:数据来源于机动车交通事故责任强制保险统计数据)

从荣威、MG 销量数据看,荣威品牌 2020 年 1~11 月份累计销量为 29.2 万辆(见图3)。一方面是 2019 年销量贡献最大的车型荣威 RX5 系列,在 RX5、RX5 MAX 和 RX5 PLUS 三款车型的助力下销量依然坚挺,占到荣威品牌销量的 45.1%,累计完成销量 13.2 万辆,在紧凑型 SUV 车型中取得了第九名的好成绩;另一方面,荣威品牌轿车担当荣威 i5 在 2020 年的表现也是可圈可点,不但在自主轿车品牌中市场份额得到提升，而且依靠自身超高的性价比和逐步建立的市场影响力，获得自主轿车销量排名第三的位次，为荣威品牌贡献了37.5%销量。

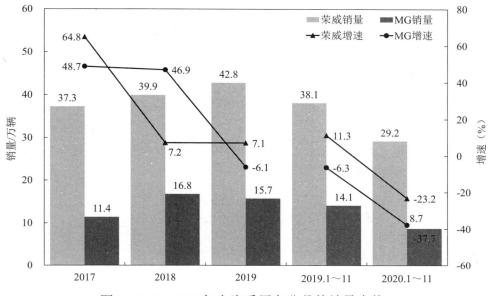

图3　2017～2020年上汽乘用车分品牌销量走势

（注：数据来源于机动车交通事故责任强制保险统计数据）

MG品牌2020年1～11月份累计销量为8.7万辆，其中MG6销量贡献最大，达到51.3%。此外，MG品牌作为上汽乘用车布局全球化业务的重要代言者，一直是海外市场的销量担当，2020年1～11月份累计出口批发量约15.8万辆，同比增长55.5%，已超过2019全年的批发量（见图4），位列中国出口汽车品牌第一。上汽品牌产品一直受到海外市场和当地主流机构的认可：MG ZS在泰国、智利、埃及、菲律宾细分市场排名前三；MG5获"中东地区最佳紧凑型轿车"；MG3获"智利最具价值车型"；MG HS获"中东2020年MECOTY年度汽车大奖"。

纵观不同区域的市场表现，2020年上汽乘用车销量最大的省份依然是河南省，借助于郑州的地产车优势，上汽乘用车在当地一直较受欢迎。此外，上海市作为上汽乘用车的大本营，市场优势依然明显。随着市场逐步向三、四线城市下沉，荣威销售区域也在向环渤海地区，如河北省、山东省，以及西南地区如四川省、贵州省、云南省、广西壮族自治区等地遍地开花（见图5）。

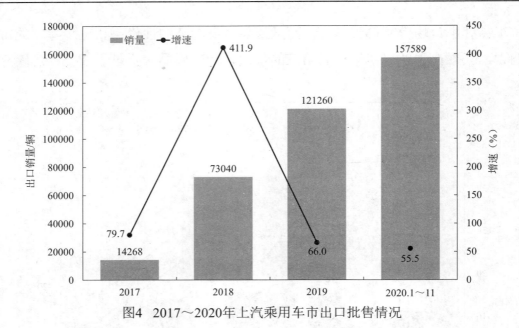

图4 2017～2020年上汽乘用车市出口批售情况

(注：数据来源于全国乘用车市场信息联席会)

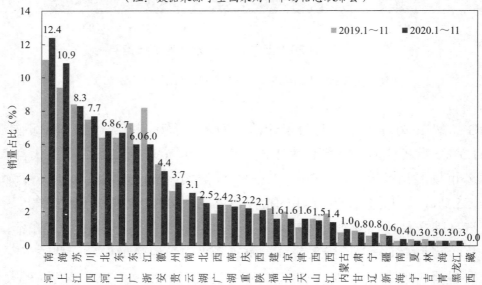

图5 上汽乘用车2020年各销售区域流向占比

(注：数据来源于机动车交通事故责任强制保险统计数据)

分品牌来看，荣威品牌主销区域为江浙沪一带（上海市、江苏省、浙江省）和中西部地区（河南省、四川省、山东省），其中，主销车型荣威RX5系列、荣威i6、荣威i5均与品牌主销区域保持一致，而荣威RX3还较多集中在河北省。MG品牌除主销区域河南省外，在广东省、四川省的销量占比也较大，其中，主销车型第三代 MG6、MG HS 与品牌主销区域保持一致,而 MG ZS 还较多集中在河北省、山东省(见表1)。

表1　上汽乘用车2020年1～11月份重点车型各省份累计销量占比

(单位:%)

销量TOP10省份	品牌		重点车型						
	荣威	MG	荣威i5系	荣威RX5系	荣威RX3	荣威i6系	MG6	MG ZS	MG HS
河南省	12.7	12.0	14.1	12.2	15.7	9.1	12.2	12.9	8.6
上海市	12.6	5.4	8.6	14.4	1.2	26.8	4.0	3.4	15.5
江苏省	8.7	7.0	7.5	9.7	8.1	10.8	7.5	5.4	9.3
四川省	7.5	8.8	7.9	7.0	6.7	8.5	8.7	9.4	8.5
河北省	7.3	4.8	10.0	5.4	13.5	3.1	3.0	8.5	3.1
山东省	6.8	6.3	7.6	6.3	10.9	4.1	5.1	9.0	4.3
广东省	4.9	10.1	5.2	4.9	2.4	4.6	14.5	4.2	7.9
浙江省	5.9	6.0	4.6	6.5	4.3	10.8	7.6	3.7	5.0
安徽省	4.6	3.7	3.5	5.7	4.8	4.6	4.2	3.2	3.0
贵州省	3.1	6.1	4.1	2.5	2.4	2.9	7.2	5.4	3.3

注:数据来源于机动车交通事故责任强制保险统计数据。

三、重点车型介绍

1. 荣威 RX5 PLUS 和 RX5 ePLUS

2020年6月10日,新款"国潮"智联网SUV荣威RX5 PLUS亮相,售价区间9.88万～13.48万元。2020年9月23日,荣威品牌再次推出RX5 ePLUS插电混动版车型,补贴后售价15.28万～16.28万元。荣威RX5 PLUS和RX5 ePLUS的推出是对RX5的全面进化,不仅继承了RX5在市场建立的良好口碑,而且提升了产品力,打破了RX5和RX5 MAX的市场局限性。RX5 PLUS的成功上市助力RX5系列车型在2020年1～11月份累计完成销量约13.2万辆,进入紧凑型SUV市场TOP10(见图6)。

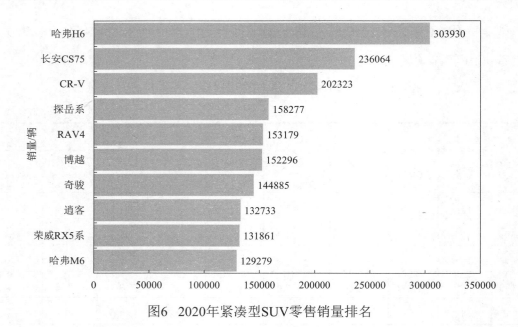

图6 2020年紧凑型SUV零售销量排名

（注：数据来源于机动车交通事故责任强制保险统计数据）

在设计方面，RX5系列"国潮"新款演绎国潮荣麟美学，参数化立体荣麟格栅，一体化视觉拉伸，极具视觉冲击力，于强韧中抒发优雅，于克制中释放张力（见图7）。内饰整体座舱横向展开，展翼式IP台设计舒展大气，搭载14.1in（358.14mm）四曲面玻璃大屏，标配斑马智行VENUS的系统全面优化，软硬件同步焕新，操作流畅性和智能语音交互体验都得到提升（见图8）。

图7 荣威RX5 PLUS外观

图 8　荣威 RX5 PLUS 座舱

荣威 RX5 ePLUS 作为一款插电式混动车型,搭载 1.5TGI 缸内中置直喷涡轮增压发动机和第二代"绿芯"100kW 高功率高效永磁同步电动机,最大功率达 224kW,最大转矩达 480N·m,动力输出媲美主流 3.0T 车型,0~100km/h 加速仅需 7.5s。再加上第二代 HCU 高效智能电控系统,新车在插电混动场景下,百公里综合油耗低至 1.6L;B 工况下,百公里综合油耗也仅 4.9L;纯电模式下,续航可达到 52km。同时,新车配备 L2 级 ADAS 高级驾驶辅助系统,可有效减轻用户驾驶疲劳,为用户带来安全守护。

2. 荣威 RX5 MAX Supreme 系列

2020 年 11 月 20 日,国潮智联网硬核中型 SUV 荣威 RX5 MAX Supreme 系列焕新登场,售价 13.78 万~15.78 万元,共有 2 款车型上市。

荣威 RX5 MAX 拥有超大车身尺寸,配合 i-MAX 巨幕全景天窗,打造极致大空间体验(见图 9);搭载全球首款量产智能座舱,首创 SKYEYE 天眼系统,可通过红外线补光技术实现刷脸启动车辆、调整外后视镜、座椅姿态以及氛围灯等操作(见图 10);配置 BOSE 沉浸式立体声音响系统,打造剧院般声场享受。

图 9　荣威 RX5 MAX

图 10 荣威 RX5 MAX 智能座舱和天眼系统

3. 荣威 i6 MAX

2020年9月16日，荣威 i6 MAX 正式上市，售价区间为 10.98 万～12.58 万元。i6 系列作为荣威品牌的主力紧凑型轿车，自上市以来一直吸引着追求年轻时尚风格的消费群体，此次共上市 4 款车型，进一步丰富了 i6 系列产品阵营，为 i6 系列终端零售带来了较大增量（见图 11）。

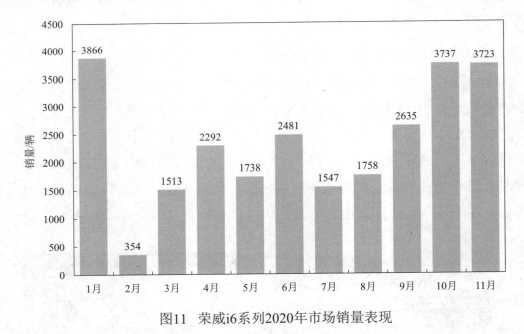

图11 荣威i6系列2020年市场销量表现

（注：数据来源于机动车交通事故责任强制保险统计数据）

外观方面，采用荣麟展翼格栅、金戈凌厉大灯、低阻气动燕尾等一系列元素，呈现出极具数字美感的外观，迎合当下年轻人的追求（见图 12）。动力方面，搭载全新 1.5TGI 涡轮增压发动机和 7 速湿式双离合变速器,在实现百公里加速 8.1s 的同时,油耗仅 5.9L/100km,变速器采用全球首创三腔独立润滑技术,更平顺、更高效、更可靠。

图 12　荣威 i6 MAX 外观

荣威 i6 MAX 以比肩豪华车的超大尺寸,打造出傲领同级的 A+级宽适空间,且拥有燃油轿车中唯一的全景天幕,天幕后挡渐变膜遮光率达 30%～92%,顶部电动遮阳帘遮光率达 97%,可有效隔绝紫外线,而夹层玻璃材料的可靠应用,令天幕的安全性能显著提升,为车内乘员提供了最大限度的保护(见图 13)。

图 13　荣威 i6 MAX 天幕

4. 荣威 ER6

2020 年 8 月 13 日,上汽 R 汽车旗下的首款纯电轿车 ER6 正式上市,共推出 3 款车型,售价区间 16.28 万～20.08 万元。

作为上汽打造的纯电家轿新标杆车,ER6 具有重要的品牌战略意义,它拥有行业领先的三电科技，获三大国际安全认证，采用"集智设计"的全新智能电动设计理念，超长续航里程达 620km，拥有超强快充能力，充电 15min 即可行驶 200km。同时，配备 135kW 大功率高性能电动机，可实现百公里加速 8.3s，0～50km/h 加速 3.5s。

外观方面，ER6 采用"环宇之光"前脸、矢量矩阵前照灯等先锋设计，保险杠底部的多组竖直格栅与发动机舱盖上隆起的筋线搭配，进一步提升了前脸气势（见图 14）。侧面流畅的车身线条，不仅显得优雅修长，还成就了超低风阻系数（0.24），极具视觉冲击力和未来感（见图 15）。

图 14　荣威 ER6 外观

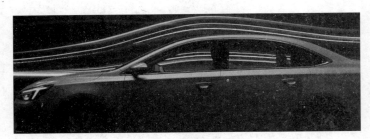

图 15　荣威 ER6 侧面线条

ER6 搭载高品质上汽 AICS 智能座舱，采用领先的智能化软件定义车载系统，包括面容启动、AR 车道级实景导航、乘客手机车控、智能语音助手、互联网汽车智能系统 3.0-Pro 和 AI Pilot 智能驾驶辅助等系统，带来六大超凡智能新体验（见图 16）。

图 16　荣威 ER6 座舱

5. 荣威 iMAX8

2020 年 10 月 31 日,上汽乘用车推出的中大型 MPV 荣威 iMAX8 正式上市,共推出 4 款车型,售价区间 18.88 万～25.38 万元。iMAX8 的推出弥补了荣威品牌在 MPV 的空缺,进一步完善了荣威品牌的产品布局,以自身实力有望在一众合资品牌车中取得一席之地。

iMAX8 是基于上汽全球模块化架构打造、拥有 5m 黄金尺寸的中大型 MPV。设计方面,iMAX8 拥有星空点缀鳞片式尾灯,贯穿式前位置灯设计,在色彩方面运用神秘高贵深度蓝,采用优越的金属涂料工艺呈现随角度变色的效果(见图 17)。

图 17　荣威 iMAX8 外观

iMAX8 作为上汽荣威旗下的科技豪华 MPV,让出行工具变成了"家的延伸"和"智能会客厅"。空间布局十分高效的同时,商务级别的舒适化体验令人印象深刻:车型拥有头等舱减压"魔力沙发",前排 30cm 超宽航空睡眠头枕,座椅

18向超大范围可调，二排座椅有10层复合结构，座椅可通风、按摩和加热，每排座椅皆有超大膝部空间，三排座椅均可移动（见图18）。

图 18　荣威 iMAX8 座舱

iMAX8 的另一亮点是全球首创移动中控台"魔吧"，包含升降式吧台、集成式冰箱、智能交互触控面板，能够在三排间自由滑动，兼顾实用与智能。同时全车四个屏幕皆可交互，后排"魔屏"还可接收个性化迎宾语和节日祝福语。全车乘客皆可通过语音对魔吧魔屏实现智能控制，极具便利性与娱乐性（见图19）。

图 19　荣威 iMAX8 魔吧和中控屏

6. 第三代 MG6 和第三代 eMG6

2020年7月19日，第三代 MG6 正式上市，新车共推出7款车型，售价区间 9.38 万～13.98 万元。2020年9月12日，第三代 eMG6 上市，共4款 PHEV 车型，售价区间 14.58 万～17.28 万元。

第三代 MG6 的上市巩固了其在自主品牌运动化轿车的领先地位，得益于新车声量的带动，MG6 系列2020年下半年开始销量迅速上涨，10月份销量突破6000辆（见图20），截至2020年11月份，MG6 系列车型已完成销量4.5万辆，在自主品牌 A+级轿车中排名第六位（见图21）。

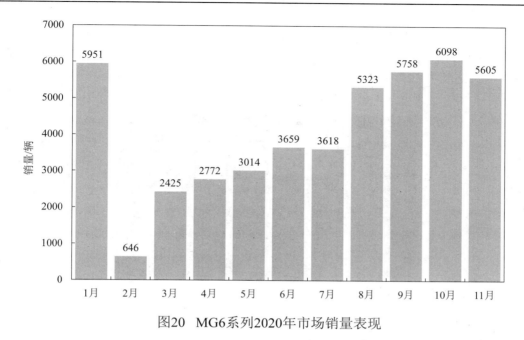

图20 MG6系列2020年市场销量表现

（注：数据来源于机动车交通事故责任强制保险）

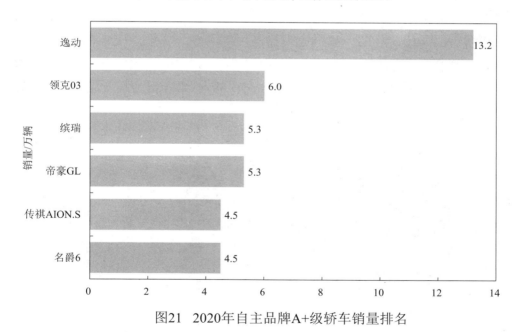

图21 2020年自主品牌A+级轿车销量排名

（注：数据来源于机动车交通事故责任强制保险）

第三代 MG6 超宽体领潮轿跑大胆应用全新赛道绿车漆，18in（457.2mm）冰刃轮毂、悬浮运动尾翼、配合 Super-Sport 超级运动模式，全面打造运动感（见图22）。在运动配置和动力方面，通过搭载上汽 MG 全新的 MEGA Tech 1.5T Pro 发动机，新技术的运用使动力大幅提升至 280N·m，较上一代产品有巨大提升。第三代 MG6 PHEV 车型搭载上汽全新战略动力总成"蓝芯"+"绿芯"动力，以超低油耗实现轿跑超强动力。

图 22　第三代 MG6 外观

7. MG 领航

2020 年 10 月 27 日，MG 领航正式上市，共推出 6 款车型，售价区间为 10.58 万～15.98 万元。

MG 领航采用豪华高级运动 SUV 车身比例，搭配全新数字燃动格栅和摩纳哥蓝白内饰，运动感与豪华感兼备（见图 23）。2.0T Trophy 高性能动力总成加速性能 7.6 s 破百，尽情释放竞速激情。

图 23　MG 领航外观

MG 采用全新航海蔚蓝内饰搭配一体式豪华运动真皮座椅，椅面采用德国 Bader 真皮，支撑力、包裹性、舒适感极佳，配合 Dream Air 座舱空气管理系统，提供高品质的驾乘体验（见图 24）。配置方面，搭载 MG PILOT 2.0 自动辅助驾驶系统，可实现高速车道居中保持，低速交通拥堵辅助跟车。

图 24　MG 领航内饰

8. 全新 MG5

2020 年 11 月 8 日，新 MG5 车型正式上市，新车共推出 7 款车型，官方指导价为 6.79 万～9.99 万元。

MG5 定位全球市场，面向青春活力、追求运动时尚、对品质有认同感的后浪们。拥有 MG5 可享五大"青奢"体验：溜背运动轿跑、7.97s 破百加速、雅马哈音响、斑马智行 VENUS、享全时主动安全辅助。MG 高性能平台采用了运动操控设计的低重心低坐姿、宽车身宽轮距，带来独有的低趴驾控感（图 25）。

图 25　全新 MG5 外观

四、2021 年乘用车市场预估

展望 2021 年，从疫情来看，国内疫情将不会二次大暴发，将进入"后疫情"阶段，经济则将进一步接近无疫情状态，但全球范围疫情变化依然存在诸多不确定性；政策方面，2021 年宏观政策保持连续性、稳定性和可持续性，在"不急转弯"的总体要求下，宏观刺激政策可能逐步退出；经济方面，"双循环"战略发展布局将重点放在内循环中,其中供给端增强产业链自主可控能力,强化国家战略科技力量,需求端则由"刺激"转向"理顺",以改善民生为导向,充分挖掘国内市场潜力。

总体来看,2021 年宏观政策继续向有利于汽车市场发展的方向前进。在需求侧管理的基调下,限购城市年发放牌照数量有望维持 2020 年水平;二手车、老旧车的流通将进一步通畅,有利于车辆的更新替换。但 2021 年货币政策逐步收紧,对 2021 年下半年可能会产生一定的不利影响。2021 年汽车市场的机遇与挑战见表 2。

表 2　2021 年汽车市场的机遇与挑战

机　遇	挑　战
国内疫情防控常态化,生活性服务业进一步恢复,利好自主主力购车人群就业和收入 疫情一定程度带来汽车消费态度转变,长期来看购车意愿提升 2021 年地方政府仍可能出台财政补贴以提振消费 得益于双积分政策,HEV 车型中长期供给或将明显增多 传统自主厂家高端品牌车型 2021 年集体亮相,利好自主品牌	全球疫情走势复杂,外部经济环境不容乐观 应对疫情冲击的货币宽松等宏观政策预计在 2021 年逐步收紧,下半年助力政策基本消失 全球化逆流背景下,在技术上出现保护主义,短期内技术可能受限 政策引导下,互联网行业扩张步伐放缓,互联网"造富"速度将有所下降

2021 年是市场向"常规走势"回归的过程,乘用车市场交强险总量预估在 2151 万辆左右,同比增长 7.1%(主要由低基数带来)。从季度节奏看,市场预计呈现"前快后慢"的走势。上半年市场之所以增速较快,除了基数原因外,利好因素也明显多于下半年;不同于 2020 年同期有宏观政策与刺激政策的双加速,2021 年下半年汽车市场同比增速将出现负增长。因此,把握 2021 年上半年汽车市场,尤其是一季度年前的汽车市场或将是终端营销的机会点。

(作者:蔡晴)

长安马自达产品市场调研报告

一、2020年长安马自达市场总体表现

2020年,乘用汽车市场走过了不平凡的一年。综合疫情的影响、国内外宏观经济的发展以及乘用汽车市场自身的发展特征,预计2020年,狭义乘用汽车市场累计实现新车销售1947.7万辆,同比下降5.8%。

在疫情的冲击下,汽车企业的产品功底和营销功力都备受考验,如何率先走出低谷,做好产品价值差异化和品牌营销差异化,是摆在每家汽车企业面前的课题。产品价值差异化方面,作为一家年轻的合资汽车企业,长安马自达以"T124特色精品战略"指导自身发展,旗下产品Mazda CX-8、Mazda CX-5、次世代Mazda3昂克赛拉、Mazda CX-30在各自细分市场均系极具驾驭乐趣与设计特色的产品。品牌营销差异化方面,面临市场的诸多不确定性,长安马自达与经销商一起主动出击,抢抓市场机遇,抢占市场节奏,实施"悦马星空"用户共创计划,创新粉丝营销,树立品牌形象。

第一,实施"悦马星空"用户共创计划。进入中国市场13年的长安马自达,在存量竞争时代,选择用心经营用户以实现可持续发展。随着"悦马星空"用户共创计划的发布,标志着企业逐渐从以产品为核心的价值营销转向以消费者为核心的价值共享。该计划旨在增加用户的体验感和参与感,与用户产生共鸣,为长安马自达建立起独具品牌特色的品牌文化生态。

第二,创新粉丝营销。长安马自达作为一个"小而美"和"小而精"的品牌,积极开展各种粉丝试驾活动,包括"CX-8新国风文化体验季 & CX-5城市体验官&次世代MAZDA3昂克赛拉质美中国行",把喜好长安马自达产品的客户经营好服务好。通过知乎SEB蝶形仿生悬架专项内容合作,解答用户对第三类悬架SEB蝶形仿生悬架的疑问,同时征集万名粉丝对次世代Mazda3昂克赛拉的试驾口碑。

第三，树立品牌形象。通过"悦马星空"计划和品牌营销着力提升品牌力，持续为媒体及用户展示 7G 产品的全新形象，且传播介质、传播效能、体验活动全面升级，品牌价值得到进一步提升。Mazda CX-30 上市以来获得了各大媒体及网友们的一致好评，在专业测评中表现优异，成为广泛议论的明星话题车型。

通过创新营销手段和大力关怀经销商，面对疫情对乘用汽车市场的冲击，长安马自达 2020 年整体的市场表现可圈可点，取得了不俗的市场业绩。成绩的取得离不开公司积极的应对措施。首先，公司对疫情防控和复工复产非常重视。其次，全球首创的压燃版汽油发动机的导入，使得终端品牌形象得到大幅度提升。第三，新世代产品 Mazda CX-30 成功上市。以上营销手段为长安马自达 2020 年的销量提交了一份满意的答卷。

二、Mazda CX-8 产品特征

随着市场变化、消费升级，消费者对中大型 SUV 已经从原来单纯地追求功能诉求向情感诉求所转变。在这一背景下，长安马自达为满足国内市场需求，向消费者投放了深刻诠释"新驾享主义"的战略级 7 座大 SUV。2018 年 12 月 7 日，长安马自达旗下的首款中大型 7 座旗舰 SUV——Mazda CX-8（以下简称 CX-8）于成都正式上市。

CX-8 全系包括两款两驱车型、两款四驱车型，并提供六种外观颜色、两种内饰颜色选择。CX-8 以"魂动"美学，带来优雅观享；以匠心工艺，成就豪华奢享；以"创驰蓝天"科技，打造"人马一体"驾享；以前瞻安全呵护，营造五星安享。作为长安马自达首款 7 座旗舰 SUV，CX-8 响应追求卓越、与众不同的年轻中产家庭拥车呼声，以惊艳绝伦的感官享受和独一无二的驾乘愉悦，宣告着国内 7 座 SUV 市场 2.0 时代的到来。CX-8 的目标客户群体是受过高等教育、有一定的社会地位的卓越中产，他们自信从容、积极进取、乐于尝新且与众不同。生活中，他们追求品位、勇于挑战自我、懂得享受又富有家庭责任感。造车如艺，是马自达汽车设计、制造美学的终极追求。在设计师眼中，CX-8 不仅是作为汽车的存在，而且是一件洋溢着生命力的艺术作品。通过深化以日本传统美学为底色的"魂动"设计哲学，CX-8 被赋予了独具格调的雅致风范与动感身形（见图 1）。

图 1　CX-8 外观

作为一款旗舰级大 7 座 SUV 车型，CX-8 车身舒展，长达 4955mm，车顶和侧面的流畅曲线对光影的控制出神入化，为稳健刚劲的整体造型更添丰盈灵动之美，犹如一匹精悍敏捷的猎豹，即使正凝神静立，也难掩跃动如生的神韵，时刻准备着向未知的征程发起挑战。犀利的前照灯组，配合强调水平延伸的银色饰条格栅，恢宏气魄呼之欲出；侧车窗边缘饰以镀铬，与金属切削般简洁的车顶行李架相得益彰，优雅刻画惊艳线条；尾部造型精致紧凑，贯联尾灯的水平金属饰条与前脸遥相呼应，凛然威风引人注目，令人一顾倾心、再顾难忘，其美感在时光的流转中历久弥新。

CX-8 的内饰设计堪称"低调的奢华"，每一处细节均蕴含匠心考量（见图 2）。深色的整体内饰天然自带典雅而温馨的感官效果，座椅选择专属 Nappa 真皮材质，触之所及均是柔滑质感，让就座堪比落入怀抱般舒适；采用非洲白木打造而成的装饰面板，以华丽无瑕的漆面工艺，让人赏心悦目；打开"MZD CONNECT 马自达悦联系统"，播放最爱的随行歌单，经过专属调校的 Bose®音响系统确保第一排到第三排的乘员均可享有清澈通透的悦耳乐声；车身内外针对 NVH 性能做出最佳优化，使整车静谧性进一步升级。

图 2　CX-8 内饰

凭着新一代"SKYACTIV-VEHICLE DYNAMICS 创驰蓝天车辆动态控制技术",CX-8 将马自达对驾驭本质的核心追求——"人马一体"发挥到极致,带来非凡的愉悦驾享,当之无愧地成为伴随每一位追求卓越的"挑战者"开辟人生胜境的理想座驾(见图3)。CX-8 搭载创驰蓝天 2.5L 发动机和 6AT 变速器,最终传动比经过优化仅为 4.957,确保轻快加速性能的同时提升燃油经济性;i-ACTIV AWD 马自达智能四驱系统能够精准检测时刻变化的路况,感知驾驶员意图,实现心随意动的自如操控;"GVC 加速度矢量控制系统"则通过驾驶者的方向盘操作调整发动机的驱动扭矩,综合控制车辆横方向和前后方向的加速度,并在高性能、轻量化的创驰蓝天车辆底盘的配合下,达到高超的行驶稳定性和优异的驾乘舒适性(见图4)。

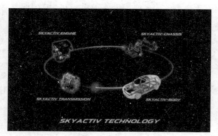

图3 创驰蓝天技术

图4 GVC 加速度矢量控制系统

CX-8 的前瞻安全性能时时刻刻提供忠实守护,为安享体验赋予五星级水准。在 2017 年度日本 JNCAP 汽车安全评估和预防安全性能评估中,CX-8 的主、被动安全测试成绩双双问鼎冠军,轻松超越同级别车型,尽显可靠实力。

CX-8 搭载"i-ACTIVSENSE 马自达智能安全辅助系统",囊括 360°全景摄像头、盲点监测、车道偏离警示、行人探测功能等一系列先进主动安全技术,帮助驾驶者准确识别危险、避免碰撞与减轻损失,在确保出行安全的同时,让驾驭更加轻松。兼具轻量化、高强度与安全性的"SKYACTIV-BODY 创驰蓝天车身"则是 CX-8 在被动安全方面的实力屏障,可以有效吸收与分散来自前方、侧方与后方的碰撞能量,抑制车舱变形,降低碰撞对乘员造成的伤害。

三、次世代 Mazda3 昂克赛拉产品特征

次世代 Mazda3 昂克赛拉全系共 7 款车型,售价区间为 11.59 万~16.89 万元。

新车拥有 1.5L、2.0L 两套"创驰蓝天"高压缩比发动机动力组合，同时提供 6 种外观颜色供消费者选择（见图 5）。次世代 Mazda3 昂克赛拉的设计从推出第一代车型起就以大胆前卫、精细而充满跃动感的造型美赢得全球市场的高度评价。在"打破常规"创新精神引领下，次世代 Mazda3 昂克赛拉依靠不断进化的"魂动"设计美学，创造出造型艺术与功能性的完美统一。

图 5 次世代 Mazda3 昂克赛拉

外观方面，次世代 Mazda3 昂克赛拉采用魂动 2.0 设计语言。与此前完全追求前瞻的方向不同，新车在延续魂动设计的同时，还加入了更多日式减法美学和马自达经典元素，使其具备更多美感。仅从观感而言，次世代 Mazda3 昂克赛拉已经非常接近魁（KAI）概念车，极度简洁的车身设计和注重反曲型面的光影变化，是将它们联想到一起的关键所在。

从外观到内饰，次世代 Mazda3 昂克赛拉对中控台进行了重新设计，主驾驶座舱采取对称式布局，并且利用方向盘、3 眼仪表盘、空调出风口，逐渐向中央聚拢的造型设计，帮助驾驶员集中视线。新车在材质方面的升级也不输于造型革新程度，中控台侧面、中控地台，车门板手枕以上的位置，都采用了手感细腻的皮质材料进行包裹，领先大部分同级车型的表现（见图 6）。

图 6 次世代 Mazda3 昂克赛拉内饰

动力方面,次世代 Mazda3 昂克赛拉搭载了升级版创驰蓝天高压缩比汽油直喷发动机和 6 挡手自一体变速器。发动机最大功率 158hp(116.13kW),峰值扭矩 202 N·m。注重环保安全,全系对应全新国 6 排放标准的同时,发挥 13:1 的超高压缩比自然吸气缸内直喷技术的优势,更通过全新凹顶活塞设计,燃料精混三段式高压直喷技术,分层燃烧控制技术等多项技术革新,实现更为线性的动力输出,令各种场景的驾驶体验都能酣畅淋漓,人车无间。革新性地实现三次分段式燃油喷射,配合全新的 PCM 发动机控制单元,优化火花塞点火区域燃料浓度,通过分层混合、局部稀薄燃烧技术,加快燃烧速度,提高扭矩和热效率。采用全新高压燃油泵及高扩散燃油喷射器,燃油喷射压力提高 1.3~3 倍,实现优异燃油喷势的同时,减少 40%燃料黏附液滴,显著提高了燃油经济性和排放环保性。

GVC 系统有效提高了车辆的操控性和稳定性,即使在雨雪天气、恶劣道路状况下也能发挥效果,同时在紧急避让时也可以保证车辆稳定性。在所有驾驶场景下都能提供轮胎和路面紧密接触的"抓地感",从而大大提高驾乘者的安心感。而 GVC+就是在此基础上增加了横向力矩刹车功能,也是通过调节发动机的扭矩输出,让车辆过弯时尾部不会过度灵活,快速地摆正行驶轨迹。次世代 Mazda3 昂克赛拉搭载了最新的 GVC+加速度矢量控制系统,新增回正力矩强化控制功能,通过对单个车轮实施制动,可以延缓转向不足或转向过度的情况出现,帮助车身更稳定地过弯(见图 7)。

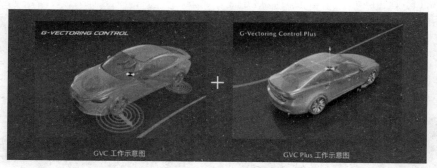

图 7　GVC 加速度矢量控制系统

安全的基本理念中,在"人、车、道路与基础设施"三大领域中,旨在缔造无事故、安全、汽车社会,致力于深化安全技术。Mazda 注重理解、信赖和尊重驾乘者,遵循以下理念研究开发安全技术。为了能够实现安全驾驶,认知·判断

·操作各个环节都需谨慎对待。无论驾驶环境如何变化，通过主动安全技术实现正确的认知和判断，从而达成安全安心的驾驶。为了以防万一，马自达亦致力于研发并提供一系列预碰撞和被动安全技术，以防止和减轻因偶尔发生，不可避免的操作失误而造成的事故伤害（见图8）。

图8　先进安全技术 i-ACTIVSENSE

四、Mazda CX-5 产品特征

Mazda CX-5 全系共 8 款车型，拥有 2.0L、2.5L 两套"创驰蓝天"高压缩比发动机动力组合，同时提供 6 种外观颜色供消费者选择，售价区间为 16.98 万～24.58 万元。Mazda CX-5 是长安马自达征战国内紧凑型 SUV 市场的战略级车型。秉承"以人为本"的开发理念，Mazda CX-5 持续深化"驾乘愉悦"的造车理念，通过摄人心魄的"观感"、匠心非凡的"触感"、人马一体的"驾感"、驾乘无忧的"安心感"，将带给每一位用户前所未有的感官觉醒体验。

Mazda CX-5 的核心语言设定为 "Refined toughness——精致完美的强悍感"，力求专注于精悍且大气的外观姿态。从车身侧面看，一条贯穿头尾方向的犀利线条充分表现出车辆轻快加速前行的速度感。强烈的前行感和伫立姿态的车身，通过精雕细琢的深邃线条，在光影变幻中呈现出富有光泽且精悍的外观（见图9）。

图9　Mazda CX-5 外观

在内饰设计方面，Mazda CX-5 回归到马自达"以人为本"的设计布局，创造

出让所有乘坐者都能感受到舒适与安全感的内部空间以及 SUV 特有的刚性感与精致剪裁所带来的匠心非凡的高质感（见图10）。

图 10　Mazda CX-5 内饰

以驾驶者为中心是马自达驾驶舱设计的独特传统。在第二代 CX-5 这里，驾驶舱布局依旧专注于驾驶者：以驾驶者为中心，方向盘和仪表的布置左右对称，旨在提高车辆与驾驶者的一体感。在苹果手机的设计理念中，充电口、耳机插口、声音出口的中心点均处于同一水平线，这种饱含和谐美学的设计在 Mazda CX-5 的内饰设计中也得到了体现：方向盘、仪表板装饰、左右出风口、门板装饰的中心点处于同一高度。如此布局，可以使驾驶者的精神高度集中，感受到恰到好处的"紧张感"。Mazda CX-5 的中控台造型比上一代车型的位置更高更宽，和左右方的扶手一起支撑乘坐人员的臀部和腿部。当驾驶员就位时，会感到浑厚坚实的"包裹性"，增加其对驾驶的信心和安心感。

在人机交互领域，Mazda CX-5 继续搭载马自达研发的"HMI 人机交互系统"，包括一块 7in（177.8mm）中央高精度液晶显示屏。这是马自达首次搭载液晶和触屏面板相结合的光电学玻璃显示屏，能有效抑制光线反射，呈现清晰的画面。车载互联系统采用"MZD CONNECT 悦联系统"，能够轻松链接互联网与社交网络交流功能。驾驶者可通过中控台旋钮便捷操作"MZD CONNECT 悦联系统"。APP 热门应用软件、蓝牙音乐流媒体、语音控制系统、ECO 节能减排环保贡献统计信息、车辆功能设定、定期保养提醒、GPS 卫星导航+TMC 实时路况信息，均可通过系统操作在显示屏中一目了然。

五、Mazda CX-30 产品特征

2020 年 5 月 28 日，长安马自达旗下全新 CX-30 正式上市，新车共推出 8 款车型，指导价区间为 12.99 万～17.19 万元。新车定位入门级紧凑型 SUV，具备

轿跑车的身材和马自达魂动 2.0 设计语言，整体造型与海外版本车型没有差别。新车动力上依旧采用创驰蓝天 SKYACTIV-G 2.0L 发动机，匹配 6 速手动及 6 速自动变速器。

外观上，新车采用马自达最新的魂动 2.0 家族化语言设计，前脸盾形的进气格栅内部辅以黑色的中网修饰，品牌 logo 镶嵌其中，看上去很是精致。两侧的大灯与格栅相连接，鹰眼式的灯组设计看上去炯炯有神，内部采用了全 LED 光源，点亮后的视觉效果还是非常不错的。下方的雾灯改为日间行车灯/转向灯，扁平的进气口内部采用了黑色中网装饰，让新车看上去更加动感时尚。新车的线条相对流畅，A 柱位置比主流前驱车更靠后一点，让车头看上去更加修长，这将车身姿态修饰得更加舒展，腰线的设计相对简洁，让车身看上去更加光滑，多辐式的轮毂营造出一定的运动感，整体设计还是非常大气的。车身尺寸方面，新车的长×宽×高为 4395 mm×1797 mm×1545mm，轴距为 2653mm（见图 11）。

图 11　Mazda CX-30 外观

内饰上，长安马自达 CX-30 采用了与马自达 3 昂克赛拉近乎一致的设计，具备最新家族式设计元素，整体中控台布局偏向于驾驶员一侧，操作起来更为便捷。除此之外，仪表盘为三连环样式，中控液晶屏将集成马自达第二代悦联系统，多媒体控制按键和旋钮集成在挡把后端的位置，用起来也十分顺手（见图 12）。

图 12　Mazda CX-30 内饰

配置上，新车配备了外后视镜电折叠/电加热、电动天窗、智能雨量感应刮水器、真皮方向盘、智能互联系统、自适应巡航、车道偏离警示、电子驻车、自动驻车、双区独立空调、后排空调出风口、盲点监测系统等功能。动力上,马自达 CX-30 全系均搭载 2.0L 自然吸气发动机,最大功率 116kW,最大扭矩 200 N·m,并采用前置前驱布局,传动系统匹配 6 速手动和 6 速手自一体变速器。新车百公里油耗低至 5.6L,并完全满足国ⅥB 排放标准。

六、2021 年展望

2021 年,围绕打造"中国一流的特色精品汽车企业"的企业目标,长安马自达将持续推动品牌力向上发展,实施"悦马星空"用户共创计划,围绕着"品牌&用户价值共创"的愿景,将在未来 1~3 年,打造出三大平台、实施七大行动,进一步强化品牌和用户粉丝的互动与连接,推动品牌和用户、粉丝之间价值观的融合,实现"品牌价值的持续提升"和"客户生态圈建设"两大目标。

小众,但不甘于小众,也不止步于小众。"悦马星空"用户共创计划的推出,不仅是长安马自达用户+思维的升华,更是打造优质品牌体验,让"小众流行起来"变成可能。站在新的起点,马自达开始走出自己的舒适圈,迎接更广阔的市场。

(作者:王超)

专题篇

2020 年国内纯电动车型投放特征及 2021 年展望

2020 年中国新能源乘用车市场呈现"前低后高"的发展态势，上半年受补贴退坡和疫情双重冲击，下半年高低端细分市场全面发力实现高增长，全国乘用车市场信息联席会的数据显示，2020 年 1～11 月份，国内纯电动车型累计销量 79.7 万辆，同比增长 8.1%。

一、2020 年国内纯电动乘用车市场特点

2020 年纯电动乘用车市场呈哑铃形增长，市场增长点主要在高端与低端两个方向（见图 1），高端车型在特斯拉带领下，整个造车新势力呈高速增长态势。以五菱宏光 MINI EV 为代表的低端车型，2020 年异军突起，连续多月蝉联新能源汽车销量冠军。特斯拉 Model 3 和宏光 MINI EV 脱颖而出，为新能源乘用车市场的恢复提供了有力支撑。

特斯拉 Model 3 主销一级、二级城市，2020 年 1～11 月份一级和二级城市销量占比分别为 69.3%和 21%（见图 2），其中排名前五位的主要集中在北上广深等限牌限购城市。上海市作为特斯拉的大本营，累计销量位居榜首，2020 年 1～11 月份累计份额为 31%，其中 11 月份上海市实施最严外地牌照限行政策，引起新能源汽车抢购潮。宏光 MINI EV 重点销售区域则以三级及以下城市为主，2020 年 6～11 月份三级及以下城市销量占比为 75%，而仅有 8%被一级城市消费者购买。

先进的产品技术实力是促使特斯拉 Model 3 在众多竞争对手中脱颖而出的重要因素。特斯拉 Model 3 率先实现了较高级别自动驾驶技术量产，并且通过 OTA 升级更新软件系统和硬件功能，优化用车体验。同时其较高的性价比，也是其他豪华品牌旗下新能源产品现在难以企及的，而自主品牌和造车新势力又因品牌溢价力、交付能力等无法与其形成正面竞争。

在消费升级趋势下，各汽车企业都在加速高端化布局，但宏光 MINI EV 反其道而行，2.88 万～3.88 万元的售价几乎碾压所有竞争对手。从产品设计上看，宏

光 MINI EV 追求极致的实用性，120～170km 的续航里程满足日常代步需求，2917mm 的车长好开、好停，并且全系标配胎压监测、倒车雷达等安全装备，以及 APP 车机互联、一键智能补电等实用配置。同时，依靠五菱品牌背书，在品质、安全、品牌力、车险保障等多个层面，降维打击低速电动车产品。

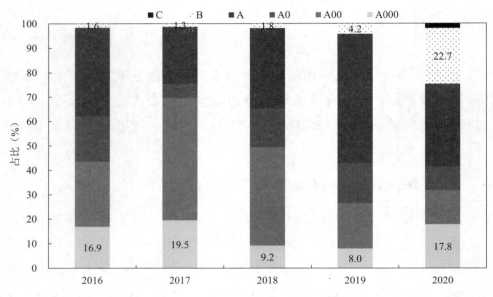

图1　2016～2020年各级别纯电动车型销量占比走势

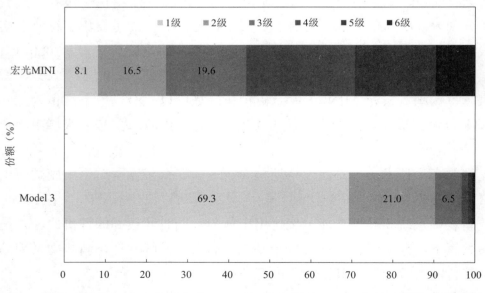

图2　2020年1～11月份宏光MINI EV和特斯拉model3各级别城市份额

二、2020年国内纯电动车型投放特征

受疫情影响,2020年上半年传统能源新车数量全面减少,原本在4月份举行的北京车展延期举行,对上半年新车上市数量影响较大。2020年10月份北京车展新车型集中上市,新车型多达33款,截止到12月底,2020年上市新车共计98款,根据新车的不同类型,将全新上市的车型主要划分为四大类:全新车型、续航升级、小改款和配置组合调整,其中全新车型达49款(见表1)。下文分析主要针对全新车型(全新车型是指市场上没有相同造型且无延续关系的车型)。

表1　2015~2020年新车上市数量表

(单位:款)

新车类型	2015年	2016年	2017年	2018年	2019年	2020年
配置组合调整	—	1	4	3	11	41
小改款	—	1	4	—	3	6
续航升级	—	5	13	38	17	2
全新车型	8	6	35	41	65	49
总计	8	13	56	82	96	98

1. 全新车型对整体市场的贡献度越来越高

车型按照车龄划分为0~1年、1~3年、3~6年,全新车型是指车龄为1年以内的车型,结合销量可以看出2020年车龄为1年以内的全新车型对整体市场的贡献度为22%(见图3),而2019年1年以内的全新车型对整体市场的贡献度仅为15%。

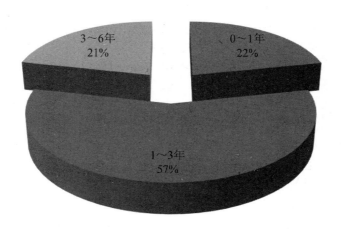

图3　2020年各车龄段的车型销量占比

2. 纯电平台车型逐步成为市场主力

根据开发平台不同,纯电车型主要划分为三大类:第一类是纯电平台车型,如奇瑞小蚂蚁 eQ1;第二类是油改电平台车型,是指基于传统燃油汽车进行电动化改造而来的 EV 车型,如奇瑞瑞虎 e;第三类是低升高车型,是指在低速车平台上开发的高速车型,如御捷 E 行;从 2017~2020 年三类平台车型的销量份额走势来看,2020 年纯电平台车型的销量快速增长,份额达到 53.9%,已成为市场主力(见表2);油改电平台车型销量占比从 2018 年起逐年下降;低升高车型市场份额占比不到 0.5%;从区域来看,城市级别越高,纯电平台车型占比越高。一级、二级市场的纯电平台车型份额上升速度超过整体市场,三级至六级市场上升速度相对较缓慢(见表3)。

表2 2017~2020 年三种平台类型的销量份额走势

(单位:%)

平台	2017 年	2018 年	2019 年	2020 年
纯电	15.3	17.8	28.6	53.9
油改电	72.9	73.7	69.7	45.7
低升高	11.8	8.6	1.7	0.4
合计	100.0	100.0	100.0	100.0

表3 2017~2020 年分区域三种平台类型的销量份额走势

(单位:%)

市场	平台	2017 年	2018 年	2019 年	2020 年
整体市场	油改电	72.9	73.6	69.7	45.7
	纯电	15.3	17.8	28.6	53.9
	低升高	11.8	8.6	1.7	0.4
一级、二级市场	油改电	78.2	80.1	75.7	39.9
	纯电	14.9	15.4	23.8	60.0
	低升高	6.9	4.5	0.5	0.1
三级、四级市场	油改电	59.1	61.2	59.6	52.7
	纯电	19.0	23.3	36.1	46.9
	低升高	21.9	15.5	4.3	0.4
五级、六级市场	油改电	73.0	73.4	62.5	58.3
	纯电	5.1	14.1	36.1	39.7
	低升高	21.9	12.5	1.4	2.0

3. 车型呈现大型化、SUV化

2020年共上市49款全新车型，从这49款全新车型轴距的平均值看，车型向大型化发展，平均轴距值逐年增大，从2015年的2430mm增加到了2695mm（见图4）。从车型级别看，B级以上车型数量比例超过30%（见图5），主要车型有Model S、Model X、汉EV、AionV、小鹏P7。另外，新车还呈现出SUV化。2020年上市的49款全新车型中，SUV的比重已超过60%（见图6）。

图4 2015~2020年全新车型轴距平均值趋势

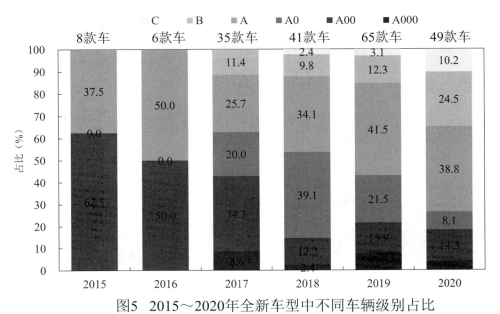

图5 2015~2020年全新车型中不同车辆级别占比

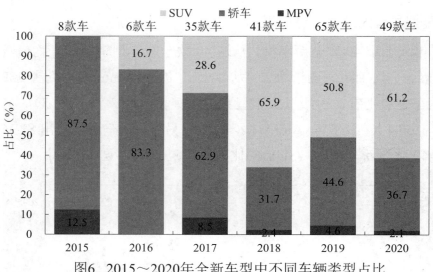

图6 2015~2020年全新车型中不同车辆类型占比

4. 磷酸铁锂动力电池或将迎来新机遇

新能源汽车动力电池受政策性影响,能量密度不断提高,三元锂电池具备的高能量密度优势不断放大,使其市场份额一直上升。电池安全性和性价比逐渐成为用户和厂家的关注点,而具备高安全性和高性价比的磷酸铁锂电池或将迎来新的机遇,从三个方面说明:首先,从全新车型搭载磷酸铁锂与三元电池占比来看,搭载磷酸铁锂的全新车型的占比从2019年的5.2%提升至8.3%(见图7);其次,从申报车型的公告数来看,申报磷酸铁锂的公告数的比例较2019年翻番,占比达到21.3%(见图8);最后,从销量数据来看,2020年磷酸铁锂车型的销量占比相比2019年上升10%(见图9)。

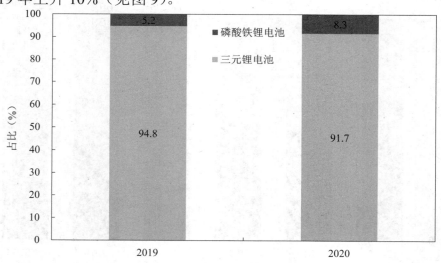

图7 2019~2020年磷酸铁锂与三元锂电池的全新车型占比

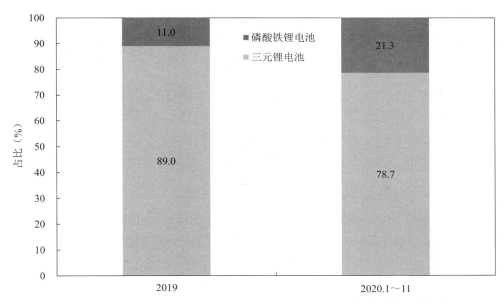

图8 2019~2020年磷酸铁锂与三元锂电池的公告车型占比

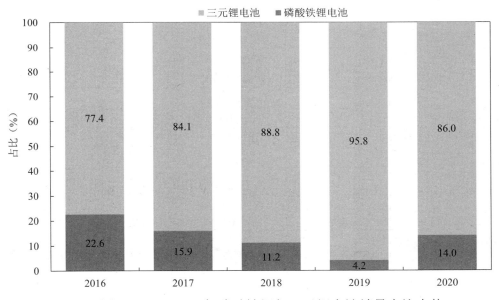

图9 2016~2020年磷酸铁锂与三元锂电池销量占比走势

三、2021年展望

展望2021年,随着新能源汽车产业政策以及双积分政策的深入推进,新能源汽车电动化趋势将持续增强,同时传统自主企业将在新能源汽车发展上持续发力,造车新势力、合资企业加快了新能源新车型的推出。截止到 2020 年年底数据统计,2021 年预计有 36 款新车上市(见表 4),特斯拉、蔚来、威马、奥迪等诸多品牌将持续加码,新上市的车型依然会延续 2020 年的国内纯电动车型投放特征,车型呈现大型化、SUV 化,纯电平台车型逐步成为市场主力。除此以外,智能与科技等卖点将进一步强化,目前蔚来正在规划自主芯片研发项目、特斯拉向 L5 级自动驾驶发起了冲击,各大互联网与科技公司的入局将大大加速汽车智能化的发展,百度、阿里、腾讯积累了多年用户生态的经验,拥有前沿的人工智能和大数据技术,能够提供多元化的车联解决方案,我国 2020 年发布的《智能网联汽车创新发展战略》《新能源汽车发展规划 2021~2035》等文件中均对智能方面提出了目标规划,大力支持汽车智能化的发展,2021 年必定会有越来越多主打智能化的车型投入市场。

表 4 2021 年即将上市的车型

级别	A00 级及以下	A0 级	A 级	B 级	C 级
SUV	—	东风风行 T1 EV	大众 ID.4 X 大众 ID.4 Crozz	奥迪 e-tron	荣威 Marvel R
SUV	—	新元 EV	宋 PLUS EV 斯威 G01 EV	Model Y	荣威 Marvel R
SUV	—	思皓 E40X	赛力斯 ix3 EV 宝沃 BXi5	爱驰 U6	荣威 Marvel R
SUV	—	—	零跑 C11 埃安 Y	威马 EVOLVE	荣威 Marvel R
SUV	—	—	—	岚图 FREE	荣威 Marvel R
轿车	欧尚 E01	智骏 GT3	领克 03EV	MG E-motion	领克 ZERO
轿车	宏光 MINI 长续航版	东风风神 EX1	新长安 E-Life	比亚迪 e9	领克 ZERO
轿车	奔奔 E-Star	思皓 E50A	几何 T	蔚来 ET7	领克 ZERO
轿车	思皓 E10X	—	哪吒 Eureka 02	ARCFOX αS	领克 ZERO
轿车	华晨新日 i03	—	—	威马 7 系轿车	领克 ZERO
轿车	—	—	—	ARCFOX HBT	—

(作者:周莹)

场景研究在汽车产品定义中的应用与探索

一、场景工具是社会发展、汽车需求升级的产物

2000 年前,汽车还未大规模普及,拥有一辆车是大家的梦想;随着汽车 20 年的发展以及经济水平的提升,现在已经进入小康甚至富足社会,主动消费、个性消费、体验消费突出,用户对车的要求也大幅提升,仅仅拥有一辆车是不够的,还要满足用户对于汽车功能和情感的诉求,提升品质、功能体验的同时还要有新意。

在这种时代背景下,继续跟随竞争对手定义产品的方式已经失效,场景成为创造新价值体系的一个有效工具,它不仅可以帮助汽车企业更好地体验用户痛点,同时更有利于激发产品创意、精准定义解决方案、增强用户对功能的认同,从而击穿目标用户的需求,诞生极致化的产品。

二、场景视角在汽车企业产品定义中有很大的价值

首先,场景能够帮助企业发现新的价值点。举两个例子来说明,第一个例子是父母带孩子长途旅行时,孩子在车上睡觉是比较普遍的,但睡着后容易被车上的铃声、导航提示、辅助驾驶警告等声音吵醒,尤其在一些静音性很好的车型上更容易发生。于是就产生了"婴儿模式"的创意,在孩子睡着后可以自动或者一键调低车上的音量。第二个例子是开车带宠物出行的时候,有时会短暂地把宠物留在车里,但车里温度环境可能会不合适,于是产生了"狗狗模式"的创意(见图1),当主人离开锁车关门后,空调还可以使用,维持舒适的环境,并通过中控大屏进行显示。

图 1　狗狗模式示意图

其次，通过场景能够实现功能的精准定义，做到更实用更好用。比如，同样是在车里休息，如果是中年男人跑业务在车里短暂休息的场景，要求主驾驶座位能方便地放倒，并可以快速复位，同时，可以一边给手机充电，一边玩手机；而一家人出去玩时，开车过程中车上其他人要休息，就要求副驾驶座位或后排座位足够舒适，能放平的同时又能保证安全，如果有孩子，还经常需要盖被子，所以还需要一个合适的储存空间。再比如，打开车窗的方式，如果是在高速收费口交高速费时开窗，用户坐在驾驶座上，需要用最快、最简单的方式打开左前车窗，目的是为了开车窗缴费，这种场景下左前车门上的按钮是最佳方案；但如果是高速快速行驶时想让车窗开一条缝，用一键升降车窗功能，打开程度不好控制，这时最佳方式是语音控制，既能解放双手不影响安全，又能准确地控制打开程度。所以，只有通过场景的深度洞察，才能设计出符合用户需求的体验。

第三，通过场景定义出来的产品往往更有温度，在营销时也更能触及用户内心，让用户产生共鸣。最典型的案例是滴滴与比亚迪合作开发的 D1，D1 精准定位用户后，结合使用场景找准用户痛点，最终形成了非常有创意又有针对性的解决方案。网约车的用户包括司机和乘客两部分，在司机的洞察上，针对司机在接单场景下，担心续航不足远距离订单不敢接的痛点，D1 可以根据车辆剩余续航派单，避免中途续航不足的情况。到达目的地，乘客下车时，经常会发生车门没关好，需要司机下车关车门的情况，因而右侧采用侧滑门的形式，既可以避免车门没关上，又便于乘客上下车，同时 90% 以上场景用户不会在左侧下车，所以左侧车门采用传统的车门开启方式降低成本。针对乘客下单后寻车过程中车辆难辨识容易上错车的场景，开创了彩虹接驾灯……（见图2）这一系列创意功能均体现了场景定义的优势，整个过程是水到渠成的，大大增加了功能的合理性和用户的认同感。

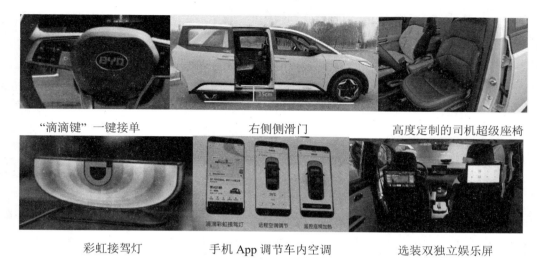

"滴滴键"一键接单　　　右侧侧滑门　　　高度定制的司机超级座椅

彩虹接驾灯　　　手机App调节车内空调　　　选装双独立娱乐屏

图2　比亚迪D1创意方案举例

从以上视角来看，未来在竞争强度越来越大、用户要求越来越高的情况下，场景研究的价值凸显。

三、如何通过场景工具更好地完成汽车卖点功能的定义？

与其他手段洞察一致，场景工具起作用的前提是找到靶心用户，用户选择错位会导致整个研究结果的失效，所以在调研时要结合靶心用户的特征、条件对用户进行严格的筛选、甄别。找到用户后，可以从以下三个层次去展开研究：第一，靶心用户的场景和需求有哪些？第二，其中对用户影响大、能成为购车决策的有哪些？第三，怎么去迎合用户的这些关键需求打造卖点？

1. 如何发现靶心用户的场景和需求？关键在于洞察方式

用户都有哪些用车场景？这些场景下有什么样的需求？为什么会有这样的需求？为了获得这些内容，一般会采用两种手段：一种是通过高清摄像头拍摄记录各种场景下的用户行为；另一种是由研究人员伴随用户一起体验场景（见图3），记录和观察用户用车行为,最终形成视频集。有了这些视频素材后,研究人员通过观察、分析,提取其中的价值点;之后与用户深度访谈,了解当时的感受、背后的需求,结合用户价值观和生活方式探寻原因。

步骤1 搜集视频素材　　　步骤2 对素材分析整理　　　步骤3 与用户深度访谈讨论

图3　洞察场景-需求流程

2. 怎么筛选得到关键的场景-需求?最重要的是分析工具

通过以上方式搜集到的场景和需求会很多,多达上百个,甚至更多,但这些需求的重要程度是存在差异的,如何筛选以获得更为重要和关键的需求呢?

首先,可以通过多轮投票的方式进行初步筛选,范围进一步缩小后,通过更大样本的定量调查测试用户的需求程度。根据国家信息中心的探索,对定量结果的分析有以下两种方法:一种是卡诺模型,即通过具备时是否满意、不具备时是否不满意的正反两个问题将需求的重要度分为期待、必备、魅力、低需四个层次(见图4)。具备时满意、不具备时不满意的为期待需求,具备时没有满意、不具备时不满意的需求是必备需求,具备时满意、不具备时没有不满意的是魅力需求,无论是否具备、都不会引起满意或不满是低需需求。期待类和魅力类需求是企业在卖点打造时更需要关注的。比如,通过研究发现,解决夜间会车时远光灯刺眼的问题,对用户来说必要程度和吸引力都很大,是期待属性,应该进一步重视这种需求;自己或家人在车内休息时更舒适则更多是魅力属性,可以作为惊喜点去打造;起步和驾驶时车辆驾驶的平顺性,现在基本都能满足,是必备属性;而像出行后整理游记这种事(路书),对多数人来说需求程度低,可以暂不重视。

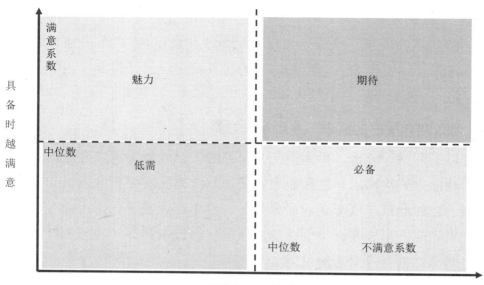

图4 需求卡诺模型示意图

除此之外，还可以从场景和痛点的发生频率入手，一般发生频率越高对用户的影响越大。场景、痛点根据发生情况可以分为四类：广且高频、广且中频、广且低频、少且低频。场景和痛点发生情况交叉分析可以将痛点的解决优先度分为五级，构成场景痛点五级模型（见图5）。

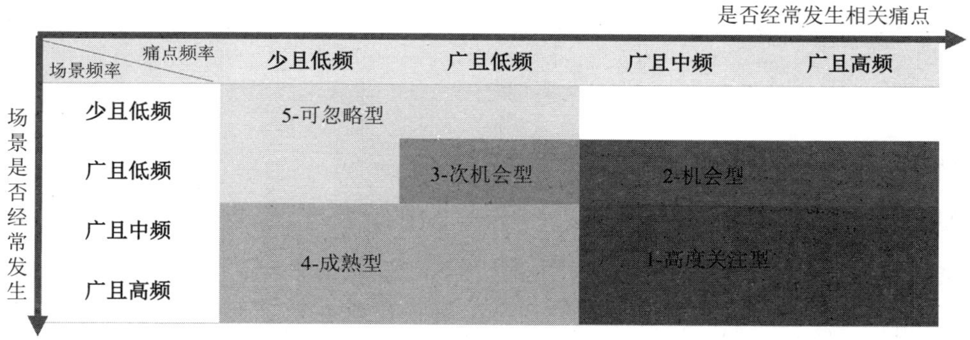

图5 场景痛点五级模型

其中场景发生多，且往往伴随痛点的出现，对用车体验影响大的最为重要，属于高度关注型，比如"拥堵路况下跟车""驾驶时看手机"。优先级第二的机会型是场景虽然低频，但一旦发生此场景就会有不满担忧甚至恐惧情绪，比如"开车打瞌睡""高速上长时间开车"等。优先级第三的次机会型是不常发生且一定程度上伴随痛点的场景，比如"独自带幼儿或儿童出行""车内独处放空"等。还有一些场景虽然发生多，但随着体验的提升，痛点已经得到了很好的解决，属于"成熟型"，比如导航、中控体验等。

3. 怎么迎合用户的需求，找到解决方案？

通过以上洞察、分析，得到了靶心用户的关键场景、需求之后，就需要定义出相应的功能来解决需求。这种能力的获得，一方面需要研究人员长期追踪前沿技术，另一方面通过与汽车企业研究人员、汽车行业专家、跨行业专家、发烧友一起共创来完成，形成并评价创意的发展情况、技术路线、成本、技术难点、预计应用时间等。创意方案示例见图6。

图6 创意方案示例

通过前期视频素材的洞察和用户定性访谈，让我们对这些功能的使用场景、用户顾虑点有了深刻的理解，如果有必要，也可以对靶心用户再次进行更深度细致的洞察以最终完成功能定义。当我们完成了若干功能的定义后，通过对这些功能进行汇总，就形成了产品概念和卖点。

四、展望

从近期上市的产品如比亚迪D1、宏光MINI EV、好猫可以看出，很多汽车企业已经开始了场景化的探索和应用。相信未来从场景出发挖掘汽车产品概念和定义卖点将成为定义产品的重要方向，也会助力汽车企业打造更具差异化、标签化的产品，从而在竞争中脱颖而出。

（作者：张晓聪）

特斯拉入局对豪华车市场的影响

2020年是我国新能源汽车市场化发展的元年,特斯拉和上汽通用五菱分别从高端和低端切入,抓住了用户的核心需求,并取得了历史性的突破。特别是特斯拉作为未来汽车电动智能化的代表,其国产Model 3车型的上市获得了极大的成功,不但搅动了豪华车市场的格局,也给传统豪华车品牌带来了巨大压力,同时引发了行业对于智能化时代如何重新定义豪华车的历史性思考。

一、特斯拉凭借颠覆性的技术和商业模式率先激活了高端新能源市场

特斯拉国产Model 3上市后,销量从2019年的4.5万辆增加至2020年的14.7万辆,在豪华车市场中的份额从1.5%上升至4.3%。特别是2020年国庆降价后,11月份和12月份的单月销量接连突破21000辆和23000辆(见图1),远高于传统豪华品牌同级别走量的燃油车型。

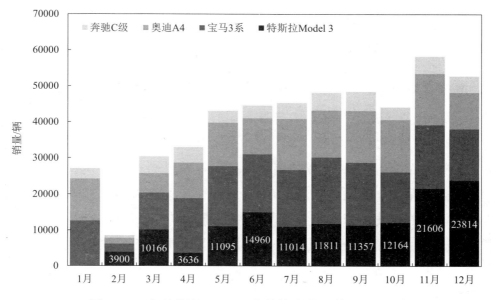

图1 2020年特斯拉Model 3和传统豪华品牌B级车月度销量

笔者认为，Model 3 车型能够取得上述成绩，主要源于以下三点原因。

1. Model 3 解决了电动汽车的痛点，且性价比超越燃油汽车

一是续航满足基本日常需求且显著优于竞品。相对于竞品 400km 左右的续航，Model 3 长续航和高性能版本 NEDC 续航均超过 600km，调研显示，这几乎可满足所有用户的需求。二是超级充电方便且快速，能量补给处于行业领先地位。特斯拉采取专属快充网络补能方式，且布局非常合理，V3 充电桩峰值功率可达 250kW，充电体验远超传统豪华品牌整合社会资源的贴牌网络。三是驾驶体验和性能指标超越燃油汽车。Model 3 高性能版最高时速可达 261km/h，百公里加速 3.3s，提速能力优于百万级别性能车。四是使用和保持成本远低于同级燃油车。相较传统豪华品牌高昂的维持成本，Model 3 作为电动汽车维持成本可忽略不计，使用成本仅为燃油汽车的 1/10。主要豪华品牌电动车 NEDC 续航里程对比见表 1。

表 1 主要豪华品牌电动车 NEDC 续航里程对比

车型	续航里程/km
特斯拉 Model 3 标准续航升级版	468
特斯拉 Model 3 长续航后驱版（2021 年 1 月下架）	668
特斯拉 Model 3 Performance 高性能版	605
宝马 i3	340
奔驰 EQC	415
奥迪 e-tron 55	470
奥迪 e-tron Q2L	265

2. 高举高打树立创新品牌形象，降价降维推动市场规模迅速做大

特斯拉通过"三板斧"树立了自身高端科技的品牌形象。首先，特斯拉通过马斯克科技狂人传奇经历和充满想象力的科技产业链布局树立了自身科技革命先驱和产业颠覆者的形象。消费者调研中发现，跨界科技实力是特斯拉的重要加分项，即使消费者对产品了解不深，也认可它在电动车领域的技术实力和标杆地位。其次，运用黑科技和智能化拉开与其他企业的差距。特斯拉在深度学习算法、人工智能芯片、大数据等各项前沿领域不断深化布局，芯片实力领先于专业的汽车芯片公司，业务边界远超传统意义上的汽车企业（见表 2）。通过重构 EEA，率先将 OTA 应用到汽车上，为用户带来了全新体验，对沿用工业品思维造车的传统企业堪称"降维打击"。最后，特斯拉采取自上而下的产品投放策略迎合国人

心理，成功树立了高端形象。区别于传统汽车品牌耕耘大众化电动车市场，特斯拉在品牌创立之初直奔高端跑车领域，再用 Model S 和 Model X 收获一批精英受众，高高在上的价格和智能化定位，牢牢地把握住了中国高端消费者的品牌认知心理。2020 年的调查显示，特斯拉在中国的溢价基本已与奔驰、宝马持平。

表2 计算平台和应用车型对比

计算平台厂家	特斯拉	英伟达			Mobileye		华为
计算平台名称	特斯拉 FSD	DRIVE PX Xavier	DRIVE PX Pegasus	DRIVE AGX Robotaxi	EyeQ4	EyeQ5	MDC600
上市日期	2019 年	201.1 季度	2018.2 季度	预计 2022 年	2018 年	2020 年	预计 2021 年
计算能力（TOPS）	144	30	320	2000	2.5	24	352
功耗/W	30	60	500	650	3	10	352
能耗比（TOPS/W）	4.8	0.5	0.6	3.1	0.833	2.4	1
支持的自动驾驶级别	L4	L3	L4～L5	L5	L3	L4～L5	L4～L5
应用车型举例	特斯拉全系	小鹏 P7	—	—	宝马 5 系、X5 蔚来 ES6、ES8	宝马 iNext	—

利用品牌和智能化的高位势实施降维打击并持续降价，配合中国生产能力，推动市场快速放量。特斯拉从诞生即认定自身肩负产业电动化使命，牢牢抓住颠覆燃油汽车的核心是价格因素这一点，从早期工厂设计、产品开发阶段就通盘考虑如何可持续地、最大程度地降低成本。一是特斯拉的生产效率在行业中处于绝对领先地位，在产品设计之初即考虑尽量避免人工组装，而采用更短小的生产线和机械臂工作模式优化生产。二是特斯拉掌握远超出传统主机厂的核心技术，对供应商的话语权更强，可以有效地控制成本。三是借助中国市场强大的产业链降本能力，特斯拉在广阔且相对成熟的电动车市场上抓住了绝佳的发展机会。要知道在 20 万～35 万元的价格区间，价格每下降 5 万元，市场容量将增加 70%，特斯拉的降价策略大大加速了电动车的普及。调研显示，Model 3 的定价几乎能满足所有潜在用户对电动车与传统燃油汽车的差价要求。与此形成反差的是，传统

豪华品牌的电动车与同级别燃油汽车之间价差约为15%，仅就定价而言，只有约45%的潜在用户能够接受该价差。

3. 剑指传统燃油汽车市场，实现三类人群通吃

除了和其他电动车品牌一样在政策驱动下开拓传统新能源汽车市场外，特斯拉的成功之处还在于凭借自身的产品优势额外吸引了两个核心用户群体，用户基础多元而稳固，为销量增长奠定了良好的基础。

特斯拉的第一类用户在政策驱动下选择电动车，且有一定品质要求。调研显示，政策导向型的用户占比为42%，其中部分用户当前因限购限行政策不得不买电动车，其他用户则是考虑到发展新能源汽车是国家政策导向。而从非政策因素购车的情况来看，特斯拉相关用户的比例明显高于其他品牌电动车，说明其产品本身的实力是引发购买的关键。其中有一类用户追求科技感、智能化，渴望尝鲜，需要彰显独特个性，占比19%，仅次于政策导向型。他们多是IT数码爱好者，对新能源汽车，尤其是特斯拉一直保持着较高的关注度，喜欢尝试新鲜事物，有玩车心理。另一类占比16%的务实经济型用户看中电动车省钱省心，所以放弃购买燃油汽车。特斯拉不仅是"少数人的电动玩具"，还凭借购车和养车成本低的优势，以及保养和补能省时省心的特性，从燃油汽车市场抢夺了一大批用户。据专家介绍，北京每年约40万辆更新需求中，约有1/3车主使用燃油汽车指标购买电动车。

特斯拉在多元而稳固的用户群体中积攒了较好的口碑和忠诚度，这也是它能实现市场化推广的重要原因。过去两年北京市约有一半私人电动车主（约13万~14万人）更新了第一代电动车，其中选择25万~50万元纯电动车型的占比相当大。可见，除了吸引大批新购车消费者，特斯拉也带动了电动车升级换购的需求。

二、特斯拉给豪华车市场和豪华品牌带来的深刻影响

特斯拉的"鲶鱼效应"持续升级，对当下豪华车市场的格局构成冲击，并激活了新能源汽车产业链。更重要的是，特斯拉正在凭借先发优势影响消费者对电动车的认知和偏好，左右着未来行业的走向。

1. 特斯拉使传统豪华品牌面临巨大的潜在威胁

现阶段，Model 3对豪华车品牌的直接冲击并不明显。从市场表现上看，2020

年奔驰、宝马和奥迪均实现了销量同比正增长,受 Model 3 的冲击与普通品牌相比较为有限(见表3)。从竞争关系上看,调研显示如果新能源汽车产品供给足够丰富,81%的消费者仍然倾向于选择传统豪华品牌,说明目前传统豪华品牌在消费者心目中仍然保有重要地位。

表3 分品牌销量同比增速

(单位:%)

品牌	特斯拉	奔驰	宝马	奥迪	普通品牌
2019 年	226.6	6.1	14.7	-1.3	-11.1
2020 年	201.4	7.9	4.7	4.4	-9.6

种种迹象表明,特斯拉对豪华车品牌的挤出已经发生。Model 3 通过降价,向下蚕食普通合资汽车品牌的市场,而 Model Y 的定位则更多瞄准传统豪华车品牌的市场。特别是在近年来增长潜力强劲的 SUV 市场上,豪华车品牌推出的电动车产品如 e-tron 和 EQC 性价比普遍偏低,Model Y 的出现将进一步释放潜在购买力。即使和豪华车品牌的燃油汽车相比,Model Y 在价格、使用成本、智能化、路权等方面同样具有优势,特斯拉与传统豪华车品牌的竞争关系正在发生逆转。

2. 特斯拉的最大威胁在于重塑电动车时代消费者的认知和偏好

首先,特斯拉在电动车领域的标杆地位被广泛认可,而豪华车品牌则全面陷入被动。目前传统豪华车品牌的新能源汽车在续航、充电网络体验、智能驾驶、加速等各方面都难以超越特斯拉。更重要的是,特斯拉的定价使传统豪华车品牌在电动化时代直接面临生存压力,在电动车领域的话语权和专业度受到部分消费者质疑。

其次,特斯拉倒逼豪华车品牌加速电气化布局。在调研中,消费者普遍认为"油改电"是限制豪华品牌新能源汽车产品力提升的重要原因。目前,豪华车品牌纷纷被迫加速电气化转型。奥迪已先行一步,引入 MLB EVO 平台和 MEB 平台,打造 e-tron/e-tron Sportback 和 Q4 e-tron,并联合保时捷共同开发高端电动车 PPE 平台,首款车型计划于 2024 年投产。奔驰也将开发两个电动车平台 EVA、MMA,大型纯电平台 EVA 的首款代表作 EQS 将于 2021 年上市。宝马也在考虑建设纯电平台,但面对庞大的投入仍未下定决心,坚持多种技术路径共同发展,将于 2021 年推出 5 款电动车。但是，即使豪华车品牌奋力追赶，也无法改变已经落后的事实，在他们的纯电平台产品上市之前，特斯拉将进一步扩大市场占有率，豪华车品牌势必承受更大的压力。

最后，豪华车品牌传统优势的影响力在特斯拉面前逐渐消退。消费者期待新能源汽车与传统汽车具有明显的差异性，比如在外观科技感和功能智能化方面有颠覆性变化，对燃油汽车原有特色的关注度在下降。此外，消费者的审美偏好也在发生变化。一些消费者表达了对简洁风格的偏好，以及对豪华品牌传统经典内饰的厌倦。

三、豪华概念在电动智能化汽车时代面临被重新定义的现实挑战

在电动智能化汽车时代，特斯拉会成为豪华车品牌的中坚力量吗？答案是否定的。首先，特斯拉无意成为豪华品牌也难以成为豪华品牌。特斯拉的野心是推动可持续的新能源解决方案，推出让所有人喜欢和买得起的电动车，立足于扩大市场份额，并非成为面向少数人的豪华品牌。未来产品线会进一步丰富，价格继续下探，所以，特斯拉和传统豪华车企业并不是在一个维度上较量。此外，特斯拉也难以成为豪华车品牌，一是传统品牌对豪华车的深刻理解和历史积淀是特斯拉短时间内难以企及的，二是特斯拉走规模化路线，不断调整售价，牺牲一定的做工和可靠性，这显然与豪华车品牌追求极致品质的调性相差甚远。

即便如此，特斯拉在消费者心目中的地位也是可以与传统豪华品牌相抗衡的，原因在于豪华概念在电动车时代被赋予了新的内涵。消费者调研显示，用户认为豪华高端新能源汽车的构成要素主要包括性能好、智能化程度高、科技感强、加速快、有专属充电服务，对于此前普遍认识中的由豪华车品牌生产、操控感突出、动力强劲、定价高等因素的重视程度相对靠后。但是，究竟哪些新的特性会作为豪华车品质的一部分在消费者的认知中沉淀下来尚需时间检验。

综上所述，特斯拉入局对豪华车市场产生了深刻的影响。2021 年，随着 Model Y 蓄势待发，高端新能源汽车市场有望继续高速增长。对传统豪华品牌而言，外有强敌，内有隐忧，形势更为严峻。如何使豪华基因顺应时代潮流，满足消费者的核心诉求，这也是所有豪华车企业必须思考和解决的问题。

（作者：李睿昕）

产品快速诊断方法初探

产品快速诊断是企业在本品或竞品上市后三个月内可以采取的一种针对性诊断方式，并且可以持续追踪。基于快速诊断，汽车企业可了解产品状态，识别本品问题和竞品威胁，进而制定方向性策略。尤其在竞争日趋白热化的今天，汽车企业更需要针对本品和竞品的表现做出快速反应、以应对加速的竞争业态。本文基于国家信息中心研究实践，力图为产品快速诊断方法提供方法论和分析框架。

一、问题的提出

"兵贵神速"，在越来越快节奏的汽车社会里，企业若想争取更精彩的表现，需要具备迅速捕捉市场热点、洞悉产品动态并及时调整的能力。比如，五菱宏光MINI EV 2020年上市后迅速蹿红，背后的原因与启示是什么？传统的诊断手段如上市后验证一般在上市后六个月后进行，且依托大样本执行，反应速度难以达到预期。那么是否有一种诊断手段，可以在较短时间内组织调研、以一种"小而美"的方式达成企业的需求呢？

通过实践，笔者所在研究团队探索了一种产品快速诊断方式，即在新产品上市三个月内，通过目的性强的小样本精准调研了解产品核心情况，进而制定针对性策略。对于汽车企业的规划部门和营销部门来说，快速诊断确有必要。首先，可以快速了解产品的真实市场状态，包括本品视角和竞品视角；其次，能够在终端市场情况的基础上提出解决本品问题的办法和应对竞争的策略；再次，能够在第一时间了解新市场产生逻辑、蓝海产品如何出现，从而为新产品研发提供输入。这三点都将指引企业制定方向性策略，从而为下一步行动定调。因此，兼具了解本品竞品功能、集及时性与方向性特点于一身的快速诊断，成为了解决汽车企业洞察产品需求的"小而美"的方式。

基于以上背景，笔者结合实践总结了产品快速诊断方法，力图通过对比分析和环节拆解，提供一个具备可操作性的分析框架。

二、产品快速诊断方法

"工欲善其事,必先利其器",由于业内对汽车产品上市后的验证较为熟悉,基于国家信息中心的实践探索,结合已有资源,笔者总结了产品快速诊断与常规上市后验证的异同点(见图1)。

相同点	不同点		
市场定位-确认细分/竞品	项目	产品快速诊断(上市3个月)	产品上市后验证(上市6个月)
用户定位-确认典型用户	视角	本品视角、竞品视角	本品视角
产品卖点-用户感知/反馈	周期	短平快,两三周时间	两个月左右
营销策略-强于/弱于竞品处	执行	预研究在先、小调研认证;经销商、用户定性;不断追踪、深化	大样本调研;用户FGD,加之定量;一般执行一次
用户满意度-抱怨点/满意点	细度	粗线条,一级指标	二级三级指标

图1 产品快速诊断与常规上市后验证的异同点

与常规产品上市后验证相比,产品快速验证的主要研究内容与其一致,包含市场定位、用户定位、产品卖点、营销策略、用户满意度等维度。与此同时,不同点也是非常明晰的,体现在以下五个维度:①相比上市后验证的本品视角,快速诊断还具有竞品视角,支持对竞品的诊断;②执行周期上,相比常规两个月左右的长度,快速诊断支持两三周短平快的节奏;③执行方式上,相比常规基于用户FGD+定量的大样本实车测试,快速诊断需要落实预研究[①],依托于专家、经销商和用户的精准小样本定性调研,能够不断追踪和深化;④细度上,相比常规产品特征目录下二级、三级指标的细致程度,快速诊断支持粗线条的产品一级指标维度;⑤作用上,相比常规为产品改款给出全方位的细致建议,快速诊断给出的是及时性、方向性的策略建议,因此扮演着不同的角色。

由于"及时性""方向性"的鲜明特征,产品快速诊断对研究者的能力要求也相对较高,体现在以下四种能力(见图2):一是作为基础的重点产品追踪能力,能够"识别"核心车型;二是作为引领的预研究先行能力,能够分析预判、指出

[①] 报告写作方式之一,在正式报告写作之前,基于案头能力和专业分析能力先做出的市场预判,包括基本分析框架、主要支撑以及假说判断。

调研方向和重点；三是作为保障的精准调研能力，能够精准定位被访对象、快速调研和深度挖掘用户特征及需求——其中值得一提的是快速调研能力，作为体系化能力的重要组成部分，直接关联到快速诊断调研环节的效率；四是作为收尾的高效总结写作能力，能够确保调研及预研究的输出符合需求。而保障这些能力的，除了基础的产品追踪分析体系外，还有产品诊断分析体系。

图 2　产品快速诊断开展目的、能力要求和体系支撑

"步线行针"，围绕这一体系的构建，笔者对产品快速诊断方法进行了关键环节的拆解，共分为四个环节（见图 3）。

图 3　产品快速诊断方法的关键环节

第一是案头研究环节，一般需要 2 天时间。案头研究作为头脑风暴和精准调研的基础，是重要的信息输入环节，其成果直接关联预研究的质量。这一基础环节，需要结合预研究能力、大数据能力，输出产品力判断和用户群体判断，从而

提出发现和假设。细化来看,分为市场定位、卖点评估、竞争力对标、人群画像四个部分,整个过程中贯穿对大数据以及产品分析工具的运用:①市场定位,需要结合基础参数(车身形式/车长/轴距/价格)给定细分市场和竞品,借助大数据修正核心竞品;②卖点评估,需基于厂商宣传和专业视角做出判断;③竞争力对标,可结合配置工具、大数据等做输出;④用户画像,可通过大数据输出用户类别、满意点,NCBS[①]数据进一步完善用户重视因素,从而为头脑风暴的产品分析、用户洞察做出基础输入。

第二是头脑风暴环节,一般需要 2 天时间。由于在整个研究过程中,小样本定性调研目的是验证和补充案头发现和假设,这样一来,前期工作就尤为重要。

这一关键环节,需要结合之前的案头研究、数据挖掘结果及研究经验,输出调研方案、完善预研究成果。为了达到精准调研的目的需要,首先,基于对已有内容的掌握和探讨,通过头脑风暴对调研对象(专家/经销商/用户)进行确认;其次,对用户画像进行细致刻画,输出类型、买车故事线和看重点;再次,对调研方案和提纲进行细节打磨,同时也进一步锁定调研区域和用户身份。值得一提的是,在此环节的用户洞察,已经是结合判断的输出,而围绕调研提纲的共同打磨,能够尽力保证所访问内容的完整度和深度,从而为定向邀约及访谈奠定基础,压缩调研时间。

第三是精准调研环节,大约需要 1 周时间。通过精准调研,验证和完善案头研究的发现和假设,其顺利实现,关乎预研究判断的有效性以及建议合理性的实现。这一核心环节,需要快速调研能力、精准执行能力、高效总结能力以输出调研成果。为了实现精准调研,需要多方配合,一方面基于前一环节的输出,精准定位到每一类用户,从而实现高效的定向邀约,另一方面由良好的快速调研能力提供支持,基于讨论充分的提纲深入挖掘用户需求。精准调研的实现,在保证调研成果的前提下压缩了时长。

第四是快速写作环节,需要 1 周时间。这一收尾环节,需要把握研究目的、呈现核心观点,基于调研成果和前期预研究,快速形成诊断结果和建议。具体操作时,研究团队通过深度总结、多轮讨论与及时调整,在把握市场前瞻性的基础上完成诊断和建议。最终,输出的建议可直接用于制定企业的方向性策略,在实

---

① NCBS,新车购买者调查,国家信息中心每年都基于大样本进行调研。

践中也得到了很好的应用。

例如，2020 年 7 月 24 日上市的五菱宏光 MINI EV，在三个月内销量连创新高，迅速走红，在进行了较为充分的案头工作以后，国家信息中心研究团队通过头脑风暴确定了调研区域、对象（包含车主和经销商）和提纲，于 10 月中旬展开调查。其中，对于 MINI EV 的主力人群，做出了低速电动车升级需求、城市短途代步首购占号和增购家用需求的预判。由于邀约清晰、执行得当，快速调研得以实现。也正是在前序工作的基础上，结论印证此前判断、观点明确，专题报告在 2 天之内完成。其中，对用户的刻画的确分为了三个族群，印证假说。通过对 MINI EV 快速崛起的原因分析，研究团队提出了对 A00 BEV 市场的启发和产品改进建议，高效及时地支撑了企业的产品规划策略。

由此可见，通过以上四个环节，快速诊断并不会因写作周期缩短而降低报告质量，源于借助"小而美"的快速诊断，在扎实的预研究基础上得以有质量的实现。值得一提的是，其结果能够直接指导企业做出及时准确的调整，并能够通过持续跟踪以不断地深化理解和更新状态。

三、总结

对于汽车企业而言，产品快速诊断方法是一个"小而美"的诊断工具，通过案头分析、头脑风暴实现精准调研，继而在各环节输出成果的基础上实现快速诊断。通过产品快速诊断，汽车企业能够及时高效地了解本品情况以解决问题，了解竞品情况以识别威胁，了解新蓝海市场的开辟以着手布局，在此基础上制定方向性策略，从而更好地应对竞争加速的市场考验。在实践中，基于产品快速诊断的可持续性，通过持续跟踪热点产品表现，汽车企业能够不断更新产品状态、深化认知并及时做出调整，从而更好地"对症下药"。

（作者：杨依菲）

中国碳中和与碳达峰下
新能源重型货车的机遇和挑战

2020年12月13日,在纪念《巴黎协定》签署五周年之际,习近平主席在联合国大会上明确提出,二氧化碳排放力争于2030年前达到峰值,努力争取2060年前实现碳中和。碳达峰、碳中和的目标给汽车行业带来了新的考验,也为新能源汽车产业的进一步发展提供了机会。

近两年,新能源重型货车规模化推广应用的趋势逐步形成:上保险数据显示,2019年我国重型货车销量创历史新高,达到5036辆,但销售地、产品类型和企业相对集中;而2020年我国重型货车销量为2626辆,在销量上呈下降趋势,但在销售地、产品类型和生产企业方面相对分散,呈现出百家争鸣、多地开花的趋势。 随着新能源重型货车产业的发展,技术路线的选择与替代也逐步成为行业发展讨论的重点。本文将从政策环境入手,对纯电动重型货车的发展形势做出判断。

一、重型货车新能源化的迫切性

1. 能源结构调整所带来的迫切性

首先,能源结构的优化调整,既是我国对能源安全的战略需求,也是我国应对大气变化的国际责任担当。当前,我国石油发展面临3个"70%"的挑战:一是,2019年中国原油净进口量首次突破5亿t大关,原油对外依存度首次突破70%,且趋势还在不断提高;二是中国石油进口通道较为集中,70%~80%的进口量需经过马六甲海峡,一旦国际局势出现不稳定情况,石油海上运输风险将很大;三是我国汽车保有量不断增长,按照我国汽车保有量2.6亿辆,每辆汽车每年平均消耗1.8t石油计算,2019年全国汽车消耗石油4.68亿t,占据我国石油消费量近70%的份额。现在,汽车工业正在加速变革,未来进入零排放时代,我国可实现汽车消耗石油占比70%和石油对外依存度70%的"中和"。

此外，我国当前能源消费结构不均衡，石油消费占比达19.6%，而非化石一次能源的消费占比相对较低。非化石一次能源，一般以风能、水能、核能、潮汐能等为主，其本身难以存储，需要以电能的形式进行推广应用。但是，在2015年，我国作为联合国国际气候变化框架的缔约国，为促进气候环境向好发展，发布了《强化应对气候变化行动——中国国家自主贡献》，其要求我国非化石一次能源的消费比重在2020年达到15%，2030年达到20%，2050年超过50%。在2020年12月12日，习总书记在联合国气候雄心峰会上发布，将2030年非化石一次能源消费占比调整至25%。据国家能源局测算，2020年我们基本实现了15%的占比目标，但是要在2025年实现25%的占比目标，则意味着我国要在未来5年培育一个新的、相当于当前规模约67%的电量消费市场。因此，新能源汽车产业的发展迫在眉睫。

2. 环境发展所带来的迫切性

为响应国家二氧化碳排放力争2030年前达到峰值，努力争取2060年前实现碳中和的号召，在2020年10月27日，李骏院士在中国汽车工程学会年会暨展览会上发布《节能与新能源汽车技术路线图（2.0版）》时，承诺汽车产业碳排放总量先于国家碳排放承诺，于2028年左右提前达到峰值，到2035年排放总量较峰值下降20%以上。这是一个远大而宏伟的目标，也对汽车产业的节能减排提出了迫切的要求。从生态环境部2019年发布的《中国移动源环境管理年报2019》可以看出，重型货车占汽车保有量的3.1%，但是在四项主要排放物的占比上却实现了倍数级的增长（见表1）。

表1　汽车污染排放物情况一览

车型	微型客车	小型客车	中型客车	大型客车	微型货车	轻型货车	中型货车	重型货车	合计
数量/万辆	188.0	20129.9	75.5	158.5	5.3	1728.7	124.7	711.2	23121.8
占比（%）	0.8	87.1	0.3	0.7	0.0	7.5	0.5	3.1	100.0
颗粒物（PM）排放量分担率（%）	0.0	1.1	0.9	13.3	0	10.6	7.8	66.3	100.0
氮氧化合物（NO_x）排放量分担率（%）	0.6	10.9	2.7	13.2	0.2	5.1	9.5	57.8	100.0

（续）

车型	微型客车	小型客车	中型客车	大型客车	微型货车	轻型货车	中型货车	重型货车	合计
碳氢化合物（HC）排放量分担率（%）	2.9	49.9	2.4	6.1	0.4	9.0	6.2	23.1	100
一氧化碳（CO）排放量分担率（%）	3.0	56.8	2.1	5.5	0.5	9.5	4.4	18.2	100

注：数据来源于国家环境部《中国移动源环境管理年报2019》。

因此，重型柴油货车的排放治理是汽车节能减排发展的关键。从2018年开始，各部委密集发布相关政策法规对柴油车的排放进行治理管控，如《重型柴油车污染物排放限制及测量方法（中国第六阶段）》《国务院关于印发打赢蓝天保卫战三年行动计划的通知》《长三角地区2018~2019年秋冬季大气污染综合治理攻坚行动方案》《柴油货车污染治理攻坚战行动计划》等，通过"排放升级""淘汰国Ⅲ""推动新能源""优化运输结构"等一系列措施来治理重汽柴油货车的污染排放问题。在此背景下，重型货车的新能源化逐渐成为各家主流主机厂当前及未来产品布局的技术方向选择。

二、重型货车纯电动化发展未来可期

2019年9月，国务院办公厅印发的《交通强国建设纲要》（以下简称《纲要》）中要求，2035年在货运方面形成"全球123快货物流圈"（国内1天送达、周边国家2天送达、全球主要城市3天送达）和货物多式联运的高效经济。对比现阶段国内大部分快递物流企业所承诺的3天内送达的服务速度，单以"国内快货1天送达"这一要求来看，我国货运在运输效率上还需要进行大幅的提升。

现阶段，我国货物运输还是以道路运输为主，其运输总量是其他运输形式的5倍以上（见图1），但是其运输效率相对其他形式还是较低（见图2）。因此，选用更高效快捷的运输工具，是效率提升的关键。由于道路车辆具备"门对门"的运输优势，发展多式联运成为提升运输效率的有效途径。

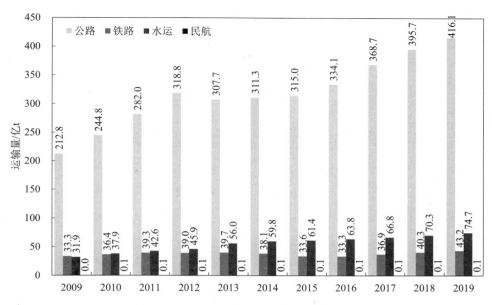

图1 2009~2019年我国货物运输细分市场走势图

（注：数据来源于《中国统计年鉴》）

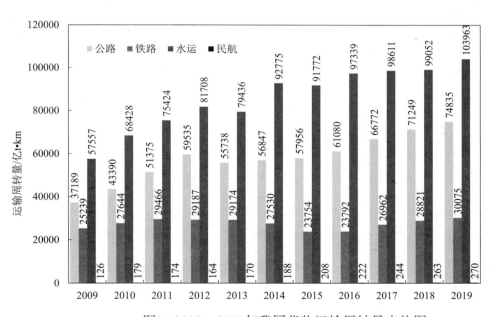

图2 2009~2019年我国货物运输周转量走势图

（注：数据来源于《中国统计年鉴》）

以快递行业为例，顺丰是国内率先提供次日达业务的快递企业，其通过"天网"中2004条散航及转机路线与"地网"中420个高铁线路和11万条道路干支线的结合（参考顺丰控股股份有限公司2020年半年度报告），以立体化交通运输结构为高效的快递运送服务提供保障。

此外，多式联运的发展也可以逐步将铁路货场、临空经济区、港口货场与道路货仓和配送站点进行连接，有效降低支线和末端的"门对门"运输里程，并推动中短途重载货运市场的发展。

2018年8月，交通运输部与国家发展和改革委员会联合发布《第三批多式联运示范工程申报工作的公告》，要求"示范线路项目申报中公路里程最长不超过150km"。这也间接证明，多式联运的发展会有效缩短道路运输的里程，将省际、城际运输逐步转换成城际和城市运输。而通过工业和信息化部发布的2020年第1批到第13批的《免征车辆购置税的新能源汽车车型目录》统计可以发现，纯电动重型货车的续驶里程基本都在150km以上（见图3），基本可以满足多式联运末段的道路重载货物运输。

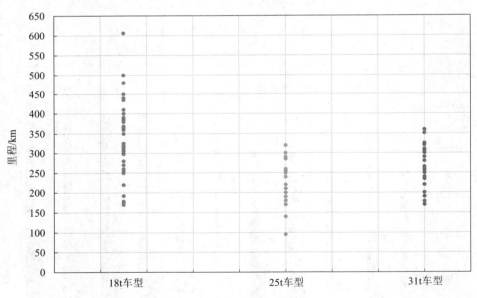

图3 2020年纯电动重型货车续航里程分布

类比客运行业，多式联运实际已逐步成为我们的一种出行模式。对于中长途旅行，我们基本会选择以铁路和飞机为主的交通工具，然后转乘客车、城市公交、出租或轨道交通等交通工具到达目的地。正是由于多式联运在客运行业的发展，一方面削弱了道路客车在客运行业的发展空间，另一方面也助力了城市公交和出租车等这类中短途客运形式的发展。现阶段，城市公交电动化率已达48%，已然成为商用车电动化发展的主力军。中重型商用车的电动化率超过1%，已逐渐进入成长期。展望货运行业的未来，多式联运的发展会将纯电动重型货车的推广逐步带上高速发展的通道。

三、纯电动重型货车发展的建议

1．国家层面，鼓励纯电动重型货车在公共领域的应用

公共领域电动化是新能源汽车产业发展的重要组成部分。而重型货车所应用的领域，如环卫、城市建筑物流和港区运输等都是作为生产资料服务于社会。因此建议，将如上区域纳入公共领域，并进一步推动地方政府进行补充落实。

2．地方政府层面，做好基础设施的统筹规划

纯电动重型货车在使用环节存在充电难的问题，充电设施的功率分配和区域分配不均衡。公共区域的充电桩大多为满足乘用车的充电需求，而大功率的充电站一般也都分布在公交场站中，外部车辆进入充电存在管理问题。因此，建议地方政府在基础设施这一块可以进行统筹考虑，以应对城市新能源车辆多样化的使用需求。

3．企业层面，加强合作降本提效，探索新的商业模式

目前，纯电动重型货车一次性购买成本较高，企业之间需加强合作通过产业链共用的规模化优势来进一步降低产品成本。同时，也可谋求或探索新的商业模式，如融资租赁、车电分离等，来降低用户的一次性购买成本门槛，为纯电动重型货车由政策化导向向市场化导向转变做铺垫。

纯电动重型货车的发展目前还处于起步期，而交通结构的调整为其带来了良好的发展机遇。而要把握这个机遇，需要国家及地方政府与企业一起协同努力，有效解决当前车辆推广的关键问题，一同推动纯电动重型货车产业进入新能源化发展的高速赛道。

（作者：关永康）

电动汽车家用充电桩市场分析与发展趋势

一、"原厂"充电桩

电动汽车家用充电桩（又称自用充电桩/充电墙盒）（以下简称家充桩）作为汽车企业为购车车主标配的充电设备，一般由汽车企业在购车发生后为车主安装到指定的车位（产权或租用车位），故家充桩也可以视为整车销售的一个配件，是车辆电动化后出现的新兴供应链。

家充桩是各个新能源汽车企业，特别是纯电汽车企业车主充电服务版图中的重要组成部分。家充桩的设备设计生产、随车销售、客户安装等服务完全由汽车企业主导。虽然不是车上的零部件，但相当部分的汽车企业仍将 TS16949 车规级的生产要求贯彻到家充桩的管理中（或类车规级要求），故可以认为是"原厂"充电桩。

家充桩的生产一般由汽车企业委托有能力的充电桩企业代工，最早集中在台资大厂，不过内地企业依赖良好的服务、快速的汽车企业需求反应、低廉的成本很快就占领了该市场，万帮、挚达都是出货量很大的头部企业。

家充桩的安装也是由汽车企业委托社会上专业的安装公司来实施的。经过五六年的快速发展，市场上已经形成了一批专门提供家充桩安装服务的服务商团队，面向汽车企业提供安装、维护、检修等一条龙的服务，有些甚至将设计、生产、安装整个链条完全打通。

二、销量分析与预测

1. 2020 年市场销量分析

随着国内电动汽车市场的增长，家充桩也形成了明显的细分部件市场。目前市面上对车型产销的统计数据很多，但是针对家充桩的数据还比较缺乏。本部分尝试从两个角度来分析和交叉验证。

分析之前先明确家充桩的几个特性：一是私人客户是家充桩的主要群体；二

是私人客户中有固定车位条件（产权或租赁或使用）才有安装可能性；三是有固定车位安装条件的客户中又有部分会因各种原因（物业不允许、取电条件不满足等）无法安装。

从整车销量角度分析，据乘用车市场信息联席会和汽车工业信息网等官方渠道数据，2020年国内新能源汽车的销量大概在110万辆，其中，纯电车型销量为95万辆（插电混动车型某些地区也需要家充桩，比如上海，这里先不考虑）。95万辆的纯电车型销量减掉约8万辆的五菱EV系列销量（五菱EV使用一种类似充电插座的设备或直接用家用插座充电，不算严格意义的家充桩），剩下87万辆按七成流向私人市场计算即为61万辆。61万辆的私人用户中，平均安装率按60%计算就是36万台家充桩。再考虑其他一些因素，2020年国内家充桩的市场增量大概是30多万台。

从充电联盟数据分析，中国电动汽车充电基础设施促进联盟（以下简称充电联盟）定期发布国内充电设施数据。其发布的《2019～2020年度中国充电基础设施发展报告》中第26页"2019年，我国新配建私人充电桩超过22万台。"充电联盟该项数据主要依赖联盟成员汽车企业（主要为内资品牌）主动报送。特斯拉2020年国内销量约13万辆，几乎全是私人客户，按70%的安装率计算约有9.1万个家充桩。算上特斯拉的数据，考虑2020年纯电车型的整体增长，2020年家充桩的总量基本也达到30多万台的区间。

2. 2021年市场销量预估

家充桩的销量一定是跟新能源汽车的总销量正相关。乘用车市场信息联席会预计2021年我国新能源汽车市场将进入高速发展周期，乘用车的增幅在40%，总量预计达到150万台。照此估算，2021年家充桩的总量预计在40万～50万台。如果按《新能源汽车产业发展规划（2021～2035年）》2025年新能源汽车销量达到500万辆计算，预计届时家充桩的总量将达到150万～200万台。

三、市场新动向

1. 蔚来的直流家充桩上市

2020年之前，家充桩绝大多数是交流慢充类设备，功率集中在3.5kW/7kW两个功率段。其实家充桩采用小功率直流的方案很早就有企业提出，毕竟20多千瓦的充电功率直接将充电速率提升了3倍，但是直到2020年8月份才由蔚来率先推向市场，也是伴随蔚来长续航大容量电池的上市（100 kW·h 电池），原有的慢充桩方案已经明显不能支撑（7kW慢充需要10h）。像蔚来这么重视客户体验的汽车企业，率先推出解决方案也是情理之中。

小功率直流家充桩优点很多，比如，7kW交流慢充3倍的充电速度、原厂品控管理下更好的设备品质、经过汽车企业调教后与电池适配性更理想的充电过程（可以认为对电池的损伤减小）等等。但是问题和局限性也是明显的。第一是贵。蔚来的方案是"家用快充桩的全新安装价为1.68万元，现有家充桩用户优惠价为1.58万元，首桩权益抵扣价为9800元"。不过快充桩的硬件成本远远超过慢充，又是TS16949原厂品控下的产品，这个价位也属合理。第二是取电点的局限性更明显。快充桩只能接入380V三相电，这进一步放大了之前提到的取电点难题。基本可以认为只有具备电网报装（部分地区报装也只限于单相）或者别墅用电的才有安装快充桩的条件。取电点的局限性是影响家用快充桩推广的核心问题。该问题汽车企业没有任何办法解决，只有依赖电网部门进一步降低私人报装的门槛、提高服务意识和服务效率。

未来随着更多携带大容量电池、长续航里程、高电压平台车型的上市，可以预见更多的汽车企业会引入家用快充桩，其份额在家充市场会迎来明显增长。另外，相关的行业标准NB/T XXXX《20kW及以下非车载充电机技术条件及安装要求》也进入意见征求阶段，预计2021年发布。

2. 特斯拉家庭充电包选装的外溢

"特斯拉降价"是2020年新能源汽车市场的一个热门话题，几乎从年初到年末。除去车本身降价外，官宣家庭充电服务包变为选装配置也构成了降价矩阵。特斯拉的家庭充电服务包提供从家充桩设备、到安装、再到后期质保的整套服务，天猫旗舰店标价8000元，主要包括以下内容：1台第三代壁挂式充电连接器、80m内的基础安装服务、1台漏电保护断路器、1次电力环境勘测与施工方案设计、4年充电桩质保、2年安装工程质保。该项政策官宣后，部分车主只购买裸车，转而在淘宝等电商平台购买第三方交流慢充设备，同时再与店主协商安装服务，以解决家庭充电问题。这些第三方设备的电商售价普遍在1000~3000元的区间。随着特斯拉的售价逐渐下探到20万元的区间，家庭充电可选后这部分能节省的成本会吸引越来越多的车主。目前国内的充电协议经过 2015 版国标发布后 5 年的发展，车桩匹配性方面已经有较大的提升，尤其是慢充协议。这也为特斯拉的家庭充电选装提供了技术基础，使得车主不再需要汽车企业标配而可以寻找外部资源。同时也将家充桩市场逐渐推向了 C 端。2020 年淘宝平台上一些第三方充电设备的销量增长很明显。这部分市场外溢，必然会刺激电商平台的发展，提前重视电商渠道，做好服务的企业有可能在电商平台成长为类似格力、海尔的专业企业，提供从设备到安装到后期维保的全产业链服务。家充桩也会越来越像个家用电器。

不过需要注意的是，充电设备大功率、大电流的电气特点带来的安全问题不容忽视。车主外购第三方家充桩，有可能带来安全事故问题，需要从责任划分、保险、监管等方面匹配相应的措施，否则会带来一系列新的问题。

3. 大企业的入局

家充桩如果按原厂部件的管理方式，对供应商应该是有较高门槛的。但由于传统巨头汽车企业，比如大众、奔驰在纯电车型上的发力较慢，北汽、启辰等内资品牌的提前抢跑，培养出了万帮、挚达等新进入汽车企业供应链的国内供应商，近年来，几个头部品牌的家充桩出货量几乎占到了整个市场的 70%。

不过 2020 年局面开始发生显著变化。作为全球汽车安全和汽车电子领域顶级供应商的均胜电子，旗下充电墙盒、高压配电单元、车载充电枪等多款新能源汽车领域产品在 2020 年获得了一汽大众、上汽大众、上汽通用、上汽乘用车等主机厂的多个开发与量产订单，全生命周期订单额超过 40 亿元。其中，为 MEB 中国区车型生产配套的充电墙盒 Wallbox（即家充桩）于 2020 年年底进入量产。随着大众 MEB 工厂 ID.4 车型的全面上市，均胜制造的配套家充设备也会进入千家万户。

2020 年 12 月份，均胜电子子公司宁波均胜群英汽车系统股份有限公司与 JDL 京东物流举行战略签约仪式，将依托各自的资源优势和市场服务基础，在电动汽车家用智能充电桩安装、充电网络平台化运维、充电桩售后维保服务等方面开展战略合作，该合作目标也直指家充桩市场。另外，2020 年 11 月份，意大利意科能源（上海）有限公司在上海发布了 JUICEBOX 充电产品，并举行了中国质量认证中心 CQC 充电国标认证证书颁证仪式。意科能源（上海）有限公司的母公司为意大利国家电力公司 Enel（发电和电网一体化），是全球第三大电力公司，是南欧、东欧、东南亚、南美和部分北美地区的主要供电企业。作为 Enel 旗下主打电动汽车充电市场的品牌，JUICEBOX 系列充电产品在欧美市场拥有较高的占有率和品牌度。意科能源（上海）有限公司将其引入中国市场，希望与在华汽车企业、电网机构共同开拓，发展电动汽车市场，提供高品质充电，加快实现绿色出行的转变。JUICEBOX 是家用充电市场中为数不多的外资品牌，说明了外资电力企业对中国充电服务市场的信心，选择从家充市场切入，更是说明对家充市场的看好。2020 年 12 月份，意科能源与威马汽车签署战略合作协议。

四、结论

家充桩作为新能源汽车必要的充电配件，预计一直到 2025 年都会随整车销量实现几乎年化 40%的高速增长，这给设计开发、生产、安装全产业链的供应商带来了稳定的成长机会。不过小功率直流家充桩的上市、电商渠道的外溢、巨头企业的进入也会逐渐加剧行业竞争，未来随着规模的进一步扩大，不管在设备生产，还是安装、维护环节，品质稳定、成本更低、服务更好的供应商将收获更多订单，有望扩大市场份额，成长为行业龙头。

另外，需要关注的是家充桩的安全监管问题。作为大功率、大电流的电气设备，家充桩需要安装在国内各式各样的小区、地库，接入不同情况的取电点，比如报装取电、物业取电、入户取电，使用的线材、漏电保护装置、电气接地等如果不符合相关要求，则存在发生电气事故的可能性。随着安装量的逐年扩大，如何对家充桩安全问题进行有效监管，也是有关政府部门需要重点关注和探索的。

（作者：罗亮）

附录

附录 A 与汽车行业相关的统计数据

表 A-1 主要宏观经济指标（绝对额）

指标	2012年	2013年	2014年	2015年	2016年	2017年	2018年	2019年
国内生产总值（GDP）/亿元	518942.1	588018.8	636138.7	685505.8	743585.5	827121.7	900309.5	990865.1
全社会固定资产投资/亿元	374694.7	446294.1	512020.7	561999.8	606465.7	641238	645675	560874.3
社会消费品零售总额/亿元	210307.0	242842.8	271896.1	300931	332316.3	366261.6	380986.9	408017.2
出口总额/亿美元	20487.1	22090.0	23422.9	22734.7	20974.3	22633.7	24866.8	24990.3
进口总额/亿美元	18184.1	19499.9	19592.3	16795.6	15879.3	18437.9	21357.3	20771.0
财政收入/亿元	117253.5	129209.6	140370.0	152269.2	159605.0	172593	183359.8	190390.1
财政支出/亿元	125953.0	140212.1	151785.6	175877.8	187755.2	203085	220904.1	238858.4
城镇家庭人均可支配收入/元	24565.0	26955.1	29381.0	31790.3	33616.0	36396.0	39251.0	42359.0
农村家庭人均年纯收入/元	7917.0	8895.9	9892.0	10772.0	12363.0	13432.0	14617.0	16021.0
全国零售物价总指数（上年=100）	102.0	101.4	101.0	100.1	100.7	101.1	101.9	102.0
居民消费价格指数（上年=100）	102.6	102.6	102.0	101.4	102.0	101.6	102.1	102.9

表 A-2 主要宏观经济指标（增长率）

指标	2012年	2013年	2014年	2015年	2016年	2017年	2018年	2019年
国内生产总值（GDP）增长率（%）	9.7	13.3	8.2	7.8	8.5	11.2	9.7	7.8
全社会固定资产投资增长率（%）	20.3	19.1	14.7	9.8	7.9	5.7	0.7	-13.1
社会消费品零售总额增长率（%）	14.3	15.5	12.0	10.7	10.4	10.2	4.0	8.0
出口总额增长率（%）	7.9	7.8	6.0	-2.9	-7.7	7.9	9.9	0.5
进口总额增长率（%）	4.3	7.2	0.5	-14.3	-5.5	16.1	15.8	-2.7
财政收入增长率（%）	12.9	10.2	8.6	8.5	4.8	8.1	6.2	3.8
财政支出增长率（%）	15.3	11.3	8.3	15.9	6.8	8.2	8.8	8.1
城镇家庭人均可支配收入（现价）增长率（%）	12.6	9.7	9.0	8.2	5.7	8.3	7.8	7.9
农村家庭人均年纯收入（现价）增长率（%）	13.5	12.4	11.2	8.9	14.8	8.6	8.8	9.6
全国零售物价总指数（上年=100）增长率（%）	-2.8	-0.6	-0.4	-0.9	0.6	0.4	0.8	0.1
居民消费价格指数（上年=100）增长率（%）	-2.7	0.0	-0.6	-0.5	0.6	-0.4	0.5	0.8

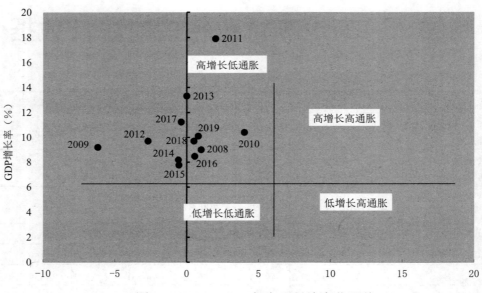

图A-1 2008~2019年宏观经济变化形势

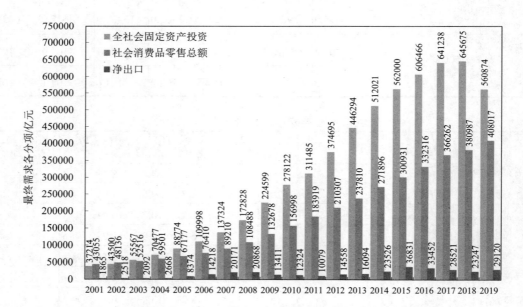

图A-2 2001~2019年社会消费品最终需求变动情况

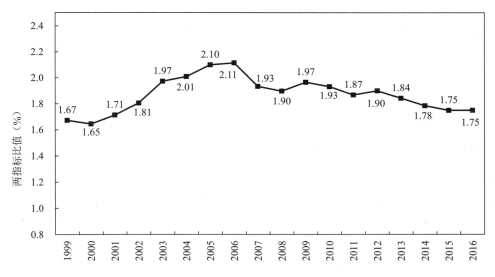

图A-3　1999～2016年城乡居民储蓄存款年末余额与社会消费品零售总额比值图

表 A-3　现价国内生产总值

年份	国民总收入/亿元	国内生产总值/亿元	各产业国内生产总值/亿元					人均国内生产总值/元
			第一产业	第二产业	第二产业细分		第三产业	
					工业	建筑业		
2002	120480.4	121717.4	16190.2	54104.1	47774.9	6482.1	51423.1	9506
2003	136576.3	137422.0	16970.2	62695.8	55362.2	7510.8	57756.0	10666
2004	161415.4	161840.2	20904.3	74285.0	65774.9	8720.5	66650.9	12487
2005	185998.9	187318.9	21806.7	88082.2	77958.3	10400.5	77430.0	14368
2006	219028.5	219438.5	23317.0	104359.2	92235.6	12450.1	91762.2	16738
2007	270704.0	270092.3	27674.1	126630.5	111690.8	15348.0	115787.7	20494
2008	321229.5	319244.6	32464.1	149952.9	131724.0	18807.6	136827.5	24100
2009	347934.9	348517.7	33583.8	160168.8	138092.6	22681.5	154765.1	26180
2010	410354.1	412119.3	38430.8	191626.5	165123.1	27259.3	182061.9	30808
2011	483392.8	487940.2	44781.5	227035.1	195139.1	32926.5	216123.6	36302
2012	537329.0	538580.0	49084.6	244639.1	208901.4	36896.1	244856.2	39874
2013	588141.2	592963.2	53028.1	261951.6	222333.2	40896.8	277983.5	43684
2014	644380.2	643563.1	55626.3	277282.8	233197.4	45401.7	310654.0	47173
2015	686255.7	688858.2	57774.6	281338.9	234968.9	47761.3	349744.7	50237
2016	743408.3	746395.1	60139.2	295427.8	245406.4	51498.9	390828.1	54139
2017	831381.2	832035.9	62099.5	331580.5	275119.3	57905.6	438355.9	60014
2018	914327.1	919281.1	64745.2	364835.2	301089.3	65493.0	489700.8	66006
2019	988528.9	990865.1	70466.7	386165.3	317108.7	70904.3	534233.1	70892

表 A-4　国内生产总值 GDP 增长率（不变价）

年份	国内生产总值增长率（%）	各产业国内生产总值增长率（%）					人均 GDP 增长率（%）
		第一产业	第二产业	第二产业细分		第三产业	
				工业	建筑业		
2002	9.1	2.7	9.9	10.0	8.8	10.5	8.4
2003	10.0	2.4	12.7	12.8	12.1	9.5	9.4
2004	10.1	6.1	11.1	11.6	8.2	10.1	9.5
2005	11.4	5.1	12.1	11.6	16.0	12.4	10.7
2006	12.7	4.8	13.5	12.9	17.2	14.1	12.1
2007	14.2	3.5	15.1	14.9	16.2	16.1	13.6
2008	9.7	5.2	9.8	10.0	9.5	10.5	9.1
2009	9.4	4.0	10.3	9.1	18.9	9.6	8.9
2010	10.6	4.3	12.7	12.6	13.8	9.7	10.1
2011	9.5	4.2	10.7	10.9	9.7	9.5	9.0
2012	7.9	4.5	8.4	8.1	9.8	8.0	7.3
2013	7.8	3.8	8.0	7.7	9.7	8.3	7.2
2014	7.3	4.1	7.2	6.7	9.6	8.3	6.9
2015	6.9	3.9	5.9	5.7	7.3	8.8	6.5
2016	6.7	3.3	6.0	5.7	7.7	8.1	6.3
2017	6.9	4.0	5.9	6.2	3.9	8.3	6.4
2018	6.7	3.5	5.8	6.1	4.8	8.0	6.3
2019	6.1	3.1	5.7	5.7	5.6	6.9	5.7

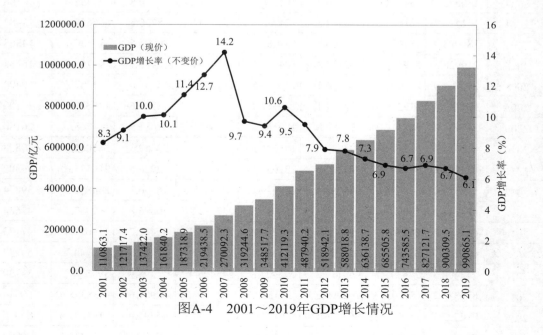

图 A-4　2001～2019年GDP增长情况

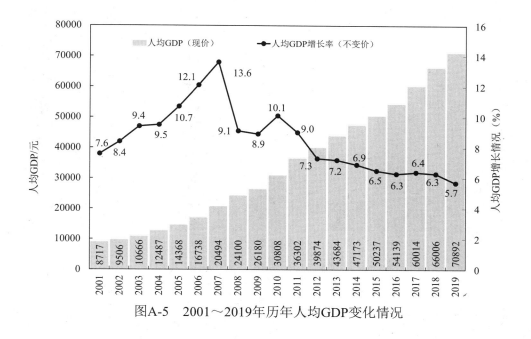

图A-5　2001~2019年历年人均GDP变化情况

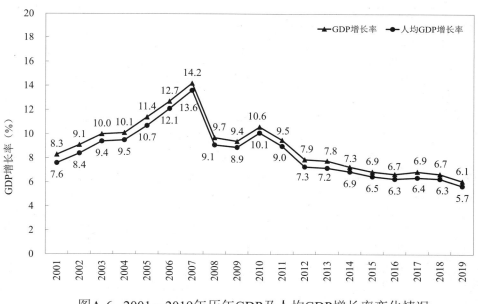

图A-6　2001~2019年历年GDP及人均GDP增长率变化情况

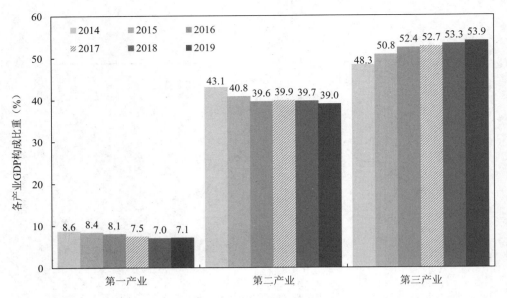

图A-7 2014~2019年全国GDP构成对比

表A-5 现价国内生产总值（GDP）构成

年份	国内生产总值占比（%）	各产业国内生产总值占比（%）				
		第一产业	第二产业	第二产业细分		第三产业
				工业	建筑业	
2001	100.0	14.0	44.8	39.6	5.4	41.2
2002	100.0	13.3	44.5	39.3	5.3	42.2
2003	100.0	12.3	45.6	40.3	5.5	42.0
2004	100.0	12.9	45.9	40.6	5.4	41.2
2005	100.0	11.6	47.0	41.6	5.6	41.3
2006	100.0	10.6	47.6	42.0	5.7	41.8
2007	100.0	10.2	46.9	41.4	5.7	42.9
2008	100.0	10.2	47.0	41.3	5.9	42.9
2009	100.0	9.6	46.0	39.6	6.5	44.4
2010	100.0	9.3	46.5	40.1	6.6	44.2
2011	100.0	9.2	46.5	40.0	6.7	44.3
2012	100.0	9.1	45.4	38.8	6.9	45.5
2013	100.0	8.9	44.2	37.5	6.9	46.9
2014	100.0	8.6	43.1	36.2	7.1	48.3
2015	100.0	8.4	40.8	34.1	6.9	50.8
2016	100.0	8.1	39.6	32.9	6.9	52.4
2017	100.0	7.5	39.9	33.1	7.0	52.7
2018	100.0	7.0	39.7	32.8	7.1	53.3
2019	100.0	7.1	39.0	32.0	7.2	53.9

表 A-6　各地区国内生产总值（现价）

（单位：亿元）

地区	2010年	2011年	2012年	2013年	2014年	2015年	2016年	2017年	2018年	2019年
北京	14113.6	16251.9	17879.4	19500.6	21330.8	23014.6	25669.1	28014.9	30320.0	35371.3
天津	9224.5	11307.3	12893.9	14370.2	15726.9	16538.2	17885.4	18549.2	18809.6	14104.3
河北	20394.3	24515.8	26575.0	28301.4	29421.2	29806.1	32070.5	34016.3	36010.3	35104.5
山西	9200.9	11237.6	12112.8	12602.2	12761.5	12766.5	13050.4	15528.4	16818.1	17026.7
内蒙古	11672.0	14359.9	15880.6	16832.4	17770.2	17831.5	18128.1	16096.2	17289.2	17212.5
辽宁	18457.3	22226.7	24846.4	27077.7	28626.6	28669.0	22246.9	23409.2	25315.4	24909.5
吉林	8667.6	10568.8	11939.2	12981.5	13803.1	14063.1	14776.8	14944.5	15074.6	11726.8
黑龙江	10368.6	12582.0	13691.6	14382.9	15039.4	15083.7	15386.1	15902.7	16361.6	13612.7
上海	17166.0	19195.7	20181.7	21602.1	23567.7	25123.5	28178.7	30633.0	32679.9	38155.3
江苏	41425.5	49110.3	54058.2	59161.8	65088.3	70116.4	77388.3	85869.8	92595.4	99631.5
浙江	27722.3	32318.9	34665.3	37568.5	40173.0	42886.5	47251.4	51768.3	56197.2	62351.7
安徽	12359.3	15300.7	17212.1	19038.9	20848.8	22005.6	24407.6	27018.0	30006.8	37114.0
福建	14737.1	17560.2	19701.6	21759.6	24055.8	25979.8	28810.6	32182.1	35804.0	42395.0
江西	9451.3	11702.8	12948.9	14338.5	15714.6	16723.8	18499.0	20006.3	21984.8	24757.5
山东	39169.9	45361.9	50013.2	54684.3	59426.6	63002.3	68024.5	72634.2	76469.7	71067.5
河南	23092.4	26931.0	29599.3	32155.9	34938.2	37002.2	40471.8	44552.8	48055.9	54259.2
湖北	15967.6	19632.3	22250.5	24668.5	27379.2	29550.2	32665.4	35478.1	39366.6	45828.3
湖南	16038.0	19669.6	22154.2	24501.7	27037.3	28902.2	31551.4	33903.0	36425.8	39752.1
广东	46013.1	53210.3	57067.9	62164.0	67809.9	72812.6	80854.9	89705.2	97277.8	107671.1
广西	9569.9	11720.9	13035.1	14378.0	15672.9	16803.1	18317.6	18523.3	20352.5	21237.1
海南	2064.5	2522.7	2855.5	3146.5	3500.7	3702.8	4053.2	4462.5	4832.1	5308.9
重庆	7925.6	10011.4	11409.6	12656.7	14262.6	15717.3	17740.6	19424.7	20363.2	23605.8
四川	17185.5	21026.7	23872.8	26260.8	28536.7	30053.1	32934.5	36980.2	40678.1	46615.8
贵州	4602.2	5701.8	6852.2	8006.8	9266.4	10502.6	11776.7	13540.8	14806.5	16769.3
云南	7224.2	8893.1	10309.5	11720.9	12814.6	13619.2	14788.4	16376.3	17881.1	23223.8
西藏	507.5	605.8	701.0	807.7	920.8	1026.4	1151.4	1310.9	1477.6	1697.8
陕西	10123.5	12512.3	14453.7	16045.2	17689.9	18021.9	19399.6	21898.8	24438.3	25793.2
甘肃	4120.8	5020.4	5650.2	6268.0	6836.8	6790.3	7200.4	7459.9	8246.1	8718.3
青海	1350.4	1670.4	1893.5	2101.1	2303.3	2417.1	2572.5	2624.8	2865.2	2966.0
宁夏	1689.7	2102.2	2341.3	2565.1	2752.1	2911.8	3168.6	3443.6	3705.2	3748.5
新疆	5437.5	6610.1	7505.3	8360.2	9273.5	9324.8	9649.7	10882.0	12199.1	13597.1

表 A-7　各地区国内生产总值占全国比例

（单位：%）

地区	2010年	2011年	2012年	2013年	2014年	2015年	2016年	2017年	2018年	2019年
北京	3.23	3.12	3.10	3.10	3.12	3.36	3.29	3.31	3.31	3.59
天津	2.11	2.17	2.24	2.28	2.30	2.41	2.29	2.19	2.06	1.43
河北	4.67	4.70	4.61	4.49	4.30	4.35	4.11	4.02	3.94	3.56
山西	2.11	2.16	2.10	2.00	1.86	1.86	1.67	1.83	1.84	1.73
内蒙古	2.67	2.75	2.75	2.67	2.60	2.60	2.32	1.90	1.89	1.75
辽宁	4.22	4.26	4.31	4.30	4.18	4.18	2.85	2.76	2.77	2.53
吉林	1.98	2.03	2.07	2.06	2.02	2.05	1.89	1.76	1.65	1.19
黑龙江	2.37	2.41	2.37	2.28	2.20	2.20	1.97	1.88	1.79	1.38
上海	3.93	3.68	3.50	3.43	3.44	3.66	3.61	3.62	3.57	3.87
江苏	9.48	9.42	9.38	9.39	9.51	10.23	9.92	10.14	10.12	10.11
浙江	6.34	6.20	6.01	5.96	5.87	6.26	6.06	6.11	6.14	6.33
安徽	2.83	2.93	2.99	3.02	3.05	3.21	3.13	3.19	3.28	3.77
福建	3.37	3.37	3.42	3.45	3.52	3.79	3.69	3.80	3.91	4.30
江西	2.16	2.24	2.25	2.28	2.30	2.44	2.37	2.36	2.40	2.51
山东	8.96	8.70	8.67	8.68	8.68	9.19	8.72	8.57	8.36	7.21
河南	5.28	5.16	5.13	5.10	5.11	5.40	5.19	5.26	5.25	5.51
湖北	3.65	3.77	3.86	3.92	4.00	4.31	4.19	4.19	4.30	4.65
湖南	3.67	3.77	3.84	3.89	3.95	4.22	4.04	4.00	3.98	4.03
广东	10.53	10.20	9.90	9.87	9.91	10.62	10.37	10.59	10.63	10.93
广西	2.19	2.25	2.26	2.28	2.29	2.45	2.35	2.19	2.23	2.16
海南	0.47	0.48	0.50	0.50	0.51	0.54	0.52	0.53	0.53	0.54
重庆	1.81	1.92	1.98	2.01	2.08	2.29	2.27	2.29	2.23	2.40
四川	3.93	4.03	4.14	4.17	4.17	4.38	4.22	4.37	4.45	4.73
贵州	1.05	1.09	1.19	1.27	1.35	1.53	1.51	1.60	1.62	1.70
云南	1.65	1.71	1.79	1.86	1.87	1.99	1.90	1.93	1.95	2.36
西藏	0.12	0.12	0.12	0.13	0.13	0.15	0.15	0.15	0.16	0.17
陕西	2.32	2.40	2.51	2.55	2.58	2.63	2.49	2.59	2.67	2.62
甘肃	0.94	0.96	0.98	0.99	1.00	0.99	0.92	0.88	0.90	0.88
青海	0.31	0.32	0.33	0.33	0.34	0.35	0.33	0.31	0.31	0.30
宁夏	0.39	0.40	0.41	0.41	0.40	0.42	0.41	0.41	0.41	0.38
新疆	1.24	1.27	1.30	1.33	1.36	1.36	1.24	1.28	1.33	1.38
合计	100	100	100	100	100	100	100	100	100	100

表 A-8 各地区国内生产总值增长率

（单位：%）

地 区	2011年	2012年	2013年	2014年	2015年	2016年	2017年	2018年	2019年
北 京	8.1	7.7	7.7	12.6	7.9	11.5	9.1	8.2	16.7
天 津	16.4	13.8	12.5	16.4	5.2	8.1	3.7	1.4	-25.0
河 北	11.3	9.6	8.2	10.6	1.3	7.6	6.1	5.9	-2.5
山 西	13.0	10.1	8.9	11.1	0.0	2.2	19.0	8.3	1.2
内蒙古	14.3	11.5	9.0	15.1	0.3	1.7	−11.2	7.4	-0.4
辽 宁	12.2	9.5	8.7	13.5	0.1	−22.4	5.2	8.1	-1.6
吉 林	13.8	12.0	8.3	13.7	1.9	5.1	1.1	0.9	-22.2
黑龙江	12.3	10.0	8.0	10.6	0.3	2.0	3.4	2.9	-16.8
上 海	8.2	7.5	7.7	9.5	6.6	12.2	8.7	6.7	16.8
江 苏	11.0	10.1	9.6	13.7	7.7	10.4	11.0	7.8	7.6
浙 江	9.0	8.0	8.2	11.1	6.8	10.2	9.6	8.6	11.0
安 徽	13.5	12.1	10.4	15.4	5.5	10.9	10.7	11.1	23.7
福 建	12.3	11.4	11.0	14.3	8.0	10.9	11.7	11.3	18.4
江 西	12.5	11.0	10.1	16.1	6.4	10.6	8.1	9.9	12.6
山 东	10.9	9.8	9.6	11.5	6.0	8.0	6.8	5.3	-7.1
河 南	11.9	10.1	9.0	11.4	5.9	9.4	10.1	7.9	12.9
湖 北	13.8	11.3	10.1	16.0	7.9	10.5	8.6	11.0	16.4
湖 南	12.8	11.3	10.1	16.0	6.9	9.2	7.5	7.4	9.1
广 东	10.0	8.2	8.5	11.3	7.4	11.0	10.9	8.4	10.7
广 西	12.3	11.3	10.2	14.1	7.2	9.0	1.1	9.9	4.3
海 南	12.0	9.1	9.9	15.8	5.8	9.5	10.1	8.3	9.9
重 庆	16.4	13.6	12.3	18.9	10.2	12.9	9.5	4.8	15.9
四 川	15.0	12.6	10.0	14.9	5.3	9.6	12.3	10.0	14.6
贵 州	15.0	13.6	12.5	18.6	13.3	12.1	15.0	9.3	13.3
云 南	13.7	13.0	12.1	14.6	6.3	8.6	10.7	9.2	29.9
西 藏	12.7	11.8	12.1	15.1	11.5	12.2	13.9	12.7	14.9
陕 西	13.9	12.9	11.0	17.3	1.9	7.6	12.9	11.6	5.5
甘 肃	12.5	12.6	10.8	13.8	−0.7	6.0	3.6	10.5	5.7
青 海	13.5	12.3	10.8	15.8	4.9	6.4	2.0	9.2	3.5
宁 夏	12.1	11.5	9.8	16.8	5.8	8.8	8.7	7.6	1.2
新 疆	12.0	12.0	11.0	14.4	0.6	3.5	12.8	12.1	11.5

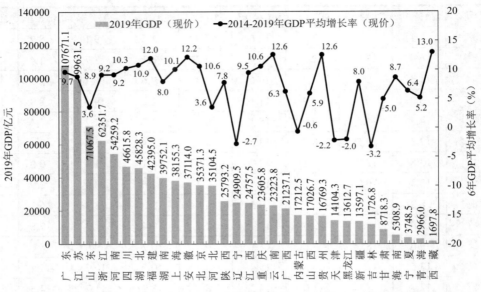

图A-8 2019年分地区GDP总值及2014~2019年GDP平均增长率

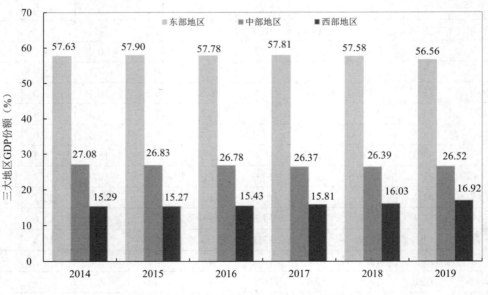

图A-9 2014~2019年三大地区GDP份额对比

表 A-9　全部国有及规模以上非国有工业企业总产值（当年价）

企业分类	项　目	2014年	2015年	2016年	2017年	2018年	2019年
国有及国有控股工业企业	企业单位数/个	18449	—	19022	19022	18670	20683
	工业总产值/亿元	—	—	—	—	—	—
	工业增加值/亿元	—	—	—	—	—	—
私营工业企业	企业单位数/个	215303	216506	214309	215138	220628	243640
	工业总产值/亿元	—	—	—	—	—	—
	工业增加值/亿元	—	—	—	—	—	—
"三资"工业企业	企业单位数/个	55172	52758	49554	47458	47736	43588
	工业总产值/亿元	—	—	—	—	—	—
	工业增加值/亿元	—	—	—	—	—	—

表 A-10　历年各种经济类型固定资产投资

（单位：亿元）

年　份	合计	国有经济	集体经济	个体经济	其他经济
2006	109998.2	32963.4	3604.1	5163.9	68266.8
2007	137323.9	38706.3	4637.4	6058.7	87921.5
2008	157421.4	48704.9	6297.3	7190.8	95228.4
2009	224598.8	69692.5	8483.0	8891.7	137531.6
2010	278121.9	83316.5	10041.9	9506.7	175256.8
2011	311485.1	82494.8	10245.1	10483.2	208262.0
2012	374694.7	96220.2	11973.7	11588.7	254912.1
2013	446294.1	109849.9	13312.4	12420.1	310711.7
2014	512020.7	125005.2	15188.9	12602.5	359224.1
2015	561999.9	139711.3	15447.8	12439.3	394401.5
2016	606465.7	129038.5	8928.5	12110.5	495988.2
2017	641238.4	139073.3	7678.5	11804	482682.6
2018	645675	—	—	—	—
2019	560874.3	—	—	—	—

注：根据1994年房地产快速调查结果，对1990年以来的全社会固定资产投资数据进行了调整。

表 A-11 2010～2019 年各地区工业产值占地区国内生产总值的比例

地区	2010年	2011年	2012年	2013年	2014年	2015年	2016年	2017年	2019年
全国	40.0	39.9	38.7	37.4	36.3	34.3	33.3	33.9	32.1
北京	19.6	18.8	18.4	18.0	17.6	16.1	15.7	15.3	12.0
天津	47.8	48.0	47.5	46.3	45.0	42.2	38.0	37.0	31.2
河北	46.8	48.0	47.1	46.4	45.3	42.4	41.7	40.4	32.8
山西	50.6	53.0	49.7	46.1	42.9	34.1	31.8	37.2	38.6
内蒙古	48.1	49.5	48.7	47.0	44.5	43.4	39.9	31.7	32.0
辽宁	47.6	48.1	46.7	45.2	44.2	39.3	30.6	31.2	32.8
吉林	45.3	46.5	46.8	46.4	46.5	43.5	41.1	40.5	28.5
黑龙江	42.7	41.6	38.3	35.2	31.8	26.9	23.7	21.0	24.2
上海	38.1	37.6	35.2	32.7	31.2	28.5	26.8	27.4	25.3
江苏	46.5	45.4	44.2	42.7	41.4	39.9	39.4	39.6	38.0
浙江	45.7	45.4	44.2	41.9	41.7	40.1	39.5	37.6	36.6
安徽	43.8	46.2	46.6	46.2	45.4	42.1	41.3	40.4	30.9
福建	43.4	43.7	43.4	43.2	43.3	41.6	40.6	39.4	38.1
江西	45.4	46.2	45.0	44.8	43.6	41.4	39.0	38.9	36.2
山东	48.2	46.9	45.6	43.9	42.6	41.1	40.6	39.5	32.3
河南	51.8	51.8	50.7	46.4	45.2	42.8	42.1	41.4	33.9
湖北	42.1	43.5	43.8	40.9	40.2	39.0	38.4	36.8	35.1
湖南	39.3	41.3	41.2	40.6	39.8	37.9	35.9	35.0	29.3
广东	46.6	46.3	45.2	43.0	43.0	41.6	40.4	39.3	36.6
广西	40.3	41.4	40.5	38.8	38.7	37.8	37.2	31.4	24.9
海南	18.7	18.8	18.3	14.9	14.7	13.1	11.9	11.8	11.1
重庆	46.7	46.9	43.7	36.2	36.3	35.4	34.9	33.9	28.2
四川	43.2	45.1	44.2	43.7	41.5	36.7	33.6	31.3	28.7
贵州	33.0	32.1	32.4	33.2	33.9	31.6	31.6	31.5	27.1
云南	36.0	33.7	33.5	31.8	30.4	28.3	26.3	25.0	22.8
西藏	7.8	8.0	7.9	7.5	7.2	6.8	7.5	7.8	7.8
陕西	45.0	46.8	47.4	46.3	45.2	40.8	39.2	39.7	37.3
甘肃	38.9	38.3	36.6	34.0	33.1	26.2	24.4	23.6	26.6
青海	45.4	48.6	47.3	43.0	41.4	37.0	35.1	29.6	27.6
宁夏	38.1	38.9	37.5	36.2	35.4	33.6	33.3	31.8	33.9
新疆	39.7	40.8	38.0	34.6	34.3	29.4	27.7	29.9	28.4

注：本表"全国"指不含港、澳、台地区的大陆各省、自治区、直辖市。以下各表的"全国"同此注。

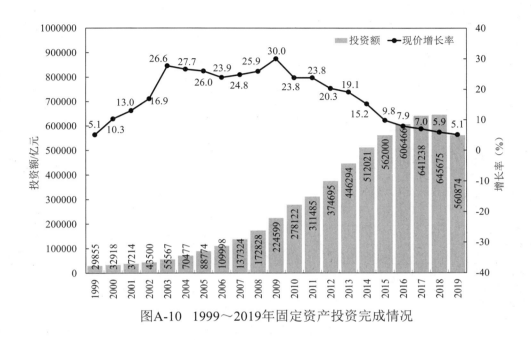

图A-10 1999~2019年固定资产投资完成情况

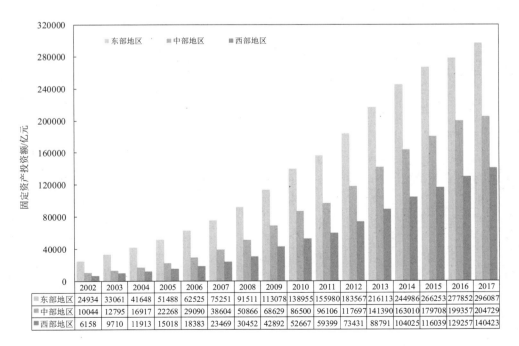

图A-11 2002~2017年三大地区固定资产投资变化图

表 A-12　各地区全社会固定资产投资（现价）

（单位：亿元）

地区	2008年	2009年	2010年	2011年	2012年	2013年	2014年	2015年	2016年	2017年
全国合计	172828.4	224598.8	278121.9	311485.1	374694.7	446294.1	512020.7	561999.8	606465.7	641238.4
北京	3814.7	4616.9	5403.0	5578.9	6112.4	6847.1	6924.2	7496.0	7943.89	8370.4
天津	3389.8	4738.2	6278.1	7067.7	7934.8	9130.2	10518.2	11832.0	12779.39	11288.9
河北	8866.6	12269.8	15083.4	16389.3	19661.3	23194.2	26671.9	29448.3	31750.02	33406.8
山西	3531.2	4943.2	6063.2	7073.1	8863.3	11031.9	12354.5	14074.2	14197.98	6040.5
内蒙古	5475.4	7336.8	8926.5	10365.3	11875.7	14217.4	17591.8	13702.2	15080.01	14013.2
辽宁	10019.1	12292.5	16043.0	17726.3	21836.3	25107.7	24730.8	17917.9	6692.25	6676.7
吉林	5038.9	6411.6	7870.4	7441.7	9511.5	9979.3	11339.6	12705.3	13923.20	13283.9
黑龙江	3656.0	5028.8	6812.6	7475.4	9694.7	11453.1	9829.0	10182.9	10648.35	11292.0
上海	4823.1	5043.8	5108.9	4962.1	5117.6	5647.8	6016.4	6352.7	6755.88	7246.6
江苏	15300.6	18949.9	23184.3	26692.6	30854.2	36373.3	41938.6	46246.9	49663.21	53277.0
浙江	9323.0	10742.3	12376.0	14185.3	17649.4	20782.1	24262.8	27323.3	30276.07	31696.0
安徽	6747.0	8990.7	11542.9	12455.7	15425.8	18621.9	21875.6	24386.0	27033.38	29275.1
福建	5207.7	6231.2	8199.1	9910.9	12439.9	15327.1	18177.9	21301.4	23237.35	26416.3
江西	4745.4	6643.1	8772.3	9087.6	10774.2	12850.3	15079.3	17388.1	19694.21	22085.3
山东	15435.9	19034.5	23280.5	26749.7	31256.0	36789.1	42495.5	48312.4	53322.94	55202.7
河南	10490.6	13704.3	16585.9	17769.0	21450.2	26087.5	30782.2	35660.3	40415.09	44496.9
湖北	5647.0	7866.9	10262.7	12557.3	15578.3	19307.3	22915.3	26563.9	30011.65	32282.4
湖南	5534.0	7703.4	9663.6	11880.9	14523.2	17841.4	21242.9	25045.1	28353.33	31959.2
广东	10868.7	12933.1	15623.7	17069.2	18751.5	22308.4	26293.9	30343.0	33303.64	37761.7
广西	3756.4	5237.2	7057.6	7990.7	9808.6	11907.7	13843.2	16227.8	18236.78	20499.1
海南	705.4	988.3	1317.0	1657.2	2145.4	2697.9	3112.2	3451.2	3890.45	4244.4
重庆	3979.6	5214.3	6688.9	7473.4	8736.2	10435.2	12285.2	14353.2	16048.10	17537.0
四川	7127.8	11371.9	13116.7	14222.5	17040.7	20326.1	23318.6	25525.9	28811.95	31902.1
贵州	1864.5	2412.0	3104.9	4235.9	5717.8	7373.6	9025.8	10945.5	13204.00	15503.9
云南	3435.9	4526.4	5528.7	6191.0	7831.1	9968.3	11498.5	13500.6	16119.40	18936.0
西藏	309.9	378.3	462.7	516.3	670.5	876.0	1069.2	1295.7	1596.05	1975.6
陕西	4614.4	6246.9	7963.7	9431.1	12044.5	14884.1	17191.9	18582.2	20825.25	23819.4
甘肃	1712.8	2363.0	3158.3	3965.8	5145.0	6527.9	7884.1	8754.2	9663.99	5827.8
青海	583.2	798.2	1016.9	1435.6	1883.4	2361.1	2861.2	3210.6	3528.05	3883.6
宁夏	828.9	1075.9	1444.2	1644.7	2096.9	2651.1	3173.8	3505.4	3794.25	3728.4
新疆	2260.0	2725.5	3423.2	4632.1	6158.8	7732.3	9447.7	10813.0	10287.53	12089.1
不分地区	3734.9	5779.7	6759.1	5651.3	6106.4	5655.4	6268.4	5552.4	5378.02	5220.3

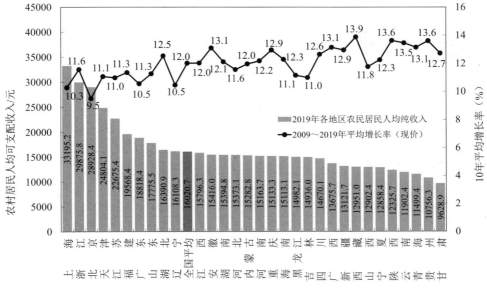

图A-12 2019年各地区农村居民人均可支配收入

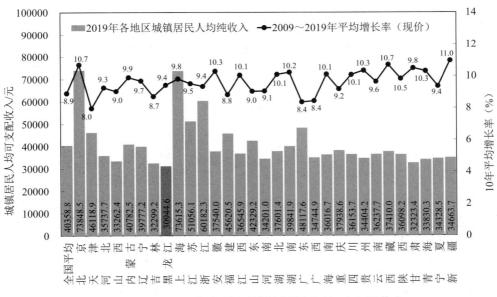

图A-13 2019年各地区城镇居民人均可支配收入

表 A-13　各地区固定资产投资占全国的比例（全国＝100%）

（单位：%）

地区	2007年	2008年	2009年	2010年	2011年	2012年	2013年	2014年	2015年	2016年	2017年
北京	2.85	2.21	2.06	1.94	1.79	1.63	1.53	1.35	1.33	1.31	1.31
天津	1.71	1.96	2.11	2.26	2.27	2.12	2.05	2.05	2.11	2.11	1.76
河北	5.01	5.13	5.46	5.42	5.26	5.25	5.20	5.21	5.24	5.24	5.21
山西	2.08	2.04	2.20	2.18	2.27	2.37	2.47	2.41	2.50	2.34	0.94
内蒙古	3.18	3.17	3.27	3.21	3.33	3.17	3.19	3.44	2.44	2.49	2.19
辽宁	5.41	5.80	5.47	5.77	5.69	5.83	5.63	4.83	3.19	1.10	1.04
吉林	2.66	2.92	2.85	2.83	2.39	2.54	2.24	2.21	2.26	2.30	2.07
黑龙江	2.06	2.12	2.24	2.45	2.40	2.59	2.57	1.92	1.81	1.76	1.76
上海	3.22	2.79	2.25	1.84	1.59	1.37	1.27	1.18	1.13	1.11	1.13
江苏	8.93	8.85	8.44	8.34	8.57	8.23	8.15	8.19	8.23	8.19	8.31
浙江	6.13	5.39	4.78	4.45	4.55	4.71	4.66	4.74	4.86	4.99	4.94
安徽	3.70	3.90	4.00	4.15	4.00	4.12	4.17	4.27	4.34	4.46	4.57
福建	3.12	3.01	2.77	2.95	3.18	3.32	3.43	3.55	3.79	3.83	4.12
江西	2.40	2.75	2.96	3.15	2.92	2.88	2.88	2.95	3.09	3.25	3.44
山东	9.13	8.93	8.47	8.37	8.59	8.34	8.24	8.30	8.60	8.79	8.61
河南	5.83	6.07	6.10	5.96	5.70	5.72	5.85	6.01	6.35	6.66	6.94
湖北	3.15	3.27	3.50	3.69	4.03	4.16	4.33	4.48	4.73	4.95	5.03
湖南	3.03	3.20	3.43	3.47	3.81	3.88	4.00	4.15	4.46	4.68	4.98
广东	6.77	6.29	5.76	5.62	5.48	5.00	5.00	5.14	5.40	5.49	5.89
广西	2.14	2.17	2.33	2.54	2.57	2.62	2.67	2.70	2.89	3.01	3.20
海南	0.37	0.41	0.44	0.47	0.53	0.57	0.60	0.61	0.61	0.64	0.66
重庆	2.28	2.30	2.32	2.41	2.40	2.33	2.34	2.40	2.55	2.65	2.73
四川	4.11	4.12	5.06	4.72	4.57	4.55	4.55	4.55	4.54	4.75	4.98
贵州	1.08	1.08	1.07	1.12	1.36	1.53	1.65	1.76	1.95	2.18	2.42
云南	2.01	1.99	2.02	1.99	1.99	2.09	2.23	2.25	2.40	2.66	2.95
西藏	0.20	0.18	0.17	0.17	0.17	0.18	0.20	0.21	0.23	0.26	0.31
陕西	2.49	2.67	2.78	2.86	3.03	3.21	3.34	3.36	3.31	3.43	3.71
甘肃	0.95	0.99	1.05	1.14	1.27	1.37	1.46	1.54	1.56	1.59	0.91
青海	0.35	0.34	0.36	0.37	0.46	0.50	0.53	0.56	0.57	0.58	0.61
宁夏	0.44	0.48	0.48	0.52	0.53	0.56	0.59	0.62	0.62	0.63	0.58
新疆	1.35	1.31	1.21	1.23	1.49	1.64	1.73	1.85	1.92	1.70	1.89
不分地区	1.84	2.16	2.57	2.43	1.81	1.63	1.27	1.22	0.99	0.89	0.81

注：2018年、2019年不公布数据了。

表 A-14 2019年分地区货物进出口总额（按收发货人所在地分）

（单位：亿美元）

地区	进出口	出口	进口
全国合计	**315627.3**	**172373.6**	**143253.7**
北京	28689.7	5172.5	23517.2
天津	7346.1	3017.7	4328.4
河北	4002.1	2370.5	1631.5
山西	1447.9	806.8	641.1
内蒙古	1097.5	376.8	720.7
辽宁	7259.2	3129.7	4129.5
吉林	1302.8	324.2	978.5
黑龙江	1866.9	349.6	1517.3
上海	34054.0	13724.9	20329.2
江苏	43383.1	27211.8	16171.3
浙江	30838.2	23076.3	7761.9
安徽	4737.2	2785.4	1951.8
福建	13309.3	8282.9	5026.4
江西	3510.0	2496.1	1013.9
山东	20471.0	11130.4	9340.7
河南	5715.5	3756.1	1959.4
湖北	3945.9	2486.0	1459.9
湖南	4340.0	3076.6	1263.4
广东	71487.7	43415.4	28072.3
广西	4696.0	2597.6	2098.4
海南	905.8	343.7	562.1
重庆	5791.8	3713.2	2078.5
四川	6789.8	3903.6	2886.2
贵州	453.2	327.1	126.1
云南	2323.7	1037.3	1286.4
西藏	48.8	37.5	11.3
陕西	3514.9	1873.3	1641.6
甘肃	380.4	131.4	249.1
青海	37.6	20.2	17.3
宁夏	240.7	148.9	91.9
新疆	1640.8	1250.3	390.5

表 A-15 各季度各层次货币供应量

年份	季 度	广义货币供应量 M2 季末余额/亿元	同比增长率（%）	狭义货币供应量 M1 季末余额/亿元	同比增长率（%）	流通中的现金 M0 季末余额/亿元	同比增长率（%）
2013	第1季度	1035858.37	15.67	310898.29	11.83	55460.52	11.83
	第2季度	1054403.69	13.99	313499.82	9.03	54063.91	9.70
	第3季度	1077379.16	14.17	312330.34	8.91	56492.53	5.72
	第4季度	1106509.15	13.59	337260.63	9.26	58558.31	7.13
2014	第1季度	1275332.78	23.12	337210.52	8.46	61949.81	11.70
	第2季度	1333375.36	26.46	356082.855	13.58	58604.26	8.40
	第3季度	1359824.06	26.22	364416.9	16.68	61022.97	8.02
	第4季度	1392278.11	25.83	400953.44	18.89	63216.57	7.95
2015	第1季度	1275332.78	9.88	337210.52	2.91	61949.81	6.21
	第2季度	1333375.36	10.23	356082.86	4.27	58604.26	2.90
	第3季度	1359824.06	13.13	364416.9	11.37	61022.97	3.70
	第4季度	1392278.11	13.34	400953.44	15.20	63216.58	4.91
2016	第1季度	1275332.78	0.00	411581.31	22.05	64651.21	4.36
	第2季度	1490491.83	11.78	443634.7	24.59	62818.89	7.19
	第3季度	1516360.5	11.51	454340.25	24.68	65068.62	6.63
	第4季度	1550066.67	11.33	486557.24	21.35	68303.87	8.05
2017	第1季度	1599609.57	25.43	488770.09	18.75	68605.05	6.12
	第2季度	1631282.53	9.45	510228.17	15.01	66977.68	6.62
	第3季度	1655662.07	9.19	517863.04	13.98	69748.54	7.19
	第4季度	1676768.54	8.17	543790.15	11.76	70645.6	3.43
2018	第1季度	1739859.48	8.77	523540.07	7.11	72692.63	5.96
	第2季度	1770178.37	8.51	543944.71	6.61	69589.33	3.90
	第3季度	1801665.58	8.82	538574.08	4.00	71254.26	2.16
	第4季度	1826744.22	8.94	551685.91	1.45	73208.4	3.63
2019	第1季度	1891153.7	8.70	544,355.64	3.98	72,798.46	0.15
	第2季度	1921360.19	8.54	567,696.18	4.37	72,580.96	4.30
	第3季度	1935492.43	7.43	556,798.09	3.38	73,152.62	2.66
	第4季度	1952250.49	6.87	557,137.95	0.99	74,129.75	1.26
2020	第1季度	2080923.41	10.03	575,050.29	5.64	83,022.21	14.04
	第2季度	2134948.66	11.12	604,317.97	6.45	79,459.41	9.48
	第3季度	2164100	11.81	602,300.00	8.17	82,400.00	12.64
	第4季度	2186800	12.01	625,600.00	12.29	84,300.00	13.72

注：1. 自2011年10月起，货币供应量包括住房公积金中心存款和非存款类金融机构在存款类金融机构的存款。

2. 2014年、2015年、2016年、2017年、2018年数据来源于中国人民银行调查统计司网站。

表 A-16　各地区农村居民家庭年人均可支配收入

（单位：元）

地区	2010年	2011年	2012年	2013年	2014年	2015年	2016年	2017年	2018年	2019年
全国平均	5919.0	6977.3	7916.6	9429.6	10488.9	11421.7	12363.4	13432.4	14617.0	**16020.7**
北京	13262.3	14735.7	16475.7	17101.2	18867.3	20568.7	22309.5	24240.5	26490.3	28928.4
天津	10074.9	12321.2	14025.5	15352.6	17014.2	18481.6	20075.6	21753.7	23065.2	24804.1
河北	5958.0	7119.7	8081.4	9187.7	10186.1	11050.5	11919.4	12880.9	14030.9	15373.1
山西	4736.3	5601.4	6356.6	7949.5	8809.4	9453.9	10082.5	10787.5	11750.0	12902.4
内蒙古	5529.6	6641.6	7611.3	8984.9	9976.3	10775.9	11609.0	12584.3	13802.6	15282.8
辽宁	6907.9	8296.5	9383.7	10161.2	11191.5	12056.9	12880.7	13746.8	14656.3	16108.3
吉林	6237.4	7510.0	8598.2	9780.7	10780.1	11326.2	12122.9	12950.4	13748.2	14936.1
黑龙江	6210.7	7590.7	8603.9	9369.0	10453.2	11095.2	11831.9	12664.8	13803.7	14982.1
上海	13978.0	16053.8	17803.7	19208.3	21191.6	23205.2	25520.4	27825.0	30374.7	33195.2
江苏	9118.2	10805.0	12202.0	13521.3	14958.4	16256.7	17605.6	19158.0	20845.1	22675.4
浙江	11302.6	13070.7	14551.9	17493.9	19373.3	21125.0	22866.1	24955.8	27302.4	29875.8
安徽	5285.2	6232.2	7160.5	8850.0	9916.4	10820.7	11720.5	12758.2	13996.0	15416.0
福建	7426.9	8778.6	9967.2	11404.9	12650.2	13792.7	14999.2	16334.8	17821.2	19568.4
江西	5788.6	6891.6	7829.4	9088.8	10116.6	11139.1	12137.7	13241.8	14459.9	15796.3
山东	6990.3	8342.1	9446.5	10686.9	11882.3	12930.4	13954.1	15117.5	16297.0	17775.5
河南	5523.7	6604.0	7524.9	8969.1	9966.1	10852.9	11696.7	12719.2	13830.7	15163.8
湖北	5832.3	6897.9	7851.7	9691.8	10849.1	11843.9	12725.0	13812.1	14977.8	16390.9
湖南	5622.0	6567.1	7440.2	9028.6	10060.2	10992.5	11930.4	12935.8	14092.5	15394.8
广东	7890.3	9371.7	10542.8	11067.8	12245.6	13360.4	14512.2	15779.7	17167.7	18818.4
广西	4543.4	5231.3	6007.6	7793.1	8683.2	9466.6	10359.5	11325.5	12434.8	13675.7
海南	5275.4	6446.0	7408.0	8801.7	9912.6	10857.6	11842.9	12901.8	13988.9	15113.2
重庆	5276.7	6480.4	7383.3	8492.6	9489.8	10504.7	11548.8	12637.9	13781.2	15133.3
四川	5086.9	6128.6	7001.4	8380.7	9347.7	10247.4	11203.1	12226.9	13331.4	14670.1
贵州	3471.9	4145.4	4753.2	5897.8	6671.2	7386.9	8090.3	8869.1	9716.1	10756.3
云南	3952.0	4722.0	5416.5	6723.6	7456.1	8242.1	9019.8	9862.2	10767.9	11902.4
西藏	4138.7	4904.3	5719.4	6553.4	7359.4	8243.7	9093.8	10330.2	11449.8	12951.0
陕西	4105.0	5027.9	5762.5	7092.2	7932.2	8688.9	9396.4	10264.5	11212.8	12325.7
甘肃	3424.7	3909.4	4506.7	5588.8	6276.6	6936.2	7456.9	8076.1	8804.1	9628.9
青海	3862.7	4608.5	5364.4	6461.6	7282.7	7933.4	8664.4	9462.3	10393.3	11499.4
宁夏	4674.9	5410.0	6180.3	7598.7	8410.0	9118.7	9851.6	10737.9	11707.6	12858.4
新疆	4642.7	5442.2	6393.7	7846.6	8723.8	9425.1	10183.2	11045.3	11974.5	13121.7

表 A-17　各地区城镇居民家庭年人均可支配收入

（单位：元）

地区	2010年	2011年	2012年	2013年	2014年	2015年	2016年	2017年	2018年	2019年
全国平均	19109.4	21809.8	24564.7	26955.1	28843.9	31194.8	33616.2	36396.2	39250.8	40358.8
北京	29072.9	32903.0	36468.8	40321.0	48531.9	52859.2	57275.3	62406.3	67989.9	73848.5
天津	24292.6	26920.9	29626.4	32293.6	31506.0	34101.3	37109.6	40277.5	42976.3	46118.9
河北	16263.4	18292.2	20543.4	22580.4	24141.3	26152.2	28249.4	30547.8	32977.2	35737.7
山西	15647.7	18123.9	20411.7	22455.6	24069.4	25827.7	27352.3	29131.8	31034.8	33262.4
内蒙古	17698.2	20407.6	23150.3	25496.7	28349.6	30594.1	32974.9	35670.0	38304.7	40782.5
辽宁	17712.6	20466.8	23222.7	25578.1	29081.8	31125.7	32876.1	34993.4	37341.9	39777.2
吉林	15411.5	17796.6	20208.0	22274.6	23217.8	24900.9	26530.4	28318.7	30171.9	32299.2
黑龙江	13856.5	15696.2	17759.8	19597.0	22609.0	24202.6	25736.5	27446.0	29191.3	30944.6
上海	31838.1	36230.5	40188.3	43851.4	48841.4	52961.9	57691.7	62595.7	68033.6	73615.3
江苏	22944.3	26340.7	29677.0	32537.5	34346.3	37173.5	40151.6	43621.8	47200.0	51056.1
浙江	27359.0	30970.7	34550.3	37850.8	40392.7	43714.5	47237.2	51260.7	55574.3	60182.3
安徽	15788.2	18606.1	21024.2	23114.3	24838.5	26935.8	29156.0	31640.3	34393.1	37540.0
福建	21781.3	24907.4	28055.2	30816.4	30722.4	33275.3	36014.3	39001.4	42121.3	45620.5
江西	15481.1	17494.9	19860.4	21872.7	24309.2	26500.1	28673.3	31198.1	33819.4	36545.9
山东	19945.8	22791.8	25755.2	28264.1	29221.9	31545.3	34012.1	36789.4	39549.4	42329.2
河南	15930.3	18194.8	20442.6	22398.0	23672.1	25575.6	27232.9	29557.9	31874.2	34201.0
湖北	16058.4	18373.9	20839.6	22906.4	24852.3	27051.5	29385.8	31889.4	34454.6	37601.4
湖南	16565.7	18844.1	21318.8	23414.0	26570.2	28838.1	31283.9	33947.9	36698.3	39841.9
广东	23897.8	26897.5	30226.7	33090.1	32148.1	34757.2	37684.3	40975.1	44341.0	48117.6
广西	17063.9	18854.1	21242.8	23305.4	24669.0	26415.9	28324.4	30502.1	32436.1	34744.9
海南	15581.1	18369.0	20917.7	22928.9	24486.5	26356.4	28453.5	30817.4	33348.7	36016.7
重庆	17532.4	20249.7	22968.1	25216.1	25147.2	27238.8	29610.0	32193.2	34889.3	37938.6
四川	15461.2	17899.1	20307.0	22367.6	24234.4	26205.3	28335.3	30726.9	33215.9	36153.7
贵州	14142.7	16495.0	18700.5	20667.1	22548.2	24579.6	26742.6	29079.8	31591.9	34404.2
云南	16064.5	18575.6	21074.5	23235.5	24299.0	26373.2	28610.6	30995.9	33487.5	36237.7
西藏	14980.5	16195.6	18028.3	20023.4	22015.8	25456.6	27802.4	30671.1	33797.4	37410.0
陕西	15695.2	18245.2	20733.9	22858.4	24365.8	26420.2	28440.1	30810.3	33319.3	36098.2
甘肃	13188.6	14988.7	17156.9	18964.8	21803.9	23767.1	25693.5	27763.4	29957.0	32323.5
青海	13855.0	15603.3	17566.3	19498.5	22306.6	24542.5	26757.4	29168.9	31514.5	33830.3
宁夏	15344.5	17578.9	19831.4	21833.3	23284.6	25186.0	27153.0	29472.3	31895.2	34328.5
新疆	13643.8	15513.6	17920.7	19873.8	23214.0	26274.7	28463.4	30774.8	32763.5	34663.7

表 A-18　2019年年底各地区分等级公路里程

（单位：km）

地　区	公路里程	等级公路	其中			等外公路
			高速	一级	二级	
全国总计	5012496	4698725	149571	117061	405345	313771
北　京	22366	22366	1168	1494	4024	—
天　津	16132	16132	1295	1221	2912	—
河　北	196983	193001	7476	6844	21312	3982
山　西	144282	142660	5711	2768	15874	1622
内蒙古	206089	199362	6633	8443	18778	6727
辽　宁	124768	117943	4331	4152	18478	6825
吉　林	106660	101967	3584	2204	9760	4693
黑龙江	168710	144966	4512	3038	12361	23744
上　海	13045	13045	845	553	3664	—
江　苏	159937	157954	4865	15260	23878	1983
浙　江	121813	121710	4643	7383	10673	103
安　徽	218294	217791	4877	5377	11676	503
福　建	109785	93753	5347	1477	11148	16032
江　西	209131	195458	6144	2765	11862	13673
山　东	280325	279931	6447	11562	26512	394
河　南	269832	248155	6967	4007	27813	21677
湖　北	289029	281422	6860	6465	23936	7607
湖　南	240566	226590	6802	2232	15298	13976
广　东	220291	214923	9495	11534	19152	5368
广　西	127819	118793	6026	1591	13789	9026
海　南	38107	37878	1163	459	1930	229
重　庆	174284	155186	3233	953	8777	19098
四　川	337095	318092	7523	4310	16652	19003
贵　州	204723	170883	7005	1397	9280	33840
云　南	262409	231741	6003	1546	12770	30668
西　藏	103951	91762	38	582	1055	12189
陕　西	180069	166132	5593	1919	10121	13937
甘　肃	151443	146377	4453	763	10538	5066
青　海	83761	71955	3451	589	8717	11806
宁　夏	36576	36535	1788	1939	4015	41
新　疆	194222	164263	5293	2236	18590	29959

表 A-19　历年货运量及货物周转量

年份	货运量/万 t		公路比例（%）	货物周转量/亿 t·km		公路比例（%）
	全社会	公路		全社会	公路	
2002	1483446	1116324	75.25	50686	6782.5	13.38
2003	1561422	1159957	74.29	53859	7099.5	13.18
2004	1706412	1244990	72.96	69445	7840.9	11.29
2005	1862066	1341778	72.06	80258	8693.2	10.83
2006	2037892	1466347	71.95	88952	9754.2	10.97
2007	2275822	1639432	72.04	101419	11354.7	11.20
2008	2587413	1916759	74.08	110301	32868.2	29.80
2009	2825222	2127834	75.32	122133	37189.0	30.45
2010	3241807	2448052	75.52	141837	43389.7	30.59
2011	3696961	2820100	76.28	159324	51374.7	32.25
2012	4100436	3188475	77.78	173804	59535.0	34.26
2013	4098900	3076648	75.06	168014	55738.1	33.17
2014	4167296	3113334	74.71	181668	56846.9	31.29
2015	4175886	3150019	75.43	178356	57955.7	32.49
2016	4386763	3341259	76.17	186629	61080.1	32.73
2017	4804850	3686858	76.73	197373	66771.5	33.83
2018	5152732	3956871	76.79	204686	71249.0	34.81
2019	4713624	3435480	72.88	199394	59636.4	29.91

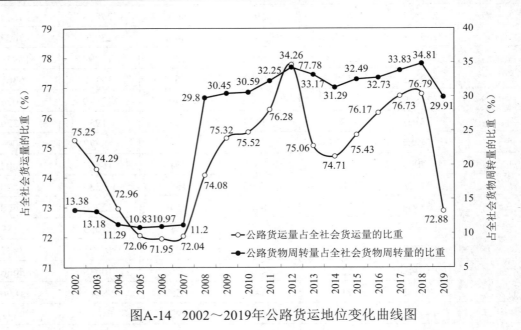

图A-14　2002～2019年公路货运地位变化曲线图

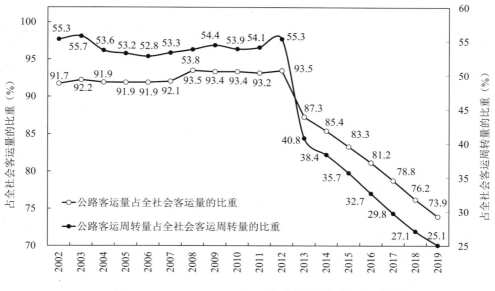

图 A-15 2002~2019 年公路客运地位变化曲线图

表 A-20 历年客运量及客运周转量

年份	客运量/万人		公路比例（%）	客运周转量/亿人·km		公路比例（%）
	全社会	公路		全社会	公路	
2002	1608150	1475257	91.74	14126	7806	55.26
2003	1587497	1464335	92.24	13811	7696	55.72
2004	1767453	1624526	91.91	16309	8748	53.64
2005	1847018	1697381	91.90	17467	9292	53.20
2006	2024158	1860487	91.91	19197	10131	52.77
2007	2227761	2050680	92.05	21593	11507	53.29
2008	2867892	2682114	93.52	23197	12476	53.78
2009	2976898	2779081	93.35	24835	13511	54.40
2010	3269508	3052738	93.37	27894	15021	53.85
2011	3526319	3286220	93.19	30984	16760.2	54.09
2012	3804035	3557010	93.51	33383	18468	55.32
2013	2122992	1853463	87.30	27572	11251	40.81
2014	2032218	1736270	85.44	28647	10997	38.39
2015	1943271	1619097	83.32	30059	10743	35.74
2016	1900194	1542759	81.19	31259	10229	32.72
2017	1848620	1456784	78.80	32812.8	9765.2	29.76
2018	1793820	1367170	76.22	34218.2	9279.7	27.12
2019	1760436	1301173	73.91	35349.2	8857.1	25.06

表 A-21　各地区公路货运量

(单位：万 t)

地区	2010年	2011年	2012年	2013年	2014年	2015年	2016年	2017年	2018年	2019年
全国合计	2448052	2820100	3188475	3076648	3332838	3150019	3341259	3686858	3956871	3435480
北京	20184	23276	24925	24651	25416	19044	19972	19374	20278	22325
天津	20855	23505	27735	28206	31130	30551	32841	34720	34711	31250
河北	135938	166680	195530	172492	185286	175637	189822	207340	226334	211461
山西	60819	65201	73150	82834	88491	91240	102200	114880	126214	100847
内蒙古	85162	103651	125260	97058	126704	119500	130613	147483	160018	110874
辽宁	127361	151773	174355	172923	189174	172140	177371	184273	189737	144556
吉林	33013	39308	47130	38063	41830	38708	40777	44728	46520	37217
黑龙江	40582	44420	47465	45288	47173	44200	42897	44127	42943	37623
上海	40890	42685	42911	43877	42848	40627	39055	39743	39595	50656
江苏	123500	140803	153698	103709	114449	113351	117166	128915	139251	164578
浙江	103394	108654	113393	107186	117070	122547	133999	151920	166533	177683
安徽	183658	219467	259461	284534	315223	230649	244526	280471	283817	235269
福建	45575	52558	59431	69876	82573	79802	85770	95599	96576	87317
江西	88445	98358	113703	121279	137782	115436	122872	138074	157646	135554
山东	264366	279380	296754	227746	230018	227934	249752	288052	312807	266124
河南	183291	220122	251772	162040	179680	172431	184255	207066	235183	190883
湖北	71020	82741	97136	100945	116279	115801	122656	147711	163145	143549
湖南	127635	144241	166670	156269	172613	172248	178968	198806	204389	165096
广东	140689	166567	189034	261273	257136	255995	272826	288904	304743	239744
广西	93552	113549	135112	124677	134330	119194	128247	139602	153389	142751
海南	13947	15095	16600	10290	11015	11279	10879	11223	12052	6770
重庆	69438	82818	71272	71842	81206	86931	89390	95019	107064	89965
四川	121017	139771	158396	151689	142732	138622	146046	158190	173324	162668
贵州	30834	36684	44892	65100	78017	77341	82237	89298	95354	76205
云南	45665	54186	63239	98675	103161	101993	109487	124064	135321	117145
西藏	952	979	1042	1778	1871	2077	1906	2148	2363	3969
陕西	77123	90419	104593	105566	119343	107731	113363	123721	130823	109801
甘肃	24050	28790	39517	45072	50781	52281	54761	60117	64271	58228
青海	7962	8952	9700	9588	11030	13233	14047	14871	15685	11722
宁夏	25453	29016	32646	32502	34318	36995	37421	31659	31757	34360
新疆	41682	46451	51954	59620	64758	64505	65139	74760	85029	69290

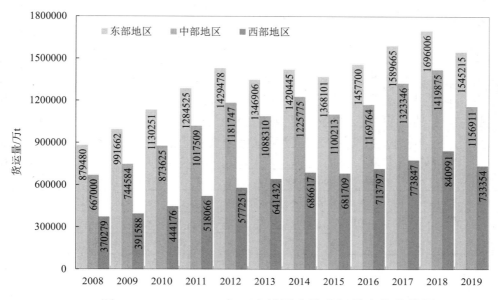

图A-16 2008~2019年三大地区公路货运量变化曲线图

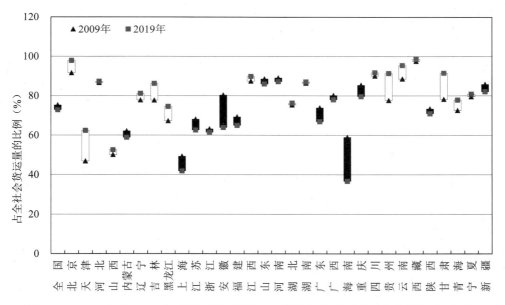

图A-17 2009年和2019年公路货运量占本地区全社会货运量的比例变化情况

表 A-22　各地区公路货运量占本地区全社会货运量的比例

（单位：%）

地　区	2010 年	2011 年	2012 年	2013 年	2014 年	2015 年	2016 年	2017 年	2018 年	2019 年
全国平均	75.52	76.28	77.78	75.06	75.97	75.43	76.17	76.73	76.79	72.88
北　京	92.75	94.37	95.27	95.74	95.73	94.85	96.32	96.34	97.15	97.88
天　津	52.12	53.91	60.27	62.36	62.57	62.63	65.02	67.03	66.47	62.38
河　北	86.81	87.82	89.23	87.11	88.25	88.69	90.14	90.60	90.78	87.22
山　西	48.90	48.50	50.59	53.08	53.66	56.4	61.17	60.62	59.68	52.47
内蒙古	62.06	61.58	65.95	59.06	66.04	68.24	69.95	69.14	68.82	58.83
辽　宁	80.36	82.05	84.32	83.59	85.16	85.21	85.66	85.26	84.95	81.10
吉　林	81.06	82.84	85.99	84.94	86.58	89.33	90.5	89.63	89.19	86.16
黑龙江	68.42	70.27	72.76	74.13	78.34	81.13	80.08	78.24	77.81	74.54
上　海	46.86	45.92	45.63	52.05	47.62	44.7	44.22	41.04	37.01	41.82
江　苏	68.99	69.52	69.86	57.05	58.35	56.96	57.98	58.46	59.72	62.64
浙　江	60.45	58.3	59.12	56.81	60.27	60.9	62.16	62.65	61.89	61.48
安　徽	80.52	81.76	83.04	71.78	72.58	66.71	67.07	69.52	69.77	63.89
福　建	68.97	69.9	70.46	72.28	73.89	71.87	71.27	72.30	70.52	64.96
江　西	87.89	87.94	89.39	89.72	90.72	88.56	88.96	89.4	90.45	89.80
山　东	87.74	87.74	88.95	86.23	86.98	87.05	87.51	88.09	88.36	85.98
河　南	90.31	91.33	92.52	87.67	89.48	89.41	89.41	89.98	90.50	87.15
湖　北	76.02	77.39	79.01	77.06	77.13	75.24	75.5	78.52	79.85	76.30
湖　南	85.35	85.59	87.24	84.68	85.01	86.25	86.66	88.14	88.88	87.01
广　东	73.14	74.23	73.82	74.86	74.86	75.46	74.37	73.63	73.19	66.89
广　西	81.01	83.41	83.74	82.49	82.4	79.61	79.78	79.94	80.45	77.99
海　南	62.11	60.1	61.76	59.39	46.61	50.61	49.94	52.56	54.68	36.69
重　庆	85.33	85.58	82.42	82.35	83.39	83.72	82.79	82.24	83.32	79.64
四　川	90.11	89.99	90.85	90.42	89.37	89.67	90.73	91.48	92.50	91.76
贵　州	77.60	81.72	85.26	89.54	91.06	91.48	91.86	92.78	93.00	91.37
云　南	88.56	90.06	92.00	94.58	95.04	94.78	94.79	95.95	96.20	95.45
西　藏	96.95	95.27	92.49	96.1	97.74	97.74	96.71	97.5	97.12	98.62
陕　西	73.86	74.78	76.50	74.56	76.01	76.46	76.06	75.87	75.51	70.95
甘　肃	79.45	81.63	86.22	87.58	88.72	89.75	90.27	90.81	91.31	91.54
青　海	72.01	71.13	71.94	71.70	75.35	82.9	83.21	82.97	82.97	77.85
宁　夏	78.74	78.71	79.40	79.44	83.08	86.79	86.5	82.91	81.60	80.83
新　疆	86.01	87.23	88.37	89.11	89.73	91.27	90.52	88.58	87.21	82.07

表 A-23　各地区公路货物周转量

（单位：亿 t·km）

地区	2010年	2011年	2012年	2013年	2014年	2015年	2016年	2017年	2018年	2019年
全国合计	43389.7	51374.7	59534.9	55738.1	61016.6	57955.7	61080.1	66771.5	71249.2	59636.4
北京	101.6	132.3	139.8	156.2	165.2	156.4	161.3	159.2	167.4	275.7
天津	231.2	266.7	318.2	313.7	349.0	345.2	372.5	398.0	404.1	599.4
河北	4011.2	5219.3	6133.5	6577.9	7019.6	6821.5	7294.6	7899.3	8550.2	8027.2
山西	969.9	1047.1	1202.2	1278.6	1363.2	1374.8	1452.1	1758.7	1907.8	2691.6
内蒙古	2261.1	2737.6	3299.8	1872.7	2103.5	2240.0	2423.6	2764.5	2985.6	1954.5
辽宁	1930.3	2328.5	2675.4	2792.0	3074.9	2850.7	2936.8	3058.6	3152.3	2662.5
吉林	683.1	816.0	974.1	1100.0	1190.8	1051.2	1084.8	1151.6	1189.2	1262.8
黑龙江	762.4	843.5	929.0	972.9	1008.5	929.3	904.8	913.5	810.7	795.2
上海	265.9	283.8	288.2	352.4	300.8	289.6	282.0	297.9	299.3	839.2
江苏	1149.1	1315.3	1452.4	1790.4	1978.5	2073.0	2140.3	2377.9	2544.4	3234.8
浙江	1298.7	1434.8	1525.6	1322.1	1419.4	1513.9	1626.8	1821.2	1964.1	2082.1
安徽	5004.9	6123.2	7266.8	6544.0	7392.4	4721.9	4915.7	5179.7	5451.6	3267.6
福建	578.3	659.5	771.1	821.4	974.8	1020.3	1094.7	1214.1	1289.5	962.5
江西	1850.2	2066.8	2559.8	2829.0	3073.3	3022.7	3147.5	3433.0	3759.9	3040.3
山东	6216.8	6624.4	7059.2	5494.8	5711.4	5877.0	6071.4	6650.2	6859.7	6746.2
河南	4860.6	5949.0	6863.0	4488.0	4822.4	4542.7	4838.5	5341.7	5893.9	5299.8
湖北	1079.1	1277.7	1565.4	2046.3	2340.6	2380.6	2506.9	2741.9	2955.5	2268.1
湖南	1539.4	1878.6	2392.5	2329.5	2578.9	2553.5	2686.6	2990.6	3114.9	1316.7
广东	1735.4	2150.0	2434.9	3003.4	3113.8	3108.8	3381.9	3636.9	3890.3	2564.0
广西	1173.4	1494.0	1878.3	1857.2	2068.5	2122.6	2248.5	2456.7	2683.1	1470.9
海南	90.8	97.1	109.4	75.4	81.5	78.7	76.1	78.6	84.6	40.8
重庆	610.3	779.8	731.9	695.9	797.8	851.2	935.4	1069.0	1152.5	952.6
四川	985.1	1139.1	1325.2	1273.1	1510.5	1480.6	1565.3	1676.8	1815.0	1527.6
贵州	286.7	350.1	464.6	610.6	776.9	782.5	873.2	1008.6	1146.5	548.5
云南	548.5	617.3	702.5	922.0	1002.3	1077.9	1173.1	1360.4	1489.2	1015.2
西藏	26.6	27.1	27.9	81.5	86.0	96.1	94.5	105.8	116.8	114.5
陕西	1195.9	1469.7	1744.6	1685.0	1917.5	1826.8	1925.8	2118.2	2301.4	1731.4
甘肃	524.1	647.4	894.6	811.2	992.6	912.1	949.6	1048.9	1119.0	979.6
青海	227.5	258.0	281.0	202.8	234.4	222.1	236.0	253.4	275.7	126.3
宁夏	538.3	608.1	700.1	509.4	530.5	571.8	577.6	500.2	398.2	437.4
新疆	653.0	732.9	823.8	928.5	1037.3	1060.5	1102.2	1306.7	1476.7	801.8

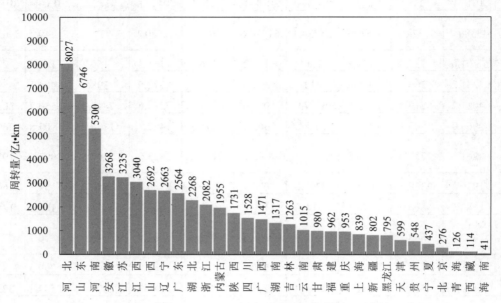

图A-18 2019年各地区公路货物周转量

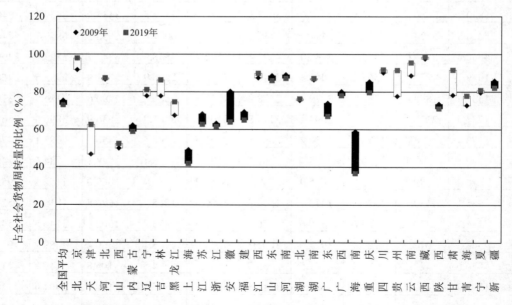

图A-19 2009年和2019年公路货运量占全社会货运量的比例变化情况

表 A-24　公路货物周转量占全社会货物周转量的比例（分地区）

（单位：%）

地区	2010年	2011年	2012年	2013年	2014年	2015年	2016年	2017年	2018年	2019年
全国平均	75.52	76.28	77.78	75.06	75.97	75.43	76.17	76.73	76.79	72.88
北　京	92.75	94.37	95.27	95.74	95.73	94.85	96.32	96.34	97.15	97.88
天　津	52.12	53.91	60.27	62.36	62.57	62.63	65.02	67.03	66.47	62.38
河　北	86.81	87.82	89.23	87.11	88.25	88.69	90.14	90.6	90.78	87.22
山　西	48.90	48.50	50.59	53.08	53.66	56.40	61.17	60.62	59.68	52.47
内蒙古	62.06	61.58	65.95	59.06	66.04	68.24	69.95	69.14	68.82	58.83
辽　宁	80.36	82.05	84.32	83.59	85.16	85.21	85.66	85.26	84.95	81.10
吉　林	81.06	82.84	85.99	84.94	86.58	89.33	90.5	89.63	89.19	86.16
黑龙江	68.42	70.27	72.76	74.13	78.34	81.13	80.08	78.24	77.81	74.54
上　海	46.86	45.92	45.63	52.05	47.62	44.70	44.22	41.04	37.01	41.82
江　苏	68.99	69.52	69.86	57.07	58.35	56.96	57.98	58.46	59.72	62.64
浙　江	60.45	58.30	59.12	56.81	60.27	60.90	62.16	62.65	61.89	61.48
安　徽	80.52	81.76	83.04	71.78	72.58	66.71	67.07	69.52	69.77	63.89
福　建	68.97	69.90	70.46	72.28	73.89	71.87	71.27	72.3	70.52	64.96
江　西	87.89	87.94	89.39	89.72	90.72	88.56	88.96	89.4	90.45	89.80
山　东	87.74	87.74	88.95	86.23	86.98	87.05	87.51	88.09	88.36	85.98
河　南	90.31	91.33	92.52	87.67	89.48	89.41	89.41	89.98	90.50	87.15
湖　北	76.02	77.39	79.01	77.06	77.13	75.24	75.50	78.52	79.85	76.30
湖　南	85.35	85.59	87.24	84.68	85.01	86.25	86.66	88.14	88.88	87.01
广　东	73.14	74.23	73.82	74.86	74.86	75.46	74.37	73.63	73.19	66.89
广　西	81.01	83.41	83.74	82.49	82.4	79.61	79.78	79.94	80.45	77.99
海　南	62.11	60.1	61.76	59.39	46.61	50.61	49.94	52.56	54.68	36.69
重　庆	85.33	85.58	82.42	82.35	83.39	83.72	82.79	82.24	83.32	79.64
四　川	90.11	89.99	90.85	90.42	89.37	89.67	90.73	91.48	92.50	91.76
贵　州	77.60	81.72	85.26	89.54	91.06	91.48	91.86	92.78	93.00	91.37
云　南	88.56	90.06	92.00	94.58	95.04	94.78	94.79	95.95	96.20	95.45
西　藏	96.95	95.27	92.49	96.10	97.74	97.74	96.71	97.5	97.12	98.62
陕　西	73.86	74.78	76.50	74.56	76.01	76.46	76.06	75.87	75.51	70.95
甘　肃	79.45	81.63	86.22	87.58	88.72	89.75	90.27	90.81	91.31	91.54
青　海	72.01	71.13	71.94	71.70	75.35	82.90	83.21	82.97	82.97	77.85
宁　夏	78.74	78.71	79.4	79.44	83.08	86.79	86.50	82.91	81.60	80.83
新　疆	86.01	87.23	88.37	89.11	89.73	91.27	90.52	88.58	87.21	82.07

表 A-25 2008～2019 年年末全国民用汽车保有量

（单位：万辆）

年份	全社会民用汽车保有量①			营运汽车保有量②			私人汽车保有量		
	合计	载客汽车③	载货汽车	合计	载客汽车	载货汽车	合计	载客汽车	普通载货汽车
2008	5099.61	3838.92	1126.07	930.61	169.64	760.97	3501.39	2880.5	596.39
2009	6280.61	4845.09	1368.6	1087.35	180.79	906.56	4574.91	3808.33	753.40
2010	7801.83	6124.30	1597.55	1132.32	83.13	1050.19	5938.71	4989.5	931.52
2011	9356.32	7478.37	1787.99	1263.75	84.34	1179.41	7326.79	6237.46	1067.43
2012	10933.09	8943.01	1894.75	1339.89	86.71	1253.19	8838.60	7637.87	1175.63
2013	12670.14	10561.78	2010.62	1504.73	85.26	1419.48	10501.68	9198.23	1275.49
2014	14598.11	12326.70	2125.46	1537.93	84.58	1453.36	12339.36	10945.39	1352.78
2015	16284.45	14095.88	2065.62	1473.12	83.93	1389.19	14099.10	12737.23	1330.65
2016	18574.54	16278.24	2171.89	1435.77	84.00	1351.77	16330.22	14896.27	1401.16
2017	20906.67	18469.54	2338.85	1450.22	81.61	1368.62	18515.11	17001.51	1478.40
2018	23231.23	20555.40	2567.82	1435.48	79.66	1355.82	20574.93	18930.29	1605.10
2019	25376.38	22474.27	2782.84	1165.49	77.67	1087.82	22508.99	20710.58	1753.66

① 汽车保有量分为载客汽车、载货汽车及其他汽车，此表中其他汽车省略。
② 营运汽车保有量 1999 年以前仅为公路部门营运汽车保有量，1999 年以后为全国营运汽车保有量。公路部门营运汽车总计中含公路部门直属企业营运汽车。
③ 小轿车包括在载客汽车中。

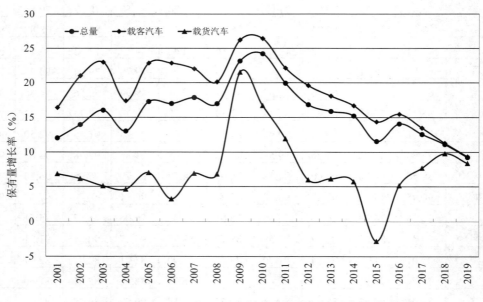

图 A-20 2001～2019 年全社会民用汽车保有量增长情况

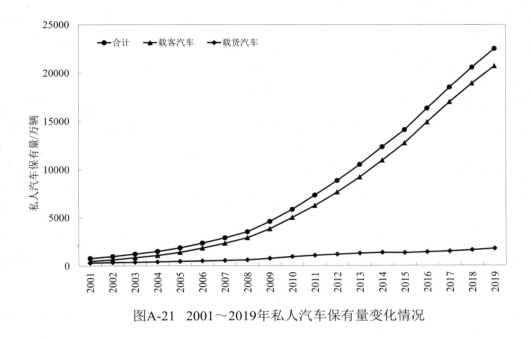

图A-21　2001～2019年私人汽车保有量变化情况

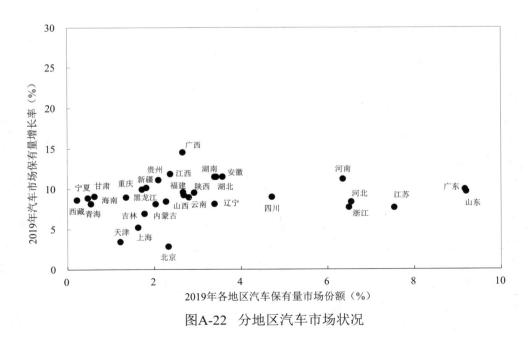

图A-22　分地区汽车市场状况

表 A-26 各地区历年民用汽车保有量

(单位：万辆)

地区	2010年	2011年	2012年	2013年	2014年	2015年	2016年	2017年	2018年	2019年
北京	449.7	470.5	493.6	517.1	530.8	533.8	547.4	563.1	574.0	590.3
天津	158.2	190.8	221.1	261.6	274.1	273.6	273.7	287.7	298.7	308.9
河北	492.9	607.2	728.5	816.3	930.1	1075.0	1245.9	1387.2	1530.0	1647.9
山西	247.9	295.3	330.0	378.3	424.4	469.0	526.4	592.0	652.1	710.5
内蒙古	187.8	233.2	266.1	306.9	342.1	373.6	418.5	480.2	531.9	576.7
辽宁	296.3	356.8	414.9	457.1	520.0	582.5	659.4	727.1	796.4	861.1
吉林	152.9	183.0	209.5	248.4	284.6	313.7	352.9	387.2	421.9	451.1
黑龙江	194.8	231.1	259.9	289.8	322.6	351.8	394.2	435.3	477.4	516.1
上海	175.5	194.8	212.7	234.9	255.0	282.2	322.9	361.0	393.4	413.8
江苏	550.8	675.2	802.2	944.4	1095.5	1240.9	1427.9	1612.8	1776.6	1912.7
浙江	542.1	656.8	773.6	902.0	1012.1	1120.6	1257.4	1395.8	1533.0	1661.3
安徽	209.8	258.6	303.1	358.7	422.5	498.7	600.8	708.9	814.2	907.8
福建	197.1	239.9	283.9	333.0	386.6	435.4	493.6	557.0	622.8	680.3
江西	137.4	171.6	201.6	246.8	287.7	338.9	399.3	465.9	537.6	601.2
山东	705.9	851.1	1027.2	1199.7	1350.3	1510.8	1723.3	1929.6	2128.3	2333.7
河南	399.7	501.3	582.0	700.7	969.3	952.0	1104.5	1274.5	1449.7	1612.1
湖北	207.5	249.5	293.6	354.4	422.2	498.6	588.7	679.8	772.4	861.1
湖南	211.1	258.2	308.1	366.7	434.5	507.9	595.8	683.2	781.0	870.6
广东	782.3	910.9	1037.4	1177.4	1331.8	1471.4	1674.6	1894.2	2116.3	2326.4
广西	152.1	187.8	227.4	276.3	316.5	363.8	424.9	502.1	588.4	673.9
海南	39.2	47.8	55.5	64.8	75.1	83.3	96.3	113.2	126.9	137.2
重庆	114.3	129.7	159.4	192.8	237.0	278.6	327.5	370.5	419.1	461.6
四川	355.0	422.2	493.2	573.0	666.9	767.1	880.8	990.3	1098.2	1196.9
贵州	115.8	136.4	164.4	201.1	244.7	292.6	348.7	414.0	479.0	532.1
云南	233.9	280.0	328.5	374.0	429.7	484.2	552.1	622.7	677.5	742.1
西藏	16.6	19.9	22.8	26.7	29.5	33.2	37.5	40.9	51.4	55.9
陕西	190.6	236.4	284.6	336.1	384.9	438.1	491.2	549.5	616.8	676.0
甘肃	85.0	105.6	129.1	156.4	185.3	239.4	277.3	287.5	315.1	343.3
青海	31.0	39.9	49.1	58.8	68.8	78.2	88.7	99.6	109.9	119.6
宁夏	41.5	53.4	66.4	79.2	91.1	100.9	115.3	130.9	144.8	157.9
新疆	127.1	161.7	203.8	237.0	272.2	294.5	327.1	363.2	396.7	436.1
全国合计	7801.8	9356.3	10933.1	12670.1	14598.1	16284.5	18574.5	20906.7	23231.2	25376.4

表 A-27 各地区民用货车保有量

(单位:万辆)

地区	2010年	2011年	2012年	2013年	2014年	2015年	2016年	2017年	2018年	2019年
北京	19.39	21.49	23.70	25.71	28.91	30.59	33.01	36.67	39.99	47.59
天津	19.15	21.34	22.19	24.34	27.09	27.63	29.47	31.94	33.56	35.66
河北	121.50	137.15	153.42	150.01	143.54	146.64	163.32	174.34	193.37	211.00
山西	55.82	61.27	56.78	58.29	59.11	57.18	59.51	63.94	70.25	76.40
内蒙古	48.51	54.52	47.72	49.96	51.17	49.23	51.42	55.97	61.00	66.47
辽宁	67.42	76.85	82.22	73.51	80.04	82.66	87.12	90.19	94.12	99.20
吉林	32.85	36.98	36.99	40.23	42.22	41.00	41.91	41.29	44.57	46.92
黑龙江	48.98	55.27	55.86	58.14	61.77	60.31	61.37	61.07	64.74	68.39
上海	23.81	24.83	20.73	20.14	19.56	19.49	21.86	30.81	32.87	33.07
江苏	72.50	82.39	89.29	96.79	97.17	90.39	94.17	105.65	116.24	126.02
浙江	87.29	97.00	105.02	112.36	111.56	104.00	112.87	124.53	136.78	147.47
安徽	66.34	74.51	74.23	79.94	86.15	87.56	91.86	99.79	111.87	121.52
福建	45.11	51.77	57.49	62.36	66.48	65.50	64.43	68.35	74.77	79.32
江西	40.17	46.76	47.01	54.56	58.40	59.96	60.33	65.13	73.19	79.42
山东	134.45	149.06	159.88	176.22	175.39	165.06	186.74	210.72	236.85	263.04
河南	90.75	106.35	109.61	120.78	165.63	129.72	132.91	144.63	162.22	176.85
湖北	53.29	59.72	62.69	68.62	72.73	70.16	69.71	74.32	84.35	93.48
湖南	48.22	54.92	58.17	61.17	66.40	67.40	68.37	66.92	74.67	81.77
广东	147.53	159.92	169.86	178.89	181.81	174.9	183.02	196	217.91	237.50
广西	36.82	42.90	49.20	55.74	57.22	58.71	62.12	68.45	75.88	83.21
海南	8.58	10.17	11.12	12.14	13.02	12.66	13.35	14.32	15.67	16.95
重庆	34.03	28.34	31.56	34.44	36.94	37.42	38.86	40.26	44.29	43.33
四川	70.45	77.49	83.77	87.99	91.02	89.57	91.86	95.97	105.21	114.25
贵州	32.73	34.23	36.72	41.5	47.77	50.33	52.40	56.49	62.13	66.06
云南	63.39	71.66	77.88	78.46	80.94	81.72	86.63	94.43	94.63	105.52
西藏	6.32	7.42	8.33	9.80	10.96	12.05	13.18	13.98	16.33	18.48
陕西	36.32	41.74	45.54	47.88	49.86	51.42	51.87	56.04	62.61	63.33
甘肃	26.37	31.00	35.42	39.89	43.79	45.39	48.65	51.86	55.54	59.21
青海	8.99	10.62	11.77	12.79	13.82	14.24	14.94	16.17	17.54	19.04
宁夏	13.52	16.51	19.41	22.35	24.45	24.11	26.09	28.39	30.62	33.34
新疆	36.96	43.79	51.18	55.61	60.55	58.64	58.55	60.24	64.05	69.02
全国合计	1597.55	1787.99	1894.75	2010.62	2125.46	2065.62	2171.89	2338.85	2567.82	2782.84

表 A-28　各地区民用客车保有量

(单位：万辆)

地区	2010年	2011年	2012年	2013年	2014年	2015年	2016年	2017年	2018年	2019年
北京	425.74	444.16	464.86	486.14	496.92	498.13	509.39	520.83	527.96	536.66
天津	137.64	167.85	197.30	235.56	245.4	244.22	242.50	253.99	263.27	271.27
河北	365.36	463.41	568.13	660.24	780.56	923.33	1077.06	1207.34	1330.39	1429.81
山西	189.93	231.62	270.80	317.56	362.84	409.41	464.57	525.67	579.32	631.24
内蒙古	137.19	176.10	215.94	254.46	288.62	322.04	364.68	421.72	468.21	507.31
辽宁	225.67	276.16	328.63	379.92	436.52	496.09	568.46	633.15	698.36	757.81
吉林	118.78	144.54	170.94	206.55	240.74	271.03	309.27	344.06	375.39	402.10
黑龙江	143.66	173.37	201.42	228.94	258.34	288.69	330.13	371.57	409.87	444.77
上海	146.24	163.91	185.71	207.99	228.58	256.26	293.85	328.17	358.37	378.50
江苏	472.78	586.59	706.27	840.53	991.13	1143.57	1326.73	1499.72	1652.10	1777.89
浙江	450.83	555.58	664.08	785.00	895.99	1012.46	1140.31	1266.84	1391.32	1508.30
安徽	140.99	181.33	225.98	275.84	333.37	408.16	505.88	605.79	698.45	781.86
福建	150.30	186.30	224.45	268.59	318.06	367.79	427.11	486.46	545.63	598.34
江西	95.65	122.93	152.73	190.11	227.02	276.48	336.39	398.10	461.45	518.60
山东	566.09	696.07	860.89	1016.85	1168.25	1339.12	1529.79	1711.66	1883.47	2061.35
河南	304.90	390.20	467.49	574.84	750.08	817.06	966.58	1124.7	1281.65	1428.48
湖北	151.52	186.72	227.76	282.29	345.84	424.70	515.17	601.48	683.57	762.34
湖南	161.23	201.44	247.99	303.54	365.66	437.81	524.72	613.37	703.07	785.14
广东	629.30	745.35	861.60	992.39	1144.18	1290.57	1485.65	1691.96	1891.30	2080.96
广西	113.13	142.58	175.77	217.94	256.99	302.56	360.24	431.16	509.85	587.41
海南	30.23	37.11	43.75	52.10	61.52	70.07	82.34	98.22	110.54	119.56
重庆	78.54	99.31	125.42	156.54	198.38	239.43	286.85	328.42	372.88	416.17
四川	281.60	341.48	406.08	481.5	572.33	673.91	785.3	890.61	988.77	1077.97
贵州	82.19	101.14	126.47	158.03	195.17	240.35	294.26	355.32	414.49	463.59
云南	169.08	206.70	248.76	293.55	346.66	400.17	462.96	525.58	580.12	633.44
西藏	10.15	12.26	14.16	16.75	18.3	20.88	24.03	26.60	34.31	36.90
陕西	151.64	191.55	235.61	284.52	331.64	383.03	435.7	489.63	549.94	608.01
甘肃	57.52	73.3	92.32	114.92	139.91	167.55	202.09	233.73	257.52	281.89
青海	21.45	28.60	36.65	45.28	54.26	63.16	72.9	82.56	91.42	99.58
宁夏	27.23	35.93	45.94	55.78	65.55	75.77	88.21	101.5	113.07	123.40
新疆	87.56	114.79	149.08	177.52	207.89	232.10	265.1	299.62	329.34	363.61
全国合计	6124.13	7478.37	8943.01	10561.78	12326.70	14095.88	16278.24	18469.54	20555.40	22474.27

表 A-29　2019 年各地区私人汽车保有量

(单位：万辆)

地　　区	汽车总计	载客汽车	载货汽车	其他汽车
全　　国	22508.99	20710.58	1753.66	44.76
北　　京	497.03	471.77	23.50	1.76
天　　津	259.43	240.69	18.09	0.65
河　　北	1518.86	1367.10	148.69	3.08
山　　西	640.82	592.45	47.20	1.17
内　蒙　古	530.39	480.63	48.47	1.30
辽　　宁	750.63	696.90	52.44	1.29
吉　　林	408.08	373.71	33.62	0.75
黑　龙　江	463.57	413.41	49.32	0.83
上　　海	321.27	320.27	0.74	0.25
江　　苏	1639.89	1579.66	57.35	2.87
浙　　江	1459.21	1368.07	89.72	1.42
安　　徽	794.26	730.62	61.85	1.79
福　　建	590.51	538.00	51.69	0.81
江　　西	537.77	491.46	45.36	0.96
山　　东	2092.39	1928.17	159.95	4.26
河　　南	1471.95	1356.43	112.38	3.15
湖　　北	772.35	708.25	62.05	2.05
湖　　南	807.96	738.18	67.82	1.95
广　　东	2037.15	1900.53	133.86	2.77
广　　西	613.40	553.04	58.99	1.37
海　　南	117.91	105.08	12.58	0.25
重　　庆	403.30	378.48	24.17	0.65
四　　川	1058.68	985.35	71.41	1.92
贵　　州	487.45	432.89	53.38	1.18
云　　南	681.57	590.07	89.99	1.51
西　　藏	47.82	31.85	15.78	0.19
陕　　西	609.24	563.28	44.32	1.64
甘　　肃	290.91	248.60	41.43	0.88
青　　海	99.64	85.76	13.47	0.41
宁　　夏	143.17	115.20	27.37	0.60
新　　疆	362.41	324.68	36.67	1.06

表 A-30　历年汽车产量

（单位：辆）

年份	汽车产量合计	载货汽车	越野汽车	其中：轻型越野汽车	客车	轿车	汽车底盘
1986	372753	218863	23739	21891	9189	12297	81262
1987	472538	299356	27781	27351	20461	20865	92260
1988	646951	364000	36384	35978	50922	36798	136234
1989	586935	342835	48934	48291	47639	28820	103896
1990	509242	269098	44719	44348	23148	42409	90574
1991	708820	361310	54018	53371	42756	81055	122873
1992	1061721	460274	63373	61747	84551	162725	199162
1993	1296778	623184	59257	57057	142774	229697	171769
1994	1353368	613152	72111	70317	193006	250333	169106
1995	1452697	571751	91766	89765	247430	325461	162713
1996	1474905	537673	77587	73233	267236	391099	167651
1997	1582628	465098	59328	56547	317948	487695	178644
1998	1629182	573766	43608	38423	431947	507861	206325
1999	1831596	581990	36944	33602	418272	566105	229113
2000	2068186	668831	41624	35508	671831	607455	252063
2001	2341528	803076	41260	33247	834927	703525	317946
2002	3253655	1092546	43543	34232	1068347	1092762	425601
2003	4443522	1228181	86089	78622	1177476	2037865	381116
2004	5070452	1514869	79600	72245	1243022	2312561	398351
2005	5707688	1509893	—	—	1430073	2767722	381183
2006	7279726	1752973	—	—	1657259	3869494	442201
2007	8883122	2157335	—	—	1927433	4797688	558673
2008	9345101	2270207	—	—	2037540	5037334	530271
2009	13790994	3049170	—	—	3270630	7471194	596657
2010	18264667	3920363	—	—	4768414	9575890	791635
2011	18418876	2898046	—	—	4746156	10137517	637157
2012	19271808	2802110	—	—	2691613	13257833	520252
2013	22116825	3468501	—	—	6547552	12100772	581944
2014	23722890	3195901	—	—	8045937	12481052	553563
2015	24503326	2491337	—	—	9968838	11630895	412256
2016	28118800	2405300	—	—	491700	12111300	—
2017	29015434	2587741	—	—	479664	11937820	—
2018	27809196	2794127	—	—	453963	11465782	—
2019	25720665	2724763	—	—	441862	10233042	—

注：本表不含改装车产量；轿车产量已包含切诺基 BJ2021。

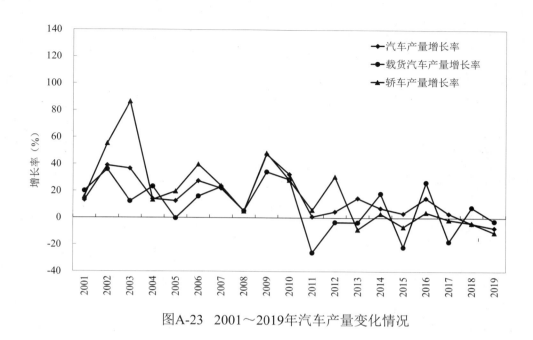

图A-23 2001~2019年汽车产量变化情况

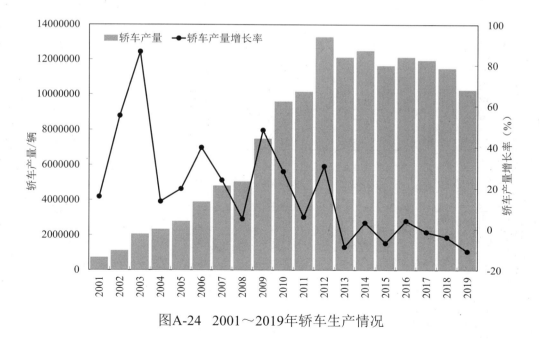

图A-24 2001~2019年轿车生产情况

表 A-31　2019 年全国汽车产销分类构成

车　型		产　量			销　量		
		2019 年/辆	2018 年/辆	同比增速（％）	2019 年/辆	2018 年/辆	同比增速（％）
汽车总计		25720665	27809196	-7.51	25768677	28080577	-8.23
乘用车合计		21360193	23529423	-9.22	21444180	23709782	-9.56
其中 1	基本型乘用车（轿车）	10233042	11465782	-10.75	10307645	11527840	-10.58
	多用途乘用车（MPV）	1380689	1684917	-18.06	1383684	1734637	-20.23
	运动型多功能乘用车（SUV）	9344444	9958580	-6.17	9353313	9994726	-6.42
	交叉型乘用车	402018	420144	-4.31	399538	452579	-11.72
其中 2	排量≤1.0L	416300	204053	104.02	446954	203176	119.98
	1.0L<排量≤1.6L	13942454	15435709	-9.67	13986647	15631852	-10.52
	1.6L<排量≤2.0L	5585634	6386680	-12.54	5623536	6356805	-11.54
	2.0L<排量≤2.5L	406046	626955	-35.24	421637	643831	-34.51
	2.5L<排量≤3.0L	96771	49150	96.89	95510	50216	90.20
	3.0L<排量≤4.0L	35544	34966	1.65	35680	36167	-1.35
	排量>4.0L	20	3	566.67	16	3	433.33
其中 3	手动挡	5663269	7304674	-22.47	5631338	7598375	-25.89
	自动挡	14181317	14531048	-2.41	14300015	14421281	-0.84
	其他挡	1515607	1693701	-10.52	1512827	1690126	-10.49
其中 4	柴油汽车	84791	55195	53.62	85230	53701	58.71
	汽油汽车	19962228	22183528	-10.01	20074313	22382220	-10.31
	其他燃料汽车	1313174	1290700	1.74	1284637	1273861	0.85
商用车合计		4360472	4279773	1.89	4324497	4370795	-1.06
其中 1	柴油汽车	2869395	2948670	-2.69	2835104	2998127	-5.44
	汽油汽车	1253306	1078297	16.23	1257761	1121169	12.18
	其他燃料汽车	237771	252806	-5.95	231632	251499	-7.90
其中 2	客车	441862	453963	-2.67	444024	450242	-1.38
	货车	2724763	2794127	-2.48	2720281	2870784	-5.24
	半挂牵引车	581227	470283	23.59	564920	483143	16.93
	客车非完整车辆	30169	35089	-14.02	30315	34928	-13.21
	货车非完整车辆	582451	526311	10.67	564957	531698	6.26

表 A-32　历年低速货车产销情况

（单位：辆）

年份	产销量	低速货车合计	低速货车	三轮汽车
2012	产量	2794784	430266	2364518
	销量	2785527	426587	2358670
2013	产量	2904377	405145	2499232
	销量	2897926	402564	2495362
2014	产量	2926147	423729	2502418
	销量	2923534	422645	2500889
2015	产量	3023503	432381	2591122
	销量	3010985	428088	2582897
2016	产量	2991734	373202	2618532
	销量	2990730	373587	2617143
2017	产量	—	—	2383588
	销量	—	—	2383697
2018	产量	—	—	1778502
	销量	—	—	1778502
2019	产量	—	—	1264488
	销量	—	—	1261029

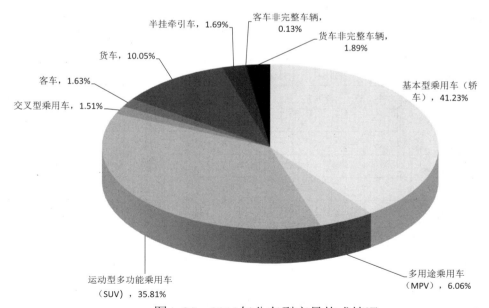

图A-25　2019年分车型产量构成情况

表 A-33　能源生产总量及其构成

能源构成		2012 年	2013 年	2014 年	2015 年	2016 年	2017 年	2018 年
能源生产总量/万 t		351041	358784	361866	362000	346000	358500	377000
原油/万 t	进口	27103	28174	30837	33549	38101	41957	46189
	出口	243	162	60	286	294	486	263
成品油/万 t	进口	3982	3959	3000	2990	2784	2964	3348
	出口	2429	2851	2967	3615	4831	5216	5860
原油产量/万 t		20748	20992	21143	21456	19771	19151	18911

注：2020《汽车工业年鉴》未更新数据。

表 A-34　2011～2018 年分车型汽车进口数量

（单位：辆）

品　种	2011 年	2012 年	2013 年	2014 年	2015 年	2016 年	2017 年	2018 年
总计（含底盘品种）	1038622	1132031	1195040	1425846	1100867	1076904	1246515	1134681
一、乘用车	1011871	1108730	1179979	1411561	1091386	1062509	1228346	1115151
1. 大客车（30 座以上）	—	2526	2386	1031	899	737	1073	5
2. 中型客车（10～30 座）	5196	5196						378
3. 旅行车（9 座以下）	162911	179508	230915	344179	264340	206190	224796	181027
4. 其他机动小客车	—	25868	20282	8822	—	—	—	—
5. 越野车	430886	456362	505343	588921	471750	465739	528361	448400
6. 轿车	410270	446992	423439	469639	352460	377373	447740	485724
7. 机坪客车	—	—	—	66	—	—	—	—
二、载货汽车	19453	19452	11197	11501	7062	11549	15459	14315
柴油：总重<5 t	—	—	—	83	104	—	—	—
5 t≤总重<14 t	—	—	—	102	108	—	—	—
14 t≤总重<20 t	—	—	—	146	135	—	—	—
总重≥20 t	—	—	—	1812	1138	—	—	—
汽油：总重<5 t	—	—	—	7374	3295	—	—	—
总重≥5 t	—	—	—	40	96	—	—	—
未列名货车	—	—	—	1944	2186	—	—	—
三、专用车	—	235	224	298	211	179	170	232
四、底盘	1888	1088	1254	1455	2208	1937	1467	1665

注：《汽车工业年鉴》上无 2019 年数据。

表 A-35　历年汽车进口数量及金额

年份	汽车进口数量/辆			进口金额合计/万美元	汽车配件金额/万美元
	总量	其中			
		载货汽车	轿车		
2007	314130	7980	139867	2676775	1421523.8
2008	409769	10171	154521	3222993	1268125
2009	420696	8201	164837	3419834	1457311
2010	813345	14977	343653	5818595	2116655
2011	1038622	19453	410270	6527468	2218233.4
2012	1132031	19452	446992	7992432	2572334
2013	1195040	11197	423439	8422289	2836174
2014	1425846	11501	469639	10040689	3213662
2015	1100867	7062	352460	7884149	2740113
2016	1076904	11542	377373	8130206.4	3635713.2
2017	1246515	15459	447740	8983901.7	3882149.0
2018	1134681	14315	485724	5051430	—

注：1. 本表数据来源于《汽车工业年鉴》，《汽车工业年鉴》上无 2019 年数据。
　　2. 本表将进口汽车散件归入进口整车中、车身归入零部件中。

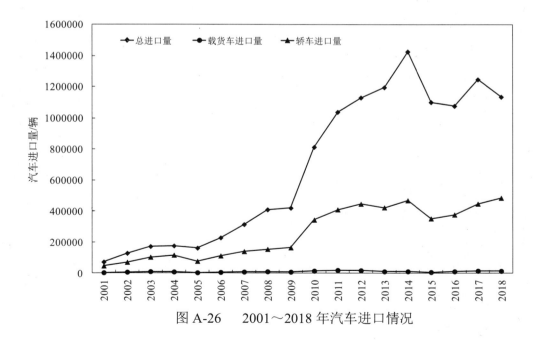

图 A-26　2001~2018 年汽车进口情况

表 A-36 主要国家历年汽车产量及品种构成

国别	年份	总产量/万辆	乘用车 产量/万辆	乘用车 占总产量（%）	商用车 产量/万辆	商用车 占总产量（%）
美国	2019	1088.5	750.0	68.9	338.5	31.1
	2018	1218	802.6	65.9	415.4	34.1
	2017	1119	803.4	71.8	315.6	28.2
	2016	1219.8	915.6	75.1	304.2	24.9
	2015	1207.5	927.3	76.8	280.2	23.2
	2014	1166.0	869.5	74.6	296.5	25.4
	2013	1108.0	837.3	75.6	270.7	24.4
日本	2019	968.4	832.9	86.0	135.5	14.0
	2018	920.4	835.8	90.8	84.6	9.2
	2017	969.4	834.8	86.1	134.6	13.9
	2016	920.5	787.4	85.5	133.1	14.5
	2015	927.7	783	84.4	144.7	15.6
	2014	900.8	762.8	84.7	138	15.3
	2013	963.0	818.9	85.0	144.1	15.0
德国	2019	515.2	466.4	90.5	48.8	9.5
	2018	574.7	512.0	89.1	62.7	10.9
	2017	564.6	564.6	100.0	—	—
	2016	606.3	574.7	94.8	31.6	5.2
	2015	603.3	573.9	95.1	29.4	4.9
	2014	592.9	562.4	94.9	30.5	5.1
	2013	572.7	544.9	95.1	27.8	4.9
英国	2019	137.9	130.3	94.5	7.6	5.5
	2018	181.7	151.9	83.6	29.8	16.4
	2017	174.9	167.1	95.5	7.8	4.5
	2016	181.7	172.3	94.8	9.4	5.2
	2015	168.4	158.3	94.0	10.1	6.0
	2014	160.7	153.5	95.5	7.2	4.5
	2013	159.6	150.9	94.5	8.7	5.5
法国	2019	217.7	159.6	73.3	58.1	26.7
	2018	209.0	176.3	84.4	32.7	15.6
	2017	222.7	174.8	78.5	47.9	21.5
	2016	208.2	162.6	78.1	45.6	21.9
	2015	197.2	155.5	78.9	41.7	21.1
	2014	—	—	—	—	—
	2013	174.0	146.0	83.9	28.0	16.1

（续）

国别	年份	总产量/万辆	乘用车		商用车	
			产量/万辆	占总产量（%）	产量/万辆	占总产量（%）
意大利	2019	91.5	54.2	59.2	37.3	40.8
	2018	106.0	67.1	63.3	38.9	36.7
	2017	114.2	74.3	65.1	39.9	34.9
	2016	101.4	71.3	70.3	30.1	29.7
	2015	101.4	66.3	65.4	35.1	34.6
	2014	54.5	32.5	59.6	22.0	40.4
	2013	65.9	38.9	59.0	27.0	41.0
加拿大	2019	192.2	180.5	93.9	11.7	6.1
	2018	202.6	193.2	95.4	9.4	4.6
	2017	219.4	217.6	99.2	1.8	0.8
	2016	236.9	235.6	99.5	1.3	0.5
	2015	228.3	226.9	99.4	1.4	0.6
	2014	231.2	227.6	98.4	3.6	1.6
	2013	237.9	231.7	97.4	6.2	2.6

注：资料来源于《FOURIN世界汽车统计年鉴》，与OICA相关统计数据有所不同，仅供参考。

表A-37　2015～2019年世界主要国家乘用车生产量排序

（单位：万辆）

排序	2019年		2018年		2017年		2016年		2015年	
	国别	产量	国别	产量	国别	产量	国别	产量	国别	产量
1	中国	2136	中国	2480.7	中国	2352.9	中国	2480.7	中国	2372.3
2	日本	832.9	日本	834.8	日本	835.8	日本	834.8	美国	1166.1
3	德国	466.1	德国	564.6	德国	512.0	德国	564.6	日本	977.5
4	印度	362.3	印度	395.3	美国	406.5	印度	395.3	德国	590.8
5	韩国	361.3	韩国	373.5	韩国	366.2	韩国	373.5	韩国	452.5
6	美国	251.2	美国	303.3	印度	279.6	美国	303.3	印度	384.0
7	巴西	244.8	西班牙	229.1	西班牙	238.7	西班牙	229.1	墨西哥	336.5
8	西班牙	224.8	巴西	226.9	巴西	226.7	巴西	226.9	巴西	314.6
9	法国	167.5	墨西哥	190.0	墨西哥	176.3	墨西哥	190.0	西班牙	240.3
10	俄罗斯	152.4	法国	174.8	英国	157.6	法国	174.8	加拿大	239.4

注：数据来源于世界汽车组织（OICA）。

表 A-38　1988~2019 年国外主要国家商用车产量

（单位：千辆）

年份	美国	日本	法国	西班牙	巴西	德国	意大利	英国	俄罗斯	瑞典
1988	4097	4501	474	368	286	279	227	317	885	76.5
1989	4025	3973	511	407	282	288	249	327	844	81.7
1990	3703	3539	474	320	251	292	231	257	929	60.6
1991	3444	3484	423	305	255	356	245	217	807	75.3
1992	4119	3069	438	331	276	330	209	248	518	63.1
1993	4917	2734	319	262	291	237	150	193	650	58
1994	5649	2753	383	321	334	262	194	228	254	82
1995	5635	2585	424	375	333	307	245	233	192	102
1996	5749	2482	443	471	346	303	227	238	179	96
1997	6196	2484	479	552	392	345	254	238	—	115
1998	6452	1994	351	609	329	379	290	227	188	133
1999	5648	2585	424	375	333	307	245	233	192	—
2000	7235	1781	418	667	322	395	316	185	—	—
2001	6293	1053	395	614	215	248	265	181	170	113
2002	7227	948	367	585	194	346	303	191	—	35
2003	7535	1747	365	166	275	361	292	189	—	117
2004	7759	1792	439	609	454	378	309	209	275	140
2005	7606	1783	401	654	506	407	313	206	286	145
2006	6843	1728	446	699	519	421	319	206	325	134
2007	6857	1651	465	694	548	504	373	215	376	162
2008	4929	1648	423	599	659	514	315	203	321	—
2009	3495	1072	239	358	584	245	182	91	125	87
2010	4985	1319	272	474	792	355	262	123	196	147
2011	5661	1240	330	533	868	439	305	115	251	154
2012	6245	1411	239	454	719	261	275	112	263	—
2013	2707	1440	280	443.6	908.1	278.4	269.8	87.2	256.1	—
2014	2965	1380	—	500	823	305	220	72	174	—
2015	2802	1447	417	530	410	315	351	101	161	—
2016	3042	812	456	505	299	325	344	—	117	—
2017	3156	818	479	529	326	—	332	—	123	—
2018	4154	843	506	497	359	—	325	—	132	—
2019	3385	1355	581	603	503	488	373	76	197	168

注：资料来源于《FOURIN 世界汽车统计年鉴》，与 OICA 相关统计数据有所不同，仅供参考。

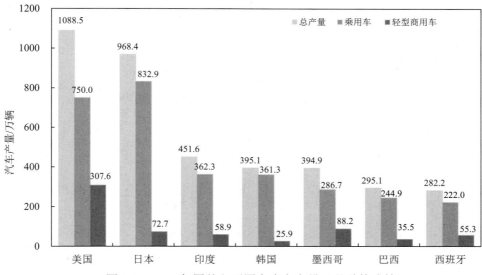

图A-27 2019年国外主要国家汽车产量及品种构成情况

附录 B 国家信息中心汽车研究与咨询业务简介

国家信息中心（简称 SIC）于 1986 年开始进行汽车市场预测分析及调查研究工作，至今已有 35 年的历史，汽车研究与咨询业务不断扩大，目前这项工作由国家信息中心下属的信息化和产业发展部负责。

一、主体业务

国家信息中心汽车研究与咨询业务主要分为三大板块。

1. 产业研究板块

（1）汽车产业、汽车新四化、新零售　重点方向和领域：汽车产业发展趋势与产业布局研究，新能源汽车、智能网联汽车及其重点零部件产业的研究。

自 2013 年起，SIC 全面系统地开展了对新能源汽车的研究，包括 BEV、PHEV、FCEV，对新能源汽车的产业发展状况，企业、产品与技术，政策环境、充电设施、零部件产业发展等方面的月度跟踪与分析，对新能源汽车消费者的需求调研，以及对未来 5~10 年市场需求的预测。通过此项研究，不断积累新知识，提升新认知，并逐渐建立了新能源汽车用户分类模型和市场需求预测模型。2018 年面对新能源汽车补贴政策即将退坡，各企业对新能源汽车的正向研发需求以及大量新势力企业的进入等诸多新形势，SIC 开展了大量的定制化研究，包括新能源汽车消费者的需求洞察、新能源汽车产品的定位研究、新能源汽车企业的战略规划、造车新势力的评估、后补贴时代的产品趋势与策略研究、充换电模式研究等。

自 2016 年以来开展了智能网联汽车的研究，对智能网联汽车的相关技术、成本走势、应用场景、消费者接受度等进行了持续跟踪研究，对智能网联汽车的应用前景进行了预测。同时开展了共享出行和新零售研究，对各种商业模式的现状、优劣势及发展前景进行了研究与预判。

（2）经济与政策研究　每月跟踪宏观经济及相关政策的变化，包括各种宏观经济指标、宏观经济政策、汽车重大相关政策及社会重大事件等，研究经济变化或重大事件对汽车市场的影响，研究各种政策出台的背景、目的、作用对象，并对政策效果进行评价。

(3) 汽车产品与技术研究 及时跟踪了解全球市场最新产品与技术的发展动态，把握汽车产品与技术的发展趋势。分析研究国内市场产品的表现，以及新产品、新技术在国内市场的前景。

此外，产业研究板块还就汽车产业发展中的问题进行了相关研究，包括汽车产业兼并重组研究、合资企业可持续发展研究、汽车社会研究等，同时还拓展了地方汽车产业规划方面的研究，如玉溪新能源汽车规划、成都汽车产业规划等。

2. 市场预测研究板块

市场预测研究主要包含五大业务模块。

(1) 乘用车中长期市场研究 这是 SIC 历史最久的业务。从 1999 年开始，SIC 每年都要根据宏观经济、人口家庭与社会、城市化、汽车产品供给与价格、能源供给与价格、汽车消费环境、汽车相关政策等变化趋势，在全国消费者需求动向大样本调查对消费者需求洞察的基础上，对乘用车市场进行 10 年滚动预测，并承接来自客户的有关总体市场及细分市场的中长期预测研究课题。主要研究未来 3~5 年或 5~10 年，甚至未来 20 年的乘用车市场发展趋势。包括对总量市场，乘用车分车型、分级别、分价位市场的全方位预测，和新车销售、二手车流通、汽车报废、汽车保有等全生命周期的规模预测，也可以根据客户的要求做到分用户或目标市场的预测。近年来，强化了汽车新四化（电动化、智能化、网联化、共享化）对汽车需求影响的研究。

(2) 乘用车短期市场研究 SIC 自 2003 年开始组织专门的研究小组对乘用车市场进行了短期预测。该小组目前为多家用户提供服务，通过持续跟踪产品与市场动态，以及每月持续对 700 多家经销商的调查，了解当期市场的发展变化情况，发现乘用车市场运行的新特点和新变化，探求导致市场变化的原因，评价各企业、各车型在市场中的表现，并对未来各月的汽车市场走势做出预测。

(3) 商用车市场研究 主要研究商用车整体市场、分车型市场（客车、货车、皮卡）、细分市场（重、中、轻、微型货车和大、中、轻、微型客车八大车型）和专用车市场，分析跟踪影响这些市场发展的关键因素，研究这些因素对商用车市场的传导机制和规律，并对未来一年内各月各季、一年、三年、五年，甚至十年的商用车市场走势进行预测。

（4）豪华车与进口车市场研究　对超豪华车、豪华车和进口车的整体市场进行月度跟踪分析与中长期预测分析，并对这些车分级别、分车型、分豪华程度、分产地等细分市场进行分析和预测。近年来强化了高收入人群、汽车新四化对豪华车市场影响的研究，以及品牌建设对车辆销量和溢价的影响研究。

（5）区域市场研究　区域市场包括分大区、分省、分地级市多个层次。该项研究主要帮助企业解决三方面问题：第一，制定销售网络发展规划；第二，年度销售任务分配；第三，制定区域营销策略。目前区域市场研究的车型范围包括乘用车和商用车，研究的内容包括地区市场分级、地区市场特征研究、地区市场预测、地区市场营销方式研究、地区市场专题研究等。在时间维度上可以做到分月、分季度、分年度、中长期预测。

3. 消费者研究板块

消费者研究板块重点聚焦在消费者、汽车和品牌三个方面，即研究消费者的特征、消费者分类及未来的变化趋势，消费的特征与趋势，消费者对产品的认知与需求，消费者对品牌的认知与评价等。

针对这三方面研究内容，SIC 通过两种模式服务客户。一种是基础类调研，它通过多用户联合的方式，持续进行大样本、广覆盖、全面性的消费者调研，积累基础数据，为企业的战略规划、前瞻设计服务。另一种是对应企业产品开发的全流程"概念设计、产品开发、生产上市准备、上市前验证、上市后验证"，为企业产品设计提供定制化服务。

（1）消费者研究　聚焦在汽车消费者，既包括机构消费者，如网约车公司、企业、出租车与租赁车公司等，也包括家庭、个人消费者。通过一年一度的 NCBS 调查和需求动向调查了解各类消费者汽车保有和购买情况、购买和使用行为、消费者需求偏好、用户人群特征等，以持续积累消费者动态信息，为企业了解消费者本身构成的变化及其需求偏好变化服务。为更好地服务于企业产品开发的需要，SIC 于 2013 年完成了乘用车用户的人群分类研究、商用车人群分类研究，开发了识别用户类别的人群细分工具，该成果被一些企业广泛应用在车型开发、用户定位上。此外，还针对有代表性的区域用户、世代用户进行了特定的研究，完成了三线市场消费者、县域市场和农村市场消费者研究，也针对"年轻一代"展开了持续研究。近两年还针对中国未来的消费趋势和消费者的生活方式展开了一些研究，对深入洞察消费者需求提供了一个新视角。

（2）产品研究　SIC 开发了一整套服务于企业产品规划与研发的基础性产品类调研体系，包括产品特征目录研究、产品设计和审美偏好研究、产品配置需求研究和产品满意度研究，通过该体系能比较完整地提供产品企划阶段关于产品信息的基本输入，以及售后阶段关于产品评价的基本输入。SIC 通过联合研究的方式持续开展产品特征目录、产品设计和审美偏好、产品配置需求调研，逐年积累了大量的消费者数据，以了解消费者对产品认知的变化、对需求偏好及配置需求的变化，为企业新产品开发设计提供输入；针对企业个案需求的产品上市后满意度调查，为企业改进产品提供输入。

（3）品牌研究　从消费者的角度出发，构建消费者的品牌意识体系，研究品牌对消费者产品购买决策的影响程度及影响机制，并通过调查消费者的品牌认知度、喜爱度、购买意向等，客观中立地衡量各品牌的品牌绩效、形象健康度指标和品牌溢价，最终为企业理解消费者的品牌意识形成，找出品牌建设中存在的差距和问题提供帮助，为企业提升品牌价值提供支持。

（4）商用车调查研究　立足货运产业链，围绕竞争力和需求两大视角展开调查，输出分货运产业链的商品营销解决方案。SIC 有 300 余家物流系统核心资源，2020 年顺利支撑了全年多个项目的开展，完成了物流公司调研 200 家。

SIC 每年执行 60000 多个定量样本，包括各类消费者调查、机构用户调查等。还执行非常广泛的定性调查，每年接触 2000 余个汽车定性样本。所有深访调查的执行者都是 SIC 的研究员，这种深入一线面对面的调研，对我们理解用户、理解市场、深度分析具有极大的帮助。

SIC 在全国 258 个城市拥有调查代理，涵盖 1～6 级城市。这些代理与 SIC 有多年的合作关系，有丰富的汽车市场调查经验，支撑了我们每年大量调研的完成。此外，SIC 持续强化大数据资源和技术手段的开发应用，构建产品和品牌口碑大数据分析系统，积极有效地支撑了各类研究的需要。

二、汽车市场研究的支撑体系

1. 模型方法

国家信息中心自开展汽车研究和咨询业务以来，非常重视研究手段的建设，曾通过与国际知名汽车厂商合作、自主研发等多种方式研发了一批汽车市场研究与预测模型。SIC 的主要模型工具如下。

1987 年开发的"中国汽车市场预测模型",此模型为计量经济模型,并在 1990 年和 1994 年进行了两次改版。

1999 年与美国通用公司合作研制了"中国汽车工业发展模型"。此模型参考了美国、巴西、波兰等国家的汽车预测模型,并根据中国的实际情况进行改造。模型运行 20 余年来,每年 SIC 研究人员均要会同美国的模型专家对模型进行持续改进调整,使该模型成为国内乃至国际高水平的产业模型。为了给该模型提供大量的输入变量,SIC 每年都会展开一次大规模的消费者调查,2011 年更是在十多年调查数据的基础上进行了大量的实证研究,将模型中的细分市场预测部分进一步完善。

2002 年,开发了"中国大中型客车市场预测模型""中重型货车预测模型"和"地区市场预测模型",并在以后的几年内连续改进;2003 年引进并开发了"出租车市场预测模型"和"公务车需求预测模型";2005 年开发了"乘用车短期预测模型",并在近年的实际应用中持续改进,特别是 2009 年形成了 TSCI 的评估预测框架体系,并开发了乘用车市场景气监测指标体系,配合短期预测的展开。

2012 年,开发了"乘用车、中重型货车、轻型车及微型车的 N+3 模型""商用车的分地区预测模型"等;基于 TSCI 的模型思想,通过大量的实证研究,完善了"重型货车月度和年度预测模型"。

2013 年,开发了"豪华车、超豪华车和进口车预测模型",还研究开发了"进口车总量及细分市场的分省、分城市预测模型""二手车跨区流动情况下的汽车需求量和保有量估计模型""汽车限购的交通和环保压力评估指标体系"等,使 SIC 的预测模型体系更加体系化、细分化、实用化。

2014 年通过国际比较研究,拓展了豪华车、SUV、MPV 预测研究的思路,开发了"公务车及机构用车的推算模型",修改完善了"微型汽车和轻型货车市场预测模型",开发了"二手车对新车影响的定量分析模型"等。

2016 年开始研制新能源汽车的预测模型,近年持续改进。2018 年完善了"二手车预测模型"，在完整考虑新车销售、汽车保有、二手车流通、汽车报废等汽车全生命周期循环的基础上，开发了新车报废率、二手车保值率、二手车周转率等预测模型，预测出各年二手车需求总量和细分市场需求量，为研究二手车对新车市场的影响研究奠定了基础。

同时，在市场研究方面也积累和开发了大量的研究模型，包括人群细分模型、产品意识研究体系、产品偏好研究体系、产品满意度模型、配置与客户价值分析模型、企业产品表现评估模型、品牌健康度模型、产品特征分析模型等。

SIC一直积极鼓励员工创新，从2011年开始每年举办一次创新大赛，每年征集到各个研究领域的新方法、分析框架和模型等20余项。这些方法大都和日常业务、项目研究紧密联系，部分方法在国内相关领域都处于领先水平。这些方法不仅提升了已有项目的研究水平，同时为拓展汽车行业研究新业务、不断满足客户新需求提供了可靠的保障。

2. 数据库系统

为了支撑SIC汽车市场研究的需要，迎合部分汽车厂商的数据需求，SIC的汽车行业相关数据库建设也逐步形成了规模，并成为SIC和汽车厂商所依赖的重要资源之一。目前SIC已经形成了宏观经济数据库、乘用车产销数据库、车险数据库、商用车产销数据库、汽车保有量数据库、地区市场数据库、地区经济数据库、厂商与产品数据库、价格跟踪数据库、产品配置数据库、汽车进出口数据库、国际乘用车市场数据库、汽车行业相关政策数据库、汽车零部件企业数据库、经销商数据库、消费者调查信息数据库等。SIC的各相关业务模块组持续更新、维护各种数据库，并拆分出多种分类变量，便于各种维度的分析。

3. 资源系统

SIC建立了12大资源系统，分别是政府关系系统、专家关系系统、经销商关系系统、跨国公司关系系统、横向关系系统、国内厂商关系网络、大用户系统、零部件厂商关系系统、汽车整车厂商关系系统、媒体关系系统、新业态关系系统以及后产业链关系系统，这些系统能随时帮助我们获取第一手信息，让我们及时了解市场的动态情况，帮助我们深入挖掘事件背后的原因。SIC针对各资源系统定期组织了如下活动。

（1）每月定期做经销商调查　针对乘用车和商用车的经销商做调查，了解当月的市场情况及变化原因，为 SIC 的月度市场评估分析与预测服务。

（2）定期召集汽车市场研讨会　从 1992 年起，国家信息中心每年在年中和年底召集两次国内汽车厂家及行业市场分析专家参加的"宏观经济与汽车市场形势分析会"，目前这个会议已经成为汽车界了解汽车市场发展趋势，切磋对市场的看法，进行各种信息交流的平台。

（3）定期组织跨国公司交流平台的活动　国家信息中心从 2006 年起开始搭建乘用车跨国公司交流平台，2008 年又成立了商用车跨国公司交流平台。全球主要的汽车跨国公司均加入了交流平台。两个平台每个季度分别开展一次活动，研讨当前的宏观经济形势和汽车市场形势。

（4）每月邀请专家讲座　通过请进来和走出去的方式每月与多名专家进行交流，借助外脑及时跟踪了解经济、政策、市场动态及专家对形势的判断。

（5）参加政府组织的各种会议　参加国家发展和改革委员会、工业和信息化部、商务部等汽车主管部门组织的有关规范和促进中国汽车市场发展的研讨会、政策分析会、五年规划会等，为政府制定政策出谋划策。

三、汽车市场研究团队

SIC 拥有上百人的汽车市场研究团队，团队带头人是国家信息中心徐长明副主任，他自 1986 年开始从事汽车市场研究，见证了中国汽车行业的整个发展过程，对中国汽车市场有着深刻的认识和理解，是目前国内知名的汽车市场研究专家之一。

SIC 汽车市场研究团队是一支高素质的团队，97%的员工拥有硕士以上学历，且 80%以上毕业于国内外知名大学，如清华大学、北京大学、中国人民大学、南开大学、北京师范大学、香港大学、英国帝国理工大学、美国哥伦比亚大学、伦敦政治经济学院、英国林肯大学、日本东北大学、德国明斯特大学等。他们不仅具有经济、计量经济、管理、数学、心理学、统计学、社会学、汽车、法律等专业知识，其中 57%的人更具备五年以上的汽车市场研究经验。正是这支"专业与经验"相结合的团队才使我们能够持续保持较强的研究能力、学习能力和创新能力。

四、国家信息中心近两年来承接的部分专项咨询项目（见表 B-1～表 B-2）

表 B-1　国家信息中心 2019 年承接的部分专项咨询项目

	市场预测板块—2019 年	
1	全国乘用车用户需求动向调查与十年滚动预测（联合课题）	该项目是由国家信息中心组织发起，由国内十余家主要乘用车企业参加的大型联合研究项目；该项目从 1999 年开始执行第一期，每年进行一次；该项目每年在全国 80 多个城市执行 7000 个左右样本的调查，调查对象囊括私人用户、单位用户、出租租赁公司用户，调查内容包括用户特征、车辆特征，以及车辆购买、使用、替换、未来消费环境、用户偏好等；在调查的基础上，形成丰富的调查报告，并结合最新的宏观经济、人口、社会、政策、用车方式变化，预测次年及未来 10 年乘用车总量及细分市场的需求
2	人口流动新趋势及其对汽车市场的影响（联合课题）	该项目包括人口流动及分城市人口规模预测，以及人口流动对乘用车市场总量、需求结构与需求偏好的影响
3	二手车市场预测及新能源二手车市场研究	该项目包含对二手车市场规模、市场特征、经营模式、消费者特征等的全方位跟踪与预测，以及对新能源二手车发展趋势的研究
4	N＋10 汽车市场需求预测	该项目包含未来 10 年，中国汽车市场总需求与需求结构预测
5	N＋5 汽车市场需求预测	该项目包含未来 5 年，中国汽车市场总需求与需求结构预测
6	人群需求预测	该项目包括对未来 5～10 年产品竞争簇、特定消费人群等需求潜力的预测
7	分省乘用车月度/季度/年度预测	该项目提供未来某一年的月度/季度/年度乘用车市场的分省销量预测，服务主机厂的月度/季度/年度销量规划
8	分省（城市）N＋1/N＋3/N＋5 乘用车市场需求预测	该项目提供未来 1 年、3 年、5 年乘用车市场的分省或分城市销量预测，服务主机厂的年度或中长期销量规划及网络规划
9	智慧城市研究	该项目重点分析典型城市的智慧城市建设现状和规划，尤其是智慧交通的建设，为企业中长期的发展方向提供智慧出行方面的前瞻性参考
10	分省保有量数据/收入分布推算	该项目对中国省会城市的出租车需求规模与需求结构进行调查和预测
11	SUV 全景研究（联合课题）	该项目是由国家信息中心组织发起，由国内十余家主要乘用车企业参加的联合研究项目，重点研究 SUV 渗透率的饱和点、达到饱和点的发展路径、SUV 细分市场（分品牌、分价位、分级别）和产品机会研究，并对不同企业提出策略建议。此外，每年会策划区域市场研究相关的联合课题，如底线市场研究、县域市场研究、农村市场研究等

附　录　　551

（续）

	市场预测板块—2019年	
12	分省豪华车 N+1 预测	提供未来1年豪华车市场的分省销量预测，服务于豪华品牌企业的年度销量规划
13	乘用车市场月度评估和预测	通过持续跟踪经济、政策环境以及产品与市场动态，定量和定性调查，了解当期市场的发展变化情况，发现乘用车市场运行的新特点和新变化，探求导致市场变化的原因，并对未来各月的市场走势做出预测，为多家企业提供个案化服务
14	乘用车月度市场表现分析和季度策略研究	每月对乘用车市场的月度走势进行分析与评价，发现乘用车市场运行的新特点和新变化，对当期的市场热点问题进行深入分析，对未来各月的市场走势做出判断。此外，综合内外部竞争环境，评价企业、主销车型在市场中的表现，并揭示其面临的机遇与调整，提供短期应对策略
15	乘用车市场终端监测及景气分析	每月在全国范围内，对经销商的销售及运营状况进行监测调研，并构建终端运营综合评价指标体系，以了解市场真实销售情况以及终端运营压力和存在的问题。为多家企业提供个案化服务
16	乘用车细分市场季度分析	通过对细分市场的季度表现进行定量化分解测算，揭示当前细分市场变化的主要原因，进而判断该变化是否具有可持续性还是短期突发因素所致，进而有助于为企业制定产品策略提供帮助
17	乘用车企业销售表现月度跟踪分析	通过对企业销售表现进行持续跟踪，并通过产品力分析及终端经销商的经营状况分析，揭示企业销售表现背后的原因，并有针对性地提出策略建议
18	某企业中长期产品战略规划	通过对历史和未来5～10年外部环境的分析、解读和预判，帮助企业解决未来产品线规划问题。主要涉及总体市场和细分市场预测、机会市场分析（格局、路径、规律、用户需求、技术方向……）等维度
19	某企业月度竞争及新产品分析	分析和预判短期竞争格局的变化；分析和预判重点新产品的市场表现；解决市场热点问题，为企业制定产品规划和营销策略提供辅助
20	某企业经销商终端市场月度滚动监测及分析	通过监测全国各品牌经销商总体和重点产品的运营指标、漏斗指标，呈现并解读市场、品牌、产品的终端真实情况，为企业提供一手大样本运营和漏斗数据的同时，帮助企业理解市场变化、制定策略
21	产品生命周期规律研究（联合课题）	通过对产品生命周期改动中的时间点、产品力、销量变化的数据进行分析总结，得到不同车系、不同细分市场共性的产品生命周期改动规律，同时利用多元回归，得到不同细分市场产品力口碑变化与销量之间的定量关系，为企业制定产品生命周期管理策略提供支持
22	某企业月度行业热点分析	通过紧密追踪政策、市场、产品、技术等维度的变化，与企业共同探讨值得研究的方向，形成议题，并通过SIC多年积累的成果及定性定量调查手段，短平快地解决企业关心的热点问题，为规划和决策提供快速响应和依据
23	某企业电动化技术路线策略的制定	通过竞争企业策略、政策、用户、成本和市场竞争逻辑的分析，为企业如何选择电动化技术路线、制定何种产品策略提供支持

（续）

		市场预测板块—2019年
24	乘用车与豪华车市场中长期预测	分析影响乘用车与豪华车市场中长期发展的因素，预测中长期市场趋势，预测豪华车细分市场趋势，研究豪华车消费者的特征与偏好变化；预测豪华新能源车市场发展前景；预测共享出行不同模式的规模，以及共享出行对乘用车、豪华车市场的影响
25	豪华车终端经济监测	通过监测豪华品牌人气、订单、成交、库存、资金、价格、信心等指标，结合线下访谈，分析解读豪华车市场一线的真实表现
26	未来三年中国宏观经济和汽车市场分析	该项目主要解决中美贸易战和国内去杠杆背景下，未来3年乘用车及豪华车市场的走势分析，为某企业制定销售策略提供依据
27	豪华车NEV中长期政策应对和研究	研究中央和国家NEV政策未来的发展变化，以及豪华车企业如何应对政策变化，抓住市场变革机遇
28	2019年乘用车市场跟踪研究（豪华/进口车部分）	本项目主要对豪华车、进口车的月度市场销售情况进行了追踪分析，对12-N月的市场销售形势作预判
29	商用车市场月度/季度分析预测	为多家企业提供个案化服务，监控国内商用车市场、细分市场及区域市场变化，分析与商用车关联的宏观经济、行业政策、突发事件等，及时捕捉市场及环境变化，运用短期分析模型，判断未来走势变化
30	商用车市场年度需求预测	为多家企业提供个案化服务，建立商用车各细分市场与宏观经济、政策的关联关系，通过预测下一年宏观经济走势及政策变化，进而预测商用车各细分市场的未来趋势及需求变化
31	未来3～5年商用车市场预测	为多家企业提供个案化服务，对中重型货车、大中型客车、轻型汽车、微型汽车等商用车进行分析，研究影响各车型的主要因素，分析未来3～5年环境变化导致关键因素的变化方向以及对各类车型的影响，最终给出未来3～5年的预测结果
32	未来10年商用车市场预测	为多家企业提供个案化服务，对商用车的八大车型进行分析，研究影响各车型的主要因素，分析未来10年环境变化导致关键因素的变化方向以及对各类车型的影响，最终给出未来10年商用车的预测结果
33	某企业新能源中型客车企划研究	通过梳理氢燃料和纯电动客车的用户特征、政策动向、区域分布等现状，预测未来10年氢燃料和纯电动客车的成本/价格动向，以及市场需求规模，从而给该品牌的业务决策提供支持依据
34	"珠三角"新能源商用车市场预测	为企业提供的个案服务，通过研究"珠三角"新能源商用车的销售特征、政策动向等特征的现状与未来趋势，以及市场潜力，预测未来5～7年"珠三角"新能源商用车各种车型的市场需求规模，从而给该企业在"珠三角"的新能源商用车业务决策提供支持依据

（续）

		市场预测板块—2019年
35	商用车企业管理模式及竞争力研究	基于案头研究、经销商访谈等方式，对主要商用车企业的管理架构、历史发展、产品竞争力、营销体系、渠道管理等进行对比研究，总结行业的主流模式及未来趋势
36	宏观经济跟踪评估及预测	接受多用户委托。主要通过定期跟踪宏观经济关键指标（包括经济增长、经济结构、货币金融、物价、收入、就业等）趋势和宏观政策动向，预测其未来趋势，为判断未来汽车行业及市场变化趋势提供依据
37	汽车行业相关政策跟踪评估	接受多用户委托。主要通过不定期跟踪汽车行业政策（如投资准入、生产制造、销售购买、使用置换、报废等）、汽车相关行业（如能源、交通等）以及重大事件的变化趋势，评估其对汽车产业、市场、厂商的影响
38	中美贸易冲突影响及预判	接受多用户委托。受中美贸易冲突影响，中国内外部环境均发生剧烈调整，本项目通过对贸易背景的梳理、贸易冲突的分析以及专家的意见建议，得出大概率演变路径
		消费者研究板块—2019年
1	某商用车企业快递两端市场机会研究	通过对行业TOP5的快递两端用户深访，从快递的运营模式、用车需求、企业盈利、生态环境等角度进行洞察，对某企业的轻型货车、微型货车、轻型客车和微型客车四种产品提出了商品企划
2	某企业某产品的硬质模型调研	目的是评价该模型的竞争力和改进点，决定企业是否继续打造该模型的实车还是需要做出修改方案，甚至终止模型车研发。SIC主要根据消费者、经销商和厂家工程师的三方研究，对车辆外观、内饰进行详细评估，提出评测结果
3	某新能源产品的图片测试	图片测试的核心目的是解决选择哪幅图片和如何修改图片更具竞争力。SIC通过系统的风格测试词语，通过专业的主持人挖掘消费者对图片的风格评价以及改进点，给企业解决问题提出建议
4	某企业某产品上市前的实车诊断	某企业某新车上市前实车测评，根据消费者对车辆外观、内饰、动态等方面的反馈，有针对性地对车辆进行调整，并为接下来的营销宣传活动提供素材的输入
5	农民工群体特征及其汽车需求研究（联合课题）	农民工群体庞大，初具购车能力且购车意愿强烈，是重要的潜在首购群体。该项目意在全方位理解农民工群体特征和亚群特征，全流程探讨农民工群体与汽车之间的关系，了解其汽车意识、品牌意识、购买意向、汽车需求与偏好、汽车购买使用行为等，为企业抓住市场机会提供策略建议
6	NCBS新车购买者调查（联合课题）	年度滚动追踪新车购买用户的用户特征、购买决策特征、需求偏好特征及其变化，提供新购用户及其需求洞察报告以及人群细分研究报告和数据分析平台，为企业的产品规划、开发以及市场营销提供翔实可靠的参考依据

(续)

		消费者研究板块—2019 年
7	消费者配置需求及搭载策略研究（联合课题）	通过定量和定性调查，获得消费者对汽车配置的认知/使用、需求和 PVA 数据，分析用户对配置的满意度；结合供给、需求、政策判断配置未来变化趋势，提供多样化、有针对性的配置搭载策略，并对重点产品的配置竞争力进行评价
8	SIC 人群分类模型的数字化服务系统	SIC 人群分类模型应用的云服务系统，可在线提供定量调研样本的人群分类计算、人群结构统计分析和可视化交互图表展示，并支持企业直接应用
9	某类特定群体需求洞察（年轻人、老年人、越野用户、三明治人群等）	研究聚焦在特定的用户群，基于 SIC 已有累积的大样本用户数据库，配合特定群体的典型用户深访，研究其群体特征和汽车需求，并针对群体特点，重点对其进行亚群细分研究，针对这些亚群进行深度洞察，研究其典型特征、汽车需求及出行价值偏好等
10	特定细分市场用户及其需求研究	基于 SIC 的市场及用户研究积累，迅速完成了企业产品规划前期阶段所需的某特定市场及用户的基础信息需求，包括市场现状及未来规模预测、用户特征及汽车需求偏好等
11	某企业特定市场的目标人群定位研究	基于 SIC 的已有大样本用户数据库，配合小样本补充调研，采用 SIC 人群细分方法进行亚群划分，分析各亚群的用户及产品需求特征，结合企业的资源能力以及对该特定市场产品的战略定位和竞争情况分析，确定目标人群以及靶心用户
12	某企业品牌力诊断项目	通过定量定性调研，了解企业的品牌力现状，与竞争品牌的差异以及原因的挖掘，进而针对性地给出品牌策略建议，找到提升的机会点以及相应措施
13	新四化下商用车机会研究	通过多年的商用车行业研究经验和商用车电动化、智能化的生产企业和使用企业调研，为某企业寻找电动化和智能化的市场机会
14	某企业某产品的上市后验证（包含传统车、BEV、PHEV 等）	综合利用大数据和定性、定量调查研究方法，对新产品上市后的表现进行市场定位验证、产品力验证和营销品质验证，发现其购买吸引力及障碍点，进而提出产品改进及营销策略建议
15	基于消费者需求的产品特征体系研究（联合课题）	本项目立足于从消费者视角，协助企业建设、完善产品特征体系，获取主要细分市场滚动更新的产品特征重要度数据，并对调研结果体现的产品特征现状及趋势进行分析和解读
16	某企业新能源产品战略规划项目	通过 BEV 市场机遇和竞争态势的分析、BEV 潜在客户及产品需求的洞察，给出新能源汽车业务未来的产品布局和产品定位策略
17	某集团面向未来的机会市场选择研究	当前正面临汽车市场发展平台期，企业未来发展的战略选择至关重要。本项目通过对未来 5 年外部需求环境，市场前景判断以及汽车消费群体发展趋势的研究，为企业未来机会人群选择、机会市场选择和发展路径选择提供战略决策依据

（续）

	消费者研究板块—2019年	
18	全国乘用车用户需求动向调查与十年滚动预测——调查部分（联合课题）	SIC持续性的年度项目，重点解决保有用户在保有、使用和再购等方面的数据积累和趋势判断；并且为预测报告提供数据支持
	产业研究板块—2019年	
1	新能源汽车发展与需求动向研究	跟踪国内外新能源汽车市场动态、产品动态、企业动态以及技术发展，解读新能源汽车发展政策；对当前充换电基础设施的发展现状进行调研分析，预判未来充换电基础设施的技术发展和应用场景；对购买新能源汽车的用户进行定性访谈和定量调查，了解购买动机、用户特征、使用状况以及对新能源汽车的需求偏好等；判断我国新能源乘用车的发展前景，对未来10年市场需求进行预测
2	新能源汽车全景研究	针对三个特定细分市场，分析未来5年市场机会，剖析区域政策；通过定性调研，对三个细分市场的新能源汽车用户进行人群分类和特征分析；对竞品车型进行分析，研究提炼目标车型的卖点；调查研究新能源汽车的营销与售后体系，包括市场策略与产品策略、营销机构与销售渠道、销售政策、销售与售后服务、集客与成交率等；对企业产品卖点和营销策略给出建议
3	自动驾驶技术脉络、应用场景与演进趋势研究	全年梳理与动态追踪自动驾驶行业发展与技术脉络特征。对自动驾驶应用场景进行分类洞察，挖掘现有场景价值及新场景。基于技术和场景研究，结合政策和外部环境变化，从消费者需求出发预测各级自动驾驶汽车普及趋势。对企业开展自动驾驶商业应用策略提出建议，包括市场布局节奏、场景投放次序、技术脉络选择等
4	中国自动驾驶市场跟踪研究（季度）	从政策与基础设施、关键技术与成本、应用场景发展、关键参与者、投融资及生态合作五个方面，系统梳理和全面跟踪自动驾驶在中国的落地发展，预判其未来发展趋势，并给出企业布局建议
5	AI时代车联网功能应用和布局研究	从专家、企业、经销商、消费者各角度全方位判断AI时代下，车联网供给、需求和商业模式的发展趋势，为企业把握车联网发展态势、洞察消费者趋势提供依据，为不同类型的企业在不同时间、不同细分市场投放不同的功能和服务、选择何种商业模式去运营提出具体的策略建议
6	APP开发用户需求研究	综合运用案头研究、专家访谈、消费者FGD深访等方式，梳理当前汽车手机APP发展现状，分析标杆汽车手机APP的用户使用情况，挖掘不同用户群体对汽车手机APP的需求偏好，从需求角度对已开发的手机APP进行用户评价，为汽车企业开发汽车手机APP提出策略建议
7	出租车与网约车发展研究	调查当前出租车和网约车行业发展现状，分析研究用户对约车出行服务的需求，判断未来约车出行行业发展与监管趋势
8	租赁行业发展新趋势	调查当前租赁行业的发展现状，追踪租赁企业发展的新动态，分析传统租赁与分时租赁融合发展的新趋势，判断未来租赁行业的发展趋势

表 B-2　国家信息中心 2020 年承接的部分专项咨询项目

	市场预测板块—2020 年	
1	全国乘用车用户需求动向调查与 10 年滚动预测（联合课题）	该项目是由国家信息中心组织发起，由国内十余家主要乘用车企业参加的大型联合研究项目；该项目从 1999 年开始执行第一期，每年进行一次；该项目每年在全国 80 多个城市执行 10000 左右样本的调查，调查对象囊括私人用户、单位用户、出租租赁公司用户，调查内容包括用户特征、车辆特征、车辆购买、使用、替换、未来消费环境、用户偏好等；在调查的基础上，形成丰富的调查报告，并结合最新的宏观经济、人口、社会、政策、用车方式变化，预测次年及未来 10 年乘用车总量及细分市场的需求
2	细分市场分购买情形预测	预测中长期，总市场、细分市场、区域市场与不同年龄世代的新车购买者中，首购、增购和换购的比例
3	二手车市场全视角研究	包含对二手车市场规模、市场特征、经营模式、消费者特征等的全方位跟踪与预测，以及对新能源二手车、二手车出口、二手车政策等热点问题的研究
4	N+10 汽车市场需求预测	包含未来 10 年，中国汽车市场总需求与需求结构预测
5	N+5 汽车市场需求预测	包含未来 5 年，中国汽车市场总需求与需求结构预测
6	中国汽车存量市场分析与展望	通过对全社会家庭的收入职业区域等特征的分析，以及对存量购车群体及其购买行为的细化，研究中国汽车市场过去三年发生显著变化的原因，更准确地把握市场发展趋势，帮助企业科学决策
7	多维细分市场预测	对车型、级别、价位、品牌档次以及动力总成等细分市场的多维交叉分析与预测
8	中国宏观经济与人口社会长期演变及对乘用车市场的影响	判断未来 10 年中国政治环境、经济环境、人口社会与技术的变化趋势，理顺其对乘用车市场的影响机制，把握乘用车市场总量的规模变化，为企业中长期战略规划提供决策支撑
9	分省乘用车月度、季度、年度预测（含细分市场）	提供未来当年月度、季度、年度乘用车市场的分省销量预测，服务主机厂的月度、季度、年度销量规划
10	分省 N+1/N+3/N+5 乘用车市场需求预测	提供未来 1 年、3 年、5 年乘用车市场的分省或分城市销量预测，服务主机厂的年度或中长期销量规划及网络规划，针对主机厂关注的重点区域进行深度研究，包括市场特征、用户特征、用户需求等
11	新形势下低线市场的机会与对策研究	研究低线市场的市场特征、用户特征、渠道和营销特征，并预测未来低线市场的机会、提出应对低线市场的对策
12	分省豪华车 N+1 预测	提供未来 1 年豪华车市场的分省销量预测，服务于豪华品牌汽车企业的年度销量规划

(续)

	市场预测板块—2020年	
13	分省保有量数据/收入分布推算	对中国省会城市的出租车需求规模与需求结构进行调查和预测
14	乘用车市场月度评估和预测	通过持续跟踪经济、政策环境以及产品与市场动态,每月固定600余家经销商定量调查及10余家经销商定性调查,时了解市场的发展变化情况,发现乘用车市场运行的新特点和新变化,探求导致市场变化的原因,并对未来各月的市场走势做出预测
15	乘用车市场热点表现分析和季度策略研究	每月对乘用车市场的月度走势进行分析与评价,对当期的市场热点问题进行及时深入的跟踪分析并判断其影响。对于突发性的热点事件,24小时内提供速报,并在一周之内对热点事件影响进行评估
16	乘用车市场终端监测及景气分析	每月在全国范围内,对经销商的销售及运营状况进行监测调研,并构建终端运营综合评价指标体系,以了解市场真实销售情况以及终端运营压力和存在的问题。为多家企业提供个案化服务
17	乘用车细分市场季度分析	通过对细分市场的季度表现进行定量化分解测算,揭示当前细分市场变化的主要原因,进而判断该变化是否具有可持续性还是短期突发因素所致,进而有助于为企业制定产品策略提供帮助
18	乘用车企业销售表现月度跟踪分析	通过对企业销售表现进行持续跟踪,并通过产品力分析及终端经销商的经营状况分析,揭示企业销售表现背后的原因,并有针对性地提出策略建议
19	企业战略研究	分析未来5~10年的市场发展宏观大环境,并给出总体及细分市场的趋势判断,结合各个企业的特点及当前市场表现,在外部宏观环境的大背景下给出企业的商品线规划策略建议
20	企业月度竞争及新产品分析	为企业提供乘用车市场竞争格局月度的分析和预判;分析和预判当月重点新产品市场表现;及时解决市场热点问题,为企业制定产品规划和营销策略提供辅助
21	乘用车年度产品特征趋势分析	从新产品投放特征,产品设计、动力、配置特征等角度入手,总结乘用车年度产品特征趋势,为企业提供针对性建议
22	产品竞争力分析	基于细分市场用户群需求、车型关键卖点,对XX产品展开竞争力对标分析:设计、动力、配置、营销等,提出企业可借鉴的产品打法
23	A0级电动SUV造型趋势分析	基于消费者审美趋势的变化,以及新产品供给规律、消费者偏好,分析A0级电动SUV车型整体造型风格趋势,外观、内饰分部位造型趋势
24	家用电动车需求场景研究及卖点定义	通过场景视角洞察用户需求,寻找电动车最有关注价值的产品方向,形成了一套新的方法体系和工具来定义产品概念和卖点,支撑企业产品定义
25	细分市场下动力结构趋势探索	结合政策、供给情况、用户需求,分析指定细分市场的动力总成发展趋势,涉及发动机排量、增压、变速箱类型、挡位数、48V、HEV等维度,为企业技术规划和产品改进提供支持

(续)

	市场预测板块—2020年	
26	企业生命周期管理策略研究	通过对不同车系、不同细分市场典型案例生命周期走势的总结及归纳，探究各车系及细分市场不同生命周期管理的差异以及产品力变化与销量之间的数学关系。同时从消费者以及经销商角度对XX企业的品牌战略、产品战略、产品生命周期管理的问题进行复盘，最终为企业的产品生命周期管理提出建议
27	新能源产品差异化设计策略研究	针对16个品牌、50多组油改电车型以及部分纯电平台车型分析，从设计、配置、空间、动力等角度总结了当前油改电车型的差异化策略，提炼出了不同细分定位下，油改电车型差异化设计的路径。并针对四个不同细分市场下的电动化车型的产品定义提出建议
28	企业产品线战略规划	通过对历史和未来5年细分市场发展的解读，基于竞争力对标、竞争环境、人群特点进行分析预判，帮助企业了解当前产品存在的深度问题、选择合适的产品更新路线
29	企业经销商终端市场月度滚动监测及分析	通过监测全国各品牌经销商总体和重点产品的运营指标、漏斗指标，呈现并解读市场、品牌、产品的终端真实情况，在为企业提供一手大样本指标数据的同时，帮助企业捕捉市场热点并深度洞察、制定策略
30	产品上市三个月快速诊断分析（本品/竞品）	通过对新产品上市三个月内组织的产品快速诊断，基于精准的用户和专家调研：①了解了本品存在问题的真实原因、明晰了品牌阶段特征、确立了下一步要开展的重要措施；②了解了产品爆火的真实原因（蓝海市场开辟逻辑）、从而为本品改款提供明确的方向
31	2020年豪华车月度市场跟踪研究	该项目主要对豪华车、进口车月度市场销售情况进行追踪分析，对12-N月的市场销售形势做预判
32	未来3年中国宏观经济和豪华车市场趋势分析	该项目主要解决疫情之下，未来3年豪华车市场总量和细分市场的销量预测，为企业制定销售计划提供依据
33	豪华车市场中长期预测	分析影响豪华车市场中长期发展的因素，研究豪华车发展的国际规律和影响豪华车普及的关键因素（如限购、共享、收入分布、品牌观等），研究豪华车消费者的特征与偏好变化，预测中长期豪华车市场发展趋势，判断豪华车细分市场趋势；预测豪华新能源车市场发展前景
34	豪华车市场景气监测	通过监测豪华品牌车的人气、订单、成交、库存、资金、价格、信心等指标，结合线下访谈，分析解读豪华车市场的真实表现
35	豪华车新能源乘用车需求动向和中长期销量预测	研究豪华新能源乘用车的用户群体特征、购买偏好、使用习惯和价值观，分析影响豪华新能源车消费的关键因素，如政策、技术、消费者偏好等等，判断豪华新能源乘用车的发展潜力和普及情况，为企业如何应对政策变化、抓住市场变革机遇提供决策依据
36	豪华车用户消费群体变化和消费趋势研究	结合历年SIC豪华车用户调查数据，分析过去10年豪华车用户结构变化及原因、豪华车用户偏好的变化趋势，以及豪华车用户对共享化、电动化、智能化的接受度变化趋势

(续)

	市场预测板块—2020年	
37	某品牌进口车业务规划研究	该项目旨在帮助企业分析进口车市场未来的机会和潜力,通过研究细分市场空间、产品定位定价和法规合规性,为企业引进进口车型提供决策参考
38	商用车市场月度/季度分析预测	为多家企业提供个案化服务,监控国内商用车市场、细分市场及区域市场变化,分析与商用车关联的宏观经济、行业政策、突发事件等,及时捕捉市场及环境变化,运用短期分析模型,判断未来走势变化
39	商用车市场年度需求预测	为多家企业提供个案化服务,建立商用车各细分市场与宏观经济、政策的关联关系,通过预测下一年宏观经济走势及政策变化,进而预测商用车各细分市场的未来趋势及需求变化
40	未来3～5年商用车市场预测	为多家企业提供个案化服务,对中重型货车、大中型客车、轻型汽车、微型汽车等商用车进行分析,研究影响各车型的主要因素,分析未来3～5年环境变化导致关键因素的变化方向以及对各类车型的影响,最终给出未来3～5年的预测结果
41	未来10年商用车市场预测	为多家企业提供个案化服务,对商用车的八大车型进行分析,研究影响各车型的主要因素,分析未来10年环境变化导致关键因素的变化方向以及对各类车型的影响,最终给出未来10年商用车的预测结果
42	未来10年新能源商用车市场预测	为多家企业提供个案化服务,从城市物流、环卫、公交等场景出发,对影响各类新能源商用车的政策、市场、供给因素进行分析研判,从而对商用车总体及细分市场新能源汽车的市场前景进行预测
43	商用车动力总成形式中长期预测	研究中重型货车、轻型商用车未来动力总成的发展趋势,研判新能源、汽油、柴油、天然气等动力形式的结构变化,并对中重型货车动力、排量分布变化趋势进行预判
44	新冠肺炎疫情对商用车市场影响的分析	疫情发生之初,通过研判新冠肺炎疫情的可能进展,研判对商用车需求端、零售端、供给端的影响,测算全年商用车销售节奏变化,提出企业应对建议
45	三大城市群商用车市场需求预测	研究珠三角、长三角、京津冀三大城市群的区域规划、区位优势、产业格局、人口流动、物流发展等因素,分析三大城市群在未来中国经济中的地位,判断三大城市群在未来商用车市场的份额变化及细分市场结构变化
46	县域经济发展趋势及对微型货车市场需求影响	基于案头研究、专家访谈等方式,从乡村振兴、产业转移升级、投资与消费、人口及农民工流动等角度研究扩展县域(三线城市＋一二线城市的县域)的经济发展潜力及其在国民经济中的地位变化,从而研判其对微型货车市场发展趋势的影响
47	多式联运发展趋势及对中重型货车需求的影响	以煤炭、集装箱、快递、冷链等货运产业链为典型,通过专家访问、现场考察等方式,研究多式联运运作模式,包含资金流、信息流、货物流的流动情况,以及多式联运模式对于中重型货车产品和服务的特殊需求
48	宏观经济跟踪评估及预测	接受多用户委托。主要通过定期跟踪宏观经济关键指标(包括经济增长、经济结构、货币金融、物价、收入、就业等)趋势和宏观政策动向,预测其未来趋势,为判断未来汽车行业及市场变化趋势提供依据

（续）

		市场预测板块—2020年
49	汽车行业相关政策跟踪评估	接受多用户委托。主要通过不定期跟踪汽车行业政策（如投资准入、生产制造、销售购买、使用置换、报废等）、汽车相关行业（如能源、交通等）以及重大事件的变化趋势，评估其对汽车产业、市场、厂商的影响
50	中美贸易冲突影响及预判	接受多用户委托。受中美贸易冲突影响，中国内外部环境均发生剧烈调整，该项目通过对贸易背景的梳理，对贸易冲突的分析以及专家的意见建议，得出大概率演变路径
		消费者研究板块—2020年
1	某合资企业A0 SUV EV商品企划项目	协助企业A0-SUV EV的产品力提升，通过调研把握派生用户来源、需求和市场接受度，把握机会点，探索A0-SUV EV用户来源，如何扩大客源；营销措施验证等
2	某企业紧凑型SUV产品概念项目	通过对紧凑型SUV市场用户进行细分，基于未来人群变化趋势、市场竞争环境和某企业自身特点选定核心目标人群；通过对核心目标人群的特征及产品需求洞察，并结合市场和产品未来发展趋势，给出某企业紧凑型SUV的产品概念及产品定位建议
3	某企业B级新能源产品定义项目	对参与调研的用户进行细分，分析产品的目标用户特征、典型用户画像，并挖掘目标用户的产品诉求、用车痛点。协助企业完善和优化商品性指标体系。基于商品性指标，开展竞品车型的动静态测评，输出轿车和SUV车型的整车商品性指标目标设定。结合调研成果、案头研究与既往经验，验证轿车和SUV车型预设的初始产品定位，并提出明确的修正建议
4	某企业某产品的油泥模型调研	通过验证目标消费者的人群定位，对产品造型的前瞻性和竞争力进行测试，深入了解目标消费者造型偏好，收集目标消费者对产品造型及细节设计的评价信息及改进建议，为造型优化提供支撑，确保在上市后具有较强的竞争力
5	某企业某产品的硬质模型调研	目的是评价该模型的竞争力和改进点，决定企业是否继续打造该模型的实车还是需要做出修改方案，甚至终止模型车研发。主要根据消费者、经销商和厂家工程师的三方研究，对车辆外观、内饰进行详细评估，提出评测结果
6	某企业某产品上市前的实车诊断	某企业某新车上市前的实车测评，根据消费者对车辆外观、内饰、动态等方面的反馈，有针对性地对车辆进行调整，并为接下来的营销宣传活动提供素材的输入
7	某企业某产品上市后的验证	综合利用大数据和定性、定量调查研究方法，对新产品上市后的表现进行市场定位验证、产品力验证和营销品质验证，发现其购买吸引力及障碍点，进而提出产品改进及营销策略建议
8	SIC人群分类模型的数字化服务系统	SIC人群分类模型应用的云服务系统，可在线提供定量调研样本的人群分类计算、人群结构统计分析和可视化交互图表展示，并支持企业直接应用

(续)

	消费者研究板块—2020年	
9	某类特定需求洞察（国潮、子女车等）	研究聚焦在特定的用户群，基于SIC已有累积的大样本用户数据库，配合特定群体的典型用户深访，研究其群体特征和汽车需求，并针对群体特点，重点对其进行亚群细分研究，针对这些亚群进行深度洞察，研究其典型特征、汽车需求及出行价值偏好等
10	某合资企业特定细分市场用户及其需求研究	基于SIC的市场及用户研究积累，迅速完成了企业产品规划前期阶段所需的某特定市场及用户的基础信息需求，包括市场现状及未来规模预测、用户特征及汽车需求偏好等
11	某企业A级轿车机会研究	基于SIC的已有大样本用户数据库，配合小样本补充调研，采用SIC人群细分方法，分析各人群的用户及产品需求特征，结合企业的资源能力以及对该特定市场产品的战略定位和竞争情况分析，确定目标人群以及靶心用户
12	某商用车企业品牌力诊断项目	通过定量定性调研，了解企业的品牌力现状，与竞争品牌的差异以及原因的挖掘，进而针对性给出品牌策略建议，找到提升的机会点以及相应措施
13	某商用车企业高端牵引车产品升级研究项目	通过对物流行业内进口牵引车用户和国产高端牵引车用户的深访，提炼高端牵引车的运营模式，挖掘用户对高端牵引车的价值需求，并通过VOC的研究方式，对某企业高端牵引车升级提出改进方向
14	某集团面向2026的STP研究	当前正面临汽车市场发展平台期，企业未来发展的战略选择至关重要。本项目通过对未来5年外部需求环境、市场前景的判断，以及汽车消费群体发展趋势的研究，为企业未来机会人群选择、机会市场选择和发展路径选择提供战略决策依据
15	NCBS新车购买者调查（联合课题）	年度滚动追踪新车购买用户的用户特征、购买决策特征、需求偏好特征等及其变化，提供新购用户及其需求洞察报告以及人群细分研究报告和数据分析平台，为企业的产品规划、开发以及市场营销提供翔实可靠的参考依据
16	基于消费者需求的汽车产品设计和审美偏好研究（联合课题）	两年一次持续跟踪消费者的产品偏好，对汽车产品偏好体系进行不断的优化和补充，加强了消费者审美的研究。包括基础体系产品偏好、智能网联体系产品偏好、重点偏好的购买实现，最终发现需重视的产品偏好趋势，并针对不同细分市场给出产品差异化建议
17	不同需求再购用户洞察及企业机会研究（联合课题）	通过定量定性调研，描述再购市场相对于首购市场的差异及不同区域特点，包括再购汽车需求和用户特征，并结合驱动因素分析进行前景判断；服务于汽车企业未来的产品规划及营销策略制定，解答如下三个问题：不同类型企业再购市场的机会点分别在哪里？产品该如何针对性调整和优化？营销服务要怎么开展
18	全国乘用车用户需求动向调查与10年滚动预测-调查部分（联合课题）	SIC持续性的年度项目，重点解决保有用户在保有、使用和再购方面的数据积累和趋势判断，并为预测报告提供数据支持

（续）

		消费者研究板块—2020年
19	某电动车品牌定位及产品规划研究	结合SIC已有对电动车市场发展及用户需求的持续追踪研究，补充针对性调研，并综合考虑该企业的自身能力情况，进而对该品牌制定明确的市场和产品定位提供战略决策支持。主要包括4项内容：机会市场选择、目标用户选择、目标用户需求洞察，以及具体的产品规划和定位建议
20	某企业新产品联合开发模式研究	产品换代拟采用联合开发的模式，本项目将主要从消费者的视角对联合开发模式提出建议。一方面，基于SIC已有研究成果，获得目标市场用户的人群特征、产品需求、产品评价等内容，形成相关的初步结论；另一方面，结合既有联合模式的案例分析，形成值得借鉴的经验；然后再通过定性定量调研形成产品开发模块组合方案并进行CBC测试，最后为该产品寻找最优产品开发组合模式及提供相应的市场定位建议
		产业研究板块—2020年
1	新能源汽车发展与需求动向研究	跟踪新能源汽车市场动态、产品动态、企业动态以及技术发展，解读新能源汽车发展政策；对当前充换电基础设施的发展现状进行调研分析，预判未来充换电基础设施的技术发展和应用场景；对新能源出租网约分时租赁市场发展的基本情况、运营特征和产品需求进行定性调研和分析；对新能源汽车私人用户进行定性访谈和定量调查，了解购买动机、用户特征、使用状况以及对新能源汽车的需求偏好等；判断我国新能源乘用车的发展前景，对未来10年市场总量和市场结构进行预测
2	智能汽车发展与用户需求洞察	分析L1~L5级智能汽车市场的发展现状特征，预测2021~2030年市场渗透率规模；分析消费者对L2及以下功能的使用体验及改进方向、需求偏好，以及如何针对现存驾驶痛点拓展新的辅助驾驶功能；分析L3及以上功能适用的场景、应用策略；针对不同的整车企业提出个性化智能汽车商业应用建议
3	未来10年中国汽车产业竞争格局演变及企业应对策略研究	结合先导国家汽车产业发展经验和我国汽车产业发展实际，分析未来10年，在不同的外围环境下（如短期的疫情冲击、需求低迷，中期的股比放开政策，远期新四化带来的产业变革等）我国汽车市场本土品牌与国际品牌，不同类型品牌（豪华型品牌 vs 品牌驱动型品牌 vs 价格驱动型品牌）和不同规模企业间的竞争格局演变趋势
4	移动出行服务发展趋势与布局策略研究	预测未来出行服务市场的总规模，以及各细分市场和区域市场的增长空间；调查用户不同出行场景的占比及对车辆、服务、平台的差异化需求；研究面向出行服务市场的汽车产品定制化设计以及销售和售后服务的新需求；研究出行市场运营模式的最优选择和新的商业盈利模式
5	二手车市场全视角研究	从二手车市场预测、二手车需求、二手车经营主体、二手车竞争格局、主机厂二手车业务发展经验以及二手车出口等方面全方位解剖了二手车行业的发展。本期联合项目研究有三大亮点：一是在模型基础上判断并预测了二手车对新车市场的影响，给出了定量的数据；二是通过对国际国内主机厂做二手车的经验梳理和调研，总结了主机厂成功开展二手车的经验；三是针对不同的主机厂给出了具有针对性的建议

（续）

		产业研究板块—2020年
6	市场低速期产品竞争策略探究	研究低速期不同购买力水平群体的社会处境变化、消费取向变化，以及对乘用车产品需求的变化，提出企业不同价位产品在低速期的竞争策略。报告对5～10万元、10～15万元、15～25万元三个价位市场进行了详细的洞察和分析，并对每个参与企业在这三个价位的重要产品进行了现状分析，提出了策略建议
7	供需双导向下的车联网发展与运营研究	从供给角度研究外围环境如何影响车联网，以及车联网具体功能的普及现状及技术发展趋势。同时，针对不同的细分市场，深入洞察用户的需求偏好，并精准定位供需结合下的高附加值功能。最后，通过运营模式及商业模式的探索，为企业找到真正适合自己的车联网运营模式及可实现持续盈利的价值点
8	中国L4自动驾驶调查研究	调查中国L4级自动驾驶产业发展现状、企业供给情况、政策法规发展现状；分析无人驾驶小巴、无人驾驶网约车这两个重点场景在中国落地的阶段、路径、具备经济合理性的时间点、运营指标的设定、具体操作建议
9	新能源汽车消费者研究	综合利用消费者定性调研及经销商访问等方式，重点针对合资新能源汽车用户及自主高端用户特征及需求偏好展开研究，帮助企业了解不同细分市场的用户特征及车系选择偏好，掌握当前合资汽车企业在销售新能源汽车时的营销策略与方法、宣传手段，以及不同于燃油车的服务内容
10	车载语音控制研究	全面分析车载语音技术现状，从需求度、使用满意度、痛点等多个角度，深入分析消费者对语音交互核心功能和潜在功能的需求偏好和使用体验，全面客观地评价部分最新产品的语音交互水平，并给出企业改进优化策略及未来语音产品的设计建议
11	智能新能源汽车产业分析与研究	项目对以下七个方面做出了研究：①智能新能源汽车产业发展分析；②高精度地图与高精度定位技术子领域发展综述；③车辆决策与控制技术动态与发展研究；④智能新能源汽车计算平台系统分析与发展概述；⑤自动驾驶视觉感知技术发展研究；⑥智能新能源汽车信息安全动态与发展；⑦智能新能源汽车政策、法规现状研究
12	自动驾驶半年度研究	对中国L4自动驾驶发展的政策法规、企业规划、生态合作、道路测试、基础设施建设、产业投融资等方面的情况进行全面跟踪和阶段性总结，预判短期发展动向，给出实践建议
13	汽车国际城产业规划专题	通过汽车产业趋势分析长春汽车城面临的发展形势，对标其他汽车城分析长春汽车产业的优劣势，综合研判长春汽车国际城产业发展的定位和目标，明确重点发展产业及发展路径，提出重点任务及保障措施
14	新能源汽车产业政策咨询	明确国家/地方新能源政策中对销售店端的合规性要求，明确销售店端的合规性各项目销售店的执行要求和标准，明确销售店端合规性的盘查及考核方法，协助广汽丰田对8个重点城市销售店进行现场盘查及考核指导。对国家政策和8个重点城市的地方政策进行梳理、分析和解读，研究这些政策对企业的影响，给出合理化建议

(续)

		产业研究板块—2020年
15	长春市永春新城产业规划	立足长春市整体发展基础、四大板块发展定位以及永春新城所处的地理位置等,提出永春新城的产业发展定位,核心产业和配套产业选择,发展路径、重点任务以及保障措施
16	汽车行业周报	追踪汽车行业最新发展动态,包括经济及政策、行业动态、新能源、智能网联、移动出行等方面,撰写周度分析报告。报告对重点行业新闻进行深度分析,对热点行业事件进行重点解读,梳理并预判汽车行业的最新发展趋势、技术发展动向等,为企业应对行业变化、适时调整应对策略提出建议
17	中国混合动力和氢燃料电池汽车趋势研究	预测中国混合动力和燃料电池汽车市场的发展趋势,跟踪调研混合动力和燃料电池产业链的发展情况,针对产业链重点环节和燃料电池关键零部件国际国内的发展情况进行研究,针对国内领域内的主要布局企业进行研究。最终针对企业在产业链相关领域的发展机会提出建议
18	新能源中长期产品规划项目	对未来10年新能源市场的发展趋势和机会进行了分析,为企业两个新能源汽车品牌的中长期产品线规划提供支持。报告首先分析了未来10年的宏观经济和消费者变化,以及由此带来的PV市场整体变化。其次,对新能源汽车发展的内外部政策、技术、基础设施条件进行了分析。在此基础上,提出各级别新能源汽车在未来10年的生存逻辑。最后,通过分析竞争环境,找到企业新能源汽车的机会市场和相应的产品布局

国家信息中心通信地址和联系电话

地址:北京市西城区三里河路58号　国家信息中心大楼A座704房间

邮编:100045　　　　　　　　　　　　传真:010-68557465

电话:010-68558704　　010-68558531　　E-mail:panzhu@sic.gov.cn